为什么财务精英都是Excel控

高博　田媛 ◎ 编著

Excel在财务工作中的应用

北京大学出版社
PEKING UNIVERSITY PRESS

内容提要

本书是指导财会人员运用Excel进行日常财务工作的实用工具书，以Excel 2016为操作平台，将财会人员的实际工作需求作为出发点，结合大量典型实例，全面系统地讲解Excel在会计和财务管理工作中的应用。

全书分为两大篇章，第1篇为"夯实基础篇"（第1～5章），主要介绍财务人员必须牢固掌握的Excel技能知识。具体内容包括制作财务表格的基本操作方法、日常财务数据处理技巧、财务常用函数、各种图表的制作方法，以及创建数据透视表分析数据的基本操作技法；第2篇为"工作实战篇"（第6～14章），通过实例详细讲解Excel在财务工作中的具体应用实战，同时分享财务工作思路与实战工作经验。主要内容包括会计凭证的制作与管理、会计账簿管理、固定资产管理、进销存管理与数据分析、往来账务管理与分析、税金管理、工资薪金数据管理财务报表管理与分析、财务指标计算与分析等。

全书内容循序渐进，由浅入深，案例丰富翔实，并且全部来源于财务日常实际工作，极具代表性和典型性。本书既适合基础薄弱又想快速掌握Excel高效技能的读者学习和实践，又可作财会从业人员提高Excel技能水平、积累和丰富实战工作经验的指导用书，还可作为广大职业院校、计算机培训班的参考教学用书。

图书在版编目(CIP)数据

为什么财务精英都是Excel控：Excel在财务工作中的应用 / 高博，田媛编著. — 北京：北京大学出版社，2019.6

ISBN 978-7-301-30471-6

Ⅰ. ①为… Ⅱ. ①高… ②田… Ⅲ. ①表处理软件—应用—财务管理 Ⅳ. ①F275-39

中国版本图书馆CIP数据核字(2019)第084422号

书　　　名	为什么财务精英都是Excel控：Excel在财务工作中的应用 WEISHENME CAIWU JINGYING DOUSHI Excel KONG：Excel ZAI CAIWU GONGZUO ZHONG DE YINGYONG
著作责任者	高博　田媛　编著
责任编辑	吴晓月　王蒙蒙
标准书号	ISBN 978-7-301-30471-6
出版发行	北京大学出版社
地　　　址	北京市海淀区成府路205号　100871
网　　　址	http://www.pup.cn　新浪微博：@北京大学出版社
电子信箱	pup7@pup.cn
电　　　话	邮购部 010-62752015　发行部 010-62750672　编辑部 010-62570390
印　刷　者	三河市博文印刷有限公司
经　销　者	新华书店
	787毫米×1092毫米　16开本　24.25印张　698千字 2019年6月第1版　2019年6月第1次印刷
印　　　数	1–4000册
定　　　价	69.00元

未经许可，不得以任何方式复制或抄袭本书之部分或全部内容。
版权所有，侵权必究
举报电话：010-62752024　电子信箱：fd@pup.pku.edu.cn
图书如有印装质量问题，请与出版部联系。电话：010-62756370

PREFACE 前言

说起财务工作,在很多行外人眼中就是一个每天坐在办公室里,吹着空调,玩着计算机,算几笔账,做几张表,就能轻松领到薪水的"高大上"的工作。相信只有身处同行的朋友才会懂得,财务工作内容与工作压力真的很大:整理各类票据,制作各种凭证,审核报销费用,记录每笔经济业务,核对往来账务,管理固定资产,核算进销存数据、工资数据、各类税金,编制各种报表,核算财务指标,为满足各种个性化需求而做预算、统计、分析,对外报送各种月报、季报、年报、专项报告,还要应对各部门的审计、稽查……每项工作做起来都非常烦冗、枯燥,并且精神要高度集中,以保证每条数据精确无误。否则,差之毫厘,失之千里,稍有不慎,就有可能给企业造成隐形风险,导致企业蒙受巨大的经济损失,而自己也必须承担责任、承受压力。

所以,财务人员在如此繁重的工作重压之下,加班就成了家常便饭。网上流传的一个段子很形象地展现了财务人员的工作日常:"春眠不觉晓,我在贴发票;锄禾日当午,我在写分录;夕阳无限好,我在做报表;举头望明月,低头算指标;洛阳亲友如相问,就说我在做申报;众里寻我千百度,蓦然回首,我还在灯火阑珊处,苦寻那一分钱的差错……"

可想而知,"早做完,不加班"一定是多数从业人员的梦想!

不知大家是否观察到一个现象:在财会同行当中,那些出类拔萃的财务精英,工作更为繁重,承担的责任和压力更大,但是却很少加班。很多普通财务人员不得不加班才能完成的工作,他们做起来却总是轻而易举、游刃有余。同时,工作效率的"高"度也加快了他们升职加薪的速度。那么,他们的效率为什么总是比别人高出一筹?他们究竟有什么过人之处,能够做到"早做完,不加班"呢?

笔者接触过很多财务精英,发现他们大部分人除了具有过硬的财务专业知识水平之外,还有一个共同之处:无论他们是哪个行业的财务管理者,无一例外都是十足的Excel控,在工作中都十分依赖Excel,并且精通Excel,大部分统计、核算、分析、编制报表等工作都能通过操作Excel快速完成。这就是财务精英"早做完,不加班",同时还能快速晋升的秘密。

其实作为一款自动化办公软件，Excel早已被广泛应用于各个行业的日常管理工作之中，相信职场人员都会使用。事实上，在日常工作中，财务人员也的确是在使用Excel来帮助自己完成工作的，但是很多财务人员对Excel的认识比较肤浅，认为它仅仅是一款能画表格和进行一些简单运算的办公工具，从未去深入学习、钻研和挖掘其中更强大的功能和作用。认知的局限往往会限制能力和效率的提升，这也是很多财务人员虽然会用Excel，却仍然无法提高工作效率、摆脱加班命运、升职加薪无望的根本原因所在。当然，也有相当一部分财会人员对Excel的作用和功能还是比较了解的，也在努力学习运用方法，以期获取快速提高工作效率的捷径，但是由于没有扎实的基础，也没有经过系统的学习和练习，同时缺乏实战经验，所以总是"学而不得其道"，始终无法掌握Excel的精髓，以至于真正遇到问题时，其所学并不能为其所用。

为了帮助财会人员充分认识Excel，全面系统地学习Excel中的核心知识，并且能够学以致用，将所学内容与操作技能实实在在地运用到日常实际工作中，经凤凰高新教育精心策划，我们编写了这本《为什么财务精英都是Excel控：Excel在财务工作中的应用》，旨在让广大财会人员快速掌握Excel中的高效实用技能，实现"早做完，不加班"的梦想。

本书特色与特点

基础知识，内容全面

打好坚实的基础，其重要性毋庸赘述。本书第1篇"夯实基础篇"主要从基本功能、制表规范和技巧、基础函数公式、数据透视表基础应用等方面向财务人员传授学好Excel必须练就的基本功。

实战案例，切合实际

本书第2篇"工作实战篇"中以财务人员日常实际工作内容为主线，列举了九大类财务管理案例，着重讲解如何具体运用Excel解决工作中的诸多难题，将Excel中的大量函数公式、数据透视表、图表等的运用方法和技巧充分渗透每一具体工作环节中，并对案例中较为复杂的函数公式也加以详细的解析释义，使财务人员真正学懂函数，知其然并知其所以然。同时，本书融入了财务管理与Excel运用的思路和经验，力求帮助大家在学会操作技能的同时，把握住其中的规律，修炼好"内功"，并能举一反三、触类旁通，实现运用自如，全面提高工作效率。

大神支招，传授技巧

本书在每章后都设立了"大神支招"专栏，主要针对该章主要内容中涉及的细节之处传授一些操作技巧，帮助财务人员从"招式"上有更大的提升。

双栏排版，容量超大

本书采用双栏排版格式，内容紧凑，阅读量大，力求在有限的篇幅内为读者呈现更丰富的知识内容。

■ 扫码看视频，简单方便

本书针对Excel财务技能知识的讲解，配有与书同步的教学视频，用微信"扫一扫"下方的二维码，即可观看本书的教学视频。

■ 赠送超值学习套餐

除了本书配套教学视频外，读者还可获得以下学习资源。

（1）与本书同步的素材文件与结果文件。

（2）与本书同步的PPT课件。

（3）"5分钟教你学会番茄工作法"视频教程。

（4）"10招精通超级时间整理术"视频教程。

（5）500个Word、Excel、PPT商务办公模板。

（6）《微信高手技巧手册》《QQ高手技巧手册》《手机办公10招就够》3本电子书。

通过丰富的学习套餐，读者不仅能学习到专业知识，还能掌握职场中重要的时间管理与高效工作习惯，提升职场竞争力，真正做到"早做完，不加班"！

注意：以上资源，请扫描下方二维码关注官方微信公众账号，输入代码cWE83Lp5，获取下载地址及密码，即可免费下载。

资源下载

官方微信公众账号

Excel应当成为每位财务人员工作中的"神队友"。对于财务人员而言，学习Excel其实是独具优势的：已经具备的财会专业知识与实操经验可以让财务人员始终保持清晰的思路与强大的逻辑思维能力；同时，在周而复始的工作和持续接受财会继续教育、不断考证的过程中，财务人员早已被打磨出持之以恒、坚持不懈的耐力和韧性，这些也正是学好Excel必备的基本素质和品质。希望大家利用好自身优势，沉下心来，通过本书的学习，真正学好并精通Excel，让财会专业知识和Excel成为你的左膀右臂，以助你轻松胜任工作，升职加薪，笑傲职场。

温馨提示

近年来，我国为了推动中小企业的发展和减轻大企业在赋税方面的压力，正在不断的加快税收改革步伐，加大减税降负的力度。比如，我国增值税的税率在近两年中就连续两次降低了（2018年5月1日起将原税率17%和11%降为16%和10%，2019年4月1日起将16%和10%再次降至13%和9%）。但是，"万变不离其宗"，税收方式与税金的计算方法和原理不变。本书章节中凡涉及税金计算的案例，均以所列举的时间节点的实时税率进行计算。如增值税在2018年5月1日到2019年3月31日期间的税率为16%，本书第11章"税金管理"中增值税案例中则以此期间的税率16%计算税金。其他税种的税额同样按照实时税收政策下的方式和税率进行计算。例如，某企业2019年3月和4月的应税销售额均为100万元，那么2019年3月的销项税额为16万元（100×16%），2019年4月的销项税额为13万元（100×13%）。

创作者说

在此感谢读者选购本书。你的信任和支持是我们最大的动力。我们将不断努力，继续为读者奉献更多、更优秀的图书。

最后，感谢胡子平老师的精心策划和对我们创作本书的指导与鼓励，让我们充满信心，努力为读者呈现最优质、最实用的内容。由于计算机技术发展迅猛，编著者水平有限，书中难免存在疏漏和错误之处，敬请广大读者批评指正。

若您在学习过程中产生疑问或有任何建议，可以通过 E-mail 或 QQ 群与我们联系。

投稿邮箱：pup7@pup.cn

读者邮箱：2751801073@qq.com

读者交流 QQ 群：218192911（办公之家）

　　　　　　　　586527675（新精英充电站-2群）

注意：加入QQ 群时，如系统提示此群已满，请根据提示加入新群。

编著者

CONTENTS 目录

第 1 篇　夯实基础篇

"千里之行，始于足下。"任何人想要拥有高强的本领或精湛的技术，都必须从基础学起。同样，财务人员想要掌握Excel的高效技能，做到"早做完，不加班"，首先要学习Excel中的基础知识，掌握基本技法和技巧，打好坚实的基础，循序渐进，这样才能逐步提高，学有所成。

本篇结合财务与会计工作实际，讲解了使用Excel高效处理财务会计工作的必备技能知识，并通过实际案例讲解制作表格的基本技法、实用功能的运用方法，以及财务人员必知必会的函数基本语法和具体用法、制作数据图表的基本方法和使用数据透视表分析数据的基本操作方法等。本篇的主要目的是帮助财务人员夯实基础，练好扎实的基本功，为学习第2篇"工作实战篇"做好充分准备。

第 1 章　制表技巧：既规范又高效地制作财务表格

1.1　财务数据的输入技巧 ············ 2
  1.1.1　在多个工作表或单元格中输入相同的数据 ············ 2
  1.1.2　快速填充相同或有规律的数据 ······ 3
1.2　规范财务数据表格 ·················· 4
  1.2.1　为金额数据添加货币符号 ·········· 4
  1.2.2　隐藏或删除表格中的重复记录 ····· 5
  1.2.3　分列功能的多种应用 ·················· 7
  1.2.4　批量合并相同内容的单元格 ····· 10

1.3　财务数据的整理技巧 ············ 12
  1.3.1　选择性粘贴的巧妙应用 ············ 12
  1.3.2　快速查找和替换数据 ················ 18
  1.3.3　对多个单元格区域数据批量求和 ···························· 22
1.4　用数据验证规范财务数据的输入 ··· 23
  1.4.1　使用下拉列表快速输入数据 ····· 23
  1.4.2　限定数据的输入位数 ················ 23
  1.4.3　设置输入数据的提示信息 ········ 24
  1.4.4　快速圈释指定的数据 ················ 25

大神支招

01　缩短自动保存时间间隔，防止数据的意外丢失 ············ 25

02 冻结窗格，滚动浏览工作表的其他数据 ·············· 26
03 对工作簿进行加密，提高安全性 ·············· 26
04 打印多页表格时如何在每页显示标题行 ·············· 27

第2章 实用功能：让财务数据的分析和处理事半功倍

2.1 突出显示重要的财务数据 ·············· 29
  2.1.1 利用突出显示单元格规则使数据分析更具表现力 ·············· 29
  2.1.2 利用项目选取规则标识数据 ·············· 29
  2.1.3 应用数据条对比查看财务数据 ·············· 31
  2.1.4 使用图标集查看目标完成情况 ·············· 31
  2.1.5 新建规则实现自动到期提醒 ·············· 32
2.2 排序、筛选、汇总财务数据 ·············· 33
  2.2.1 将无序的财务数据变为有序的序列 ·············· 33

2.2.2 从数据中筛选提炼所需的财务数据 ·············· 36
2.2.3 分类汇总财务数据让数据更有条理 ·············· 38
2.3 让多工作表数据的汇总更高效 ·············· 40
  2.3.1 按位置合并计算多工作表数据 ·············· 40
  2.3.2 按类别合并计算多工作表数据 ·············· 41

大神支招

01 让数据正负值对比更加形象 ·············· 42
02 通过筛选功能删除空白行 ·············· 43
03 分页打印分类汇总的各组数据 ·············· 44
04 当工作表很多时如何快速切换 ·············· 44

第3章 函数必备：财务人员应该掌握的函数

3.1 逻辑函数 ·············· 47
  3.1.1 IF——根据条件判断值的函数 ·············· 47
  3.1.2 AND、OR、NOT——条件判断函数的得力助手 ·············· 48
3.2 数学和三角函数 ·············· 49
  3.2.1 SUM——简单的数据求和函数 ·············· 49
  3.2.2 SUMIF——单条件求和函数 ·············· 50
  3.2.3 SUMIFS——多条件求和函数 ·············· 51
  3.2.4 SUMPRODUCT——乘积求和

函数 ·············· 51
3.3 查找与引用函数 ·············· 52
  3.3.1 VLOOKUP——查找函数 ·············· 52
  3.3.2 INDEX——查找函数 ·············· 54
  3.3.3 MATCH——能够定位的函数 ·············· 55
3.4 统计函数 ·············· 56
  3.4.1 MIN和MAX——最大值和最小值计算函数 ·············· 56
  3.4.2 AVERAGE——求取平均值的函数 ·············· 56

3.4.3 COUNT——数字计数函数 ········ 57	3.5 文本函数 ································ 59

- 3.4.4 COUNTA、COUNTBLANK ——非空单元格与空单元格计数函数 ········· 57
- 3.4.5 COUNTIF——根据条件计数函数 ········· 58
- 3.4.6 RANK——自动实现排名函数 ····· 58

- 3.5.1 LEFT和RIGHT——左、右截取函数 ········ 59
- 3.5.2 MID——途中截取函数 ········ 60
- 3.5.3 LEN和LENB——求字符串长度函数 ········ 61
- 3.5.4 FIND——字符位置函数 ········ 61

大神支招

- 01 定义名称并将名称应用于公式中 ········ 62
- 02 使用日期与时间函数计算员工年龄 ········ 64
- 03 分步查看公式的计算结果 ········ 65
- 04 隐藏编辑栏中的计算公式 ········ 65

第4章 图表应用：让财务信息一目了然

- 4.1 图表基础知识 ········ 68
  - 4.1.1 掌握各种图表类型和作用 ········ 68
  - 4.1.2 认识图表的组成元素 ········ 71
- 4.2 财务分析经典图表的制作 ········ 71
  - 4.2.1 对比分析经典图表 ········ 72
  - 4.2.2 分析发展趋势的经典图表 ········ 77
  - 4.2.3 分析组成结构的经典图表 ········ 79
  - 4.2.4 制作达成及进度分析图表 ········ 83
  - 4.2.5 组合图表分析多类型的数据 ········ 88

- 4.3 在图表中动态地展示财务数据 ········ 93
  - 4.3.1 使用窗体控件和函数实现动态图表的制作 ········ 93
  - 4.3.2 使用窗体控件和定义名称实现动态图表的制作 ········ 95
- 4.4 使用迷你图分析财务数据 ········ 97
  - 4.4.1 使用迷你图分析数据 ········ 98
  - 4.4.2 迷你图的美化设置 ········ 98

大神支招

- 01 制作圆锥柱形图 ········ 99
- 02 分离单个饼图块 ········ 99
- 03 为坐标轴添加显示单位 ········ 100
- 04 指定折线图的起始位置 ········ 100

第5章 数据透视表：从多角度分析财务数据

- 5.1 认识数据透视表 ········ 102
  - 5.1.1 数据透视表简介 ········ 102
  - 5.1.2 数据透视表的用途 ········ 102
  - 5.1.3 数据透视表对数据源的要求 ········ 102

5.2 数据透视表的创建与布局 ········ 102
5.2.1 创建数据透视表 ········ 102
5.2.2 更改布局让数据的分析更清晰 ········ 104
5.2.3 为数据透视表设置不同的汇总方式 ········ 105
5.3 在数据透视表中筛选数据 ········ 106
5.3.1 使用切片器筛选数据 ········ 107
5.3.2 编制高级日程表筛选日期数据 ········ 108
5.3.3 使用切片器同时筛选多个数据透视表 ········ 110
5.4 使用动态数据透视表分析数据 ········ 111
5.4.1 定义名称法制作动态数据透视表 ········ 111
5.4.2 列表法制作动态数据透视表 ········ 112
5.5 制作数据透视图直观分析数据 ········ 114

大神支招

01 让报表中的空单元格显示零值 ········ 116
02 禁止显示明细数据 ········ 117
03 移动数据透视表 ········ 118
04 快速选中数据透视表中的值区域 ········ 118
05 刷新数据透视表 ········ 119

第2篇　工作实战篇

通过对第1篇内容的学习，相信读者已经逐步掌握了Excel的基础知识，并渐入佳境，对制表、函数、图表及数据透视表的基本操作技能已是驾轻就熟，为了帮助读者继续深入学习Excel中更多更强的功能、函数、技巧等运用方法，进一步提高Excel技能，最大限度地提高工作效率，真正实现"早做完，不加班"的目标，本篇将结合财务人员的日常实际工作内容（包括原始单据的制作，凭证、会计账簿的管理，固定资产管理，进销存管理，往来账务管理，员工工资及个人所得税的核算，增值税、企业所得税等税金的核算管理，财务报表的编制，财务指标分析等），针对拖慢工作进度的细节之处，以及运用Excel过程中时常遇到的诸多难点和痛点，详细讲解运用Excel功能、函数公式、数据透视表巧妙化解工作难题的方法和技巧，同时分享上述各项财务工作的管理思路和工作经验。

第6章　实战：会计凭证的制作与管理

6.1 制作原始凭证 ········ 122
6.1.1 员工借款单 ········ 123
6.1.2 费用报销单 ········ 126

6.2 制作记账凭证 ········ 130
6.2.1 会计科目表 ········ 132
6.2.2 记账凭证 ········ 132

大神支招

01 规范会计数字格式 ········ 139

02　自动调整表格列宽 ·································· 140
　　03　字符长度自动适应列宽 ························ 140
　　04　弥补下拉菜单中的"空白"瑕疵 ············ 141

第7章　实战：会计账簿管理

7.1　明细账管理 ·· 144
　　7.1.1　制作银行日记账 ·································· 145
　　7.1.2　生成现金日记账 ·································· 149
　　7.1.3　制作"动态"明细账查询表 ················ 151
　　7.1.4　按级次查询和汇总科目
　　　　　明细账 ·· 154
7.2　制作科目汇总表 ·· 158

7.2.1　汇总记账凭证科目发生额 ········ 159
7.2.2　分类汇总科目发生额 ··············· 162
7.2.3　分类查询一级科目汇总额 ······· 162
7.2.4　筛选科目及明细汇总额 ··········· 167
7.3　编制总分类账 ·· 170
　　7.3.1　获取汇总额，计算累计额 ············ 171
　　7.3.2　校验账表数据是否相符 ················ 174

大神支招

　　01　巧用"条件格式"清除表格"蜘蛛网" ·· 175
　　02　快速输入相同小数位数的数据 ··· 180
　　03　移花接木，让银行对账单改头换面 ··· 181
　　04　缩小公式区域范围，让工作表告别"卡顿" ·· 184

第8章　实战：固定资产管理

8.1　固定资产卡片 ·· 187
　　8.1.1　创建固定资产管理表格 ········ 187
　　8.1.2　设置格式，变表格为
　　　　　"卡片" ·· 190
8.2　固定资产折旧计算 ···································· 193
　　8.2.1　工作量法折旧额计算 ············ 194

8.2.2　年数总和法折旧额计算 ··········· 196
8.2.3　双倍余额递减法折旧额计算 ··· 198
8.3　固定资产清单 ·· 200
　　8.3.1　制作固定资产清单 ··············· 201
　　8.3.2　制作折旧明细表 ··················· 204

大神支招

　　01　打印超长表格——每页显示标题行与列项目 ··· 207
　　02　轻松选取不连续单元格或区域 ·· 209
　　03　拆分窗格查看不相邻的行列数据 ·· 209
　　04　新建窗口查看不同工作表 ·· 210

第9章 实战：进销存管理与数据分析

9.1 建立基础资料信息库 212
9.1.1 制作供应商明细表 213
9.1.2 制作客户资料明细表 215
9.1.3 制作商品资料明细表 216
9.1.4 动态查询商品图片 218
9.2 进销存管理 222
9.2.1 制作采购入库单 224
9.2.2 制作销售出库单 227
9.2.3 生成动态进销存明细表 229
9.3 销售数据统计与分析 233
9.3.1 创建动态销售排行榜 234
9.3.2 一表查询汇总分析销售数据 243
9.3.3 图文并茂分析销售达标率 251

大神支招
- 01 巧用"选择性粘贴"，一次批量导入图片 254
- 02 突破思维，让图片跟随单元格大小收放自如 256
- 03 "条件格式"提醒数据重复 257
- 04 跨列居中，轻松解决"一键排序"难题 258

第10章 实战：往来账款管理与分析

10.1 建立应收账款台账 261
10.1.1 制作应收账款台账模板 263
10.1.2 制作应收账款辅助表单 265
10.2 应收账款账龄分析 271
10.2.1 创建账龄分析表 272
10.2.2 账龄汇总动态分析 275

大神支招
- 01 "自定义序列"让工作效率倍增 280
- 02 照相机+切片器，同步"直播"数据动态变化 281
- 03 锁定单元格，保护数据和公式 284

第11章 实战：税金管理

11.1 增值税管理 287
11.1.1 制作增值税发票基础信息登记表 288
11.1.2 创建增值税动态税负"观测台" 290
11.1.3 客户、供应商分类汇总发票金额 292
11.1.4 按月汇总实缴增值税，实时监控税负变动率 295
11.2 税金及附加管理 297
11.2.1 计算附加税费 298
11.2.2 计算印花税 299

11.3	企业所得税管理 ·················· 302		11.3.2	制作附件：所得税季报预缴
	11.3.1 制作利润统计表，计算			计算表 ························· 307
	预缴税额 ·················· 303			

大神支招

01	设置"迷你图表"的样式与数据 ····································· 311
02	巧用定位功能，快速翻新表格 ····································· 312
03	运用VBA，高效创建工作簿目录 ····································· 313

第12章　实战：工资薪金数据管理

12.1	制作工资管理表单 ·················· 317		12.2	工资数据多重合并透视分析 ······ 323
	12.1.1　计算员工工龄工资 ········ 317			12.2.1　制作多重数据合并透视表 ····· 324
	12.1.2　创建月度工资表 ············ 319			12.2.2　运用透视表多角度汇总分析
	12.1.3　制作员工工资条 ············ 321			工资数据 ···················· 327

大神支招

01	批量求和的高效"姿势" ·· 329
02	"Ctrl+E"比快速填充更快捷 ····································· 330
03	"多表求和"的至简方法 ·· 330

第13章　实战：财务报表管理与分析

13.1	资产负债表管理 ······················ 333			公式 ································ 340
	13.1.1　定义会计科目的资产负债表			13.2.2　编制利润表 ·················· 340
	项目归属，计算期末余额 ······ 334			13.2.3　利润表分析 ·················· 343
	13.1.2　编制资产负债表 ············ 335	13.3	现金流量表管理 ······················ 345
	13.1.3　资产负债表分析 ············ 337			13.3.1　编制现金流量表 ············ 347
13.2	利润表管理 ···························· 338			13.3.2　现金流量表分析 ············ 350
	13.2.1　利润表项目及会计核算			

大神支招

01	制作斜线表头的两种方法 ··· 354
02	公式+照相机，让图表标题"动"起来 ····························· 356
03	在图表中添加数据表 ··· 357

第14章 实战：财务指标计算与分析

14.1 偿债能力分析 ·············· 359
    14.1.1 短期偿债能力分析 ·········· 359
    14.1.2 长期偿债能力分析 ·········· 361
14.2 营运能力分析 ·············· 363
    14.2.1 流动资产周转情况分析 ········ 363
    14.2.2 固定资产周转情况分析 ········ 365
    14.2.3 总资产营运能力分析 ········· 366

14.3 盈利能力分析 ·············· 366
    14.3.1 指标及计算公式简介 ········· 367
    14.3.2 计算指标数据 ············ 367
14.4 发展能力分析 ·············· 368
    14.4.1 营业发展能力分析 ·········· 369
    14.4.2 财务发展能力分析 ·········· 371

大神支招

01 查看公式：将公式转换为文本 ·············· 372
02 审核公式：将数值还原为公式 ·············· 373
03 运用函数查看公式 ····················· 374

第1篇 夯实基础篇

"千里之行,始于足下。"任何人想要拥有高强的本领或精湛的技术,都必须从基础学起。同样,财务人员想要掌握Excel的高效技能,做到"早做完,不加班",首先要学习Excel中的基础知识,掌握基本技法和技巧,打好坚实的基础,循序渐进,这样才能逐步提高,学有所成。

本篇结合财务与会计工作实际,讲解了使用Excel高效处理财务会计工作的必备技能知识,并通过实际案例讲解制作表格的基本技法、实用功能的运用方法,以及财务人员必知必会的函数基本语法和具体用法、制作数据图表的基本方法和使用数据透视表分析数据的基本操作方法等。本篇的主要目的是帮助财务人员夯实基础,练好扎实的基本功,为学习第2篇"工作实战篇"做好充分准备。

第1章 制表技巧:既规范又高效地制作财务表格

本章导读

作为一名财务人员,掌握Excel表格的制作方法是很有必要的,而在制作表格时,除了要掌握一些数据的输入技巧,还需让制作的财务表格更加规范和专业,此外,财务数据的一些整理技巧也是有必要掌握的内容。

本章将会把这些输入技巧、规范操作和整理技巧介绍给用户,从而帮助用户提高工作效率,并让制作的财务工作表格更加规范和专业。

知识要点

❖ 如何技巧性地输入财务数据
❖ 如何让财务表格更加规范
❖ 如何更加快速地整理表格数据
❖ 如何使用数据验证规范财务数据的输入

1.1 财务数据的输入技巧

财务人员每天都要利用Excel处理大量的财务表格及数据,为了提高工作效率,节约工作时间,可以通过一些操作技巧来达到高效的目的。下面介绍在Excel中高效输入财务数据的技巧。

1.1.1 在多个工作表或单元格中输入相同的数据

有时需要在Excel单张工作表的不同单元格,或多张工作表的相同单元格中输入相同的数据,如果逐一单元格地进行输入,无疑会浪费许多时间。为了高效输入数据,可以通过以下方法来实现。

1. 在一张工作表的多个单元格中输入相同数据

例如,制作员工信息统计表时先对没有重复数据的列进行输入操作,如员工编号、员工姓名、入职时间、联系电话。随后在"所属部门"列中选中要输入相同部门数据的多个单元格后,输入所属部门,按"**Ctrl+Enter**"组合键,即可同时在选中的多个单元格中输入相同的数据,应用相同的方法可对其他要输入相同数据的列进行操作,如下图所示。

2. 在多张工作表的单元格中输入相同数据

当需要在Excel多张工作表中的相同单元格内输入相同的数据或进行相同的编辑时,可以先按住"Ctrl"键选中多个工作表,从而将这些工作表选定为工作组,之后在其中的一张工作表中进行输入或编辑操作,输入的内容或所做的编辑操作就会反映到其他选定的工作表中。

例如,先在"产品销售统计表"工作簿中选中3张工作表,然后在其中一张工作表中输入数据,其他两张工作表的相同单元格中也会出现相同的数据,效果如下图所示。

温馨提示

除了可以通过选中多张工作表组成工作组来创建相同的表格，还可以通过直接复制工作表功能来快速实现相同表格的创建操作。

1.1.2 快速填充相同或有规律的数据

当需要在财务表格中输入大量的数据、序号等一些有规律的内容时，可以利用填充柄和序列功能快速实现填充功能，从而提高工作效率。

1. 复制单元格

如果想要在Excel中使用填充柄实现复制功能，可直接通过拖动鼠标来实现，具体的操作步骤如下。

第 1 步 打开“素材文件\第 1 章\用料清单 .xlsx”文件，在单元格 C4 中输入单位“个”，然后将鼠标指针放置在该单元格的右下角，当鼠标指针变为+形状时，按住鼠标左键向下拖动至要复制该内容的单元格 C10 中，如下图所示。

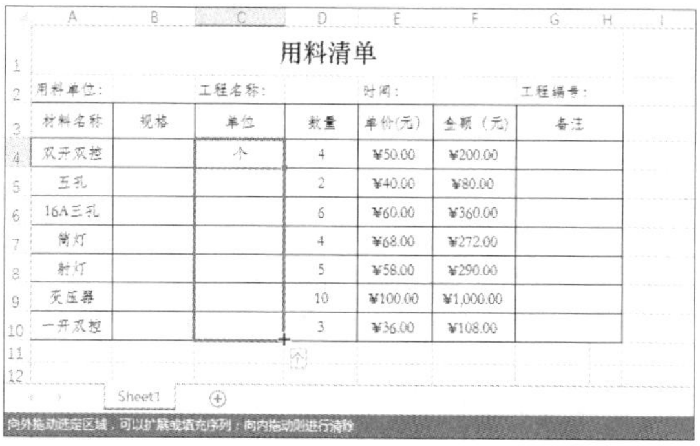

用料清单

用料单位：		工程名称：		时间：		工程编号：
材料名称	规格	单位	数量	单价(元)	金额（元）	备注
双开双控		个	4	¥50.00	¥200.00	
五孔			2	¥40.00	¥80.00	
16A三孔			6	¥60.00	¥360.00	
筒灯			4	¥68.00	¥272.00	
射灯			5	¥58.00	¥290.00	
变压器			10	¥100.00	¥1,000.00	
一开双控			3	¥36.00	¥108.00	

第 2 步 完成填充柄的复制后，释放鼠标，即可在表格中看到单元格 C4 中的内容复制到了其他单元格中，如下图所示。

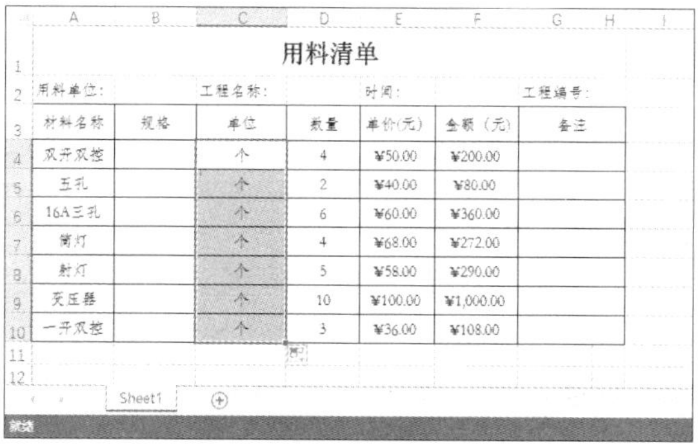

用料清单

用料单位：		工程名称：		时间：		工程编号：
材料名称	规格	单位	数量	单价(元)	金额（元）	备注
双开双控		个	4	¥50.00	¥200.00	
五孔		个	2	¥40.00	¥80.00	
16A三孔		个	6	¥60.00	¥360.00	
筒灯		个	4	¥68.00	¥272.00	
射灯		个	5	¥58.00	¥290.00	
变压器		个	10	¥100.00	¥1,000.00	
一开双控		个	3	¥36.00	¥108.00	

2. 等差序列的填充

在Excel中可以通过填充柄快速实现等差序列填充，具体操作步骤如下。

第 1 步 打开“素材文件\第 1 章\产品生产成本表 .xlsx”文件，在单元格 B6 中输入第一个行次“1”，然后使用填充柄将该单元格的值复制到其他单元格中。由于要更改选定区域的填充方式，所以随后单击“自动填充选项”按钮，在展开的列表中选中“填充序列”单选按钮，如下图所示。

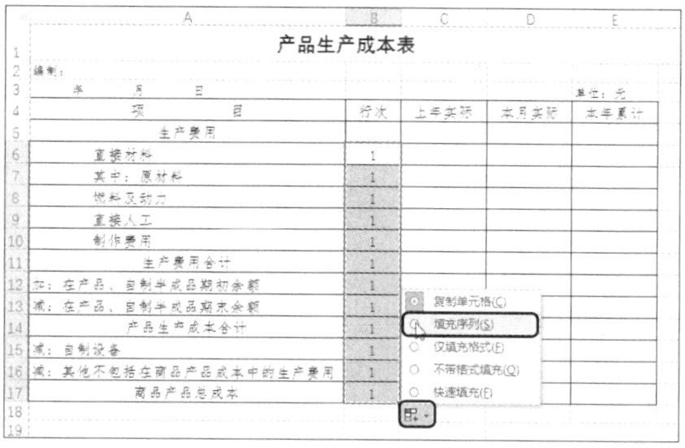

产品生产成本表

编制：
年 月 日　　　单位：元

项目	行次	上年实际	本月实际	本年累计
生产费用				
直接材料	1			
其中：原材料	1			
燃料及动力	1			
直接人工	1			
制作费用	1			
生产费用合计	1			
加：在产品、自制半成品期初余额	1			
减：在产品、自制半成品期末余额	1			
产品生产成本合计	1			
减：自制设备	1			
减：其他不包括在商品产品成本中的生产费用	1			
商品产品总成本	1			

第 2 步 即可在表格中看到选定区域的序列会以 1 为开始数据，并以 1 为“步长值”进行了等差序列的填充，如下图所示。

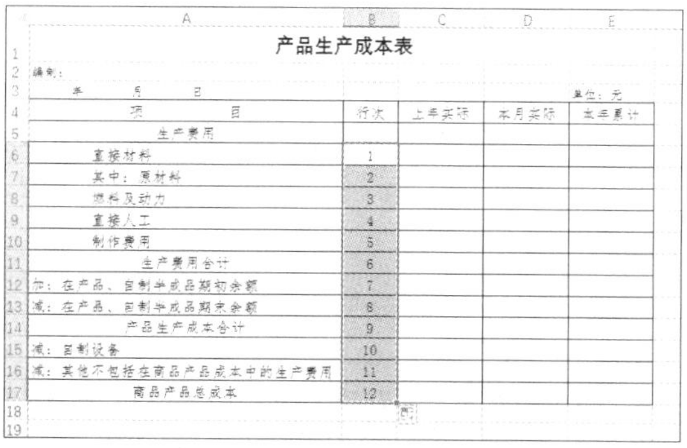

产品生产成本表

编制：
年 月 日　　　单位：元

项目	行次	上年实际	本月实际	本年累计
生产费用				
直接材料	1			
其中：原材料	2			
燃料及动力	3			
直接人工	4			
制作费用	5			
生产费用合计	6			
加：在产品、自制半成品期初余额	7			
减：在产品、自制半成品期末余额	8			
产品生产成本合计	9			
减：自制设备	10			
减：其他不包括在商品产品成本中的生产费用	11			
商品产品总成本	12			

3. 日期型数据的填充

在Excel中可以使用以下方法实现日期型数据的填充。

方法一：使用填充柄填充日期序列。

第 1 步 打开“素材文件\第 1 章\员工销售统计表 .xlsx”文件，在单元格 A3 中输入日期“2017/11/1”，拖动该单元格右下角的填充柄，然后单击“自动填充选项”按钮，在展开的列表中选中“以工作日填充"单选按钮,如下图所示。　　中选择"序列"选项,如下图所示。

第2步 即可看到选定区域中的单元格会以工作日日期进行填充显示,如下图所示。

方法二:使用序列功能填充日期型数据。

第1步 在单元格 A3 中输入日期"2017/11/1",选中单元格区域 A3:A16,在"开始"选项卡下的"编辑"组中单击"填充"按钮,在展开的列表

第2步 弹出"序列"对话框,保持默认的"序列产生在"和"类型"选项,在"日期单位"选项区域中选中"工作日"单选按钮,单击"确定"按钮,如下图所示,即可同样获取工作日数据的填充效果。

温馨提示

在"序列"对话框中,可以设置序列自动填充的方式、类型、步长值大小等参数。

1.2 规范财务数据表格

要做到数据处理的高效、规范,最基本的前提就是表格的结构必须清晰、格式统一。下面介绍关于规范财务数据表格内容的相关操作。

1.2.1 为金额数据添加货币符号

Excel表格在财务工作中被广泛地应用,而在表格中为财务数据添加货币符号是一种常见的操作,为了快速地添加以节约时间,可使用数字格式功能来实现。

下图所示的是常见的支票登记簿表格。该表格基本上已经制作完成,美中不足的是金额数据还未添加相应的货币符号及小数部分。

第1章
制表技巧：既规范又高效地制作财务表格

温馨提示

如果要将表格中的阿拉伯数据转换为中文的大写数字，可在"设置单元格格式"对话框中的"分类"列表框中选择"特殊"格式，然后在右侧的"类型"列表框中选择"中文大写数字"选项，单击"确定"按钮即可。

1.2.2 隐藏或删除表格中的重复记录

在创建一些表格数据时，难免输入重复值，为了保证数据的正确性和唯一性，可以通过隐藏或删除重复记录来实现。

如下图所示的"销售部季度销售业绩表"，可发现"五分部"和"七分部"的销售数据有重复。

现要为表格中的金额数据设置会计专用的格式，具体的操作步骤如下。

第1步 打开"素材文件\第1章\支票登记簿.xlsx"文件，在表格中选中单元格区域C7:E13，在"开始"选项卡下的"数字"组中单击对话框启动器按钮，打开"设置单元格格式"对话框，然后在"数字"选项卡下的"分类"列表框中选择"会计专用"格式，在右侧设置好"小数位数""货币符号"，单击"确定"按钮，如下图所示。

第2步 完成后，返回工作簿，即可看到选中的单元格区域中的数字添加了货币符号¥，并保留了两位小数，如下图所示。

隐藏和删除重复记录的方法如下。

1. 隐藏重复记录

第1步 打开"素材文件\第1章\销售部季度销售业绩表.xlsx"文件，选中任意数据单元格，切换至"数据"选项卡，单击"排序和筛选"组中的"高级"按钮，如下图所示。

第2步 弹出"高级筛选"对话框，选中"选择不重复的记录"复选框，单击"确定"按钮，如下图所示。

第3步 即可看到重复的记录列数据被隐藏了，如下图所示。

温馨提示

通过"筛选"功能隐藏了重复记录，并未将重复记录删除，当退出"筛选"状态后，又可以查看到。

2. 删除重复记录

第1步 打开"素材文件\第1章\销售部季度销售业绩表.xlsx"文件，单击任意数据单元格，切换至"数据"选项卡，单击"数据工具"组中的"删除重复项"按钮，如下图所示。

第2步 弹出"删除重复项"对话框，用户可根据实际需要选择删除重复列，此处保留默认的方式，直接单击"确定"按钮，如下图所示。

第3步 弹出提示框，提示用户发现了两个重复值，已将其删除，保留了9个唯一值，直接单击"确定"按钮，如下图所示。

第4步 在表格中即可看到重复项的数据列被删除了，如下图所示。

	A	B	C	D	E
1	销售部季度销售业绩表				
2	部门	第一季度	第二季度	第三季度	第四季度
3	一分部	360000	540000	360000	690000
4	二分部	600000	400000	600000	640000
5	三分部	450000	700000	450000	780000
6	四分部	895600	140000	400000	800000
7	五分部	450000	250000	550000	340000
8	六分部	456300	365000	640000	250000
9	七分部	300000	600000	650000	366000
10	八分部	210000	850000	980000	460000
11	九分部	800000	540000	900000	560000

1.2.3 分列功能的多种应用

分列是Excel最重要的应用功能之一，在数据规范和清理等方面具有非常便捷和实用的作用，在处理大量数据时十分方便、快捷。本小节将根据以下几个方面对该功能进行详细的介绍。

1. 根据指定符号，将一列数据迅速拆分成多列

如果Excel表格中要分列的数据已经有分隔符号，那么可以通过此种方法来实现。

如下图所示的"产品销售统计表"，在该表格中要将A列的销售日期数据分列为"销售年份""销售月份"和"销售日期"3列数据。

具体操作步骤如下。

第1步 打开"素材文件\第1章\产品销售统计表.xlsx"文件，选中单元格区域A2:A32，切换至"数据"选项卡，在"数据工具"组中单击"分列"按钮，如下图所示。

第2步 弹出"文本分列向导-第1步，共3步"对话框，直接单击"下一步"按钮，如下图所示。

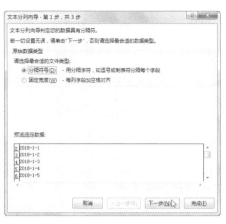

第3步 在"文本分列向导-第2步，共3步"对话框中选中"其他"复选框，在后面的文本框中输入分隔符号"-"，单击"完成"按钮，如下图所示。

第4步 弹出提示框，直接单击"确定"按钮，如下图所示。

第5步 即可看到A列中的销售日期数据将以年份、月份和日期数据分列到了A列、B列和C列对应的单元格中，如下图所示。

2. 按固定宽度进行分列

如果要分列的数据有固定的列宽，则可通过此种方法来实现。

如下图所示，材料汇总表中"数量"列中含有单位，现要将单位分列到单独的E列中。

具体的操作步骤如下。

第1步 打开"素材文件\第1章\材料汇总表.xlsx"文件，选中单元格区域D2:D17，在"数据"选项卡下的"数据工具"组中单击"分列"按钮，打开"文本分列向导 - 第1步，共3步"对话框，选中"固定列宽"单选按钮，单击"下一步"按钮，如下图所示。

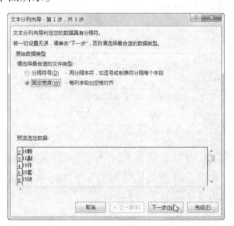

第2步 在"文本分列向导 - 第2步，共3步"对话框的"数据预览"区域要分列的位置单击建立分列线，单击"完成"按钮，如下图所示。随后会弹出提示框，直接单击"确定"按钮即可。

第3步 返回工作表中，即可看到D列中的数据按照分列线的位置分为两列，如下图所示。

3. 处理不规范日期

日期不规范也是一个常见的问题，特别是从某些系统中导出数据时，获取到的日期形式基本上都不符合要求。

如下图所示，E列是8位数值的日期数据，分别表示四位年份、两位月份和两位天数。

这样的数据用户一定不会陌生，但是在Excel中，这样的数据是无法被识别为日期格式的。要转换成规范的日期格式数据，其操作步骤如下。

第1步 打开"素材文件\第1章\员工信息登记表.xlsx"文件，选中单元格区域E3:E20，在"数据"选项卡下的"数据工具"组中单击"分列"按钮，打开文本分列向导，连续单击"下一步"按钮，切换到"文本分列向导 - 第3步，共3步"对话框，选中"日期"单选按钮，设置好日期格式，单击"完成"按钮，如下图所示。

第2步 即可看到选定区域中的单元格会以选择的日期格式进行显示，如下图所示。

4. 提取身份证号码中的出生日期

如果想要舍弃单元格数据中的部分数据，也可以通过分列功能来实现。

如下图所示，想要快速提取出身份证号码中的出生年月日信息，具体操作步骤如下。

第1步 打开"素材文件\第1章\员工身份证信息表.xlsx"文件，选中单元格区域D2:D18，在"数据"选项卡下的"数据工具"组中单击"分列"按钮，打开"文本分列向导 - 第1步，共3步"对话框，选中"固定宽度"单选按钮，单击"下一步"按钮，如下图所示。

第2步 在"文本分列向导 - 第2步，共3步"对话框中的"数据预览"区域中依次单击第6位之后和倒数第4位之前的位置，建立分列线。如果单击的位置不准确，可将鼠标放置在分列线上拖动至合适的位置，单击"下一步"按钮，如下图所示。

第3步 在"文本分列向导-第3步,共3步"对话框中的"数据预览"区域选中第一列,选中"不导入此列(跳过)"单选按钮,如下图所示。

第4步 继续在"数据预览"区域选中第三列,选中"不导入此列(跳过)"单选按钮,如下图所示。

第6步 即可看到选定区域中的身份证号码中间8位的出生日期将分列至E列中,财务人员可直接获取各个员工的出生日期,如下图所示。

	A	B	C	D	E	F
1	员工编号	姓名	部门	身份证号	出生日期	
2	KL-001	黄**	销售部	512145199012072227*	1990/12/7	
3	KL-002	和**	财务部	122222198901243337*	1989/1/24	
4	KL-003	可**	销售部	233000198805241007*	1988/5/24	
5	KL-004	龙**	行政部	145330198012041107*	1980/12/4	
6	KL-005	宁**	销售部	154545198612082247*	1986/12/8	
7	KL-006	冈**	销售部	363650198411011017*	1984/11/1	
8	KL-007	章**	财务部	987878199220521454*	1992/5/21	
9	KL-008	晶**	行政部	547987199306091277*	1993/6/9	
10	KL-009	李**	人事部	121452198806042547*	1988/6/4	
11	KL-010	曲**	销售部	134564198707082457*	1987/7/8	
12	KL-011	屈**	技术部	312654198505082197*	1985/5/8	
13	KL-012	费**	销售部	562145198812062547*	1988/12/6	
14	KL-013	元**	技术部	598745199012041247*	1990/12/4	
15	KL-014	厅**	财务部	195687198805162547*	1988/5/16	
16	KL-015	刘**	行政部	201452198302164567*	1983/2/16	
17	KL-016	袁**	财务部	221547198612064567*	1986/12/6	
18	KL-017	江**	人事部	236541198807152657*	1988/7/15	
19						

1.2.4 批量合并相同内容的单元格

在实际工作中,难免会遇到合并单元格的情况,但基本上都是一部分一部分地进行合并。下面介绍通过"分类汇总"功能来批量合并相同内容的单元格。

下图所示的是制作好的"重点城市产品销售统计表",现要对A列中含有相同内容的单元格进行批量合并操作,具体操作步骤如下。

第5步 在"数据预览"区域选中第二列,选中"日期"单选按钮,并设置好日期格式,在"目标区域"后的文本框中设置分列的出生日期放置的起始单元格为E2,单击"完成"按钮,如下图所示。

第1章
制表技巧：既规范又高效地制作财务表格

第1步 打开"素材文件\第1章\重点城市产品销售统计表.xlsx"文件，选中表格中的任意数据单元格，切换至"数据"选项卡，在"分级显示"组中单击"分类汇总"按钮，如下图所示。

第2步 弹出"分类汇总"对话框，设置"分类字段"和"选定汇总项"都为"省份"，单击"确定"按钮，如下图所示。

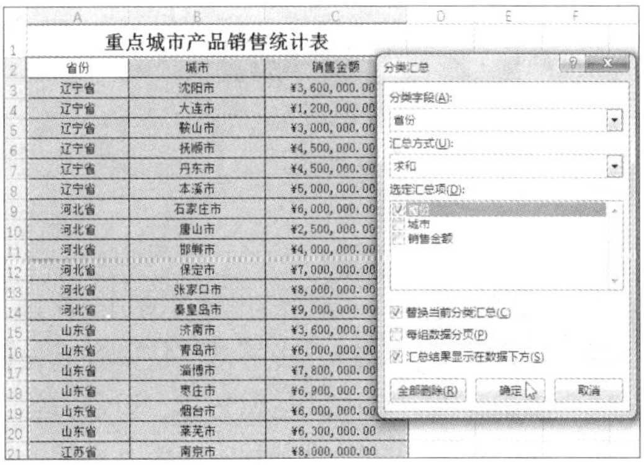

第3步 返回工作表中，选中单元格区域A3:A30，按"Ctrl+G"组合键，打开"定位"对话框，单击"定位条件"按钮，如下图所示。

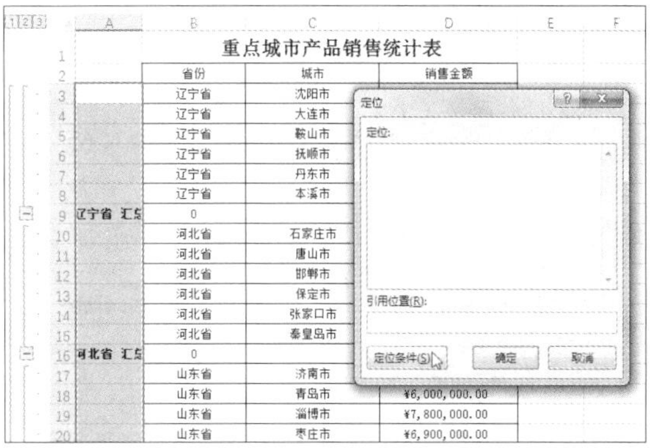

第4步 弹出"定位条件"对话框，选中"空值"单选按钮，单击"确定"按钮，如下图所示。

第5步 即可看到选中区域中空白的单元格被选中了，切换至"开始"选项卡，在"对齐方式"组中单击"合并后居中"按钮，如下图所示，即可合并同一省份的空白单元格。

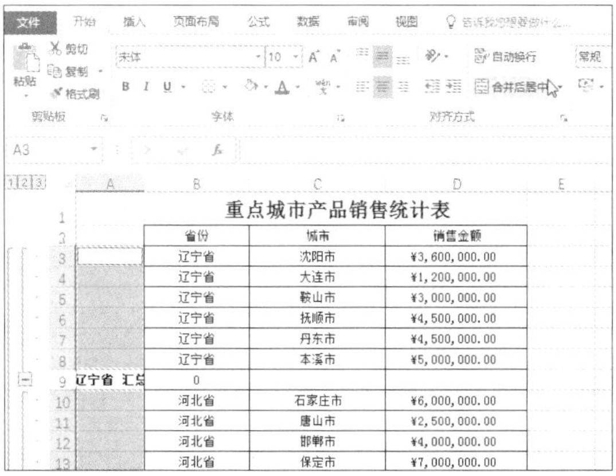

第6步 选中工作表中的任意数据单元格，在"数据"选项卡下的"分级显示"组中单击"分类汇总"按钮，打开"分类汇总"对话框，单击"全部删除"

11

按钮，取消分类汇总，如下图所示。

第7步 返回工作表中，复制好单元格区域 A3:A27 后，右击单元格 B3，在弹出的快捷菜单中选择"粘贴选项"→"格式"命令，如下图所示。

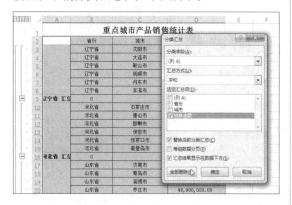

第8步 右击空白的 A 列，在弹出的快捷菜单中选择"删除"命令，删除该空白列，即可实现批量合并后的表格效果，如下图所示。

1.3 财务数据的整理技巧

在制作财务表格时，除了要保证表格的规范性，还需掌握一些基本的整理技巧，从而切实提高数据处理、表格编制的效率。

1.3.1 选择性粘贴的巧妙应用

"选择性粘贴"是一个很强大的工具，用好了该工具，就可以在工作中事半功倍。下面先了解一下"选择性粘贴"对话框。

复制内容后，在"开始"选项卡的"剪贴板"组中单击"粘贴"下拉按钮，然后选择"选择性粘贴"命令，即可打开"选择性粘贴"对话框。

"选择性粘贴"对话框可以划分成4个区域，即粘贴方式区域、运算方式区域、特殊处理设置区域、按钮区域。其中，粘贴方式、运算方式、特殊处理设置相互之间可以同时使用，例如，在粘贴方式区域中选中"公式"，然后在运算区域内选中"加"，同时还可以在特殊设置区域内选中"跳过空单元"和"转置"，如下图所示，单击"确定"按钮后，所有选择的项目都会粘贴上。

第1章
制表技巧：既规范又高效地制作财务表格

下面对选择性粘贴在实际工作中的几个常用功能和相关使用技巧进行介绍。

1. 去掉表格中的公式，仅保留数值

在制作Excel表格时，单元格中使用了许多函数和公式，文档传送给他人时，出于保密的考虑，可能不希望别人看到相应的公式结构，此时可以通过"选择性粘贴"对话框中的"数值"粘贴方式快速将公式结果转换为固定的数值。

如下图所示，在"收支核算表"中选中含有公式的单元格，如单元格D4，可在编辑栏中看到该单元格中的公式。

现要将该表格中的公式转换为数值，具体的操作步骤如下。

第1步 打开"素材文件\第1章\收支核算表.xlsx"文件，选中表格中含有金额的数据单元格，如单元格B3:H15，按"Ctrl+C"组合键复制该单元格区域中的数据，在"开始"选项卡下的"剪贴板"组中单击"粘贴"下拉按钮，在展开的列表中选择"选择性粘贴"命令，如下图所示。

第2步 弹出"选择性粘贴"对话框，选中"数值"单选按钮，单击"确定"按钮，如下图所示。

第3步 返回工作表中，选中含有公式的单元格，如单元格D4，即可在编辑栏中看到该单元格中的公式变为了数值，如下图所示。

13

温馨提示

将表格中的公式转换为数值主要用在大量的公式影响表格打开、刷新速度的情况下。当然，为了防止别人看到公式，或者修改公式会导致数据出现问题时，这一功能也很有必要。

2. 套用其他表格的格式

如果原单元格数据已经有一些格式，如设置了字体、字号、字体颜色、对齐方式、数字格式等，需要将这些格式应用到目标单元格中，就可以使用"选择性粘贴"对话框中的"格式"功能。该功能就是复制原单元格数据的格式，而不复制内容。

下图所示为1月的"支出明细表"，该表格中含有一些格式。

	支出明细表					
日期	购买物品	单价	数量	应付金额	已付金额	未付金额
1月5日	水桶（个）	¥50	20	¥1,000	¥500	¥500
1月5日	A4纸（包）	¥40	2	¥80	¥80	¥0
1月7日	中性笔（盒）	¥20	3	¥60	¥60	¥0
1月10日	活页夹（个）	¥2	200	¥400	¥200	¥200
1月15日	便签（本）	¥5	20	¥100	¥100	¥0
1月18日	笔记本（本）	¥10	20	¥200	¥200	¥0
1月19日	订书机（个）	¥50	2	¥100	¥100	¥0
1月20日	账簿（个）	¥10	10	¥100	¥100	¥0
1月24日	中性笔（盒）	¥20	2	¥40	¥40	¥0
1月28日	活页夹（个）	¥2	100	¥200	¥200	¥0
1月30日	便签（本）	¥5	10	¥50	¥50	¥0
1月31日	A4纸（包）	¥40	3	¥120	¥120	¥0

现要将该工作表中的格式应用到2月和3月的支出明细表中，具体的操作步骤如下。

第1步 打开"素材文件\第1章\支出明细表.xlsx"文件，在工作表"1月"中选中已经应用了格式的单元格区域A1:G14，并按"Ctrl+C"组合键复制该单元格区域中的数据，切换至工作表"2月"，选中要应用格式的单元格区域A1:G12，在"开始"选项卡下的"剪贴板"组中单击"粘贴"下拉按钮，在展开的列表中选择"选择性粘贴"选项，如下图所示。

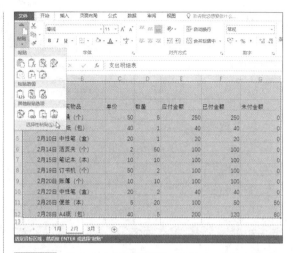

第2步 弹出"选择性粘贴"对话框，选中"格式"单选按钮，单击"确定"按钮，如下图所示。

第3步 返回工作表中，即可看到工作表"2月"中的表格数据应用格式后的效果，如下图所示。使用相同的方法可对工作表"3月"中的表格数据进行相同格式的复制操作。

	支出明细表					
日期	购买物品	单价	数量	应付金额	已付金额	未付金额
2月5日	水桶（个）	¥50	5	¥250	¥250	¥0
2月6日	A4纸（包）	¥40	1	¥40	¥40	¥0
2月10日	中性笔（盒）	¥20	1	¥20	¥20	¥0
2月14日	活页夹（个）	¥2	50	¥100	¥100	¥0
2月15日	笔记本（本）	¥10	10	¥100	¥100	¥0
2月19日	订书机（个）	¥50	2	¥100	¥100	¥0
2月20日	账簿（个）	¥10	10	¥100	¥100	¥0
2月22日	中性笔（盒）	¥20	2	¥40	¥40	¥0
2月25日	便签（本）	¥5	20	¥100	¥50	¥50
2月28日	A4纸（包）	¥40	5	¥200	¥120	¥80

第1章
制表技巧：既规范又高效地制作财务表格

> **温馨提示**
>
> 除了可以通过以上方法对单元格中的字体格式、对齐方式及数字格式等进行复制操作，还可以使用"格式刷" 格式刷 工具进行相同的操作。单击"格式刷"按钮可以复制一次，双击"格式刷"按钮可以复制多次，完成复制后按"Esc"键取消该功能的应用即可。但是需注意的是，无论是使用"选择性粘贴"对话框中的"格式"粘贴方式还是"格式刷"工具，都不能对工作表中的行高、列宽、公式、有效性、批注等进行复制操作。

3. 使用选择性粘贴原样复制单元格区域

工作中经常要将工作表中的某张表格内容复制到其他工作表中，但是复制后表格的行高、列宽发生改变，需要重新设置，很浪费时间。下面介绍一个技巧，可以将表格在复制、粘贴后保持内容格式、行高和列宽都不发生改变。

第1步 打开"素材文件\第1章\销售明细表.xlsx"文件，在工作表"1月"中选中要复制的表格区域所在的整行，如第1~14行，按"Ctrl+C"组合键，复制第1~14行的数据，如下图所示。需要注意的是，在选择数据复制的时候，一定要选择数据所在区域的整行，或者全选表格，然后再进行复制操作，否则后续的粘贴操作将不能实现行高的完全复制。

第2步 切换至工作表"2月"，选中单元格A1，打开"选择性粘贴"对话框，选中"列宽"单选按钮，单击"确定"按钮，如下图所示。

第3步 返回工作表中，按"Ctrl+V"组合键，即可将工作表"1月"中的数据内容、格式以及行高和列宽都复制到工作表"2月"中。根据实际情况更改该工作表中的数据内容，即可得到如下图所示的效果。

4. 将现有的表格数据由"元"转换成"万元"

如果要在Excel中将现有的表格数据由"元"转换成"万元"，则可通过"选择性粘贴"中的"运算"功能来实现，具体的操作步骤如下。

第1步 打开"素材文件\第1章\地区销售表.xlsx"文件，在任意空白单元格中输入"10 000"，如在单元格C10中输入，并使用"Ctrl+C"组合键复制该单元格中的数据，选中单元格区域B4:F8，如下图所示。

15

第2步 打开"选择性粘贴"对话框，选中"粘贴"区域中的"数值"单选按钮，再选中"运算"区域中的"除"单选按钮，单击"确定"按钮，如下图所示。此步骤需注意的是，对话框中的"数值"单选按钮一定要选中，不然在粘贴时会将复制单元格中的格式应用到目标单元格中。

第3步 完成粘贴后，返回工作表中，即可看到表格中的数据已经全部除以 10 000，随后删除单元格 C10 中输入的数字"10 000"，即可得到如下图所示的表格效果。

5. 数据合并粘贴时跳过空单元格

当复制的源数据区域中有空单元格时，如果在粘贴时想要空单元格不替换粘贴区域对应单元格中的值，可通过"选择性粘贴"对话框中的"跳过空单元"功能来实现。

第1步 打开"素材文件\第1章\产品检测表.xlsx"文件，使用"Ctrl+C"组合键复制单元格区域 E3:E16，选中单元格区域 D3:D16，如下图所示。

第2步 打开"选择性粘贴"对话框，选中"跳过空单元"复选框，单击"确定"按钮，如下图所示。

第3步 返回工作表中，即可看到系统会自动跳过 E 列选中单元格区域的空单元格，而将含有数据的单元格内容复制到 D 列选中的单元格区域中，随后将 E 列删除，即可得到如下图所示的效果。

6. 互换表格的行列数据

如果要在Excel中将被复制数据的列变成行，或将行变成列，即源数据区域的顶行将位于目标区域的最左列，而源数据区域的最左列将显示于目标区域的顶行，则可通过“选择性粘贴”对话框中的“转置”功能来实现。

下图所示为未互换行列前的“地区销售表”。

地区销售表

					单位：元
	第一季度	第二季度	第三季度	第四季度	全年总计
东部	2600000	3600000	5800000	6900000	18900000
华北	6900000	5000000	7800000	7800000	27500000
华东	8000000	2500000	4500000	2456000	17456000
西南	8500000	4500000	6000000	7852000	26852000
西部	3600000	780000	2540000	3600000	10520000

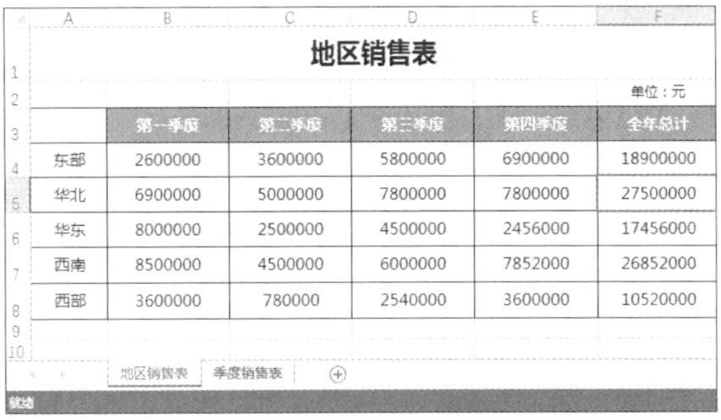

现需要将该表格中的行列互换，并在“季度销售表”中呈现，可通过以下的方法来实现。

第1步 打开“素材文件\第1章\销售表.xlsx”文件，使用“Ctrl+C”组合键复制工作表“地区销售表”中的单元格区域A3:F8。切换至工作表“季度销售表”中，选中单元格A3，打开“选择性粘贴”对话框，选中“转置”复选框，单击“确定”按钮，如下图所示。

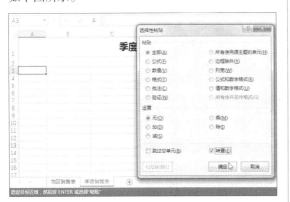

第2步 返回工作表中，即可在工作表“季度销售表”中看到转置后的表格效果，如下图所示。

季度销售表

					单位：元
	东部	华北	华东	西南	西部
第一季度	2600000	6900000	8000000	8500000	3600000
第二季度	3600000	5000000	2500000	4500000	780000
第三季度	5800000	7800000	4500000	6000000	2540000
第四季度	6900000	7800000	2456000	7852000	3600000
全年总计	18900000	27500000	17456000	26852000	10520000

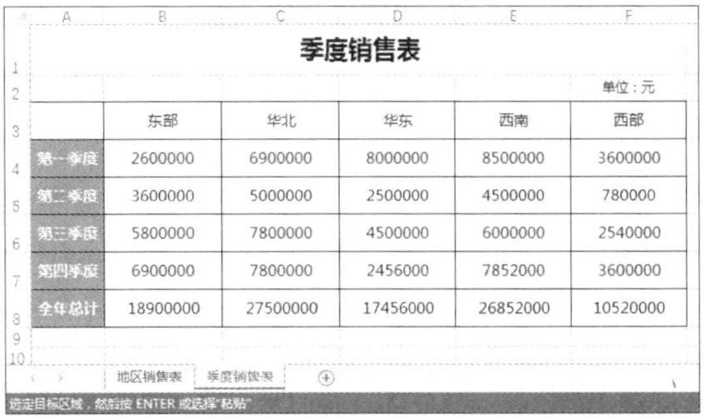

7. 实现表格的同步更新

如果想要复制、粘贴后的数据能随源数据的自动更新而发生变化，可通过“选择性粘贴”对话框中的“粘贴链接”功能来实现，具体的操作步骤如下。

第1步 打开“素材文件\第1章\产品年度汇总表.xlsx”文件，使用“Ctrl”键选中单元格区域B5:E5、B11:E11、B17:E17、B23:E23，随后使用“Ctrl+C”组合键复制选中的单元格区域，选中单元格区域H2:K5，如下图所示。在该表格中，复制的单元格区域数据都是根据公式计算出来的。

一季度	东区	西区	南区	北区
产品A	20000	45000	80000	35000
产品B	56000	50000	40000	42000
产品C	60000	65400	52000	63000
合计	136000	160400	172000	140000

二季度	东区	西区	南区	北区
产品A	30000	62000	60000	25000
产品B	25000	25000	54000	70000
产品C	45000	22000	40000	84000
合计	100000	109000	154000	179000

三季度	东区	西区	南区	北区
产品A	22000	40000	58000	36000
产品B	36000	52000	54000	56000
产品C	58000	55000	40000	60000
合计	116000	147000	152000	152000

四季度	东区	西区	南区	北区
产品A	32000	40000	25000	36000
产品B	28000	56000	45000	60000
产品C	78000	60000	25000	56000
合计	138000	156000	95000	152000

年度总计	东区	西区	南区	北区
一季度				
二季度				
三季度				
四季度				
年度总计				

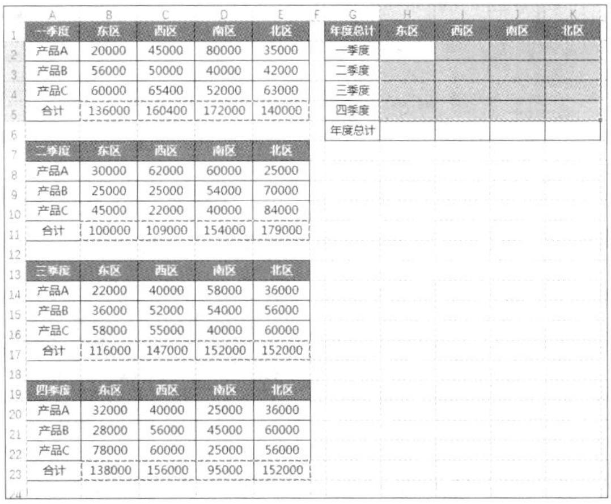

第2步 打开“选择性粘贴”对话框，单击“粘贴链接”按钮，如下图所示。

> **温馨提示**
>
> "粘贴链接"和"数值粘贴"的区别是:"数值粘贴"是粘贴Excel中的数值,与计算数值的源数据没有任何关系;而"粘贴链接"是保持数据的同步更新。

1.3.2 快速查找和替换数据

在使用Excel的过程中,有时候工作表或工作簿的内容很多,仅凭记忆和肉眼,很难查找数据,而且需要更改多处相同的数据时,一个一个地更改也很麻烦。此时就可以使用Excel提供的"查找"和"替换"功能,快速定位内容位置或批量替换数据。

第3步 完成后返回工作表中,即可看到选中单元格区域中粘贴的各个季度对应地区的销售额数据,在单元格H6中输入计算公式"=H2+H3+H4+H5",按"Enter"键,得到东区的年度总计,然后向右拖动单元格H6右下角的填充柄,如下图所示。

1. 精确查找和替换数据

下图所示为制作好的"员工信息统计表"。

现需要对表格中属于"财务部"的数据信息进行查看,并将"学历"信息中的"大专"替换为"专科",具体的操作步骤如下。

第4步 即可得到"年度总计"数据,调整"二季度"表格中产品B在"东区"的销售金额数据,即单元格B9中的销售数据,即可看到"年度总计表格"中"东区"的总计数据也会发生相应的改变,如下图所示。

第1步 打开"素材文件\第1章\员工信息统计表1.xlsx"文件,按"Ctrl+F"组合键,打开"查找和替换"对话框,在"查找"选项卡下的"查找内容"文本框中输入"财务部",单击"查找全部"按钮,如下图所示。

第1章
制表技巧：既规范又高效地制作财务表格

第2步 此时在对话框的下方可看到查找数据所在的单元格，以及左下角中说明的查找结果有5个，如下图所示。

第3步 切换至"替换"选项卡下，在"查找内容"和"替换为"文本框中分别输入"大专"和"专科"，单击"全部替换"按钮，弹出提示框，提示用户完成了8处替换，单击"确定"按钮，如下图所示。

第4步 完成替换后，关闭对话框，返回到工作表中，即可看到工作表"学历"一栏中的多个"大专"都替换为了"专科"，如下图所示。

2. 使用通配符模糊查找数据

如果需要查找某个文本数据，但是忘掉了该文本的完整文字，而只是记得部分字符，则可以使用"通配符"来进行模糊查找，具体操作步骤如下。

第1步 打开"素材文件\第1章\员工信息统计表2.xlsx"文件，按"Ctrl+F"组合键，打开"查找和替换"对话框，在"查找"选项卡下的"查找内容"文本框中输入"*科"，单击"查找全部"按钮，如下图所示。

第2步 此时在对话框的下方可看到模糊查找数据后，含有"科"字符所在的单元格，单击要查看的数据记录即可，如下图所示。

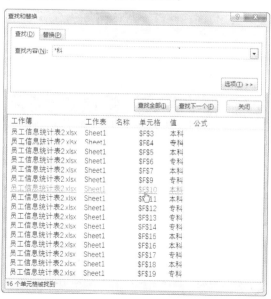

第3步 关闭对话框，返回工作表中，系统会自

动定位至该单元格中，如下图所示。

	A	B	C	D	E	F	G
1			员工信息统计表				
2	员工编号	员工姓名	所属部门	性别	入职时间	学历	联系电话
3	HK001	金**	销售部	女	2007/8/9	本科	1832656****
4	HK002	黄**	财务部	男	2005/9/6	专科	1369865****
5	HK003	龙**	销售部	女	2010/2/6	本科	1769875****
6	HK004	冯**	人事部	男	2008/6/4	专科	7359864****
7	HK005	胡**	销售部	男	2012/2/3	本科	1756895****
8	HK006	古**	财务部	女	2013/3/6	硕士	1524512****
9	HK007	风**	行政部	女	2014/5/6	专科	1873221****
10	HK008	元**	销售部	男	2009/5/6	本科	1768212****
11	HK009	可**	人事部	男	2007/8/6	本科	1561414****
12	HK010	晶**	财务部	男	2013/6/9	专科	1365625****
13	HK011	信**	销售部	男	2014/5/6	专科	1785252****
14	HK012	孔**	行政部	男	2016/9/6	本科	1339856****
15	HK013	力**	人事部	女	2017/1/2	本科	1562478****
16	HK014	柯**	财务部	男	2010/4/5	本科	1367474****
17	HK015	费**	销售部	女	2013/5/8	专科	1315141****
18	HK016	圆**	行政部	女	2014/5/9	本科	1785645****
19	HK017	景**	财务部	男	2015/9/8	专科	1365656****
20	HK018	伍**	人事部	女	2012/2/9	硕士	1525623****

3. 替换单元格中的格式

如果要批量替换某个或某部分单元格的格式，可通过"替换"功能中的"替换格式"来实现。

如下图所示，可在"员工信息统计表"中看到"所属部门"列中的"财务部"数据设置了绿色的字体颜色，该字体颜色一是不明显，二是不方便用户识别。此时可以使用Excel中的"格式替换"功能将绿色的文本内容替换为加粗的红色文本（受印刷限制，颜色未在下图体现，读者可在素材文件中查看颜色）。

	A	B	C	D	E	F	G
1			员工信息统计表				
2	员工编号	员工姓名	所属部门	性别	入职时间	学历	联系电话
3	HK001	金**	销售部	女	2007/8/9	本科	1832656****
4	HK002	黄**	财务部	男	2005/9/6	专科	1369865****
5	HK003	龙**	销售部	女	2010/2/6	本科	1769875****
6	HK004	冯**	人事部	男	2008/6/4	专科	7359864****
7	HK005	胡**	销售部	男	2012/2/3	本科	1756895****
8	HK006	古**	财务部	女	2013/3/6	硕士	1524512****
9	HK007	风**	行政部	女	2014/5/6	专科	1873221****
10	HK008	元**	销售部	男	2009/5/6	本科	1768212****
11	HK009	可**	人事部	男	2007/8/6	本科	1561414****
12	HK010	晶**	财务部	男	2013/6/9	专科	1365625****
13	HK011	信**	销售部	男	2014/5/6	专科	1785252****
14	HK012	孔**	行政部	男	2016/9/6	本科	1339856****
15	HK013	力**	人事部	女	2017/1/2	本科	1562478****
16	HK014	柯**	财务部	男	2010/4/5	本科	1367474****
17	HK015	费**	销售部	女	2013/5/8	专科	1315141****
18	HK016	圆**	行政部	女	2014/5/9	本科	1785645****
19	HK017	景**	财务部	男	2015/9/8	专科	1365656****
20	HK018	伍**	人事部	女	2012/2/9	硕士	1525623****

具体操作步骤如下。

第1步 打开"素材文件\第1章\员工信息统计表3.xlsx"文件，按"Ctrl+H"组合键，打开"查找和替换"对话框，在"替换"选项卡下单击"查找内容"后的"格式"按钮，如下图所示。

第2步 打开"查找格式"对话框，切换至"字体"选项卡，设置"颜色"为"绿色"，单击"确定"按钮，如下图所示。

第3步 返回"查找和替换"对话框，单击"替换为"后的"格式"按钮，打开"替换格式"对话框，设置"字形"为"加粗"，"颜色"为"红色"，单击"确定"按钮，如下图所示。

第4步 返回"查找和替换"对话框，单击"全部替换"按钮，弹出提示框，提示用户完成了5处替换，单击"确定"按钮，如下图所示。

第1章
制表技巧：既规范又高效地制作财务表格

第5步 关闭对话框，返回工作表中，即可看到绿色的文本格式被替换为加粗、红色的文本，如下图所示。

员工编号	员工姓名	所属部门	性别	入职时间	学历	联系电话
HK001	金**	销售部	女	2007/8/9	本科	1832656****
HK002	黄**	财务部	男	2005/9/6	本科	1369866****
HK003	龙**	销售部	女	2010/2/6	本科	1769875****
HK004	冯**	人事部	男	2008/6/4	本科	7359864****
HK005	胡**	销售部	男	2012/2/3	本科	1756895****
HK006	古**	财务部	女	2013/3/6	硕士	1524512****
HK007	风**	行政部	女	2014/5/6	本科	1873221****
HK008	元**	销售部	男	2009/5/6	本科	1768212****
HK009	可**	人事部	男	2007/9/6	本科	1561414****
HK010	名**	财务部	女	2013/6/6	本科	1365625****
HK011	信**	销售部	男	2014/5/6	本科	1785252****
HK012	孔**	行政部	女	2016/9/6	专科	1339856****
HK013	力**	人事部	男	2017/1/2	本科	1562478****
HK014	柯**	财务部	男	2010/4/5	本科	1367474****
HK015	撰**	销售部	女	2013/5/8	本科	1315141****
HK016	茜**	行政部	女	2014/5/6	本科	1785645****
HK017	景**	财务部	男	2015/9/8	专科	1365656****
HK018	伍**	人事部	女	2012/2/9	硕士	1525623****

4. 使用查找和替换删除零值

如下图所示，1月份的"支出明细表"中含有多个零值数据。

日期	购买物品	单价	数量	应付金额	已付金额	未付金额
1月5日	水桶（个）	¥50	20	¥1,000	¥500	¥500
1月5日	A4纸（包）	¥40	2	¥80	¥80	¥0
1月7日	中性笔（盒）	¥20	3	¥60	¥60	¥0
1月10日	活页夹（个）	¥2	200	¥400	¥200	¥200
1月15日	便签（本）	¥5	20	¥100	¥100	¥0
1月18日	笔记本（本）	¥10	20	¥200	¥200	¥0
1月19日	订书机（个）	¥50	2	¥100	¥100	¥0
1月20日	账簿（个）	¥10	10	¥100	¥100	¥0
1月24日	中性笔（盒）	¥20	2	¥40	¥40	¥0
1月28日	活页夹（个）	¥2	100	¥200	¥200	¥0
1月30日	便签（本）	¥5	10	¥50	¥50	¥0
1月31日	A4纸（包）	¥40	3	¥120	¥120	¥0

现要同时删除工作表"1月""2月"和"3月"中的零值，具体的操作步骤如下。

第1步 打开"素材文件\第1章\支出明细表1.xlsx"文件，在工作表"1月"中按"Ctrl+H"组合键，打开"查找和替换"对话框，在"替换"选项卡下的"查找内容"文本框中输入"0"，"替换为"

文本框中什么都不输入，设置"范围"为"工作簿"，选中"单元格匹配"复选框，单击"全部替换"按钮，如下图所示。随后会弹出提示框，提示用户完成了25处替换，直接单击"确定"按钮即可。

第2步 返回工作簿中，在工作表"1月"中可看到含有零值的单元格将被空白的单元格所代替，如下图所示。

日期	购买物品	单价	数量	应付金额	已付金额	未付金额
1月5日	水桶（个）	¥50	¥20	¥1,000	¥500	¥500
1月5日	A4纸（包）	¥40	¥2	¥80	¥80	
1月7日	中性笔（盒）	¥20	¥3	¥60	¥60	
1月10日	活页夹（个）	¥2	¥200	¥400	¥200	¥200
1月15日	便签（本）	¥5	¥20	¥100	¥100	
1月18日	笔记本（本）	¥10	¥20	¥200	¥200	
1月19日	订书机（个）	¥50	¥2	¥100	¥100	
1月20日	账簿（个）	¥10	¥10	¥100	¥100	
1月24日	中性笔（盒）	¥20	¥2	¥40	¥40	
1月28日	活页夹（个）	¥2	¥100	¥200	¥200	
1月30日	便签（本）	¥5	¥10	¥50	¥50	
1月31日	A4纸（包）	¥40	¥3	¥120	¥120	

第3步 切换至工作表"2月"中，可看到该工作表中的零值单元格也将被空白的单元格所代替，如下图所示。当然，工作表"3月"中的零值单元格也是一样会被替换为空白的单元格。

日期	购买物品	单价	数量	应付金额	已付金额	未付金额
2月5日	水桶（个）	¥50	5	¥250	¥250	
2月6日	A4纸（包）	¥40	1	¥40	¥40	
2月10日	中性笔（盒）	¥20	1	¥20	¥20	
2月14日	活页夹（个）	¥2	50	¥100	¥100	
2月15日	笔记本（本）	¥10	10	¥100	¥100	
2月19日	订书机（个）	¥50	2	¥100	¥100	
2月20日	账簿（个）	¥10	10	¥100	¥100	
2月22日	中性笔（盒）	¥20	2	¥40	¥40	
2月25日	便签（本）	¥5	20	¥100	¥50	¥50
2月28日	A4纸（包）	¥40	5	¥200	¥120	¥80

> **温馨提示**
>
> 在使用查找和替换功能删除零值时，一定要在"查找和替换"对话框中选中"单元格匹配"复选框，否则会将表格中含有零值的数值数据也删除，如某个单元格中的值为"50"，进行此操作时，如果不选中"单元格匹配"复选框，则该单元格中的值会变为"5"。

1.3.3 对多个单元格区域数据批量求和

如下图所示，该工作表中各个片区及各个产品的"合计"值还未进行求和计算。

现通过定位条件和自动求和功能对工作表中的单元格快速进行批量求和。

具体操作步骤如下。

第1步 打开"素材文件\第1章\产品片区汇总表.xlsx"文件，选定单元格区域C1:G13，按"Ctrl+G"组合键，打开"定位"对话框，单击"定位条件"按钮，如下图所示。

第2步 打开"定位条件"对话框，选中"空值"单选按钮，单击"确定"按钮，如下图所示。

第3步 返回工作表中，即可看到选中区域中的空白单元格被选中了，切换至"公式"选项卡，单击"函数库"组中的"自动求和"按钮，如下图所示。

第4步 即可在选中的空白单元格中快速完成批量求和操作，结果如下图所示。

第1章
制表技巧：既规范又高效地制作财务表格

1.4 用数据验证规范财务数据的输入

如果财务人员想要限制表格中输入数值的位数、范围，并在单元格中创建下拉列表方便数据的选择性输入，可利用Excel中的数据验证功能来实现。而且，财务人员还能够使用该功能，轻松圈出指定的数据。

1.4.1 使用下拉列表快速输入数据

下图所示为未输入"所属部门"数据前的"员工信息表"。现为了保证"所属部门"输入内容的一致性，避免输入公司中不存在的部门，可使用"数据验证"对话框中的"序列"功能创建下拉列表来选择部门数据。

具体操作步骤如下。

第1步 打开"素材文件\第1章\员工信息表.xlsx"文件，选中要设置条件的单元格区域C3:C20，切换至"数据"选项卡，在"数据工具"组中单击"数据验证"按钮，如下图所示。

第2步 弹出"数据验证"对话框，在"设置"选项卡下设置"允许"为"序列"，在"来源"文本框中输入序列数据"财务部,行政部,销售部,技术部"，单击"确定"按钮，如下图所示。此处需注意的是，序列值中的数据要以英文状态下的逗号隔开。

第3步 返回工作表中，单击单元格区域C3:C20中任意单元格右侧的下拉按钮，在展开的列表中可看到输入的序列数据，单击对应的部门即可，如下图所示。

1.4.2 限定数据的输入位数

在制作员工信息表时，身份证号码是经常需要输入的信息，但由于身份证号码位数较多，在输入时，非常容易出错。此时可以利用"数据验证"

对话框中的"文本长度"功能对单元格数据进行限制，当输入的位数不对时，就给出提示。

第1步 打开"素材文件\第1章\员工信息表1.xlsx"文件，选中单元格区域G3:G20，打开"数据验证"对话框，在"设置"选项卡下设置"允许"为"文本长度"，"数据"为"等于"，"长度"为"18"，如下图所示。

第2步 切换至"出错警告"选项卡，设置好"样式"，在"标题"和"错误信息"文本框中输入警告信息，单击"确定"按钮，如下图所示。

第3步 返回工作表中，当在单元格G3中输入错误位数的数据时，会弹出"友情提醒"对话框，提示用户重新输入。单击"取消"按钮，然后重新输入正确位数的身份证号码即可，如下图所示。

1.4.3 设置输入数据的提示信息

为了防止输入错误的内容，可以设置输入提示信息，以提示用户输入正确的数据。可利用"数据验证"对话框中的"输入信息"功能来实现，具体操作步骤如下。

第1步 打开"素材文件\第1章\员工信息表2.xlsx"文件，选中单元格区域G3:G20，打开"数据验证"对话框，切换至"输入信息"选项卡，在"标题"和"输入信息"文本框中输入提示信息，单击"确定"按钮，如下图所示。

第2步 返回工作表中，选中单元格区域G3:G20中的任意单元格，即可在右下角显示输入内容的提示框，如下图所示。

温馨提示

如果设置的数据验证条件不准确，或者完成了数据验证的设置，需要删除数据条件时，可在打开的"数据验证"对话框中单击左下角的"全部清除"按钮，删除工作表中设置的数据验证条件。

1.4.4 快速圈释指定的数据

需要在工作簿中突出显示指定的单元格数据，可使用"数据验证"对话框中的"圈释无效数据"功能来实现，具体操作步骤如下。

第1步 打开"素材文件\第1章\员工信息表3.xlsx"文件，选中单元格区域E3:E20，打开"数据验证"对话框，在"设置"选项卡下设置"允许"为"日期"，"数据"为"介于"，并设置好"开始日期"和"结束日期"，单击"确定"按钮，如下图所示。

第2步 返回工作表中，在"数据"选项卡下的"数据工具"组中单击"数据验证"下拉按钮，在展开的列表中选择"圈释无效数据"选项，如下图所示。

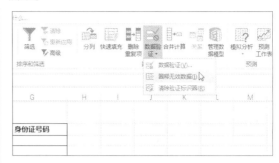

第3步 即可看到工作表中无效数据所在的单元格被圈释出来了，如下图所示。

大神支招

前面介绍了Excel制表的相关规范和高效提升技能。下面结合本章内容再介绍几个实用且常用的技巧，帮助财务工作者提高工作效率。

01 缩短自动保存时间间隔，防止数据的意外丢失

在使用Excel的过程中，难免会遇到意外情况，如突然断电、死机等，导致Excel自动关闭，从而造成一些数据的丢失。为了减少数据丢失，用户可以缩短Excel的"保存自动恢复信息时间间隔"，其具体操作如下。

打开一个空白工作簿，选择"文件"→"选项"命令，打开"Excel选项"对话框，切换至"保存"选项卡，在"保存工作簿"选项区域的"保存自动恢复信息时间间隔"文本框中设置自动保存文档的间隔时间，如"1"分钟；单击"确定"按钮，如下图所示。

02 冻结窗格，滚动浏览工作表的其他数据

当在Excel中查看内容比较多的工作表时，难以比较表中的不同部分的数据，这时候，财务人员可以利用Excel中的"冻结窗格"功能将某几行或某几列的数据冻结起来，这样在滚动窗口时，所冻结的行或列的数据就会被固定显示在屏幕上，从而不会随着其他单元格的移动而变动，具体操作步骤如下。

第1步 打开"素材文件\第1章\员工信息统计表4.xlsx"文件，如果要冻结某行，首先需要选中其下面的那行，如要冻结第1行和第2行，则选中第3行，在"视图"选项卡下的"窗口"组中单击"冻结窗格"按钮，在展开的列表中选择"冻结拆分窗格"选项，如下图所示。如果仅仅需要对首行和首列进行冻结，则在展开的列表中选择"冻结首行"或"冻结首列"选项。

第2步 随后可看到选中行的上方会出现一条拆

分的横线，向下滑动滚动条，即可看到第1行和第2行的数据会固定保持不动，如下图所示。

03 对工作簿进行加密，提高安全性

为了防止工作簿内容被他人随意查看，可以对重要的工作簿文件进行加密保存，具体操作步骤如下。

第1步 打开"素材文件\第1章\员工信息统计表5.xlsx"文件，单击"文件"→"信息"→"保护工作簿"按钮，在展开的列表中选择"用密码进行加密"选项，如下图所示。

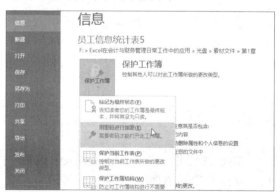

第2步 弹出"加密文档"对话框，在"密码"文本框中输入要设置的密码，如"000000"，单击"确定"按钮，如下图所示。

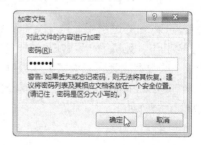

第3步 弹出"确认密码"对话框，在"重新输入密码"文本框中输入相同的保护密码"000000"，单击"确定"按钮，如下图所示。

第4步 保存并关闭该工作簿后，重新打开该工作簿，会弹出"密码"对话框，只有在该对话框中的"密码"文本框中输入正确的密码"000000"，才能打开该工作簿，如下图所示。

04 打印多页表格时如何在每页显示标题行

当打印的表格内容有多页时，为了在每页都打印出标题行，可以按以下方法进行操作。

在工作表中的"页面布局"选项卡"页面设置"组中单击"对话框启动器" 按钮，打开"页面设置"对话框，切换至"工作表"选项卡，在"顶端标题行"文本框中设置选择要打印标题行的行号，如此处为工作表的第1行，单击"确定"按钮，如下图所示。用同样的方法还可以设置打印的标题列。

经过上面的设置，在打印工作表内容时，每页都会自动打印标题行内容。

第2章
实用功能：让财务数据的分析和处理事半功倍

本章导读

　　财务人员在掌握了专业的制表技能和技巧后，为了更加高效地对财务数据进行分析和处理，还需要掌握一些表格数据的实用处理技能，如突出显示重要财务数据，排序、筛选和分类汇总财务数据，以及对财务数据进行合并计算。

　　本章将把这些实用的数据处理功能介绍给用户，帮助用户事半功倍地完成财务数据的分析和处理。

知识要点

- ❖ 如何突出显示重要的财务数据
- ❖ 如何掌握数据的处理功能与技巧
- ❖ 如何汇总多工作表数据

第 2 章
实用功能：让财务数据的分析和处理事半功倍

2.1 突出显示重要的财务数据

如果想要在财务表格中直观地突出显示某些财务数据，可使用Excel中的突出显示单元格规则、项目选取规则、数据条、图标集以及新建规则来实现。

2.1.1 利用突出显示单元格规则使数据分析更具表现力

要突出显示财务表格中大于、小于、介于、等于某个值，或者特定的文本、发生日期、重复值等单元格数据，可使用Excel中的突出显示单元格规则来实现。

下图所示为"产品销售报表"，在该表格中，用户可看到各个月份对应的各个产品的销售数据。现要突出显示销售金额大于80 000元的"月份"数据。

具体操作步骤如下。

第1步 打开"素材文件\第 2 章\产品销售报表.xlsx"文件，选中单元格区域B3:E14，在"开始"选项卡下的"样式"组中单击"条件格式"按钮，在展开的列表中选择"突出显示单元格规则"→"大于"选项，如下图所示。

第2步 弹出"大于"对话框，设置大于的分界值为"80 000"，设置突出的效果为"浅红填充色深红色文本"，单击"确定"按钮，如下图所示。

第3步 返回工作表中，即可看到选中区域中销售金额大于 80 000 的单元格被浅红色填充了，并且单元格中的文本被设置为深红色，如下图所示。

2.1.2 利用项目选取规则标识数据

如果要突出显示特定的数据，如突出显示前几项、后几项、高于或低于平均值的数据，可使用"项目选取规则"功能来实现。

下图所示为"员工销售报表"，现要突出显示"第四季度"中前3项的销售数据。

员工	第一季度	第二季度	第三季度	第四季度	合计
李**	¥320,000	¥450,000	¥645,000	¥827,000	¥2,242,000
凤**	¥500,000	¥890,000	¥871,000	¥221,000	¥2,482,000
元**	¥20,000	¥455,000	¥744,000	¥421,000	¥1,640,000
可**	¥360,000	¥520,000	¥541,000	¥233,000	¥1,654,000
何**	¥600,000	¥550,000	¥515,000	¥276,000	¥1,941,000
赵**	¥700,000	¥650,000	¥542,000	¥768,000	¥2,660,000
童**	¥770,000	¥600,000	¥105,000	¥455,000	¥1,930,000
孙**	¥400,000	¥250,000	¥405,000	¥965,000	¥2,020,000
靳**	¥440,000	¥323,000	¥605,000	¥455,000	¥1,823,000
晏**	¥560,000	¥303,000	¥205,000	¥486,000	¥1,554,000
柯**	¥600,000	¥300,000	¥708,000	¥365,000	¥1,973,000
季**	¥780,000	¥407,000	¥704,000	¥789,000	¥2,680,000
合计	¥6,050,000	¥5,698,000	¥6,590,000	¥6,261,000	¥24,599,000

具体操作步骤如下。

第1步 打开"素材文件\第2章\员工销售报表.xlsx"文件，选中单元格区域E3:E14，在"开始"选项卡下的"样式"组中单击"条件格式"按钮，在展开的列表中选择"项目选取规则"→"前10项"选项，如下图所示。

第2步 弹出"前10项"对话框，设置要突出的前几项项数为"3"，单击"设置为"右侧的下拉按钮，在展开的列表中选择"自定义格式"选项，如下图所示。

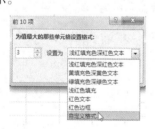

第3步 弹出"设置单元格格式"对话框，切换至"字体"选项卡，设置"字形"为"加粗倾斜"，单击"颜色"右侧的下拉按钮，在展开的列表中选择"红色"选项，如下图所示。

第4步 切换至"填充"选项卡，设置"图案颜色"为"浅绿"，单击"图案样式"右侧的下拉按钮，在展开的列表中选择"细水平剖面线"选项，如下图所示。

第5步 连续单击"确定"按钮，返回工作表中，即可看到"第四季度"中销售金额排名前3的单元格文本被设置为了红色，且单元格被填充为了浅绿和设置的图案样式，如下图所示。

第 2 章
实用功能：让财务数据的分析和处理事半功倍

色"，随后设置"条形图方向"为"从右到左"，单击"确定"按钮，如下图所示。

第3步 返回工作表中，即可看到选中区域的单元格中会出现数据条，其能够直观地比较单元格中的数据大小，如下图所示。

2.1.3 应用数据条对比查看财务数据

"数据条"功能可以帮助用户查看某个单元格相对于选定区域其他单元格的值。其中，当数据都是正值时，数据条越长，则数据越大；数据条越短，表示值越小。通过该功能，可使单元格中的数据大小一目了然。

第1步 打开"素材文件\第2章\员工销售报表.xlsx"文件，选中单元格区域F3:F14，在"开始"选项卡下的"样式"组中单击"条件格式"按钮，在展开的列表中选择"数据条"→"其他规则"选项，如下图所示。

第2步 弹出"新建格式规则"对话框，设置"最小值"为"最低值"，在"条形图外观"选项区域中设置"填充"为"实心填充"、"颜色"为"绿色"，设置"边框"为"实心边框"，"颜色"也为"绿

> **温馨提示**
>
> 如果想要设置的单元格区域中仅显示数据条，而不显示数据值，可在"新建格式规则"对话框中选中"仅显示数据条"复选框即可。

2.1.4 使用图标集查看目标完成情况

使用Excel查看销售目标的完成情况，"图标集"是一个很合适的工具。

如下图所示，可看到各个员工的销售完成度百分比情况，现要直观而突出地显示完成销售目标和未完成销售目标的员工。

员工	第一季度	第二季度	第三季度	第四季度	合计	完成度
李**	¥320,000	¥450,000	¥645,000	¥827,000	¥2,242,000	112.10%
凤**	¥500,000	¥890,000	¥871,000	¥221,000	¥2,482,000	124.10%
元**	¥20,000	¥455,000	¥744,000	¥421,000	¥1,640,000	82.00%
可**	¥360,000	¥520,000	¥541,000	¥233,000	¥1,654,000	82.70%
何**	¥600,000	¥550,000	¥515,000	¥276,000	¥1,941,000	97.05%
赵**	¥700,000	¥650,000	¥542,000	¥768,000	¥2,660,000	133.00%
童*	¥770,000	¥600,000	¥105,000	¥455,000	¥1,930,000	96.50%
孙**	¥400,000	¥250,000	¥405,000	¥965,000	¥2,020,000	101.00%
新**	¥440,000	¥323,000	¥605,000	¥455,000	¥1,823,000	91.15%
景**	¥560,000	¥303,000	¥205,000	¥486,000	¥1,554,000	77.70%
柯**	¥600,000	¥300,000	¥708,000	¥365,000	¥1,973,000	98.65%
季**	¥780,000	¥407,000	¥704,000	¥789,000	¥2,680,000	134.00%

具体操作步骤如下。

第1步 打开"素材文件\第2章\员工销售报表2.xlsx"文件，选中单元格区域G3:G14，在"开始"选项卡下的"样式"组中单击"条件格式"按钮，在展开的列表中选择"新建规则"选项，如下图所示。

第2步 弹出"新建格式规则"对话框，设置"格式样式"为"图标集"，设置"图标样式"为"三个符号（无圆圈）"，在"图标"选项区域中单击"红色十字"右侧的下拉按钮，在展开的列表中选择"无单元格图标"选项，如下图所示。

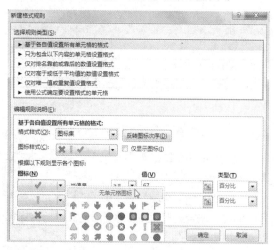

第3步 在"图标"选项区域中设置"黄色感叹号"为"错叉"，并在"值"和"类型"选项区域中设置好数学符号、数值及类型，单击"确定"按钮，如下图所示。

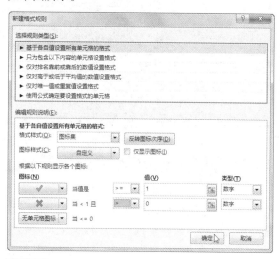

第4步 返回工作表中，即可看到实现了销售目标的单元格中会出现"绿色√"符号，而未完成销售目标的单元格中则会出现"红色×"符号，如下图所示。

员工	第一季度	第二季度	第三季度	第四季度	合计	完成度
李**	¥320,000	¥450,000	¥645,000	¥827,000	¥2,242,000	✓ 112.10%
凤**	¥500,000	¥890,000	¥871,000	¥221,000	¥2,482,000	✓ 124.10%
元**	¥20,000	¥455,000	¥744,000	¥421,000	¥1,640,000	✗ 82.00%
可**	¥360,000	¥520,000	¥541,000	¥233,000	¥1,654,000	✗ 82.70%
何**	¥600,000	¥550,000	¥515,000	¥276,000	¥1,941,000	✗ 97.05%
赵**	¥700,000	¥650,000	¥542,000	¥768,000	¥2,660,000	✓ 133.00%
童*	¥770,000	¥600,000	¥105,000	¥455,000	¥1,930,000	✗ 96.50%
孙**	¥400,000	¥250,000	¥405,000	¥965,000	¥2,020,000	✓ 101.00%
新**	¥440,000	¥323,000	¥605,000	¥455,000	¥1,823,000	✗ 91.15%
景**	¥560,000	¥303,000	¥205,000	¥486,000	¥1,554,000	✗ 77.70%
柯**	¥600,000	¥300,000	¥708,000	¥365,000	¥1,973,000	✗ 98.65%
季**	¥780,000	¥407,000	¥704,000	¥789,000	¥2,680,000	✓ 134.00%

2.1.5 新建规则实现自动到期提醒

虽然Excel中提供了多种条件格式来突出显示重要值，但仍不能满足实际的工作需求，此时就需要用户通过新建规则设置条件来突出显示指定的数据。

下图所示为"企业贷款表"，在该表格中详细列出了各个银行的贷款日期、贷款金额及到期日期。现要通过设定逻辑公式来提醒贷款的自动到期时间，具体操作步骤如下。

第 2 章
实用功能：让财务数据的分析和处理事半功倍

	A	B	C	D	E
1	编号	贷款日期	银行	贷款金额	到期日期
2	001	2017/1/7	中国银行	¥100,000.00	2018/1/7
3	002	2017/2/4	交通银行	¥200,000.00	2018/1/4
4	003	2017/3/4	建设银行	¥600,000.00	2018/2/4
5	004	2017/3/8	工商银行	¥300,000.00	2018/3/8
6	005	2017/4/10	广大银行	¥400,000.00	2018/4/10
7	006	2017/4/15	中国银行	¥500,000.00	2018/4/15
8	007	2017/5/8	兴业银行	¥600,000.00	2018/1/5
9	008	2017/6/30	招商银行	¥200,000.00	2018/6/30
10	009	2017/7/25	建设银行	¥850,000.00	2018/7/25
11	010	2017/8/8	农业银行	¥450,000.00	2018/4/8
12	011	2017/9/18	交通银行	¥780,000.00	2018/9/18
13	012	2017/10/8	中国银行	¥960,000.00	2018/1/8
14	013	2017/11/11	建设银行	¥630,000.00	2018/5/11
15	014	2017/12/15	工商银行	¥450,000.00	2018/1/15

第1步 打开"素材文件\第2章\企业贷款表.xlsx"文件，选中单元格区域 E2:E15，打开"新建格式规则"对话框，在"选择规则类型"列表框中选择"使用公式确定要设置格式的单元格"选项，在"为符合此公式的值设置格式"文本框中输入公式"=AND($E2>=TODAY(),$E2-TODAY()<30)"，并通过"格式"按钮打开"设置单元格格式"对话框，从而设置好要突出显示的效果，单击"确定"按钮，如下图所示。

第2步 返回工作表中，即可看到到期日期在30天以内的单元格将被红色填充，且单元格中的文本将加粗显示，如下图所示。

	A	B	C	D	E
1	编号	贷款日期	银行	贷款金额	到期日期
2	001	2017/1/7	中国银行	¥100,000.00	**2018/1/7**
3	002	2017/2/4	交通银行	¥200,000.00	**2018/1/4**
4	003	2017/3/4	建设银行	¥600,000.00	2018/2/4
5	004	2017/3/8	工商银行	¥300,000.00	2018/3/8
6	005	2017/4/10	广大银行	¥400,000.00	2018/4/10
7	006	2017/4/15	中国银行	¥500,000.00	2018/4/15
8	007	2017/5/8	兴业银行	¥600,000.00	**2018/1/5**
9	008	2017/6/30	招商银行	¥200,000.00	2018/6/30
10	009	2017/7/25	建设银行	¥850,000.00	2018/7/25
11	010	2017/8/8	农业银行	¥450,000.00	2018/4/8
12	011	2017/9/18	交通银行	¥780,000.00	2018/9/18
13	012	2017/10/8	中国银行	¥960,000.00	**2018/1/8**
14	013	2017/11/11	建设银行	¥630,000.00	2018/5/11
15	014	2017/12/15	工商银行	¥450,000.00	**2018/1/15**

> **温馨提示**
> 如果要删除表格中添加的所有规则，则单击"条件格式"按钮，在展开的列表中选择"清除规则"→"清除整个工作表的规则"选项。

2.2 排序、筛选、汇总财务数据

Excel提供了排序、筛选、汇总功能，在处理数据时常用且好用。下面将对Excel中常用的数据处理功能进行介绍。

2.2.1 将无序的财务数据变为有序的序列

要让财务表格中的数据按照一定的规定进行排序，这时可以使用Excel中的"排序"功能来实现。

下图所示为"员工季度销售表"，在该表格中可看到不同销售部门的各个员工在各个季度的销售情况。现要对该工作表中的数据按要求进行多种方式的排序。

33

下方法来实现。

第1步 打开"素材文件\第2章\员工季度销售表.xlsx"文件，选中任意数据单元格，如单元格C2，切换至"数据"选项卡，在"排序和筛选"组中单击"排序"按钮，如下图所示。

1. 对单列数据进行排序

如果要对某个数据列中的数据按由高到低或由低到高的顺序排序，可以使用单条件的排序方式，具体操作步骤如下。

第1步 打开"素材文件\第2章\员工季度销售表.xlsx"文件，选中排序列中的任意数据单元格，如单元格D3，切换至"数据"选项卡，在"排序和筛选"组中单击"降序"按钮，如下图所示。

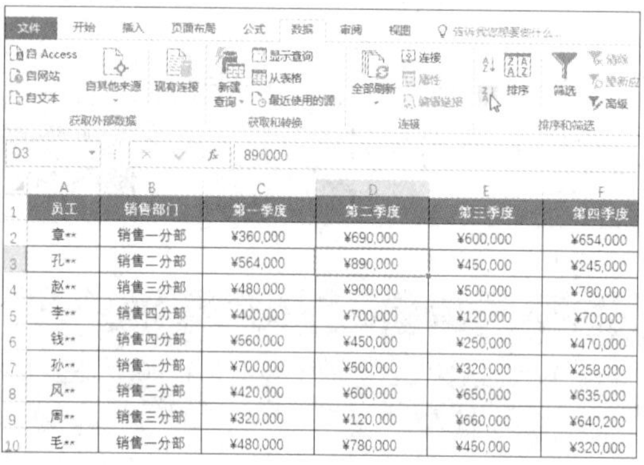

第2步 弹出"排序"对话框，设置"主要关键字"为"第一季度"，并设置好"排序依据"和"次序"，单击"添加条件"按钮，增加一个"次要关键字"，并设置其为"第二季度"，随后设置"排序依据"和"次序"，单击"确定"按钮，如下图所示。

第2步 即可看到销售数据会以"第二季度"的销售额从高到低排列，如下图所示。

第3步 返回工作表中，即可看到工作表中的数据会首先对"第一季度"的销售数据进行升序排列，当遇到相同的销售数据时，则会以"第二季度"的销售额从低到高进行排列，如下图所示。

2. 对多列数据进行排序

如果要对多列数据进行排序操作，可通过以

第 2 章
实用功能：让财务数据的分析和处理事半功倍

3. 按笔画对员工姓名进行排序

一般情况下，文本数据，如员工姓名、销售部门等在进行排序时，默认是按照字母顺序进行排序的，在实际工作中，用户还可以按照文本数据的笔画进行排序。

笔画排序有一定的规则，首字按笔画数排序（横、竖、撇、捺、折），笔画数量和笔形都相同的字，按字形结构排列（先左右，再上下，最后整体结构）。如果第一个字都是相同的，则按第二、三个字进行排序。

第1步 打开"素材文件\第 2 章\员工季度销售表.xlsx"文件，选中任意数据单元格，打开"排序"对话框，设置"主要关键字"为"员工"，并设置好"排序依据"和"次序"，单击"选项"按钮，如下图所示。

第2步 弹出"排序选项"对话框，在"方法"选项区域中选中"笔画排序"单选按钮，单击"确定"按钮，如下图所示。

第3步 继续单击"确定"按钮，返回工作表中，即可看到工作表中的数据会以员工姓名的笔画数从低到高进行排序，如下图所示。

	A	B	C	D	E	F
1	员工	销售部门	第一季度	第二季度	第三季度	第四季度
2	元**	销售四分部	¥600,000	¥963,000	¥520,000	¥800,000
3	毛**	销售一分部	¥480,000	¥780,000	¥450,000	¥320,000
4	凤**	销售二分部	¥420,000	¥600,000	¥650,000	¥635,000
5	孔**	销售二分部	¥564,000	¥890,000	¥450,000	¥245,000
6	孙**	销售一分部	¥700,000	¥500,000	¥320,000	¥258,000
7	李**	销售一分部	¥400,000	¥700,000	¥120,000	¥70,000
8	何**	销售二分部	¥500,000	¥780,000	¥550,000	¥280,000
9	陈**	销售一分部	¥120,000	¥940,000	¥630,000	¥800,000
10	周**	销售三分部	¥320,000	¥120,000	¥660,000	¥640,200
11	赵**	销售一分部	¥480,000	¥900,000	¥500,000	¥780,000
12	钱**	销售四分部	¥560,000	¥450,000	¥250,000	¥470,000
13	童**	销售一分部	¥360,000	¥690,000	¥600,000	¥654,000
14	彭**	销售三分部	¥980,000	¥360,000	¥540,000	¥2,450,000
15	程**	销售二分部	¥350,000	¥520,000	¥450,000	¥850,000

4. 自定义排序序列

如果要按照某一固定的序列进行排序，则用户可自定义排序的序列，具体操作步骤如下。

第1步 打开"素材文件\第 2 章\员工季度销售表.xlsx"文件，选中任意数据单元格，打开"排序"对话框，设置"主要关键字"为"销售部门"，并设置好"排序依据"，单击"次序"右侧的下拉按钮，在展开的列表中选择"自定义序列"选项，如下图所示。

第2步 弹出"自定义序列"对话框，在"输入序列"列表框中输入自定义的序列，单击"添加"按钮，如下图所示。在输入序列时，可使用"Enter"键换行。

第3步 连续单击"确定"按钮，返回工作表中，即可看到工作表中的数据以自定义的顺序排序，如下图所示。

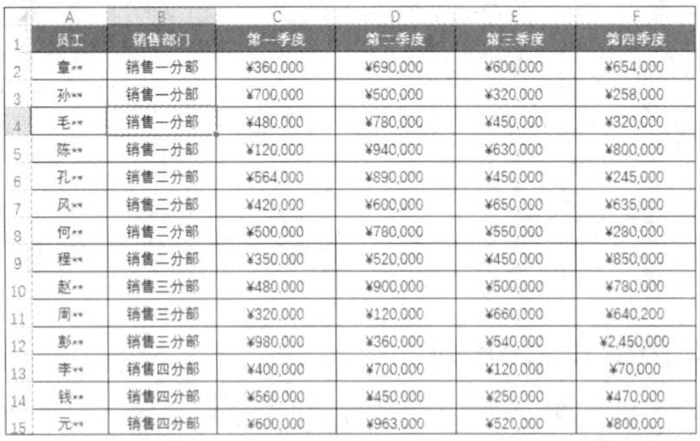

2.2.2 从数据中筛选提炼所需的财务数据

为了方便数据的查看、统计和打印，有时只想显示符合条件的数据，就可以使用Excel中的"筛选"功能，该功能可以在众多的数据中找到想要的数据。

Excel中提供了多种筛选方式，用户可根据实际的财务表格选择合适的方式提炼所需的财务数据。

1. 自动筛选

"自动筛选"一般用于简单的条件筛选，筛选时将不满足条件的数据暂时隐藏起来，只显示符合条件的数据。下面通过实例来进行详细讲解。

第1步 打开"素材文件\第2章\员工季度销售表.xlsx"文件，选中任意数据单元格，切换至"数据"选项卡，单击"排序和筛选"组中的"筛选"按钮，如下图所示。

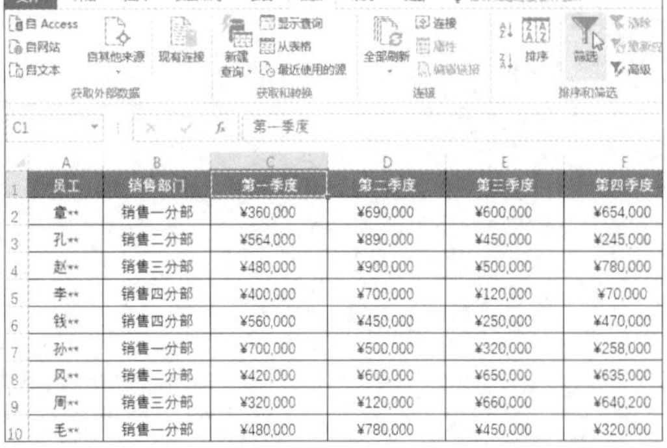

第2步 单击"销售部门"右侧的筛选按钮，在展开的列表中取消选中"全选"复选框，选中"销售三分部"和"销售一分部"复选框，单击"确定"按钮，如下图所示。

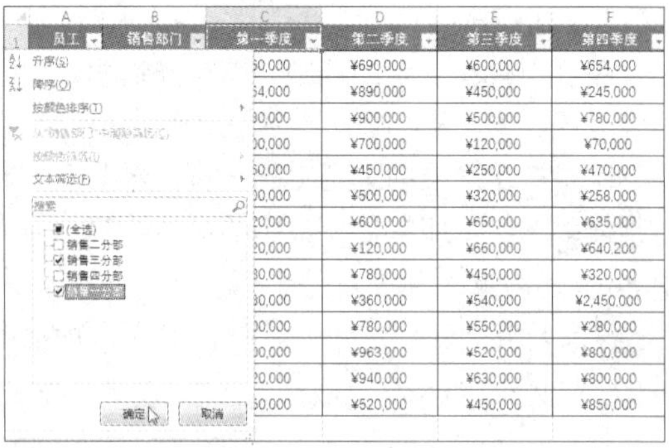

第3步 完成筛选后，即可看到筛选出的销售部门为一分部和三分部的销售数据，如下图所示。

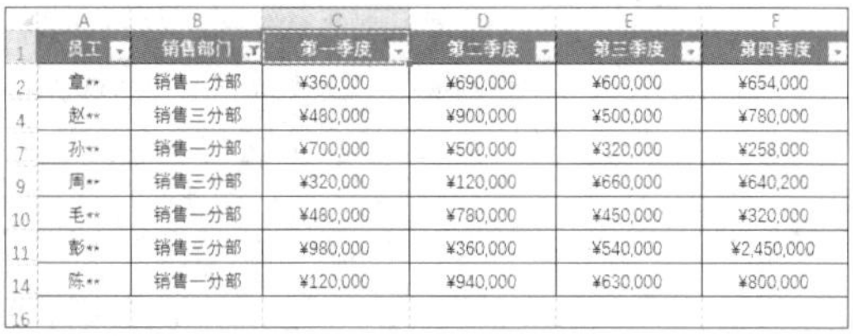

2. 模糊筛选

当用户对筛选的条件不能完全掌握时，可根据筛选功能中的搜索框模糊筛选出符合部分条件的财务数据，具体操作步骤如下。

第1步 打开"素材文件\第2章\员工季度销售表.xlsx"文件，选中任意数据单元格，在"数据"选项卡下单击"排序和筛选"组中的"筛选"按钮，单击"员工"右侧的筛选按钮，在展开的列表的搜索框中输入要模糊筛选的内容"钱"，单击"确定"按钮，如下图所示。

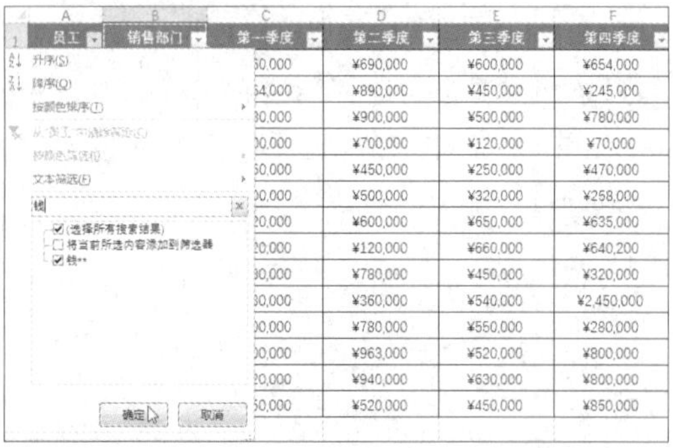

第 2 章
实用功能：让财务数据的分析和处理事半功倍

第2步 完成后，即可看到工作表中筛选出的"员工姓名"包含"钱"的销售记录，如下图所示。

3. 自定义筛选

如果要筛选出一列数据的多条件数据记录，则可以通过"自定义筛选"方式来完成，具体操作步骤如下。

第1步 打开"素材文件\第 2 章\员工季度销售表 .xlsx"文件，选中任意数据单元格，在"数据"选项卡下单击"排序和筛选"组中的"筛选"按钮，单击"第二季度"右侧的筛选按钮，在展开的列表中选择"数字筛选"→"自定义筛选"选项，如下图所示。

第2步 弹出"自定义自动筛选方式"对话框，设置要筛选的条件为第二季度销售额大于或等于 800 000 元或第二季度销售额小于或等于 500 000 元，单击"确定"按钮，如下图所示。

第3步 返回工作表中，即可看到筛选出的第二季度销售额大于 800 000 元或销售额小于 500 000 元的数据记录，如下图所示。

> **温馨提示**
> 统一日期格式，一定要是正确的格式，不能随意定，具体可参考1.2.3小节中的知识，这里不再赘述。

4. 高级筛选

"高级筛选"一般用于条件较复杂的筛选操作，通过此筛选方式，既可以在原数据表格中显示筛选的结果，不符合条件的记录被隐藏起来；也可以在新的位置显示筛选结果，不符合条件的记录同时保留在数据表中而不会被隐藏起来，这样就更加便于进行数据的对比。用户可根据实际条件选择合适的筛选结果位置。

第1步 打开"素材文件\第 2 章\员工季度销售表 .xlsx"文件，在 H 列和 I 列中输入要筛选的条件，选中表格中的任意数据单元格，切换至"数据"选项卡，单击"高级"按钮，如下图所示。

第2步 弹出"高级筛选"对话框，设置"方式"为"在原有区域显示筛选结果"，设置好"列表区域"和"条件区域"，单击"确定"按钮，如下图所示。

第3步 返回工作表中,即可看到筛选出的第一季度销售额大于 400 000 且第四季度销售额也大于 400 000 的数据记录,如下图所示。

温馨提示

如果要返回未筛选前的数据效果,则在"数据"选项卡下的"排序和筛选"组中单击"清除"按钮。

2.2.3 分类汇总财务数据让数据更有条理

如果要快速计算相同类别数据行的合计值,可通过 Excel 中的"分类汇总"功能来实现。但是需注意的是,在分类汇总前,为了让相同类别的数据行汇总在一个类别中,首先需要对表格按关键字段进行排序操作。

下图所示为"支出明细表",在该表格中可看到各个日期的支出摘要、费用类别、部门及支出金额数据。现要对"摘要"和"部门"列的数据分别进行分类汇总,具体操作步骤如下。

第1步 打开"素材文件\第2章\支出明细表.xlsx"文件,选中要分类汇总列的任意数据单元格,如要对"摘要"列进行分类汇总,则选中 C 列的任意数据单元格,如单元格 C3,切换至"数据"选项卡,在"排序和筛选"组中单击"降序"按钮,如下图所示。

第2步 可看到表格数据会根据摘要列中的数据进行降序排序,在"数据"选项卡下的"分级显示"组中单击"分类汇总"按钮,如下图所示。

第3步 弹出"分类汇总"对话框,设置"分类字段"为"摘要",保持默认的"汇总方式",在"选定汇总项"列表框中选中"金额"复选框,单击"确定"按钮,如下图所示。

第4步 返回工作表中,即可看到表格中的数据会以"摘要"为类别对本年的支出"金额"进行汇总,单击列标题左侧的分类汇总编号,如单击编号"2",如下图所示。

第5步 即可看到表格将隐藏各个摘要列中的三级明细数据,而只显示二级明细数据,如下图所示。

第6步 再次打开"分类汇总"对话框,单击"全部删除"按钮,如下图所示。

第7步 返回未分类汇总前的效果,然后对"部门"列的数据进行降序排序,将相同类的部门放在相邻的位置,然后打开"分类汇总"对话框,设置"分类字段"为"部门",保持默认的"汇总方式",在"选定汇总项"列表框中选中"金额"复选框,单击"确定"按钮,如下图所示。

第8步 返回工作表中,单击分类汇总编号"2",即可看到各个部门的支出"金额"数据,如下图所示。

2.3 让多工作表数据的汇总更高效

如果要对多个财务表格进行数据的统计操作,则Excel中的"合并计算"功能能够快速地实现此任务。该功能可以汇总或者合并多个数据源区域中的数据,具体方法有两种:一是按类别合并计算;二是按位置合并计算。

此外,合并计算的数据源区域可以是同一工作表中的不同表格,也可以是同一工作簿中的不同工作表,还可以是不同工作簿中的表格。

2.3.1 按位置合并计算多工作表数据

通过位置来合并计算数据是指在所有源区域中的数据以相同的结构排列,也就是说,需要在每个源区域中合并计算的数值必须在被选定源区域的相对位置上。这种方式非常适用于处理相同表格的合并工作。例如,总公司将各分店的销售数据合并到一个工作表中。

下图所示的3个工作表分别为某公司销售一分部、销售二分部和销售三分部的销售数据,可发现这3个工作表中的数据以相同的结构排列。现要合计3个工作表中的数据,具体操作步骤如下。

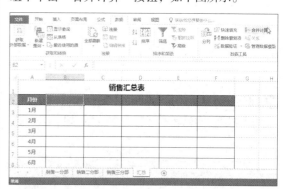

第1步 打开"素材文件\第2章\各销售分部汇总表.xlsx"文件,切换至"汇总"工作表,选中单元格B2,切换至"数据"选项卡,在"数据工具"组中单击"合并计算"按钮,如下图所示。

第2步 弹出"合并计算"对话框,保持默认的"函数"设置,设置"引用位置"为"销售一分部!$B$2:$F$14",单击"添加"按钮,如下图所示。

第 2 章
实用功能：让财务数据的分析和处理事半功倍

根据这些表格的分类来分别进行合并工作。

例如，某公司共有3个分店，它们销售的商品既有相同的也有不同的。如下图所示的3个工作表，分别为某公司销售一分部、销售二分部和销售三分部的销售数据，可发现这3个工作表中的数据虽然以相同的结构排列，但3个工作表中的D列数据是不同的产品。现要合并3个工作表中的销售数据，具体的操作步骤如下。

第3步 使用相同的方法将其他工作表中的相同单元格区域添加到"所有引用位置"列表框中，选中"首行"复选框，单击"确定"按钮，如下图所示。

第4步 返回工作表中，可看到合并计算多工作表相同单元格区域后的汇总效果，如下图所示。

2.3.2 按类别合并计算多工作表数据

通过类别来合并计算数据是指当多重来源区域包含相似的数据却以不同方式排列时，也就是说，当选定格式的表格具有不同的内容时，可以

第1步 打开"素材文件\第2章\各销售分部汇

总表 1.xlsx"文件，切换至"汇总"工作表，选中单元格 B2，切换至"数据"选项卡，在"数据工具"组中单击"合并计算"按钮，如下图所示。

第 3 步 返回工作表中，为合并计算后的区域设置好边框、字体颜色、填充颜色、合并和对齐方式，即可得到如下图所示的效果。

第 2 步 弹出"合并计算"对话框，保持默认的"函数"设置，在"所有引用位置"列表框中添加好各个工作表要合并计算的区域，选中"首行"复选框，单击"确定"按钮，如下图所示。

在本章中，主要对财务表格数据的分析和处理技能进行了介绍，帮助财务人员更加高效地工作。下面结合本章内容介绍几个实用且常用的技巧，以帮助财务人员提高工作效率。

01　让数据正负值对比更加形象

在实际工作中，为了更直观地查看正负值数据，可在数据条中设置不同的数据条颜色来明显区分单元格中的正负值，从而让数据的对比效果更加形象。

第 1 步 打开"素材文件\第 2 章\区域销售额表.xlsx"文件，选中单元格区域 D3:D9，在"开始"选项卡下的"样式"组中单击"条件格式"按钮，在展开的列表中选择"数据条"→"其他规则"选项，如下图所示。

第 2 步 弹出"新建格式规则"对话框，选中"仅

显示数据条"复选框，在"条形图外观"选项区域中设置好正值数据的外观，单击"负值和坐标轴"按钮，如下图所示。

第3步 弹出"负值和坐标轴设置"对话框，在"负值条形图填充颜色"和"负值条形图边框颜色"选项区域中设置"填充颜色"和"边框颜色"都为"红色"，在"坐标轴设置"选项区域中选中"单元格中点值"单选按钮，单击"确定"按钮，如下图所示。

第4步 继续单击"确定"按钮，返回工作表中，即可看到"年增长率"中正负值的数据条对比效果，如下图所示。

02 通过筛选功能删除空白行

对于财务表格中多个不连续的空白行，可以使用筛选功能来将其快速删除，具体的操作步骤如下。

第1步 打开"素材文件\第2章\员工销售表.xlsx"文件，选中单元格区域A1:F18，在"数据"选项卡下的"排序和筛选"组中单击"筛选"按钮，单击"销售部门"右侧的筛选按钮，在展开的列表中取消选中"全选"复选框，选中"空白"复选框，单击"确定"按钮，如下图所示。

第2步 即可将选中区域中的空白行选中，然后重新选择不包括行标题的空白区域并右击，在弹出的快捷菜单中选择"删除行"命令，如下图所示。

第3步 弹出提示框,提示用户是否删除工作表的整行,如果是,则单击"确定"按钮,如下图所示。随后在"数据"选项卡下的"排序和筛选"组中单击"筛选"按钮,即可返回未筛选前的表格效果,且表格中的空白行被删除了。

03 分页打印分类汇总的各组数据

如果想要让分类汇总后的各组数据在打印时自动显示在不同的页中,可通过"每组数据分页"功能来实现,具体的操作步骤如下。

第1步 打开"素材文件\第2章\支出明细表.xlsx"文件,选中"费用类别"列中的数据,切换至"数据"选项卡,在"排序和筛选"组中单击"降序"按钮,即可看到降序排列费用类别数据后的效果,如下图所示。

第2步 打开"分类汇总"对话框,设置好"分类字段""汇总方式"及"选定汇总项",选中"每组数据分页"复选框,单击"确定"按钮,如下图所示。

第3步 返回工作表中,切换至"视图"选项卡,单击"分页预览"按钮,即可看到分类汇总的各组数据会在不同的页中显示,在打印时也会分为不同的页进行打印,如下图所示。

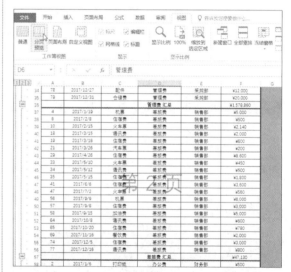

04 当工作表很多时如何快速切换

当工作簿中包含大量的工作表时,如果想要快速切换至某个工作表,可通过以下方法来定位,具体的操作步骤如下。

第1步 打开"素材文件\第2章\各销售分部汇总表2.xlsx"文件,在工作表窗口左下角的工作表导航按钮区域 右击,如下图所示。

第 2 章

实用功能：让财务数据的分析和处理事半功倍

第2步 弹出"激活"对话框，在"活动文档"列表框中选择要定位的工作表，如工作表"销售五分部"，单击"确定"按钮，如下图所示，即可快速切换至该工作表中。

第3章
函数必备：财务人员应该掌握的函数

本章导读

财务人员的工作越来越离不开计算机，更离不开Excel软件。在日常财务工作中，经常需要对财务数据进行计算处理，Excel为用户提供了大量的函数，熟练掌握一些常用函数，能够方便快速地计算出财务数据，起到事半功倍的作用。

本章将结合实际财务工作中的一些应用案例，对逻辑、数学和三角、查找与引用、统计和文本函数中的一些常用函数进行介绍，帮助用户掌握一些"偷懒"技巧。

知识要点

- ❖ 逻辑函数的应用
- ❖ 数学和三角函数的应用
- ❖ 查找与引用函数的应用
- ❖ 统计函数的应用
- ❖ 文本函数的应用

3.1 逻辑函数

逻辑函数是Excel函数的重要组成部分，常用来判断真假。有效地使用逻辑函数可以极大地提高工作效率，给数据处理带来极大便利。本节将通过在实践中经常会遇到的案例，对逻辑函数的使用进行详细的讲解和分析。

3.1.1 IF——根据条件判断值的函数

IF函数的作用是对指定的条件执行真假值判断，根据逻辑测试的真假值，计算或返回不同的结果。用户可以使用IF函数对数值和公式进行条件检测，也可以嵌套使用IF函数。

语法结构：IF(logical_test,value_if_true,value_if_false)

参数logical_test表示计算结果为 TRUE 或 FALSE 的任意值或表达式。

参数value_if_true表示logical_test为 TRUE 时返回的值。

参数value_if_false表示logical_test为 FALSE 时返回的值。

根据不同的情况，IF函数有不同的使用方法，如在单一的条件中使用该函数判断值，或者在多条件中使用该函数判断值。

1. 单一条件格式

如果仅仅只需要对表格中的数据进行单个条件的判断，则可通过以下方法来实现。

如下图所示，可看到预算部门各个科目的预算费用和实际费用，现需要获取各个科目的状态，即各个科目的实际费用到底是超出了预算，还是在预算之内，以便于财务人员进行后续的分析和操作，可通过IF函数来实现。

预算部门费用分析报表				
科目名称	预算周期	预算费用	实际费用	状态
办公费	每月	¥6,500	¥7,800	
办公设备	每月	¥60,000	¥50,000	
差旅费	每月	¥10,000	¥8,000	
油费	每月	¥12,000	¥20,000	
房租费	每月	¥20,000	¥20,000	
工会经费	每月	¥6,000	¥9,000	
会议费	每月	¥4,500	¥8,000	
其他投入	每月	¥3,000	¥2,500	
通讯费	每月	¥6,600	¥6,000	
业务招待费	每月	¥20,000	¥30,000	
信息化建设经费	每月	¥45,000	¥50,000	
年审评估费	每月	¥6,000	¥5,000	

打开"素材文件\第3章\预算部门费用分析报表.xlsx"文件，在单元格E3中输入公式"=IF(D3>C3,"超出预算","在预算范围内")"，按"Enter"键，得到第一个科目的状态，向下复制公式，即可得到各个科目的状态，如下图所示。

预算部门费用分析报表				
科目名称	预算周期	预算费用	实际费用	状态
办公费	每月	¥6,500	¥7,800	超出预算
办公设备	每月	¥60,000	¥50,000	在预算范围内
差旅费	每月	¥10,000	¥8,000	在预算范围内
油费	每月	¥12,000	¥20,000	超出预算
房租费	每月	¥20,000	¥20,000	在预算范围内
工会经费	每月	¥6,000	¥9,000	超出预算
会议费	每月	¥4,500	¥8,000	超出预算
其他投入	每月	¥3,000	¥2,500	在预算范围内
通讯费	每月	¥6,600	¥6,000	在预算范围内
业务招待费	每月	¥20,000	¥30,000	超出预算
信息化建设经费	每月	¥45,000	¥50,000	超出预算
年审评估费	每月	¥6,000	¥5,000	在预算范围内

2. 多条件格式

要判断的条件较多时，也可以使用IF函数来实现。

如下图所示，可看到各个产品的型号、销售部门、批发单价、零售单价、销售数量、销售金额、利润，现要根据3个已知条件，使用IF函数判断各个产品的销售情况。

产品销售情况表							
产品型号	销售部门	批发单价	零售单价	销售数量	销售金额	利润	销售情况
NT004	销售A部	¥1,200	¥2,599	48	¥124,752	¥67,152	
NT005	销售B部	¥2,000	¥3,600	56	¥201,600	¥89,600	
NT010	销售A部	¥1,100	¥2,999	60	¥179,940	¥113,940	
NT020	销售B部	¥1,120	¥3,699	50	¥184,950	¥128,950	
NT022	销售B部	¥1,320	¥3,499	45	¥157,455	¥98,055	
NT030	销售C部	¥1,500	¥4,500	29	¥130,500	¥87,000	
MT540	销售B部	¥1,600	¥2,999	30	¥41,600	¥41,970	
HJ001	销售C部	¥1,700	¥2,789	65	¥181,285	¥70,785	
LP694	销售A部	¥2,000	¥4,669	50	¥233,450	¥133,450	
JY452	销售B部	¥2,200	¥4,599	54	¥248,346	¥129,546	
LW254	销售A部	¥1,500	¥3,666	42	¥153,972	¥90,972	

（1）利润大于100 000元的，销售情况好。

（2）利润在50 000元和100 000元之间的，利润一般。

（3）利润小于50 000元的，销售情况差。

打开"素材文件\第3章\产品销售情况表.xlsx"文件，在单元格H3中输入公式"=IF(G3>100000,"好",IF(G3>50000,"一般","差"))"，按"Enter"键，得到第一个产品的销售情况，向下复制公式，即可得到各个产品的销售情况，如下图所示。

打开"素材文件\第3章\预算部门费用分析表1.xlsx"文件，在单元格F3中输入公式"=IF(E3="预算外费用",E3,IF(AND(E3>=-20%,E3<=20%),"正常","不正常"))"，按"Enter"键，得到第一个科目的状态，向下复制公式，即可得到各个科目的状态，如下图所示。

3.1.2 AND、OR、NOT——条件判断函数的得力助手

常用的逻辑函数除了IF函数以外，还有一些为IF函数添加帮助的、不可缺少的辅助函数，如AND、OR和NOT函数。下面将分别对这3个函数进行详细的介绍。

1. AND函数

AND函数用于返回逻辑值，如果所有参数值均为逻辑"真"（TRUE），则返回逻辑"真"（TRUE），反之返回逻辑"假"（FALSE）。

语法结构：AND(logical1,logical2,…)

参数logical1,logical2,…表示待测试的条件值或表达式。

下图所示为"预算部门费用分析报表"，下面利用AND函数判断各科目的状态。

2. OR函数

OR函数主要功能是返回逻辑值，仅当所有参数值均为逻辑"假"（FALSE）时返回函数结果逻辑"假"（FALSE），否则都返回逻辑"真"（TRUE）。

语法结构：OR(logical1,logical2,…)

参数logical1,logical2,…表示待测试的条件值或表达式。

OR函数在实际工作中的用法如下。

打开"素材文件\第3章\预算部门费用分析表1.xlsx"文件，在单元格F3中输入公式"=IF(E3="预算外费用",E3,IF(OR(E3<=-20%,E3>=20%),"关注","不关注"))"，按"Enter"键，并向下复制公式，即可得到各个科目的状态，如下图所示。

函数NOT返回FALSE。

NOT函数在实际工作中的具体用法如下。

打开"素材文件\第3章\预算部门费用分析表1.xlsx"文件,在单元格F3中输入公式"=IF(NOT(E3<=0),"补助","")",按"Enter"键,即可得到第一个科目的状态,向下复制公式,即可得到各个科目的状态,如下图所示。

3. NOT函数

当要确保一个值不等于某一特定值时,可以使用 NOT 函数。

语法结构:NOT(logical)

参数logical为一个可以计算出TRUE或FALSE的逻辑值或逻辑表达式。如果参数logical为FALSE,则函数NOT返回TRUE;如果logical为 TRUE,则

3.2 数学和三角函数

Excel 提供了多个数学和三角函数,可分别用来进行数学和三角函数的计算。而数学计算中最常用的就是求和计算。本节将详细介绍常用数学和三角函数的基本用法及其在实际中的应用,希望能够对财务人员有所帮助。

3.2.1 SUM——简单的数据求和函数

SUM函数指的是返回某一单元格区域中数字、逻辑值及数字的文本表达式之和。如果参数中有错误值或为不能转换成数字的文本,将会导致错误。

语法结构:SUM(number1,[number2],…)

参数number1, number2,…为1~255个需要求和的参数。

SUM函数在实际工作中的具体用法如下。

打开"素材文件\第3章\产品销售情况表1.xlsx"文件,在单元格E14中输入公式"=SUM(E3:E13)",按"Enter"键,即可得到产品的销售数量合计值,然后在单元格F14

和G14中分别输入公式"=SUM(F3:F13)"和"=SUM(G3:G13)",即可得到销售金额总计值和利润合计值,如下图所示。

3.2.2 SUMIF——单条件求和函数

SUMIF函数可以对范围中符合指定条件的值求和，该函数拥有十分强大的条件求和功能，在工作中有极其广泛的应用。

语法结构：SUMIF(range，criteria，sum_range)

参数range为条件区域，用于条件判断的单元格区域。

参数criteria为求和条件，是由数字、逻辑表达式等组成的判定条件。

参数sum_range 为实际求和区域，即需要求和的单元格、区域或引用。当省略该参数时，则条件区域就是实际求和区域。

下图所示为各个销售员工在各个销售日期的不同销售省份和销售城市的销售金额表格，现要在该表格中获取以下4个数据。

（1）某个员工的销售金额。

（2）某两个或两个以上员工的销售总金额。

（3）某段日期内的销售金额。

（4）含某个姓的员工的销售金额。

1. 单字段单条件求和

如果要计算某个员工的销售金额数据，则可通过以下方法来实现。

打开"素材文件\第3章\销售统计表.xlsx"文件，在G1单元格中输入"赵六的销售金额"，在单元格G2中输入公式"=SUMIF(D2:D17,"赵六",E2:E17)"，按"Enter"键，即可得到赵六的销售金额值，如下图所示。

2. 单字段多条件求和

如果要得到某两个员工的总销售金额数据，则可通过以下方法来实现。

打开"素材文件\第3章\销售统计表.xlsx"文件，在G1单元格中输入"赵六和张三的销售金额"，在单元格G2中输入公式"=SUMIF(D2:D17,"赵六",E2:E17)+SUMIF(D2:D17,"张三",E2:E17)"，按"Enter"键，即可得到赵六和张三的销售金额总计值，如下图所示。

3. 包含日期的单字段多条件求和

如果要获取某段日期内的销售金额数据，则可通过以下方法来实现。

打开"素材文件\第3章\销售统计表.xlsx"文件，在G1单元格中输入"11月1日至11月30日销售额"，在单元格G2中输入公式"=SUMIF(A2:A17,">=2017/11/1",E2:E17)-SUMIF(A2:A17,">=2017/11/30",E2:E17)"，按"Enter"键，即可得到该时间段内的销售总额，如下图所示。该公式的含义为11月1日至11月30日的销售额等于11月1

日以上的销售额减去11月30日以后的销售额。

G2 =SUMIF(A2:A17,">=2017/11/1",E2:E17)-SUMIF(A2:A17,">=2017/11/30",E2:E17)

销售日期	销售省份	销售城市	销售员工	销售金额		11月1日至11月30日销售额
2017/11/1	湖南	长沙	赵六	¥360,000		4330000
2017/11/1	四川	成都	张三	¥600,000		
2017/11/5	河南	郑州	王五	¥520,000		
2017/11/6	河北	邯郸	赵一	¥560,000		
2017/11/9	四川	成都	赵六	¥450,000		
2017/11/15	湖南	长沙	赵一	¥780,000		
2017/11/20	河北	石家庄	王五	¥800,000		
2017/11/28	湖北	襄阳	张三	¥260,000		
2017/12/1	河南	许昌	赵六	¥360,000		
2017/12/5	四川	绵阳	王五	¥460,000		
2017/12/8	湖南	长沙	张三	¥285,000		
2017/12/10	湖北	武汉	王五	¥365,400		
2017/12/18	河北	邢台	赵一	¥258,000		
2017/12/20	河南	郑州	张三	¥450,000		
2017/12/25	四川	绵阳	王五	¥365,400		
2017/12/28	湖北	武汉	赵六	¥700,000		

4. 模糊条件求和

Excel通配符是一种神奇的存在，其可以任意搭配，威力强大。尤其是当只知道关键字符，不知道完整字符或者未输入完整的字符时，就可以用通配符代替。

打开“素材文件\第3章\销售统计表.xlsx”文件，在G1单元格中输入“姓赵的员工销售金额”，在单元格G2中输入公式“=SUMIF(D2:D17,"赵*",E2:E17)”，按“Enter”键，即可得到姓赵员工的销售金额值，如下图所示。

G2 =SUMIF(D2:D17,"赵*",E2:E17)

销售日期	销售省份	销售城市	销售员工	销售金额		姓赵的员工销售金额
2017/11/1	湖南	长沙	赵六	¥360,000		3468000
2017/11/1	四川	成都	张三	¥600,000		
2017/11/5	河南	郑州	王五	¥520,000		
2017/11/6	河北	邯郸	赵一	¥560,000		
2017/11/9	四川	成都	赵六	¥450,000		
2017/11/15	湖南	长沙	赵一	¥780,000		
2017/11/20	河北	石家庄	王五	¥800,000		
2017/11/28	湖北	襄阳	张三	¥260,000		
2017/12/1	河南	许昌	赵六	¥360,000		
2017/12/5	四川	绵阳	王五	¥460,000		
2017/12/8	湖南	长沙	张三	¥285,000		
2017/12/10	湖北	武汉	王五	¥365,400		
2017/12/18	河北	邢台	赵一	¥258,000		
2017/12/20	河南	郑州	张三	¥450,000		
2017/12/25	四川	绵阳	王五	¥365,400		
2017/12/28	湖北	武汉	赵六	¥700,000		

3.2.3 SUMIFS——多条件求和函数

如果想要在Excel中计算单元格区域或数组中符合多个指定条件的数字的总和，则可使用SUMIFS函数。

语法结构：SUMIFS(sum_range,criteria_range1,criteria1,criteria_range2,criteria2,⋯)

参数sum_range是需要求和的实际单元格，包括数字或包含数字的名称、区域或单元格引用。忽略空白值和文本值。

参数criteria_range1为计算关联条件的第一个区域。

参数criteria1为条件1，条件的形式为数字、表达式、单元格引用或文本，可用来定义将对criteria_range1参数中的哪些单元格求和。

参数criteria_range2为计算关联条件的第二个区域。

参数criteria2为条件2。它和参数criteria_range2均成对出现。最多允许127个区域、条件对，即参数总数不超过255个。

SUMIFS函数在实际工作中的具体用法如下。

打开“素材文件\第3章\销售明细表.xlsx”文件，在单元格I3中输入公式“=SUMIFS($F$3:$F$18,$C$3:$C$18,$H3,$A$3:$A$18,"<2017/12/1")”，按“Enter”键，并向下复制公式，即可得到各个销售部门的11月销售金额值，如下图所示。

I3 =SUMIFS($F$3:$F$18,$C$3:$C$18,$H3,$A$3:$A$18,"<2017/12/1")

销售明细表

销售日期	销售员工	销售部门	销售数量	销售单价	销售金额
2017/11/1	章**	销售一分部	25	¥360	¥9,000
2017/11/1	赵**	销售二分部	50	¥456	¥22,800
2017/11/5	钱**	销售三分部	20	¥420	¥8,400
2017/11/6	孙**	销售三分部	60	¥420	¥25,200
2017/11/9	李**	销售一分部	45	¥360	¥16,200
2017/11/15	周**	销售二分部	56	¥456	¥25,536
2017/11/20	伍**	销售三分部	63	¥456	¥28,728
2017/11/28	吴**	销售一分部	30	¥360	¥10,800
2017/12/1	郑**	销售二分部	28	¥420	¥11,760
2017/12/5	王**	销售一分部	80	¥420	¥33,600
2017/12/8	江**	销售三分部	75	¥456	¥34,200
2017/12/10	沈**	销售三分部	54	¥420	¥22,680
2017/12/18	韩**	销售二分部	46	¥360	¥16,560
2017/12/20	杨**	销售一分部	62	¥420	¥26,040
2017/12/25	谢**	销售三分部	47	¥456	¥21,432
2017/12/28	蔡**	销售二分部	50	¥360	¥18,000

销售部门	11月销售金额
销售一分部	36000
销售二分部	48336
销售三分部	62328

3.2.4 SUMPRODUCT——乘积求和函数

SUMPRODUCT 函数主要用于计算给定的几组数组中对应元素的乘积之和。换句话说，SUMPRODUCT 函数先对各组数字中对应的数字进行乘法运算，然后再对乘积进行求和。

语法结构：SUMPRODUCT(array1,[array2],[array3],⋯)

array1为必选参数，表示要参与计算的第一个数组。如果只有一个参数，那么SUMPRODUCT函数直接返回该参数中的各元素之和。

array2,array3,…为可选参数，表示要参与计算的第 2~255 个数组。

SUMPRODUCT函数在实际工作中的具体用法如下。

打开“素材文件\第3章\销售明细表1.xlsx”文件，在单元格F3中输入公式“=SUMPRODUCT(D3:D18,E3:E18)”，按“Enter”键，即可得到全部销售日期内的销售总金额值，如下图所示。

F3 =SUMPRODUCT(D3:D18,E3:E18)

销售明细表

销售日期	销售员工	销售部门	销售数量	销售单价	销售总金额
2017/11/1	章**	销售一分部	25	¥360	¥330,936
2017/11/1	赵**	销售二分部	50	¥456	
2017/11/5	钱**	销售三分部	20	¥420	
2017/11/6	孙**	销售三分部	60	¥420	
2017/11/9	李**	销售一分部	45	¥360	
2017/11/15	周**	销售二分部	56	¥456	
2017/11/20	伍**	销售三分部	63	¥456	
2017/11/28	吴**	销售一分部	30	¥360	
2017/12/1	郑**	销售二分部	28	¥420	
2017/12/5	王**	销售一分部	80	¥420	
2017/12/8	江**	销售三分部	75	¥456	
2017/12/10	沈**	销售三分部	54	¥420	
2017/12/18	韩**	销售二分部	46	¥360	
2017/12/20	杨**	销售一分部	62	¥420	
2017/12/25	谢**	销售三分部	47	¥456	
2017/12/28	蒙**	销售二分部	50	¥360	

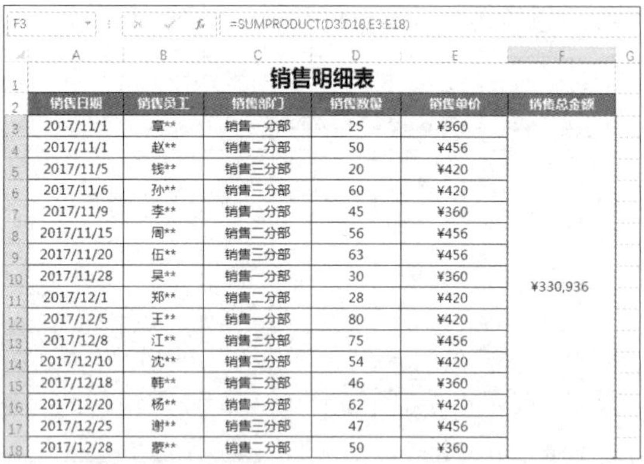

温馨提示

在使用SUMPRODUCT函数时，需注意以下几点。

（1）该函数本身支持数组运算。

（2）该函数会将非数值型的数组元素作为0处理。

（3）数组参数必须有相同的高度，否则返回错误值。

3.3 查找与引用函数

在一个数据较多的工作表中，如果想要找到符合某些特征的记录，则通常会采用筛选功能来实现。但如果需要查找的是某条记录的话，则用查找与引用函数会更方便一些。

本节将在介绍查找与引用函数功能和语法格式的基础上，重点围绕Excel中使用最为普遍的查找与引用函数，以及VLOOKUP、INDEX和MATCH函数，使用实例进行详细的介绍。

3.3.1 VLOOKUP——查找函数

VLOOKUP函数是一个查找函数，给定一个查找的目标，它就能从指定的查找范围中查找返回想要查找到的值。

语法结构：VLOOKUP(lookup_value,table_array,col_index_num,range_lookup)

参数lookup_value为需要在数据表第一列中进行查找的数据，其可以为数值、引用或文本字符串。

参数table_array为需要在其中查找数据的数据表。具体引用数据表中的某个区域或已被定义为名称的区域名称。

参数col_index_num为table_array 中查找数据的数据列序号。当其值为 1 时，返回 table_array 第一列的数值；其值为 2 时，返回 table_array 第二列的数值，以此类推。如果 col_index_num 小于1，则函数 VLOOKUP 返回错误值 #VALUE!；如果 col_index_num 大于 table_array 的列数，则函数 VLOOKUP 返回错误值#REF!。

参数range_lookup为一个逻辑值，指明函数 VLOOKUP 查找时是精确匹配，还是近似匹配。如果为FALSE或0，则返回精确匹配；如果找不到，则返回错误值 #N/A。如果 range_lookup 为 TRUE或1，函数 VLOOKUP 将查找近似匹配值，也就是说，如果找不到精确匹配值，则返回小于

lookup_value 的最大数值。如果range_lookup 省略，则默认为近似匹配。

下图所示为“产品销售明细表”，在该表格中，用户可看到各个产品的销售日期、产品编码及产品的销售单价、销售数量和销售金额。现要在该表格中精确、反向和模糊查找需要的数据。

日期	产品编码	产品名称	销售单价	销售数量	销售金额
2017/12/1	A68956	隔热手套	¥35	500	¥17,500
2017/12/5	B65897	锅铲	¥58	120	¥6,960
2017/12/6	A52647	厨房置物架	¥98	200	¥19,600
2017/12/6	B32564	菜板	¥25	300	¥7,500
2017/12/9	C45621	漏勺	¥24	520	¥12,480
2017/12/12	A25489	打蛋器	¥27	260	¥7,020
2017/12/14	A36547	平底锅	¥88	264	¥23,232
2017/12/16	G78954	筷子篓	¥25	400	¥10,000
2017/12/20	H45624	调味瓶	¥67	200	¥13,400
2017/12/22	E52456	盆子	¥24	254	¥6,096
2017/12/25	W36664	沙拉碗	¥59	210	¥12,390
2017/12/26	A56254	防水纸巾盒	¥29	150	¥4,350
2017/12/26	G22254	切菜器	¥88	780	¥68,640
2017/12/28	D36985	围裙	¥25	70	¥1,750
2017/12/28	S25478	储物罐	¥29	68	¥1,972
2017/12/30	A32145	锅盖架	¥32	574	¥18,368

1. 精确查找

如果想要使用VLOOKUP函数在表格中精确查找数据，可通过以下方法来实现。

第 1 步 打开“素材文件 \ 第 3 章 \ 产品销售明细表 .xlsx”文件，在 H、I、J 列输入需要的数据内容，然后在单元格 I2 中输入公式“=VLOOKUP(H2,B1:F17,4,0)”，按“Enter”键，即可得到产品编码为 G78954 的销售数量数据，如下图所示。

I2 =VLOOKUP(H2,B1:F17,4,0)

产品编码	产品名称	销售单价	销售数量	销售金额		产品编码	销售数量	销售金额
A68956	隔热手套	¥35	500	¥17,500		G78954	400	
B65897	锅铲	¥58	120	¥6,960				
A52647	厨房置物架	¥98	200	¥19,600				
B32564	菜板	¥25	300	¥7,500				
C45621	漏勺	¥24	520	¥12,480				
A25489	打蛋器	¥27	260	¥7,020				
A36547	平底锅	¥88	264	¥23,232				
G78954	筷子篓	¥25	400	¥10,000				
H45624	调味瓶	¥67	200	¥13,400				
E52456	盆子	¥24	254	¥6,096				
W36664	沙拉碗	¥59	210	¥12,390				
A56254	防水纸巾盒	¥29	150	¥4,350				
G22254	切菜器	¥88	780	¥68,640				
D36985	围裙	¥25	70	¥1,750				
S25478	储物罐	¥29	68	¥1,972				
A32145	锅盖架	¥32	574	¥18,368				

第 2 步 在单元格 J2 中输入公式“=VLOOKUP(H2,B1:F17,5,0)”，按“Enter”键，即可得到产品编码为 G78954 的销售金额数据，如下图所示。

J2 =VLOOKUP(H2,B1:F17,5,0)

产品编码	产品名称	销售单价	销售数量	销售金额		产品编码	销售数量	销售金额
A68956	隔热手套	¥35	500	¥17,500		G78954	400	10000
B65897	锅铲	¥58	120	¥6,960				
A52647	厨房置物架	¥98	200	¥19,600				
B32564	菜板	¥25	300	¥7,500				
C45621	漏勺	¥24	520	¥12,480				
A25489	打蛋器	¥27	260	¥7,020				
A36547	平底锅	¥88	264	¥23,232				
G78954	筷子篓	¥25	400	¥10,000				
H45624	调味瓶	¥67	200	¥13,400				
E52456	盆子	¥24	254	¥6,096				
W36664	沙拉碗	¥59	210	¥12,390				
A56254	防水纸巾盒	¥29	150	¥4,350				
G22254	切菜器	¥88	780	¥68,640				
D36985	围裙	¥25	70	¥1,750				
S25478	储物罐	¥29	68	¥1,972				
A32145	锅盖架	¥32	574	¥18,368				

第 3 步 更改单元格 H2 中的产品编码为“A25489”，即可看到对应的销售数量和销售金额会进行相应地更改，如下图所示。

H2 A25489

产品编码	产品名称	销售单价	销售数量	销售金额		产品编码	销售数量	销售金额
A68956	隔热手套	¥35	500	¥17,500		A25489	260	7020
B65897	锅铲	¥58	120	¥6,960				
A52647	厨房置物架	¥98	200	¥19,600				
B32564	菜板	¥25	300	¥7,500				
C45621	漏勺	¥24	520	¥12,480				
A25489	打蛋器	¥27	260	¥7,020				
A36547	平底锅	¥88	264	¥23,232				
G78954	筷子篓	¥25	400	¥10,000				
H45624	调味瓶	¥67	200	¥13,400				
E52456	盆子	¥24	254	¥6,096				
W36664	沙拉碗	¥59	210	¥12,390				
A56254	防水纸巾盒	¥29	150	¥4,350				
G22254	切菜器	¥88	780	¥68,640				
D36985	围裙	¥25	70	¥1,750				
S25478	储物罐	¥29	68	¥1,972				
A32145	锅盖架	¥32	574	¥18,368				

温馨提示

在使用VLOOKUP函数时需注意以下几点。

（1）该函数的第三个参数为查找区域的第几列，不能理解为数据表中实际的列号。

（2）该函数的第四个参数决定了查找方式，如果为0或FALSE，则为精确匹配查找，而且支持无序查找；如果为1或TURE，则使用模糊匹配方式查找。

（3）当存在多条满足条件的记录时，该函数只能返回第一个满足条件的记录。

2. 反向查找

一般情况下，VLOOKUP函数只能从左向右查找，但如果需要从右向左查找，则需要把区域倒置一下，即把列的位置用数组互换一下，此时需要用IF函数把数据源进行倒置。

第 1 步 打开“素材文件 \ 第 3 章 \ 产品销售明细表 .xlsx”文件，在 H、I 列输入需要的数据内容，然后在单元格 I2 中输入公式“=VLOOKUP(H2,IF({1,0},C1:C17,B1:B17),2,0)”，按“Enter”

键，即可得到产品名称为打蛋器的产品编码，如下图所示。

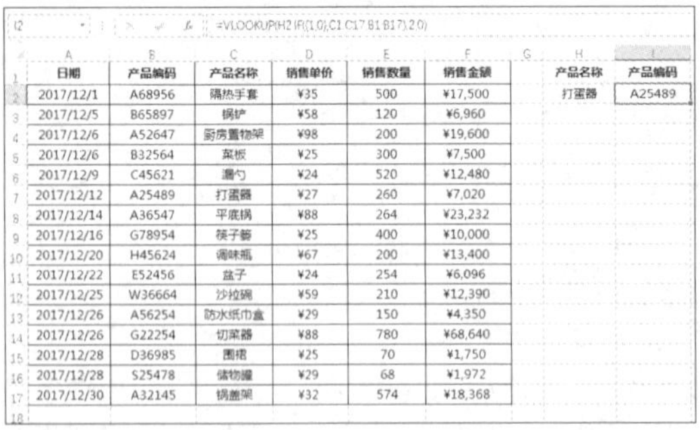

第2步 更改单元格H2中的产品名称为"切菜器"，即可看到对应的产品编码会进行相应地更改，如下图所示。

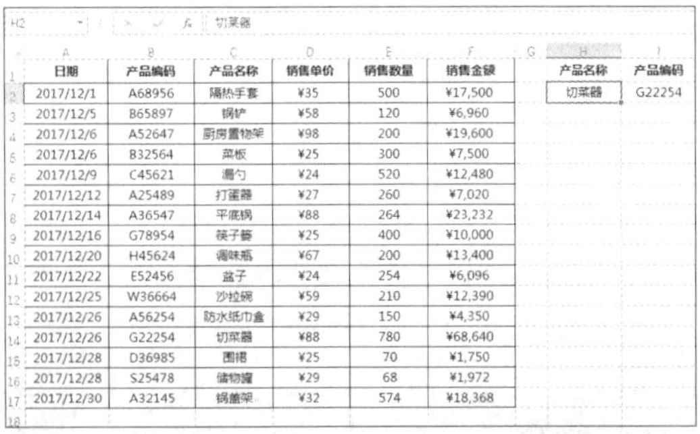

温馨提示

这里其实不是VLOOKUP函数可以实现从右至左的查找，而是利用IF函数的数组效应把两列换位重新组合后，再按正常的从左至右查找。

IF({1,0},C1:C17,B1:B17)这是本公式中最重要的组成部分。在Excel函数中使用数组时(前提是该函数的参数支持数组)，返回的结果也会是一个数组。这里1和0不是实际意义上的数字，而是1相关于TRUE，0相当于FALSE，当为1时，它会返回IF的第二个参数(C列)，为0时返回第二个参数(B列)。根据数组运算返回数组，使用IF后的结果将返回一个数组(非单元格区域)。

3. 模糊查找

模糊查找就是匹配查找，即在指定范围内查找出包含要查找内容的数据，具体的操作方法如下。

打开"素材文件\第3章\产品销售明细表.xlsx"文件，在H、I列输入需要的数据内容，然后在单元格I2中输入公式"=VLOOKUP("*"&H2&"*",B1:F17,5,0)"，按"Enter"键，即可得到产品编码中包含G222数据的销售金额值，如下图所示。

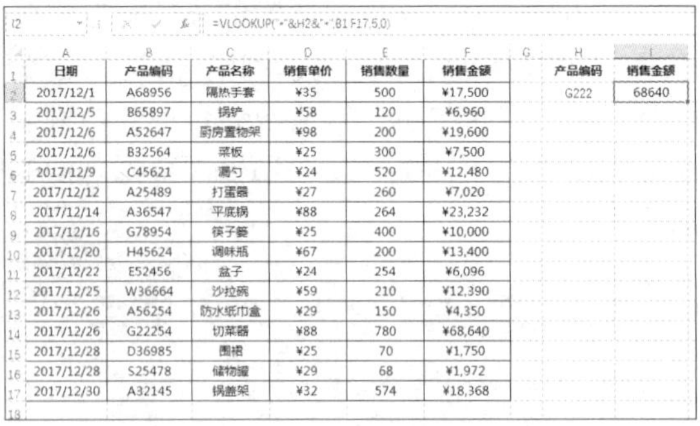

3.3.2 INDEX——查找函数

INDEX函数可以返回一个值或者对某值的引用，因此可以使用该函数来查找所选月份的销量；获取对指定行、列、区域的引用；基于给定数目创建动态区域；以字母顺序排序文本列。

INDEX函数有两种语法形式，即数组和引用形式。使用数组形式时，返回值;使用引用形式时，返回引用。

数组形式的语法结构如下：

INDEX(array,row_num,column_num)

参数array是一个数组常量或单元格区域，如果数组仅有1行或列，那么相应的行/列号参数可选。如果数组大于1行或1列，并且仅使用row_num或column_num，返回整行或整列组成的数组。如果忽略row_num，则column_num必需；如果忽略column_num，则row_num必需；如果row_num和column_num参数全都使用，则返回row_num和column_num交叉的单元格中的值；如果row_num或column_num是零，则返回整列或整行的值组成的数组。

引用形式的语法结构如下：

INDEX(reference,row_num,column_num,area_num)

参数reference可以引用一个或多个单元格区域-在括号中封闭非连续的区域，如果在引用中的每个区域仅有1行或1列，那么相应的行/列数参数是可选的，area_num选择引用中的区域，从其中返回行列交叉处的值；如果省略area_num参数，则INDEX函数默认引用区域1；如果row_num或column_num是0，则返回整列或整行的引用；结果是一个引用，可用于其他函数中。

本节将主要介绍数组形式的INDEX函数。具体的使用方法如下。

打开"素材文件\第3章\产品销售明细表.xlsx"文件，合并需要合并的单元格，并在合并后的单元格H1中输入文本内容"2017年12月20日的销售量"，在单元格H2中输入公式"=INDEX(A1:F17,10,5)"，按"Enter"键，即可得到该日期的销售数量，如下图所示。

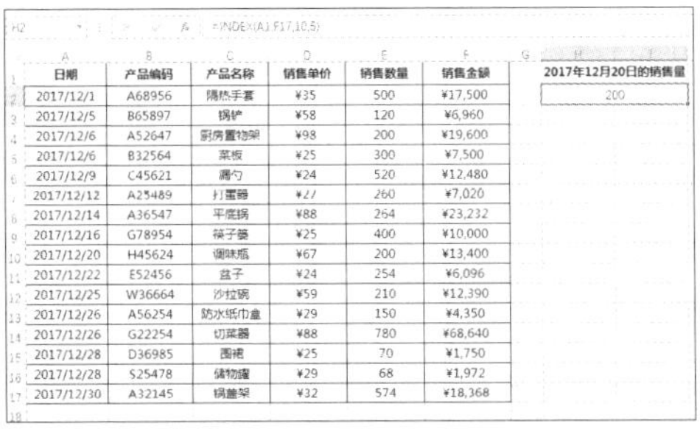

3.3.3 MATCH——能够定位的函数

MATCH函数应用非常广泛，可以在单元格区域中搜索指定项，然后返回该项在单元格区域中的相对位置。

语法结构：MATCH(lookup_value, lookup_array, [match_type])

参数lookup_value为查找的值。

参数lookup_array为查找的范围；该参数的查找范围为1列或1行。

参数match_type为查找的方式，共有以下3种方式。

（1）如果该参数为1或省略，则返回小于或等于 lookup_value 的最大值。lookup_array 参数中的值必须以升序排序，如A~Z。

（2）如果该参数为0，MATCH 则查找完全等于 lookup_value 的第一个值，lookup_array 参数中的值可按任何顺序排列。

（3）如果该参数为-1，则返回大于或等于 lookup_value 的最小值。lookup_array 参数中的值必须按降序排列，如Z~A。

在实际应用中，只要求返回位置的问题不多。其实这个函数更多的时候，是与其他引用类函数组合应用。

本节将主要介绍MATCH函数和VLOOKUP函数的组合应用，具体的操作方法如下。

第1步 打开"素材文件\第3章\产品销售明细表.xlsx"文件，在单元格I2中输入公式"=VLOOKUP(H2,B:F,MATCH(I1,B1:F1,),)"，按"Enter"键，即可得到产品编码为A25489的销售金额，如下图所示。

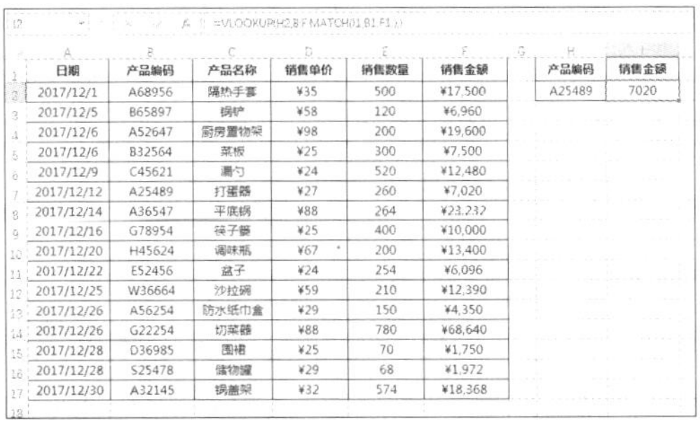

第2步 将单元格 H2 中的产品编码更改为其他想要查看的产品编码，如"S25478"，即可看到单元格 I2 中的销售金额会变为对应产品编码的销售金额值，如下图所示。

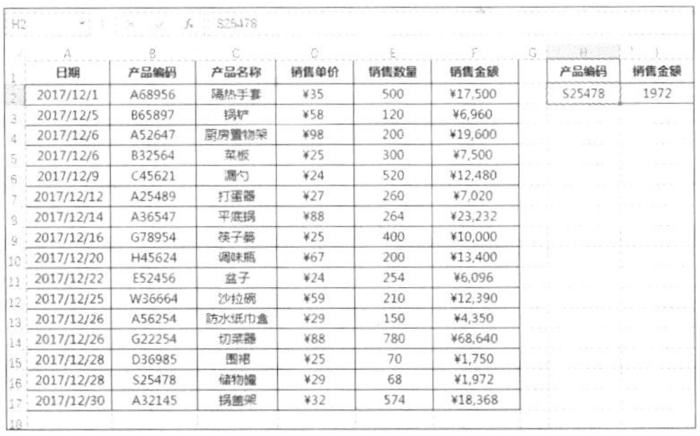

> **温馨提示**
>
> 在第1步的公式"=VLOOKUP(H2,B:F,MATCH(I1,B1:F1,),)"中，MATCH(I1,B1:F1,)部分为使用MATCH函数计算出单元格I1在单元格区域B1:F1中的位置，即计算出要返回查询区域的第几列，计算结果用作VLOOKUP函数的第3个参数。随后VLOOKUP函数使用单元格H2中的值作为查询值，查询的区域为B:F列，只要在单元格H2中输入不同的项目，公式就会动态返回不同产品编码对应的销售金额。

3.4 统计函数

统计函数是Excel中最重要的函数之一，是实际工作中使用频率最高的函数，该类型的函数能有效地提高工作效率，并且能够快速地从复杂、繁杂的数据中提取需要的数据。

统计类函数很多，最常用的统计函数有MIN、MAX、AVERAGE、COUNT、COUNTA、COUNTBLANK、COUNTIF、RANK等。本节将对这些函数进行详细的介绍和分析。

3.4.1 MIN和MAX——最大值和最小值计算函数

如果想要计算某个区域中的最大值和最小值，可分别使用Excel中的MAX和MIN函数。

语法结构：MAX(number1,number2,…)

MIN(number1,number2,…)

其中，number参数最多为255个，执行函数返回的结果是一组数字中的最大值或最小值。函数参数可以是数字、空白单元格、逻辑值或表示数值的文字串，如果参数中有错误值或无法转换成数值的文字时，将引起错误。

MIN和MAX函数在实际工作中的具体用法如下。

第1步 打开“素材文件\第3章\产品销售明细表.xlsx”文件，在单元格H1和I1中分别输入“最高销售金额”和“最低销售金额”，然后在单元格H2中输入公式“=MAX(F2:F17)”，按“Enter”键，即可得到最高销售金额数据，如下图所示。

H2 =MAX(F2:F17)

产品编码	产品名称	销售单价	销售数量	销售金额	最高销售金额	最低销售金额
A68956	隔热手套	¥35	500	¥17,500	¥68,640	
B65897	锅铲	¥58	120	¥6,960		
A52647	厨房置物架	¥98	200	¥19,600		
B32564	菜板	¥25	300	¥7,500		
C45621	漏勺	¥24	520	¥12,480		
A25489	打蛋器	¥27	260	¥7,020		
A36547	平底锅	¥88	264	¥23,232		
G78954	筷子篓	¥25	400	¥10,000		
H45624	调味瓶	¥67	200	¥13,400		
E52456	盆子	¥24	254	¥6,096		
W36664	沙拉碗	¥59	210	¥12,390		
A56254	防水纸巾盒	¥29	150	¥4,350		
G22254	切菜器	¥88	780	¥68,640		
D36985	围裙	¥25	70	¥1,750		
S25478	储物罐	¥29	68	¥1,972		
A32145	锅盖架	¥32	574	¥18,368		

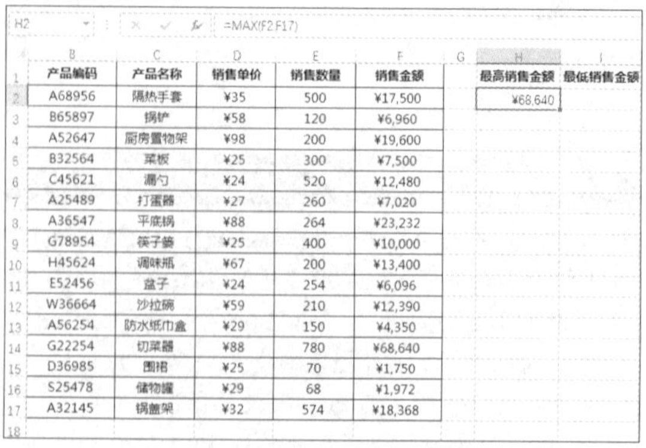

第2步 在单元格I2中输入公式“=MIN(F2:F17)”，按“Enter”键，即可得到最低销售金额数据，如下图所示。

I2 =MIN(F2:F17)

产品编码	产品名称	销售单价	销售数量	销售金额	最高销售金额	最低销售金额
A68956	隔热手套	¥35	500	¥17,500	¥68,640	¥1,750
B65897	锅铲	¥58	120	¥6,960		
A52647	厨房置物架	¥98	200	¥19,600		
B32564	菜板	¥25	300	¥7,500		
C45621	漏勺	¥24	520	¥12,480		
A25489	打蛋器	¥27	260	¥7,020		
A36547	平底锅	¥88	264	¥23,232		
G78954	筷子篓	¥25	400	¥10,000		
H45624	调味瓶	¥67	200	¥13,400		
E52456	盆子	¥24	254	¥6,096		
W36664	沙拉碗	¥59	210	¥12,390		
A56254	防水纸巾盒	¥29	150	¥4,350		
G22254	切菜器	¥88	780	¥68,640		
D36985	围裙	¥25	70	¥1,750		
S25478	储物罐	¥29	68	¥1,972		
A32145	锅盖架	¥32	574	¥18,368		

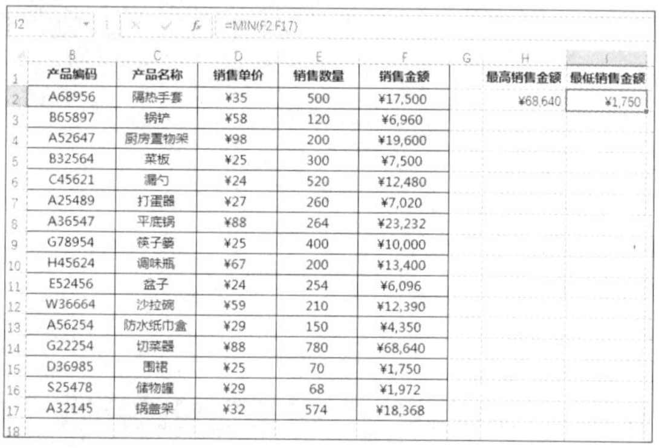

3.4.2 AVERAGE——求取平均值的函数

当需要计算Excel表格中的平均值时，可使用AVERAGE函数。

语法结构：AVERAGE(number1,number2,…)

number1，number2，…是要计算平均值的1～30个参数。

AVERAGE函数在实际工作中的具体用法如下。

打开“素材文件\第3章\产品销售明细表.xlsx”文件，在单元格H1中输入“平均销售金额”文本内容，在单元格H2中输入公式“=AVERAGE(F2:F17)”，按“Enter”键，即可得到产品的平均销售金额，如下图所示。

H2 =AVERAGE(F2:F17)

日期	产品编码	产品名称	销售单价	销售数量	销售金额	平均销售金额
2017/12/1	A68956	隔热手套	¥35	500	¥17,500	¥14,454
2017/12/5	B65897	锅铲	¥58	120	¥6,960	
2017/12/6	A52647	厨房置物架	¥98	200	¥19,600	
2017/12/6	B32564	菜板	¥25	300	¥7,500	
2017/12/9	C45621	漏勺	¥24	520	¥12,480	
2017/12/12	A25489	打蛋器	¥27	260	¥7,020	
2017/12/14	A36547	平底锅	¥88	264	¥23,232	
2017/12/16	G78954	筷子篓	¥25	400	¥10,000	
2017/12/20	H45624	调味瓶	¥67	200	¥13,400	
2017/12/22	E52456	盆子	¥24	254	¥6,096	
2017/12/25	W36664	沙拉碗	¥59	210	¥12,390	
2017/12/26	A56254	防水纸巾盒	¥29	150	¥4,350	
2017/12/26	G22254	切菜器	¥88	780	¥68,640	
2017/12/28	D36985	围裙	¥25	70	¥1,750	
2017/12/28	S25478	储物罐	¥29	68	¥1,972	
2017/12/30	A32145	锅盖架	¥32	574	¥18,368	

3.4.3 COUNT——数字计数函数

COUNT 函数常用于计算包含数字的单元格以及参数列表中数字的个数。使用该函数可以获取区域或数字数组中数字字段的输入项的个数。

语法结构：COUNT(value1, [value2], …)

value1为必需参数，要计算其中数字的个数的第一个项、单元格引用或区域。

value2, …为可选参数，要计算其中数字的个数的其他项、单元格引用或区域，最多可包含255个。

需注意的是，这些参数可以包含或引用各种类型的数据，但只有数字类型的数据才被计算在内，即参数为数字、日期或代表数字的文本（例如，用引号引起的数字，如“1”），则将被计算在内。逻辑值和直接键入参数列表中代表数字的文本也会被计算在内。如果参数为错误值或不能转换为数字的文本，则不会被计算在内。如果参数为数组或引用，则只计算数组或引用中数字的个数，不会计算数组或引用中的空单元格、逻辑值、文本或错误值数。

COUNT函数在实际工作中的具体使用方法如下。

第 1 步 打开“素材文件 \ 第 3 章 \ 产品销售明细表 .xlsx”文件，在单元格 H1 和 I1 中分别输入“销售金额”和“个数”文本内容，在单元格 I2 中输入公式“=COUNT(0/($F$2:$F$17>20000))”，按“Enter+Shift+Ctrl”组合键，即可得到销售金额大于 20 000 的产品个数，如下图所示。

I2 {=COUNT(0/($F$2:$F$17>20000))}

产品编码	产品名称	销售单价	销售数量	销售金额		销售金额	个数
A68956	隔热手套	¥35	500	¥17,500		>20000	2
B65897	锅铲	¥58	120	¥6,960		<5000	
A52647	厨房置物架	¥98	200	¥19,600			
B32564	菜板	¥25	300	¥7,500			
C45621	漏勺	¥24	520	¥12,480			
A25489	打蛋器	¥27	260	¥7,020			
A36547	平底锅	¥88	264	¥23,232			
G78954	筷子篓	¥25	400	¥10,000			
H45624	调味瓶	¥67	200	¥13,400			
E52456	盆子	¥24	254	¥6,096			
W36664	沙拉碗	¥59	210	¥12,390			
A56254	防水纸巾盒	¥29	150	¥4,350			
G22254	切菜器	¥88	780	¥68,640			
D36985	围裙	¥25	70	¥1,750			
S25478	储物罐	¥29	68	¥1,972			
A32145	锅盖架	¥32	574	¥18,368			

第 2 步 在单元格 I3 中输入公式“=COUNT(0/($F$2:$F$17<5000))”，按“Enter+Shift+Ctrl”组合键，即可得到销售金额小于 5 000 的产品个数，如下图所示。

I3 {=COUNT(0/($F$2:$F$17<5000))}

产品编码	产品名称	销售单价	销售数量	销售金额		销售金额	个数
A68956	隔热手套	¥35	500	¥17,500		>20000	2
B65897	锅铲	¥58	120	¥6,960		<5000	3
A52647	厨房置物架	¥98	200	¥19,600			
B32564	菜板	¥25	300	¥7,500			
C45621	漏勺	¥24	520	¥12,480			
A25489	打蛋器	¥27	260	¥7,020			
A36547	平底锅	¥88	264	¥23,232			
G78954	筷子篓	¥25	400	¥10,000			
H45624	调味瓶	¥67	200	¥13,400			
E52456	盆子	¥24	254	¥6,096			
W36664	沙拉碗	¥59	210	¥12,390			
A56254	防水纸巾盒	¥29	150	¥4,350			
G22254	切菜器	¥88	780	¥68,640			
D36985	围裙	¥25	70	¥1,750			
S25478	储物罐	¥29	68	¥1,972			
A32145	锅盖架	¥32	574	¥18,368			

3.4.4 COUNTA、COUNTBLANK——非空单元格与空单元格计数函数

在实际的工作中，可能需要知道制作的Excel表格当中到底有几个非空的单元格个数或空单元格个数，很多人可能会一个一个地去数，这种方法既耗时又耗力，其实可以使用COUNTA和COUNTBLANK函数来实现。

其中，COUNTA函数用于计算数据区域中不为空的单元格的个数。而且COUNTA函数可对包含任何类型信息的单元格进行计数，这些信息包括错误值和空文本。

语法结构：COUNTA(value1, [value2], …)

value1为必需参数，表示要计数的值的第一个参数。

value2, …为可选参数，表示要计数的值的其

他参数，最多可包含 255 个参数。

COUNTBLANK函数用于计算指定单元格区域中空白单元格的个数。

语法结构：COUNTBLANK(range)

参数range表示计算的单元格区域。

COUNTA和COUNTBLANK函数在实际工作中的具体使用方法如下。

第 1 步 打开“素材文件 \ 第 3 章 \ 客户订单明细表 .xlsx”文件，在单元格 H2 中输入公式“=COUNTA(E3:E18)”，按“Enter”键，即可得到已签收的客户数，如下图所示。

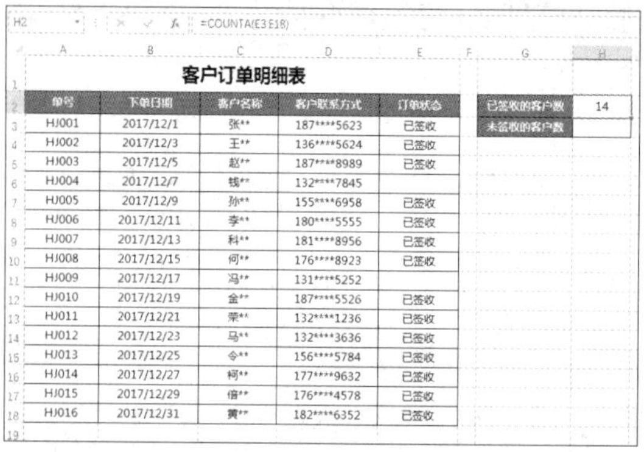

H2 =COUNTA(E3:E18)

客户订单明细表

单号	下单日期	客户名称	客户联系方式	订单状态
HJ001	2017/12/1	张**	187****5623	已签收
HJ002	2017/12/3	王**	136****5624	已签收
HJ003	2017/12/5	赵**	187****8989	已签收
HJ004	2017/12/7	钱**	132****7845	
HJ005	2017/12/9	孙**	155****6958	已签收
HJ006	2017/12/11	李**	180****5555	已签收
HJ007	2017/12/13	科**	181****8956	已签收
HJ008	2017/12/15	何**	176****8923	已签收
HJ009	2017/12/17	冯**	131****5252	
HJ010	2017/12/19	金**	187****5526	已签收
HJ011	2017/12/21	荣**	132****1236	已签收
HJ012	2017/12/23	马**	132****3636	已签收
HJ013	2017/12/25	令**	156****5784	已签收
HJ014	2017/12/27	柯**	177****9632	已签收
HJ015	2017/12/29	倍**	176****4578	已签收
HJ016	2017/12/31	黄**	182****6352	已签收

已签收的客户数	14
未签收的客户数	

第 2 步 在单元格 H3 中输入公式“=COUNTBLANK(E3:E18)”，按下“Enter”键，即可得到未签收的客户数，如下图所示。

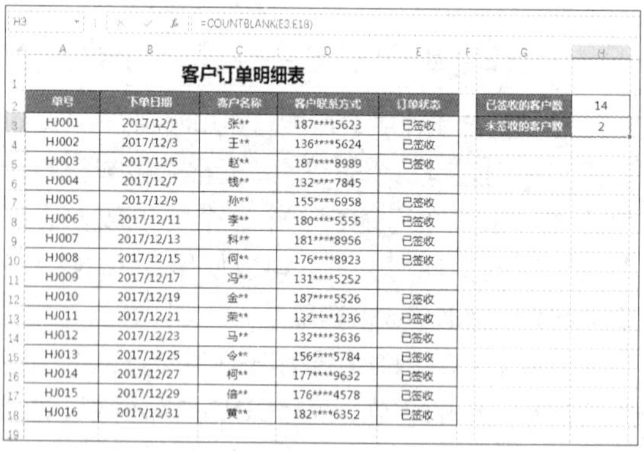

H3 =COUNTBLANK(E3:E18)

客户订单明细表

单号	下单日期	客户名称	客户联系方式	订单状态
HJ001	2017/12/1	张**	187****5623	已签收
HJ002	2017/12/3	王**	136****5624	已签收
HJ003	2017/12/5	赵**	187****8989	已签收
HJ004	2017/12/7	钱**	132****7845	
HJ005	2017/12/9	孙**	155****6958	已签收
HJ006	2017/12/11	李**	180****5555	已签收
HJ007	2017/12/13	科**	181****8956	已签收
HJ008	2017/12/15	何**	176****8923	已签收
HJ009	2017/12/17	冯**	131****5252	
HJ010	2017/12/19	金**	187****5526	已签收
HJ011	2017/12/21	荣**	132****1236	已签收
HJ012	2017/12/23	马**	132****3636	已签收
HJ013	2017/12/25	令**	156****5784	已签收
HJ014	2017/12/27	柯**	177****9632	已签收
HJ015	2017/12/29	倍**	176****4578	已签收
HJ016	2017/12/31	黄**	182****6352	已签收

已签收的客户数	14
未签收的客户数	2

3.4.5 COUNTIF——根据条件计数函数

如果想要对指定区域中符合指定条件的单元格计数，则可以使用COUNTIF函数。

语法结构：COUNTIF（range，criteria）

参数range为需要计算其中满足条件的单元格数目的单元格区域。

参数criteria为确定哪些单元格将被计算在内的条件，其形式可以为数字、表达式或文本。

COUNTIF函数在实际工作中的具体使用方法如下。

第 1 步 打开“素材文件 \ 第 3 章 \ 员工情况表 .xlsx”文件，在单元格 H3 中输入公式“COUNTIF($D$3:$D$24,G3)”，按下“Enter”键，即可得到高级工程师的人数，拖动填充柄向下复制公式，如下图所示。

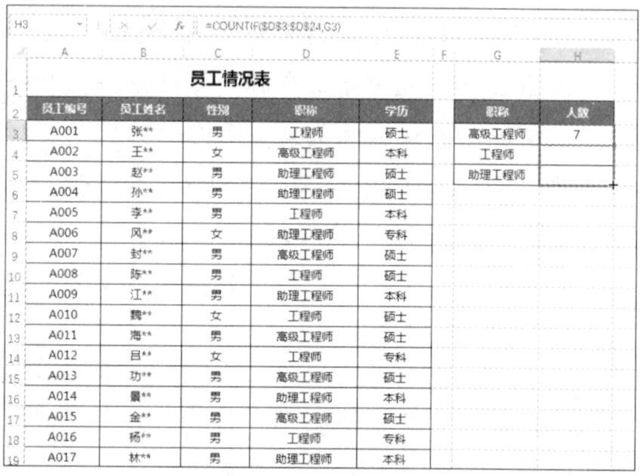

H3 =COUNTIF($D$3:$D$24,G3)

员工情况表

员工编号	员工姓名	性别	职称	学历
A001	张**	男	工程师	硕士
A002	王**	女	高级工程师	本科
A003	赵**	男	助理工程师	硕士
A004	孙**	男	助理工程师	硕士
A005	李**	男	工程师	本科
A006	风**	女	助理工程师	专科
A007	封**	男	高级工程师	硕士
A008	陈**	男	工程师	硕士
A009	江**	男	助理工程师	本科
A010	魏**	女	工程师	硕士
A011	海**	男	高级工程师	硕士
A012	吕**	女	工程师	专科
A013	功**	男	高级工程师	硕士
A014	晨**	男	助理工程师	本科
A015	金**	男	高级工程师	硕士
A016	杨**	男	工程师	专科
A017	林**	男	助理工程师	本科

职称	人数
高级工程师	7
工程师	
助理工程师	

第 2 步 即可得到工程师和助理工程师的人数，如下图所示。

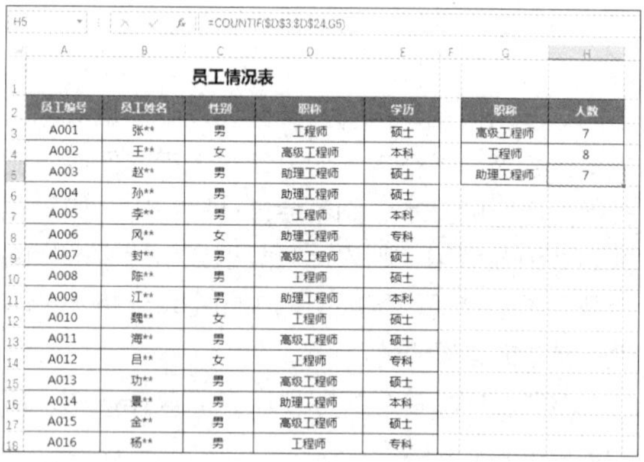

H5 =COUNTIF($D$3:$D$24,G5)

员工情况表

员工编号	员工姓名	性别	职称	学历
A001	张**	男	工程师	硕士
A002	王**	女	高级工程师	本科
A003	赵**	男	助理工程师	硕士
A004	孙**	男	助理工程师	硕士
A005	李**	男	工程师	本科
A006	风**	女	助理工程师	专科
A007	封**	男	高级工程师	硕士
A008	陈**	男	工程师	硕士
A009	江**	男	助理工程师	本科
A010	魏**	女	工程师	硕士
A011	海**	男	高级工程师	硕士
A012	吕**	女	工程师	专科
A013	功**	男	高级工程师	硕士
A014	晨**	男	助理工程师	本科
A015	金**	男	高级工程师	硕士
A016	杨**	男	工程师	专科

职称	人数
高级工程师	7
工程师	8
助理工程师	7

3.4.6 RANK——自动实现排名函数

在Excel中有一个很神奇的函数，它能够将数字的排名单独显示在另一列，而且可以去除重名次，就是所显示的结果有多少个就显示多少名，该函数就是用于排名的RANK函数。

语法结构：RANK(number,ref,[order])

参数number为要进行排名的数字，通常为单元格引用。

参数ref为要在哪个区域进行排序，通常为单元格引用区域。

参数order为按升序还是降序排名，非0值为升序排列，0或忽略为降序排名。

RANK函数在实际工作中的具体使用方法如下。

打开“素材文件\第3章\产品销售明细表.xlsx”文件，在单元格G1中输入“销售金额排名”，然后在单元格G2中输入公式“=RANK(F2,$F$2:$F$17)”，按下“Enter”键，再向下复制公式，即可得到各个产品的销售金额排名情况，如下图所示。

G2 =RANK(F2,$F$2:$F$17)

日期	产品编码	产品名称	销售单价	销售数量	销售金额	销售金额排名
2017/12/1	A68956	隔热手套	¥35	500	¥17,500	5
2017/12/5	B65897	锅铲	¥58	120	¥6,960	12
2017/12/6	A52647	厨房置物架	¥98	200	¥19,600	3
2017/12/6	B32564	菜板	¥25	300	¥7,500	10
2017/12/9	C45621	漏勺	¥24	520	¥12,480	7
2017/12/12	A25489	打蛋器	¥27	260	¥7,020	11
2017/12/14	A36547	平底锅	¥88	264	¥23,232	2
2017/12/16	G78954	筷子篓	¥25	400	¥10,000	9
2017/12/20	H45624	调味瓶	¥67	200	¥13,400	6
2017/12/22	E52456	盆子	¥24	254	¥6,096	13
2017/12/25	W36664	沙拉碗	¥59	210	¥12,390	8
2017/12/26	A56254	防水纸巾盒	¥29	150	¥4,350	14
2017/12/26	G22254	切菜器	¥88	780	¥68,640	1
2017/12/28	D36985	围裙	¥25	70	¥1,750	16
2017/12/28	S25478	储物罐	¥29	68	¥1,972	15
2017/12/30	A32145	锅盖架	¥32	574	¥18,368	4

3.5 文本函数

与逻辑函数、数学与三角函数、查找与引用函数和统计函数一样，Excel的文本函数同样十分重要，在工作中非常实用。使用文本函数可以更加方便而灵活地对公式中的字符串进行处理，可以使公式变得更加简单。

本节将通过具体的案例对Excel中的文本函数进行比较深入的分析，并对该类型中常用函数的具体用法进行详细的介绍。

3.5.1 LEFT和RIGHT——左、右截取函数

如果想要从字符串的第一个字符开始返回指定个数的字符，则可使用Excel中的LEFT函数。但如果要从指定字符串的最右边开始，截取特定长度的一串字符，则可使用RIGHT函数。

RIGHT函数的用法与LEFT函数类似，唯一的区别就是截取的方向不一样。

1. LEFT函数

语法结构：LEFT(text, [num_chars])

参数text是必需的，包含要提取的字符的文本字符串。

参数num_chars为可选的，指定要由 LEFT 提取的字符的数量。该参数必须大于或等于零。如果 num_chars 大于文本长度，则 LEFT 返回全部文本；如果省略 num_chars，则假定其值为1。

LEFT函数的具体使用方法如下。

第 1 步 打开“素材文件 \ 第 3 章 \ 固定资产目录及编码表 .xlsx”文件，在单元格 B3 中输入公式“=LEFT(A3,5)”，按下“Enter”键，得到第一个项目的品种编码，再向下复制公式，如下图所示。

B3 =LEFT(A3,5)

固定资产目录及编码表

项目	品种编码	品种名称	单位
10101办公室装修	10101		套
10102会议室装修			套
10103接待室装修			套
10104计算机房装修			套
10105实验室装修			套
20101办公桌			张
20102会议桌			张
30101空调			台
30102打印机			台
30103笔记本电脑			台
40101商务车			辆
50101灭火器			台

第 2 步 即可得到其他项目的品种编码，如下图所示。

固定资产目录及编码表			
项目	品种编码	品种名称	单位
10101办公室装修	10101		套
10102会议室装修	10102		套
10103接待室装修	10103		套
10104计算机房装修	10104		套
10105实验室装修	10105		套
20101办公桌	20101		张
20102会议桌	20102		张
30101空调	30101		台
30102打印机	30102		台
30103笔记本电脑	30103		台
40101商务车	40101		辆
50101灭火器	50101		台

2. RIGHT函数

语法结构：RIGHT(text,[num_chars])

参数text为必需的，包含要提取字符的文本字符串。

参数num_chars为可选的，指定希望 RIGHT 提取的字符数。

RIGHT函数的具体使用方法如下。

第1步 打开“素材文件\第3章\固定资产目录及编码表1.xlsx”文件，在单元格B3中输入公式“=RIGHT(A3,5)”，按下“Enter”键，得到第一个项目的品种编码，再向下复制公式，如下图所示。

B3 =RIGHT(A3,5)

固定资产目录及编码表			
项目	品种编码	品种名称	单位
办公室装修10101	10101		套
会议室装修10102			套
接待室装修10103			套
计算机房装修10104			套
实验室装修10105			套
办公桌20101			张
会议桌20102			张
空调30101			台
打印机30102			台
笔记本电脑30103			台
商务车40101			辆
灭火器50101			台

第2步 即可得到其他项目的品种编码，如下图所示。

固定资产目录及编码表			
项目	品种编码	品种名称	单位
办公室装修10101	10101		套
会议室装修10102	10102		套
接待室装修10103	10103		套
计算机房装修10104	10104		套
实验室装修10105	10105		套
办公桌20101	20101		张
会议桌20102	20102		张
空调30101	30101		台
打印机30102	30102		台
笔记本电脑30103	30103		台
商务车40101	40101		辆
灭火器50101	50101		台

3.5.2 MID——途中截取函数

如果需要提取的内容位于字符串的中部，则可以使用Excel中的MID函数。

MID 返回文本字符串中从指定位置开始的特定数目的字符，该数目由用户指定。

语法结构：MID(text, start_num, num_chars)

参数text为必需的，包含要提取字符的文本字符串。

参数start_num也是必需的，文本中要提取的第一个字符的位置。文本中第一个字符的 start_num 为 1，以此类推。

参数num_chars也是必需的，指定希望 MID 从文本中返回字符的个数。

MID函数在实际工作中的具体使用方法如下。

第1步 打开“素材文件\第3章\员工信息表.xlsx”文件，在单元格E2中输入公式“=MID(D2,7,4)&"年"&MID(D2,11,2)&"月"&MID(D2,13,2)&"日"”，按下“Enter”键，即可得到第一个员工的出生日期，拖动鼠标向下复制公式，如下图所示。

E2 =MID(D2,7,4)&"年"&MID(D2,11,2)&"月"&MID(D2,13,2)&"日"

员工编号	姓名	部门	身份证号	出生日期
KL-001	黄**	销售部	51214519901207222*	1990年12月07日
KL-002	和**	财务部	12222219890124333*	
KL-003	可**	销售部	23300019880524100*	
KL-004	龙**	行政部	14533019801204110*	
KL-005	宁**	人事部	15454519861208224*	
KL-006	风**	销售部	36365019841101101*	
KL-007	董**	财务部	98787819920521454*	
KL-008	品**	行政部	54798719930609127*	
KL-009	李**	人事部	12145219880604254*	
KL-010	曲**	销售部	13456419870708245*	
KL-011	屈**	技术部	31265419850508219*	
KL-012	费**	销售部	56214519881206254*	
KL-013	元**	技术部	59874519901204214*	
KL-014	厅**	财务部	19568719880516254*	
KL-015	刘**	行政部	20145219830216456*	
KL-016	袁**	销售部	22154719861206456*	
KL-017	江**	人事部	23654119880715265*	

第2步 即可得到其他员工的出生日期，如下图所示。

员工编号	姓名	部门	身份证号	出生日期
KL-001	黄**	销售部	51214519901207222*	1990年12月07日
KL-002	和**	财务部	12222219890124333*	1989年01月24日
KL-003	可**	销售部	23300019880524100*	1988年05月24日
KL-004	龙**	行政部	14533019801204110*	1980年12月04日
KL-005	宁**	人事部	15454519861208224*	1986年12月08日
KL-006	风**	销售部	36365019841101101*	1984年11月01日
KL-007	董**	财务部	98787819920521454*	1992年05月21日
KL-008	品**	行政部	54798719930609127*	1993年06月09日
KL-009	李**	人事部	12145219880604254*	1988年06月04日
KL-010	曲**	销售部	13456419870708245*	1987年07月08日
KL-011	屈**	技术部	31265419850508219*	1985年05月08日
KL-012	费**	销售部	56214519881206254*	1988年12月06日
KL-013	元**	技术部	59874519901204214*	1990年12月04日
KL-014	厅**	财务部	19568719880516254*	1988年05月16日
KL-015	刘**	行政部	20145219830216456*	1983年02月16日
KL-016	袁**	销售部	22154719861206456*	1986年12月06日
KL-017	江**	人事部	23654119880715265*	1988年07月15日

3.5.3 LEN和LENB——求字符串长度函数

在一般情况下，LEFT和RIGHT函数很难从字符串中截取用户想要的信息，这时候就可以使用LEN和LENB函数为LEFT和RIGHT函数“雪中送炭”。

LEN函数常常用于获取目标字符串的长度。而LENB函数常常用于统计一个文本字符串的字节长度。下面将分别对这两个函数进行具体的介绍。

1. LEN函数

语法结构：LEN(text)

参数text为必需的，指的是要查找其长度的文本，空格将作为字符进行计数。

LEN函数在实际工作中的使用方法如下。

第 1 步 打开“素材文件 \ 第 3 章 \ 固定资产目录及编码表 2.xlsx”文件，在单元格 C3 中输入公式“=RIGHT(A3,LEN(A3)-5)”，按下“Enter”键，得到第一个项目的品种名称，再向下复制公式，如下图所示。

C3 =RIGHT(A3,LEN(A3)-5)

固定资产目录及编码表

项目	品种编码	品种名称	单位
10101办公室装修	10101	办公室装修	套
10102会议室装修	10102		套
10103接待室装修	10103		套
10104计算机房装修	10104		套
10105实验室装修	10105		套
20101办公桌	20101		张
20102会议桌	20102		张
30101空调	30101		台
30102打印机	30102		台
30103笔记本电脑	30103		台
40101商务车	40101		辆
50101灭火器	50101		台

第 2 步 即可得到其他项目的品种名称，如下图所示。

固定资产目录及编码表

项目	品种编码	品种名称	单位
10101办公室装修	10101	办公室装修	套
10102会议室装修	10102	会议室装修	套
10103接待室装修	10103	接待室装修	套
10104计算机房装修	10104	计算机房装修	套
10105实验室装修	10105	实验室装修	套
20101办公桌	20101	办公桌	张
20102会议桌	20102	会议桌	张
30101空调	30101	空调	台
30102打印机	30102	打印机	台
30103笔记本电脑	30103	笔记本电脑	台
40101商务车	40101	商务车	辆
50101灭火器	50101	灭火器	台

2. LENB函数

语法结构：LENB(text)

参数text为必需的，指的是要查找其长度的文本，空格将作为字符进行计数。

LENB函数在实际工作中的使用方法如下。

第 1 步 打开“素材文件 \ 第 3 章 \ 固定资产目录及编码表 2.xlsx”文件，在单元格 C3 中输入公式“=RIGHT(A3,LENB(A3)-LEN(A3))”，按下“Enter”键，得到第一个项目的品种名称，再向下复制公式，如下图所示。

C3 =RIGHT(A3,LENB(A3)-LEN(A3))

固定资产目录及编码表

项目	品种编码	品种名称	单位
10101办公室装修	10101	办公室装修	套
10102会议室装修	10102		套
10103接待室装修	10103		套
10104计算机房装修	10104		套
10105实验室装修	10105		套
20101办公桌	20101		张
20102会议桌	20102		张
30101空调	30101		台
30102打印机	30102		台
30103笔记本电脑	30103		台
40101商务车	40101		辆
50101灭火器	50101		台

第 2 步 即可得到其他项目的品种名称，如下图所示。

固定资产目录及编码表

项目	品种编码	品种名称	单位
10101办公室装修	10101	办公室装修	套
10102会议室装修	10102	会议室装修	套
10103接待室装修	10103	接待室装修	套
10104计算机房装修	10104	计算机房装修	套
10105实验室装修	10105	实验室装修	套
20101办公桌	20101	办公桌	张
20102会议桌	20102	会议桌	张
30101空调	30101	空调	台
30102打印机	30102	打印机	台
30103笔记本电脑	30103	笔记本电脑	台
40101商务车	40101	商务车	辆
50101灭火器	50101	灭火器	台

3.5.4 FIND——字符位置函数

如果想要查找某个字符串在另外一个字符串中第一次出现的位置，则可使用Excel中的FIND函数。

语法结构：FIND(find_text, within_text, [start_num])

参数find_text为必需的，指的是要查找的文本。

参数within_text也是必需的，指的是包含要查找文本的文本。

参数start_num为可选的，表示指定开始进行查找的字符。

within_text中的首字符是编号为1的字符。如果省略start_num，则假定其值为1。

在上面的表格中，使用了LEN和LENB函数从项目中分隔出了品种名称，但如果项目中存在分隔符"-"，则使用上面几个函数的合作是无法完成分隔的，此时就可以使用FIND函数来实现品种名称的分隔，具体的操作步骤如下。

第1步 打开"素材文件\第3章\固定资产目录及编码4.xlsx"文件，在单元格C3中输入公式"=RIGHT(A3,LEN(A3)-FIND("-",A3))"，按下"Enter"键，得到第一个项目的品种名称，再向下复制公式，如下图所示。

第2步 即可得到其他项目的品种名称，如下图所示。

大神支招

本章主要对财务工作中需要掌握的各种常用函数进行了介绍，帮助财务人员掌握数据计算处理的技能。下面结合本章内容介绍几个实用且常用的技巧，以帮助财务人员提高工作效率。

01 定义名称并将名称应用于公式中

为了方便引用某个数据区域，可将该区域定义为一个名称；而为了在编辑公式时可以更方便，则可以在公式中使用定义的名称。

第1步 打开"素材文件\第3章\定义名称.xlsx"文件，选中单元格区域D2:D18，在"公式"选项卡下的"定义的名称"组中单击"根据所选内容创建"按钮，如下图所示。

第 3 章
函数必备：财务人员应该掌握的函数

第2步 弹出"以选定区域创建名称"对话框，选中"首行"复选框，单击"确定"按钮，如下图所示。

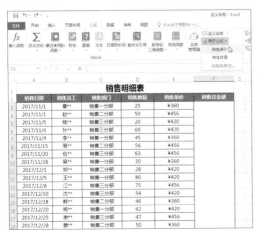

第3步 应用相同的方法定义单元格区域 E2:E18 的名称为"销售单价"，选中单元格 F3，在"公式"选项卡下的"定义的名称"组中单击"用于公式"按钮，在展开的列表中选择"销售单价"选项，如下图所示。

第4步 可在单元格 F3 中看到自动输入的公式"=销售单价"，在公式后输入"*"，继续在"公式"选项卡下的"定义的名称"组中单击"用于公式"按钮，在展开的列表中选择"销售数量"选项，如下图所示。

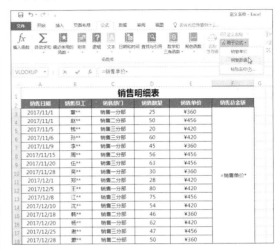

第5步 按下"Enter"键，即可得到根据定义的名称并将名称应用于公式后得到的销售总金额数据，如下图所示。

温馨提示

在 Excel 中定义名称时，需注意以下几条命名规则。

（1）名称可以是任意字符与数字的组合，但不能以数字开头，不能以数字作为名称，名称不能与单元格地址相同。如果要以数字开头，则要在前面加上下画线。

（2）名称中不能包含空格，可以用下画线或点号代替。

（3）不能使用除下画线、点号和反斜线（/）

63

以外的其他符号，允许使用问号（？），但不能作为名称的开头，如"name?"可以，但"?name"就不可以。

（4）名称字符不能超过255个。一般情况下，名称应该便于记忆且尽量简短，否则就违背了定义名称的初衷。

（5）名称中的字母不区分大小写。

总之，建议使用简单易记的名称，遇到无效的名称时，系统会给出错误提示。

02 使用日期与时间函数计算员工年龄

如果想要获取公司各个员工的年龄，则可通过日期和时间函数中的YEAR和TODAY函数来实现，具体的操作方法如下。

第1步 打开"素材文件\第3章\使用日期与时间函数计算员工年龄.xlsx"文件，在单元格G3中输入公式"=YEAR(TODAY())-YEAR(E3)"，按下"Enter"键，即可得到对应员工的年龄，但由于计算后该单元格的数字格式会自动变为日期格式，因此需要重新设置数字格式，如下图所示。

第2步 在"开始"选项卡下的"数字"组中单击"数字格式"右侧的下拉按钮，在展开的列表中选择"常规"选项，如下图所示。

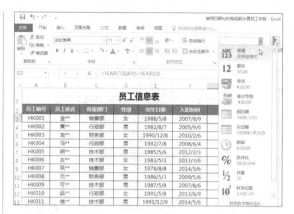

第3步 即可得到该员工的年龄，然后向下复制公式，获取其他员工的年龄，如下图所示。

温馨提示

TODAY函数的语法结构为：TODAY()，无参数。在使用该函数时需注意的是，TODAY函数返回的是计算机设置的日期，当计算机的时间设置正确时，该函数返回的结果才是当前日期。

温馨提示

YEAR函数的作用是返回某日期的年份，返回结果是1900~9999中的某个值。使用该函数，可以轻松地统计出员工的工龄和年龄。

语法结构为：YEAR(serial_number)，该函数只有一个参数serial_number，表示要提取年份的日期。

03 分步查看公式的计算结果

当单元格中的公式比较复杂时，为了容易理解公式的含义，可对公式进行分步求值操作。

第1步 打开"素材文件\第3章\分步查看公式的计算结果.xlsx"文件，选中含有公式的单元格G2，切换至"公式"选项卡，在"公式审核"组中单击"公式求值"按钮，如下图所示。

第2步 弹出"公式求值"对话框，可在"求值"文本框中看到该单元格中的详细公式，单击"求值"按钮，如下图所示。

第3步 即可看到上一步中公式有下画线的部分计算出了结果，然后下一步中要计算的部分公式也将被下画线标记，单击"求值"按钮，如下图所示。

第4步 继续单击"求值"按钮，直至得到最终的计算结果，完成后单击"关闭"按钮，关闭对话框即可，如下图所示。

04 隐藏编辑栏中的计算公式

在默认情况下，在单元格中使用公式计算了数据后，在编辑栏中会显示该单元格中的公式，但如果不想让他人看到该单元格中的计算公式时，可通过以下方法隐藏编辑栏中的公式。

第1步 打开"素材文件\第3章\隐藏编辑栏中的计算公式.xlsx"文件，选中要隐藏公式的单元格区域H3:H5，在"开始"选项卡下的"数字"组中单击"对话框启动器"按钮，如下图所示。

第2步 弹出"设置单元格格式"对话框，切换至"保护"选项卡，选中"隐藏"复选框，单击"确定"按钮，如下图所示。

第3步 返回工作表中，切换至"审阅"选项卡，单击"保护工作表"按钮，如下图所示。

第4步 弹出"保护工作表"对话框，在"取消工作表保护时使用的密码"文本框中输入密码"123"，单击"确定"按钮，如下图所示。

第5步 弹出"确认密码"对话框，输入相同的密码"123"，单击"确定"按钮，如下图所示。

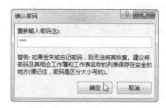

第6步 返回工作表中，选中含有公式的单元格区域，即可看到编辑栏中不再显示该单元格区域中的公式，如下图所示。

第4章
图表应用：让财务信息一目了然

本章导读

为了更直观、清晰地展现财务数据的相关情况，可以使用图表将财务数据可视化。作为财务人员，Excel图表的应用也是一项必不可少的技能。

本章将由浅入深地介绍财务会计工作中常用图表的制作方法，从而让财务数据的比较、趋势或组成结构一目了然。

知识要点

- ❖ 了解图表的基础知识
- ❖ 使用动态图表展示财务数据
- ❖ 制作财务分析经典图表
- ❖ 使用迷你图分析财务数据

4.1 图表基础知识

使用图表可以让财务数据的比较、趋势及组成结构一目了然,并且还可以让财务分析更专业,为了保证图表更直观地展现数据,本节将对图表的基础知识进行详细的介绍。

4.1.1 掌握各种图表类型和作用

要想让图表展示的数据效果更直观、清晰,首先就需要了解不同图表类型所要强调的重点,以及不同的图表所要表达的数据分析结果。

在Excel中,图表类型有柱形图、折线图、饼图、条形图、面积图、散点图、股价图、曲面图、雷达图等,如下图所示。此外,还可以将多个图表组合起来形成组合图表,从而同时对多组数据进行分析和比较。

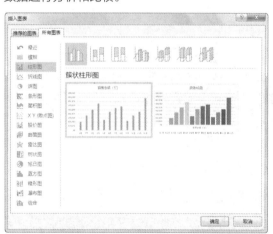

柱形图:由根据行或列数据绘制的柱状体组成,可用于表达项目之间的大小比较或表达一系列时间内的数据变化。下图所示为创建的对比12个月销售金额的柱形图。

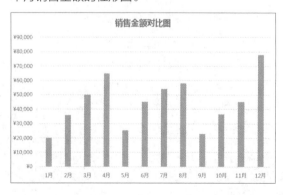

折线图:可以显示随时间而变化的一系列数据,因此适用于反映一段时间内的数据变化趋势。

下图所示为创建的展示12个月销售金额趋势的折线图。

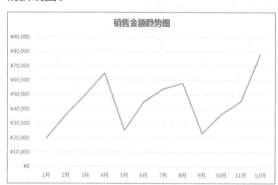

饼图:可用于显示一个数据系列中各项目的比例大小,以及与各项总和的占比关系。

下图所示为创建的展示产品销售金额占比情况的饼图。

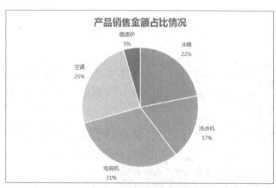

条形图:与柱形图类似,可用于表达项目之间的大小比较,但不适用于一段时间内的数据变化情况。

下图所示为创建的展示多个员工销售业绩的条形图。

第4章
图表应用：让财务信息一目了然

面积图：常用于强调数量随时间变化的程度，也可用于引起人们对总数值趋势的注意。

此外，该图表的子类型图表——堆积面积图和百分比堆积面积图还可以显示部分与整体的关系。

下图所示为创建的展示12个月销售趋势的面积图。

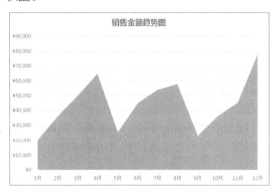

XY散点图：用于显示若干数据系列中各数值之间的关系，或者将两组数字绘制为XY坐标的一个系列，通常用于比较数值。

下图所示为创建的展示收货天数和满意度相关的散点图。

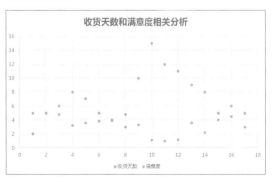

股价图：主要用于显示股价波动情况，下图所示为创建的股价图。

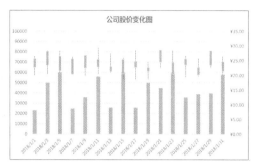

曲面图：能够呈现某些数据的趋势以及占比。

下图所示为创建的展示各个区域在各个季度的销售金额情况的曲面图。

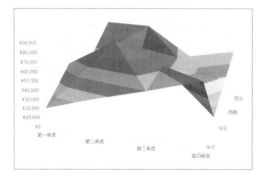

雷达图：专门用来进行多指标体系比较分析的图表，从该图表中可以看出指标的实际值与参照值的偏离程度，从而为分析者提供有益的信息。

雷达图一般用于成绩展示、对比、多维数据对比等，该图表能够让数据的展示效果非常直观和清晰。

下图所示为创建的展示实际值与目标值偏离程度的雷达图。

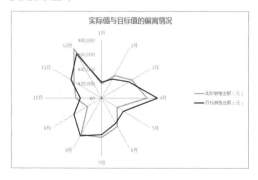

树状图：用于展示有群组、层次关系的图表，常使用矩形的面积、排列和颜色来显示复杂的数据关系，并具有群组、层级关系展现功能，能够直观体现同级之间的比较。而且该图表很适合用来展示构成项目较多的结构关系。

下图所示为创建的各产品销售金额占比情况的树状图。

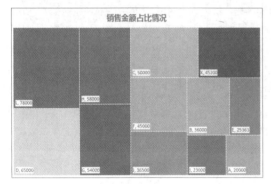

旭日图：一种现代饼图，超越了传统的饼图和圆环图，能够表达清晰的层级和归属关系，通过父子层次结构来显示数据构成情况。

在该图表中，离原点越近表示级别越高，相邻两层中，是内层包含外层的关系。

下图所示为创建的展示季度、月和周销售占比情况的旭日图。

在实际工作中，旭日图可划分得更细，该图表不仅让数据更加直观，而且别具特色，可在很大程度上提升图表的专业性和美观性。

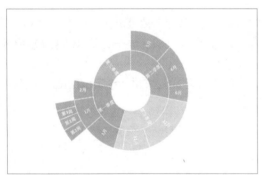

直方图：用于展示数据的分组分布状态，用矩形的宽度和高度表示频数分布。通过直方图，用户可以很直观地看出数据分布的形状、中心位置及数据的离散程度等。

下图所示为根据公司各个年龄段的人数创建的直方图。

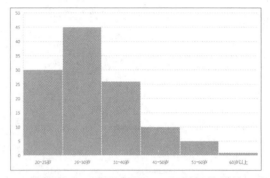

箱形图：一种用作显示一组数据分散情况资料的图表，其能够提供有关数据位置和分散情况的关键信息。

下图所示为创建的箱形图。

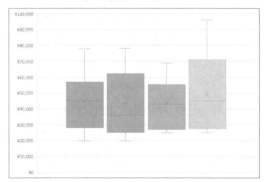

瀑布图：一种形式类似于瀑布的图表，常用于展示一系列增加值或减少值对初始值的影响，可以直观地反映数据的增减变化。

在Excel 2016中，图表类型中新增了该图表，无须复杂的步骤，就可以很简单地完成瀑布图的制作。

下图所示为创建的展示公司费用明细的瀑布图。

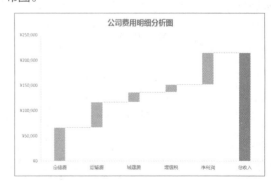

第 4 章
图表应用：让财务信息一目了然

组合图：在使用Excel制作图表分析数据时，为了让两组或多组相关数据更加便于直观分析，有时候需要在一张图表中包含多种图表类型。

下图所示为创建的柱形图和折线图相结合的组合图表。通过该图表，不仅可以直观对比各个月份的销售金额情况，还可以查看12个月的销售数量趋势。

图表标题：用于显示图表标题的文本框，摆放的位置可随意调整。

图例：显示数据系列的具体样式和对应系列名称的示例。摆放位置也可以随意调整，形状大小则可以通过字体大小来调整。

数据系列：图表中要表现的数据集合，图表中以相同颜色表示的一组数据即为一个数据系列。

图表区：创建图表后所生成的图表容器，与此图表有关的所有显示元素都容纳在这个容器中。通过该区域，可以整体地复制、移动或删除图表。

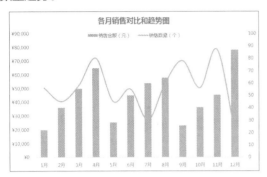

数据标签：在数据系列上直接标识每个数据点类别或数据大小的文本框，标识的具体信息会根据图表类型的不同而进行改变。而且该元素的位置可根据实际的情况进行调整。

以上介绍的图表为Excel 2016中的全部图表类型，在实际工作中，用户可根据实际的数据分析需要，选择合适的图表类型进行创建。

绘图区：图表中放置数据系列的矩形区域，也就是在上面图表中填充色为灰色的区域。

网格线：平行于各轴的、便于读数的参照线。可分为主要网格线和次要网格线，与坐标轴上的主要刻度和次要刻度分别对应。

4.1.2 认识图表的组成元素

一般一个图表中会包含多个图表元素，如图表标题、数据标签、图例等。以下图所示的组合图表为例，对图表中常用的图表元素进行解释说明。

水平（类别）轴：图表中用来标识X轴的轴线，可以设置线型和颜色。

垂直（值）轴：图表中用来标识Y轴的轴线，可以设置线型和颜色。

坐标轴标题：图表中横纵坐标轴的标题，用于阐明图表中显示的水平或垂直轴数据内容。

以上这些元素是图表中的一些常见元素。除此之外，有时候还需要使用到数据表、趋势线等图表元素。在实际工作中，用户可根据需要添加和删除图表元素。

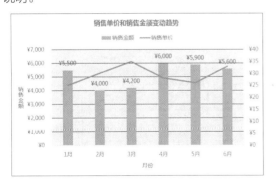

4.2 财务分析经典图表的制作

在了解了Excel中的图表类型和图表相关知识后，还需掌握常见图表的制作过程和设置方法，以便于对财务数据的分析更加直观和快速。在本节中，将从数据的对比、发展趋势、组成结构等方面来介绍

71

各种不同类型图表的制作方法。

4.2.1 对比分析经典图表

在财务工作中，常常会通过某项财务指标与性质相同的指标评价标准进行对比，从而揭示企业的财务状况和销售情况。

在做对比分析时，如比较数据的大小，通常会使用柱形图、条形图。当然，也可根据分析的具体情况使用其他图表，如通过折线图的高低连线来表现几个公司的库存最高值、最低值和现有库存的对比，还可使用雷达图来对比多个公司的多个财务指标。

1. 去年与今年收入对比分析柱形图

柱形图是最常用的图表之一，常用于数据的比较。下面将对该图表的制作进行简单的介绍。

第1步 打开"素材文件\第4章\去年与今年对比分析柱形图.xlsx"文件，选中任意数据单元格，如单元格B2，在"插入"选项卡下的"图表"组中单击"插入柱形图或条形图"按钮，在展开的列表中选择"簇状柱形图"选项，如下图所示。

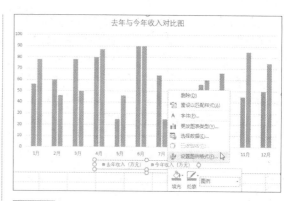

第2步 插入图表后，更改"图表标题"为"去年与今年收入对比图"，在图表的图例上右击，在弹出的快捷菜单中选择"设置图例格式"命令，如下图所示。

第3步 打开"设置图例格式"窗格，在"图例选项"选项卡下的"图例选项"选项区域中选中"靠上"单选按钮，取消选中"显示图例，但不与图表重叠"复选框，如下图所示。

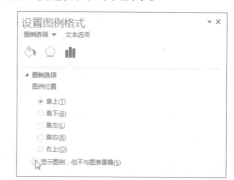

第4步 右击图表中的网格线，在弹出的快捷菜单中选择"删除"命令，如下图所示。也可以直接选中网格线，按"Delete"键来删除网格线。

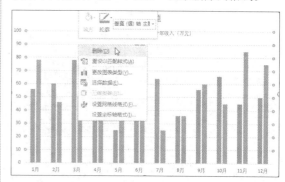

第5步 更改图表的字体，即可得到如下图所示的"去年与今年收入对比图"。

第 4 章
图表应用：让财务信息一目了然

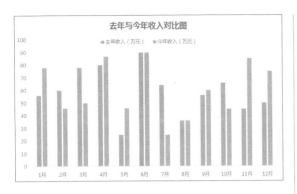

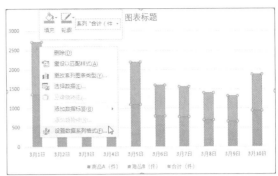

2. 显示合计值的堆积柱形图

在有多个数据系列并希望强调总计对比情况时，可使用堆积柱形图来实现目的，具体的操作步骤如下。

第1步 打开"素材文件\第4章\显示合计值的堆积柱形图.xlsx"文件，选中任意数据单元格，在"插入"选项卡下的"图表"组中单击"插入柱形图或条形图"按钮，在展开的列表中选择"堆积柱形图"选项，如下图所示。

第3步 打开"设置数据系列格式"窗格，在"填充与线条"选项卡下的"填充"选项区域中选中"无填充"单选按钮，在"边框"选项区域中选中"无线条"单选按钮，如下图所示。

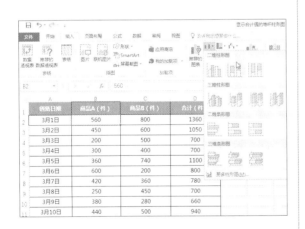

第4步 切换至"系列选项"选项卡下，在"系列选项"选项区域中选中"次坐标轴"单选按钮，如下图所示。

第2步 插入图表后，右击图表中代表合计的数据系列，在弹出的快捷菜单中选择"设置数据系列格式"选项，如下图所示。

第5步 在图表中再次右击代表合计的数据系列，在弹出的快捷菜单中选择"添加数据标签"→"添加数据标签"命令，如下图所示。

为什么财务精英都是 Excel 控：
Excel 在财务工作中的应用

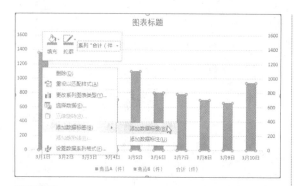

第6步 右击次坐标轴，在弹出的快捷菜单中选择"删除"命令，如下图所示。也可直接按"Delete"键。

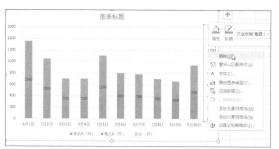

第7步 选中图例中的"合计（件）"图例项，按"Delete"键，将其删除，为图表的数据系列设置填充颜色，并调整数据标签的位置至柱形的顶部，美化图表后，即可得到如下图所示的效果。

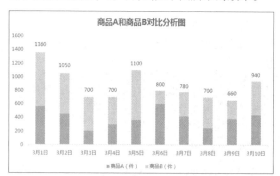

根据该图表，用户既可以对比分析某日商品A和商品B的销售数量，还可以对比多个日期下的销售数量。

3. 营业费用支出对比条形图

除了可以使用柱形图直观查看数据的对比效果，还可以使用条形图来横向地完成对比操作。

第1步 打开"素材文件\第4章\营业费用支出对比条形图.xlsx"文件，选中任意数据单元格，在"插入"选项卡下的"图表"组中单击"插入柱形图或条形图"按钮，在展开的列表中选择"簇状条形图"选项，如下图所示。

第2步 插入图表后，可发现部分费用类别项目未展示在图表中，这是因为图表不够高所致。将鼠标指针放置在图表的下边框线上的中间控点上，此时鼠标指针变为形状，按住鼠标左键不放，向下拖动，即可增大图表的高度，如下图所示。完成后释放鼠标即可，应用相同的方法可更改图表的宽度。

第3步 双击"垂直（类别）轴"，打开"设置坐标轴格式"窗格，在"坐标轴选项"选项卡下的"坐标轴选项"选项区域中选中"逆序类别"复选框，如下图所示。

第 4 章

图表应用：让财务信息一目了然

第 4 步 选中图表中的水平（值）轴，在"设置坐标轴格式"窗格下的"坐标轴选项"选项卡下设置"最大值"为"10 000.0"，如下图所示。

第 5 步 选中图表中的数据系列，在"设置数据系列格式"窗格的"系列选项"选项卡下设置"分类间距"为"90%"，如下图所示。完成后关闭窗格。

第 6 步 删除水平（值）轴，添加数据标签，更改图表标题，并设置好图表数据系列的填充颜色，美化图表后的效果如下图所示。根据该图表，用户可直观对比查看各个费用类别的支出。

4. 多个类别对比的雷达图

雷达图是由中心向外辐射出多条坐标轴，每个多维数据在每一维度上的数值都占有一条坐标轴，并和相邻坐标轴上的数据点连接起来，形成一个个不规则的多边形。

雷达图可以同时对单个系列或多个系列进行多个类别的对比，尤其适用于系列之间的综合对比。

需注意的是，必须有3个及以上的维度，才适合制作雷达图。当然，维度也不宜过多，否则既影响美观，也会大大降低图表的可读性。

第 1 步 打开"素材文件\第 4 章\多类别对比的雷达图.xlsx"文件，在该工作表中，A 列为某款显示器的 8 个主要性能项目，B 列和 C 列的数据为测试生产该产品两个厂的打分值，满分为 10 分。选中任意数据单元格，在"插入"选项卡下的"图表"组中单击"插入曲面图或雷达图"按钮，在展开的列表中选择"填充雷达图"选项，如下图所示。

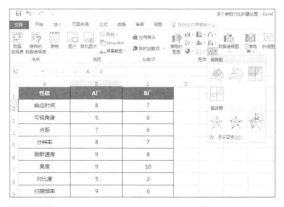

第 2 步 删除图表标题，调整图例的位置，然后

75

右击图表中的网格线，在弹出的快捷菜单中选择"设置网格线格式"命令，如下图所示。

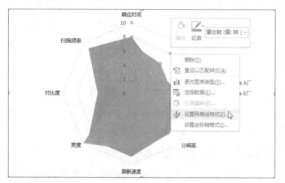

第3步 打开"设置主要网格线格式"窗格，在"填充与线条"选项卡下的"线条"选项区域中选中"实线"单选按钮，设置合适的颜色，如下图所示。随后为图表中的两个数据系列设置合适的填充颜色和线条。

第4步 完成设置后，可以发现雷达图中没有由中心出发的射线状线条，如下图所示。虽然没有该射线不影响图表的最终分析效果，但在专业性上始终差一些，而且也无法通过雷达轴（值）来设置。

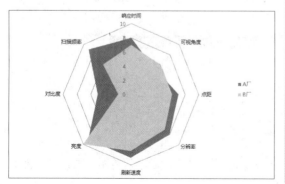

第5步 此时可以将图表更改为其他类型来设置，在"图表工具-设计"选项卡下的"类型"组中单击"更改图表类型"按钮，打开"更改图表类型"对话框，在"所有图表"选项卡下选择"面积图"选项，然后选择任意一种图表子类型，完成后单击"确定"按钮，如下图所示。

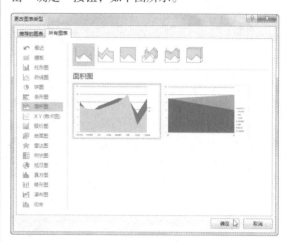

第6步 右击面积图的纵坐标轴，在弹出的浮动工具栏中单击"轮廓"按钮，在展开的列表中选择合适的填充颜色，如下图所示。然后应用相同的方法改变横坐标轴的轮廓颜色。

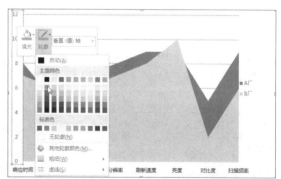

第7步 随后将面积图重新更改为雷达图，即可看到雷达图中将显示由中心出发的射线，使得图表更加具有美观性和个性化，如下图所示。通过该图表，用户可看到 A 厂生产的显示器在性能上除了"可视角度"和"亮度"这两个性能指标以外，基本上都比 B 厂好。

第 4 章
图表应用：让财务信息一目了然

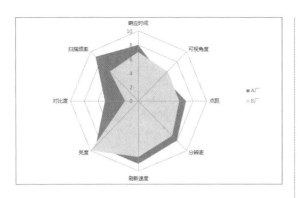

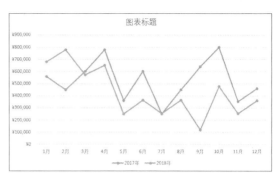

4.2.2 分析发展趋势的经典图表

发展趋势分析是通过比较企业连续几期的财务经营数据或财务比率，来了解企业财务状况随时间的推移所呈现的趋势，一方面看数据增减变化是否异常，以发现存在的问题；另一方面，用来预测企业未来的财务状况，判断企业的发展前景。此类图表一般使用折线图，也可以使用柱状图，用横轴表示时间（年、月、日）。一般来说比率和价格类的指标使用折线图更合适。

1. 销售收入趋势图

柱形图和折线图在时间维度的分析中是可以互换的。但推荐使用折线图，因为它对趋势的变化表达更清晰。

第1步 打开"素材文件\第 4 章\销售收入趋势图.xlsx"文件，选中任意数据单元格，在"插入"选项卡下的"图表"组中单击"插入折线图或面积图"按钮，在展开的列表中选择"带数据标记的折线图"选项，如下图所示。

第2步 可看到插入折线图后的效果，如下图所示。

第3步 双击任意数据系列，打开"设置数据系列格式"窗格，在"填充与线条"选项卡下的"标记"选项下选中"内置"单选按钮，设置好标记"类型"后，设置"大小"为"7"，如下图所示。完成标记的设置后，继续对标记和数据系列线条的颜色进行设置。并应用相同的方法对另一个数据系列的线条和标记进行设置。

第4步 切换至"填充与线条"选项卡，在"线条"选项下选中"平滑线"复选框，如下图所示。应用相同的方法将另外一个数据系列也变为平滑线。

资源下载代码：cWE83Lp5

第5步 选中纵坐标轴，在"设置坐标轴格式"窗格的"填充与线条"选项卡下的"线条"选项区域中选中"实线"单选按钮，设置好"颜色"和"宽度"后，单击"箭头末端类型"按钮，在展开的列表中选择合适的箭头形状，如下图所示。随后对箭头末端的大小进行设置。

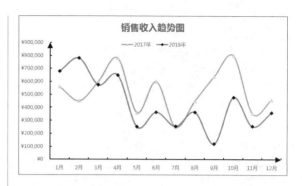

第6步 切换至"坐标轴选项"选项卡，在"刻度线"选项区域中单击"主要类型"右侧的下拉按钮，在展开的列表中选择"内部"选项，如下图所示。选中横坐标轴，重复第5步和第6步的操作步骤。

第7步 关闭窗格，更改图表标题，删除网格线，调整图例位置，即可得到如下图所示美化后的图表效果。根据该图表，用户可轻易得出无论是2017年还是2018年，销售收入都起伏较大，没有固定的趋势。

2. 销售利润面积图

除了可以使用折线图对销售收入或者销售利润的趋势情况进行可视化的展示，还可以使用面积图来实现趋势展示，具体操作步骤如下。

第1步 打开"素材文件\第4章\销售利润面积图.xlsx"文件，选中任意数据单元格，在"插入"选项卡下的"图表"组中单击"插入折线图或面积图"按钮，在展开的列表中选择"三维面积图"选项，如下图所示。

第2步 删除图例，更改图表标题，可看到插入的"销售利润面积图"效果，如下图所示。

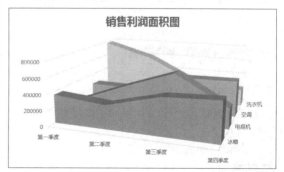

第4章
图表应用：让财务信息一目了然

第3步 双击图表的背景墙，打开"设置背景墙格式"窗格，在"效果"选项卡下的"三维旋转"选项区域中设置"X旋转"和"Y旋转"的角度，如下图所示。

第4步 为图表的垂直轴、竖坐标轴和水平轴设置线条颜色，即可得到如下图所示的面积图效果。通过该图表，用户可直观查看各个季度中各个产品的销售利润情况。

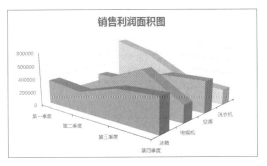

4.2.3 分析组成结构的经典图表

组成结构分析法是指对分析对象中各项目的组成进行分析，如各产品的销售组成分析、流动资产组成分析、各部门管理费用组成分析。一般使用饼图或圆环图来分析。

1. 使用饼图展示百分比情况

饼图常用于市场份额分析、占有率分析等场合，能非常直观地表达出每一块区域的比重大小，具体操作步骤如下。

第1步 打开"素材文件\第4章\使用饼图展示百分比情况.xlsx"文件，选中任意数据单元格，在"插入"选项卡下的"图表"组中单击"插入饼图或圆环图"按钮，在展开的列表中选择"饼图"选项，如下图所示。

第2步 删除图例项，更改图表标题，单击图表右上角的"图表元素"按钮，在展开的列表中选择"数据标签"→"更多选项"选项，如下图所示。

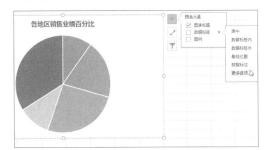

第3步 打开"设置数据标签格式"窗格，在"标签选项"选项卡下展开"标签选项"，在"标签包括"选项区域中选中需要显示的标签复选框，取消选中不需要显示的标签复选框，在"标签位置"选项区域中选中"数据标签外"单选按钮，如下图所示。

| 79 |

第4步 选中饼图中的任意数据系列，在"设置数据系列格式"窗格的"系列选项"选项卡下设置"饼图分离程度"为"10%"，如下图所示。完成后关闭窗格。

第5步 即可看到添加数据标签并分离饼图块后的饼图效果，如下图所示。通过该图表，用户可直观看到各个地区的销售业绩百分比情况。

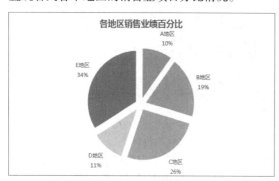

2. 使用复合条饼图展示组成结构

当数据系列较多，且有些数据占比很小，放在饼图中只是个极细的扇形，而引起的可读性不强时，可将主饼图中某些小比例的数据合并到一个条形图中单独列出比较，即复合条饼图，具体操作步骤如下。

第1步 打开"素材文件\第4章\使用复合条饼图展示组成结构.xlsx"文件，选中任意数据单元格，在"插入"选项卡下的"图表"组中单击"插入饼图或圆环图"按钮，在展开的列表中选择"复合条饼图"选项，如下图所示。

第2步 更改图表的标题并删除图例项，然后单击图表右上角的"图表元素"按钮，在展开的列表中选择"数据标签"→"更多选项"选项，如下图所示。

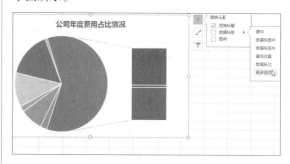

第3步 打开"设置数据标签格式"窗格，在"标签选项"选项卡下展开"标签选项"，在"标签包括"选项区域中选中要显示的标签复选框，取消选中不需要显示的标签复选框，然后单击"分隔符"右侧的下拉按钮，在展开的列表中选择"（空格）"选项，如下图所示。

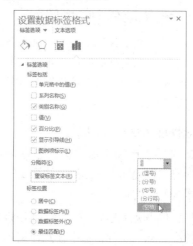

第 4 章

图表应用：让财务信息一目了然

第4步 选中图表中的任意数据系列，在"设置数据系列格式"窗格的"系列选项"选项卡下设置"系列分割依据"为"百分比值"，"值小于"为"5%"，如下图所示。

第5步 关闭窗格，调整图表标签的文本颜色，以便于用户阅读查看，即可得到如下图所示的复合条饼图效果，通过该图表，用户可以看到百分比值小于 5% 的费用都显示在了右侧的堆积条形图中。

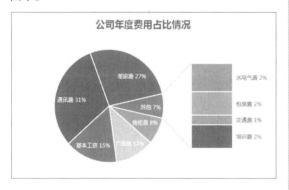

3. 使用双层饼图展示复合组成结构

在某些情况下，需要展示各项目的明细组成，如既要展示各个产品的销售业绩百分比，还要展示各个产品下各个员工的销售业绩情况，此时复合饼图或复合条饼图就不能满足要求了，就需要使用双层饼图，具体操作步骤如下。

第1步 打开"素材文件\第 4 章\使用双层饼图展示复合组成结构.xlsx"文件，选中单元格区域 B1:B13，在"插入"选项卡下的"图表"组中单击"插入饼图或圆环图"按钮，在展开的列表中选择"饼图"选项，如下图所示。

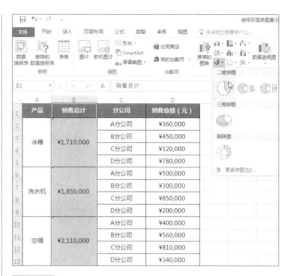

第2步 插入饼图后，设置好图表标题，删除图例，在饼图上右击，在弹出的快捷菜单中选择"选择数据"命令，如下图所示。

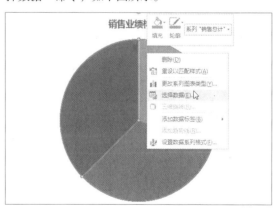

第3步 弹出"选择数据源"对话框，单击"添加"按钮，如下图所示。

第4步 打开"编辑数据系列"对话框，设置"系列名称"为单元格 D1，设置"系列值"为单元格区域 D2:D13，单击"确定"按钮，如下图所示。

| 81 |

第5步 返回"选择数据源"对话框,选中"销售业绩(元)"图例项,在"水平(分类)轴标签"下单击"编辑"按钮,如下图所示。

第6步 打开"轴标签"对话框,设置"轴标签区域"为单元格区域C2:C13,单击"确定"按钮,如下图所示。

第7步 继续单击"确定"按钮,返回工作表中,在"图表工具-格式"选项卡下的"当前所选内容"组中选择"图表元素"为"系列"销售总计"",单击"设置所选内容格式"按钮,如下图所示。

第8步 打开"设置数据系列格式"窗格,在"系列选项"选项卡下的"系列选项"选项区域中选

中"次坐标轴"单选按钮,设置"饼图分离程度"为"70%",如下图所示。

第9步 此时即可看到销售总计数据系列饼图分离后的效果,然后选中"销售总计"数据系列中的任意一个扇区,如下图所示。

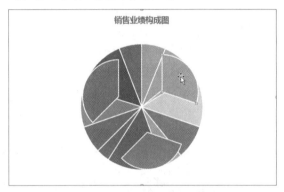

第10步 在"设置数据点格式"窗格中的"系列选项"选项卡下设置"点爆炸型"为"0.00%",如下图所示。应用相同的方法选中其他两个分离的扇区,并设置"点爆炸型"也为"0.00%"。

第11步 右击图表中的"系列"销售总计""数据系列,在弹出的快捷菜单中选择"选择数据"命令,如下图所示。

第 4 章
图表应用：让财务信息一目了然

4.2.4 制作达成及进度分析图表

在财务分析中，为了更加直观地展示某项指标的达成或者进度分析结果，可使用特殊效果的柱形图或条形图来实现。

1. 分公司销售业绩完成情况的柱形对比图

尽管使用一般的柱形图也可以对比分析销售业绩的目标值与实际值，但为了让实际销售额与目标销售额在对比上更加清晰和直观，使用针管状的柱形图更加合适，具体操作步骤如下。

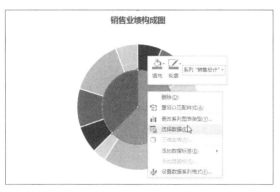

第12步 打开"选择数据源"对话框，选中"销售总计"系列，在"水平（分类）轴标签"下单击"编辑"按钮，如下图所示。

第13步 打开"轴标签"对话框，设置"轴标签区域"为单元格区域 A2:A13，单击"确定"按钮，如下图所示。

第14步 继续单击"确定"按钮，返回工作表中，为图表添加上数据标签，并设置合适的填充颜色，即可得到如下图所示的双层饼图。

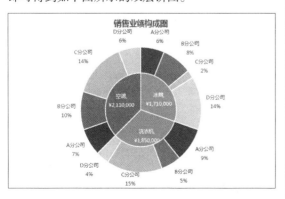

第1步 打开"素材文件\第4章\销售业绩完成情况图表 .xlsx"文件，选中任意数据单元格，如单元格 B2，在"插入"选项卡下的"图表"组中单击"插入柱形图或条形图"按钮，在展开的列表中选择"簇状柱形图"选项，如下图所示。

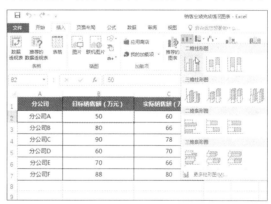

第2步 插入图表后，更改图表标题为"各分公司业绩完成情况"，删除网格线，更改图例的位置至顶部，并让其与图表重叠。随后为图表横纵坐标轴设置线条颜色，并添加刻度线，即可得到如下图所示的图表效果。

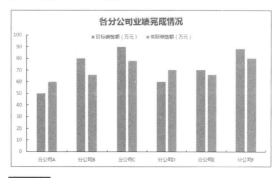

第3步 双击图表中的任意数据系列，打开"设

置数据系列格式"窗格，在"系列选项"选项卡下的"系列选项"选项区域中设置"系列重叠"为"100%"，"分类间距"为"130%"，如下图所示。

第4步 此时可看到调整系列重叠和分类间距值后的图表效果，选中代表目标销售额的数据系列，如下图所示。

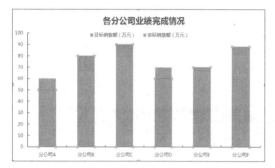

第5步 在"设置数据系列格式"窗格中切换到"填充与线条"选项卡，在"填充"选项区域中选中"无填充"单选按钮，在"边框"选项区域中选中"实线"单选按钮，设置"颜色"为"黑色，文字1"，"宽度"为"1.25磅"，如下图所示。

第6步 双击代表实际销售额的数据系列，在"设置数据系列格式"窗格中的"填充与线条"选项卡下选中"填充"选项区域中的"纯色填充"单选按钮，设置"颜色"为"红色"。在"边框"选项区域中选中"实线"单选按钮，设置"颜色"为"白色，背景1"，"宽度"为"6磅"，如下图所示。完成后关闭窗格。

第7步 可看到完成数据系列格式设置后的图表效果，通过图表可以发现当实际销售额高于目标销售额时，代表目标销售额的数据系列柱形图会被代表实际销售的数据系列柱形图遮挡，这是数据系列的先后设置顺序不当造成的。此时可以右击图表中的任意数据系列，在弹出的快捷菜单中选择"选择数据"命令，如下图所示。

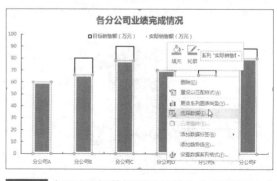

第8步 打开"选择数据源"对话框，在"图例项(系

列)"列表框中选中"目标销售额(元)"系列，单击"下移"按钮，如下图所示。完成后单击"确定"按钮。

第9步 返回工作表中，即可看到设置后的图表效果，通过该图表，用户可直观查看各个分公司销售业绩的完成情况。可发现只有分公司 A 和分公司 D 完成了目标销售额，其他分公司都未达成目标业绩。

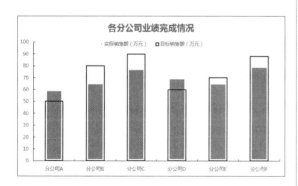

2. 销售业绩完成进度的温度计图

为了让公司业绩销售额的完成进度更加直观，可制作一个类似于温度计的柱形图，具体操作步骤如下。

第1步 打开"素材文件\第 4 章\销售业绩完成进度图表 .xlsx"文件，在单元格 B14 中输入公式"=SUM(B2:B13)"，按下"Enter"键，即可得到 1~12 月的销售额汇总值，如下图所示。

第2步 在单元格 B17 中输入公式"=B14/B15"，按下"Enter"键，将单元格中的数字格式设置为百分比格式，并添加两位小数位数。选中单元格 B17，在"插入"选项卡下的"图表"组中单击"插入柱形图或条形图"按钮，在展开的列表中选择"簇状柱形图"选项，如下图所示。

第3步 插入图表后，删除图表中的横坐标轴，更改图表标题为"销售业绩完成进度"，设置分类间距为 0，即可得到如下图所示的图表效果。

第4步 双击坐标轴,打开"设置坐标轴格式"窗格,在"坐标轴选项"选项卡下的"坐标轴选项"选项区域中设置"最大值"为"1.0",如下图所示。

第5步 随后设置绘图区的填充颜色,以及数据系列的填充颜色,并为图表添加数据标签,即可得到如下图所示的类似于温度计的图表效果。

通过该图表可以发现,虽然已经过去了半年,但该公司的销售业绩离目标的一半还差很多。

第6步 在 B 列中输入 7 月和 8 月的销售额数据,可看到图表中的数据系列会随着完成比例的增加而上升,就像一个温度计,如下图所示。

3. 展示项目进度的甘特图

如果想要显示项目随着时间的进度情况,可使用调整格式效果后的堆积条形图,即甘特图来实现,具体操作步骤如下。

第1步 打开"素材文件\第4章\展示项目进度的甘特图.xlsx"文件,选中任意数据单元格,如单元格 B2,在"插入"选项卡下的"图表"组中单击"插入柱形图或条形图"按钮,在展开的列表中选择"堆积条形图"选项,如下图所示。

第2步 插入图表后,在图表上右击,在弹出的快捷菜单中选择"选择数据"命令,打开"选择数据源"对话框,在"水平(分类)轴标签"列表框中单击"编辑"按钮,如下图所示。

第 4 章
图表应用：让财务信息一目了然

第 3 步 弹出"轴标签"对话框，设置"轴标签区域"为单元格区域 A2:A7，单击"确定"按钮，如下图所示。

第 4 步 返回"选择数据源"对话框，在"图例项（系列）"列表框中单击"添加"按钮，打开"编辑数据系列"对话框，设置"系列名称"为单元格 B1，设置"系列值"为单元格区域 B2:B7，单击"确定"按钮，如下图所示。

第 5 步 返回"选择数据源"对话框，在"图例项（系列）"列表框中选中"开始日期"系列，单击"上移"按钮，如下图所示。完成后单击"确定"按钮。

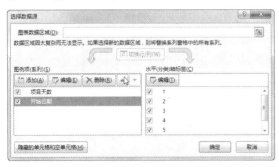

第 6 步 返回工作表中，右击代表开始日期的数据系列，在弹出的快捷菜单中选择"设置数据系列格式"命令，如下图所示。

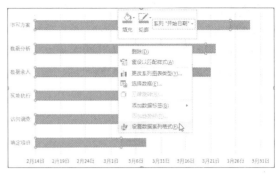

第 7 步 打开"设置数据系列格式"窗格，在"填充与线条"选项卡下的"填充"选项区域中选中"无填充"单选按钮，在"边框"选项区域中选中"无线条"单选按钮，如下图所示。完成开始日期数据系列的设置后，选中代表项目天数的数据系列，为其设置合适的填充颜色和边框颜色。

第 8 步 选中图表中的垂直（类别）轴，在"设置坐标轴格式"窗格的"坐标轴选项"选项卡下的"坐标轴选项"选项区域中选中"逆序类别"复选框，如下图所示。

87

第9步 选中水平（值）轴，在"设置坐标轴格式"窗格的"坐标轴选项"选项卡下的"坐标轴选项"选项区域中设置"最小值"为代表3月3日的常规数值格式的数据，即"43 162.0"，如下图所示。完成后关闭窗格。

第10步 对图表进行美化操作，如添加图表标题，添加主轴主要水平网格线，并对网格线的线型和颜色进行设置，此外，还可以对横纵坐标轴的边框进行格式设置，美化后的图表效果如下图所示。各个项目的进度一目了然。

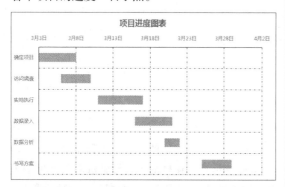

4.2.5 组合图表分析多类型的数据

当需要在一个图表中强调不同类型的数据信息时，可以在一个图表中展示多个类型的图表。具体如何让一个图表显示多个类型，可根据实际情况进行操作。

1. 显示平均值的对比组合图

如果想要通过柱形图来反映随时间变动的发展趋势，可在图表上添加一条显示为水平线的平均值折线图，具体操作步骤如下。

第1步 打开"素材文件\第4章\显示平均值的对比组合图.xlsx"文件，在单元格C2中输入公式"=AVERAGE($B$2:$B$13)"，按下"Enter"键，并向下复制公式，即可得到1~12月的平均销售业绩，如下图所示。

	A	B	C	D
1	月份	销售业绩（万元）	平均销售业绩（万元）	
2	1月	56	53	
3	2月	60	53	
4	3月	40	53	
5	4月	78	53	
6	5月	80	53	
7	6月	36	53	
8	7月	25	53	
9	8月	46	53	
10	9月	66	53	
11	10月	50	53	
12	11月	75	53	
13	12月	24	53	
14				

第2步 选中任意数据单元格，在"插入"选项卡下的"图表"组中单击"对话框启动器"按钮，打开"插入图表"对话框，在"所有图表"选项卡下选择"组合"图表类型，在"为您的数据系列选择图表类型和轴"列表框中设置"销售业绩（万元）"的"图表类型"为"簇状柱形图"，设置"平均销售业绩（万元）"的"图表类型"为"带数据标记的折线图"，单击"确定"按钮，如下图所示。

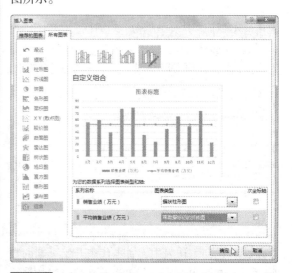

第3步 返回工作表中，更改图表标题为"平均值对比图"，调整图例的位置，删除网格线，调

第4章

图表应用：让财务信息一目了然

整折线图的线型、颜色和标记，美化图表后的效果如下图所示。用户可直观查看哪些月份的销售额超出了平均销售业绩，哪些月份未达到平均销售业绩。

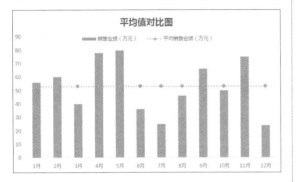

2. 带合计数的多项目对比组合图

当对比多个产品在多个月份下的明细销售数据和合计数据时，如果想要更清晰直观地看出明细数据的差异，则可使用组合图表的次坐标轴来解决合计数据系列柱形过高的问题。

第1步 打开"素材文件\第4章\带合计数的多项目对比组合图.xlsx"文件，选中单元格区域A3:E9，在"插入"选项卡下的"图表"组中单击"对话框启动器"按钮，如下图所示。

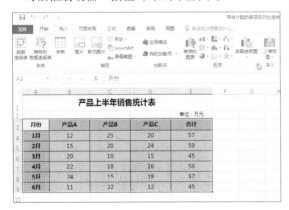

第2步 打开"插入图表"对话框，在"所有图表"选项卡下选择"组合"图表类型，设置数据系列的图表类型都为"簇状柱形图"，设置产品A、B、C的数据系列为次坐标轴，单击"确定"按钮，如下图所示。

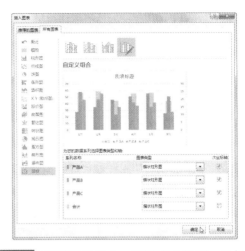

第3步 返回工作表中，对图表的标题、图例和坐标轴格式进行设置和调整，右击"系列'合计'"数据系列，在弹出的快捷菜单中选择"设置数据系列格式"命令，如下图所示。

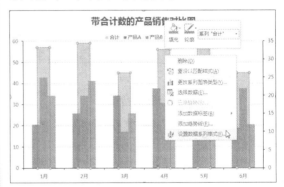

第4步 打开"设置数据系列格式"窗格，在"系列选项"选项卡下的"系列选项"选项区域中设置"系列重叠"为"0.00%"，"分类间距"为"40%"，如下图所示。

第5步 选中图表中的任意产品数据系列，在"设置数据系列格式"窗格的"系列选项"选项卡下设置"系列重叠"为"-30%"，"分类间距"为

89

"230%",如下图所示。完成后关闭窗格。

第6步 为图表中的产品数据系列添加数据标签并为图表的数据系列设置合适的填充颜色,即可得到带合计数的产品销量对比图,如下图所示。

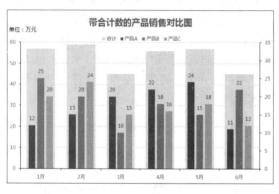

3. 两个项目对比的分析组合图

在实际工作中,为了让对比的效果更直观清晰,可使用反向的组合条形图,反向的组合条形图就是以中间轴为基准,分别向左和向右两个方向绘制条形图,适合两组数据对比。

第1步 打开"素材文件\第4章\两个项目对比的分析组合图.xlsx"文件,选中单元格区域A3:C10,在"插入"选项卡下的"图表"组中单击"对话框启动器"按钮,如下图所示。

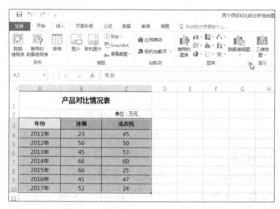

第2步 打开"插入图表"对话框,在"所有图表"选项卡下选择"组合"图表类型,设置数据系列的图表类型都为"簇状条形图",设置产品洗衣机的数据系列为次坐标轴,单击"确定"按钮,如下图所示。

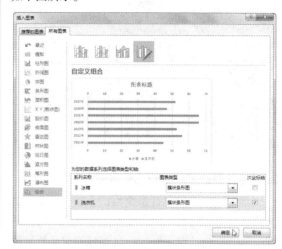

第3步 返回工作表中,可看到插入的图表效果,对图表的标题进行设置后,右击"次坐标轴 水平(值)轴",在弹出的快捷菜单中选择"设置坐标轴格式"命令,如下图所示。

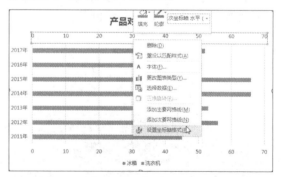

第4步 打开"设置坐标轴格式"窗格,在"坐标轴选项"选项卡下的"坐标轴选项"选项区域中设置"最小值"为-70,"最大值"为70,选中"逆序刻度值"复选框,如下图所示。随后选中水平(值)轴,为其设置相同的最大值和最小值,但无须选中"逆序刻度值"复选框。

第7步 在"标签"选项区域中单击"标签位置"右侧的下拉按钮,在展开的列表中选择"低"选项,如下图所示。

第5步 此时可看到设置主要和次要水平类别轴后的图表效果,右击图表中的"垂直(类别)轴",在弹出的快捷菜单中选择"设置坐标轴格式"命令,如下图所示。

第8步 完成后关闭窗格,为图表添加文本框并输入单位,随后为数据系列设置合适的填充颜色,即可直观查看冰箱和洗衣机在最近几年的销售对比情况,如下图所示。

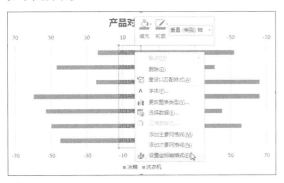

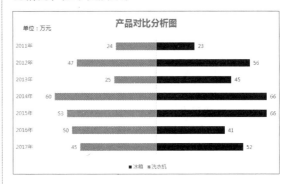

第6步 打开"设置坐标轴格式"窗格,在"坐标轴选项"选项卡下的"坐标轴选项"选项区域中选中"逆序类别"复选框,如下图所示。

4. 带价格区段背景的趋势组合图

为了直观反映时间和价格两个因素,并让用户能够一目了然地获取价格的整体趋势,以及预测最近的价格走势和范围,可制作带价格区段背景的趋势组合图表,具体操作步骤如下。

第1步 打开"素材文件\第4章\带价格区段背景的趋势组合图.xlsx"文件,选中任意数据单元格,在"插入"选项卡下的"图表"组中单击"插入柱形图或条形图"按钮,在展开的列表中选择"堆积柱形图"选项,如下图所示。

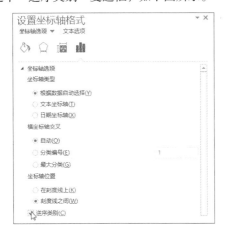

第2步 插入堆积柱形图后，右击任意数据系列，在弹出的快捷菜单中选择"更改系列图表类型"命令，如下图所示。

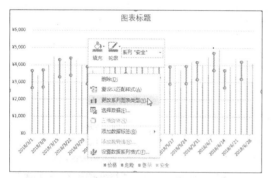

第3步 打开"更改图表类型"对话框，在"所有图表"选项卡下的"组合"选项卡中设置"价格"数据系列的类型为"折线图"，其他的数据系列均为"堆积柱形图"，单击"确定"按钮，如下图所示。

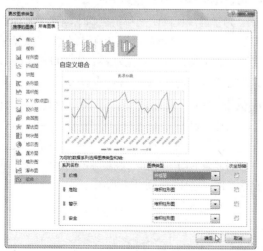

第4步 返回图表中，右击最上层的柱形图数据系列，在弹出的快捷菜单中选择"设置数据系列格式"命令，如下图所示。

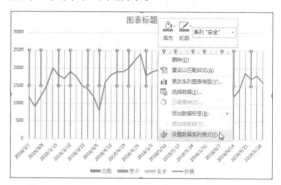

第5步 打开"设置数据系列格式"窗格，在"系列选项"选项卡下的"系列选项"选项区域中设置"系列重叠"为"100%"，"分类间距"为"0%"，如下图所示。

第6步 选中图表中的横坐标轴，打开"设置坐标轴格式"窗格，在"坐标轴选项"选项卡下的"坐标轴选项"选项区域中选中"文本坐标轴"单选按钮，再选中"在刻度线上"单选按钮，如下图所示。该步骤的目的在于让不连续显示的柱形图能够紧邻显示。

第 4 章
图表应用：让财务信息一目了然

第7步 选中纵坐标轴，在"设置坐标轴格式"窗格的"坐标轴选项"选项卡下的"坐标轴选项"选项区域中设置"最大值"为"2 500"，如下图所示。完成后关闭窗格。

可得到如下图所示的图表效果。通过该图表，用户能够很容易地看出哪段时间内的价格位于安全范围内，哪个价格位于警示范围，以及哪个价格位于危险范围。

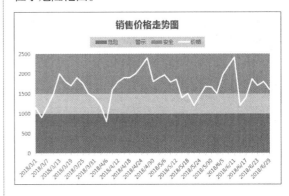

第8步 随后对图表的标题、图例进行设置，并对数据系列的填充颜色和线条颜色进行调整，即

4.3 在图表中动态地展示财务数据

在日常工作中，经常用到的图表都是静态图表，即数据一旦确定，图表的数据系列组合也就随之固定，如果要改变图表数据，就只能添加或删除数据。但是在实际工作中，会经常需要分析多数据和多维度的财务数据，此时就需要使用动态图表。与普通的静态图表相比，其能够更为丰富和灵活地展示数据系列组合。

4.3.1 使用窗体控件和函数实现动态图表的制作

一般情况下，要制作动态图表，可使用函数配合窗体控件来完成，具体的操作步骤如下。

第1步 打开"素材文件\第 4 章\使用窗体和函数实现动态图表的制作.xlsx"文件，选择"文件"→"选项"命令，打开"Excel 选项"对话框，切换至"快速访问工具栏"选项卡，设置"从下列位置选择命令"为"所有命令"，在列表框中选择"控件"，单击"添加"按钮，如下图所示。添加到快速访问工具栏后单击"确定"按钮。

第2步 返回工作表中，在单元格 B9 中输入公式"=INDEX(B2:G2,B$8)"，按"Enter"键，并向下复制公式，如下图所示。

93

第 3 步 选中单元格区域 A9:B13，在"插入"选项卡下的"图表"组中单击"插入柱形图或条形图"按钮，在展开的列表中选择"簇状柱形图"选项，如下图所示。

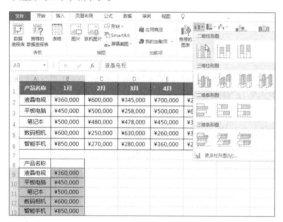

第 4 步 美化插入的柱形图，即可得到如下图所示的图表效果。

第 5 步 在单元格区域 C8:C13 中输入"1月，2月，3月，4月，5月，6月"数据内容，在快速访问工具栏中单击"控件"按钮，在展开的列表中选择"插入"→"组合框（窗体控件）"选项，如下图所示。

第 6 步 在图表上按住鼠标左键不放进行拖动，如下图所示。

第 7 步 拖动至合适的位置后释放鼠标，即可看到绘制好的组合框窗体控件，右击控件，在弹出的快捷菜单中选择"设置控件格式"命令，如下图所示。

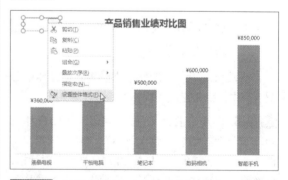

第 8 步 打开"设置对象格式"对话框，在"控制"选项卡下，设置"数据源区域"为单元格区域 C8:C13，"单元格链接"为单元格 B8，单击"确定"按钮，如下图所示。

第 4 章
图表应用：让财务信息一目了然

4.3.2 使用窗体控件和定义名称实现动态图表的制作

除了可以使用函数和窗体控件相结合的方法来完成动态图表的制作，还可以使用定义名称功能和控件相结合的方法来实现，具体操作步骤如下。

第 9 步 返回工作表中，单击控件右侧的下拉按钮，在展开的列表中选择要显示的月份数，如"2月"，如下图所示。

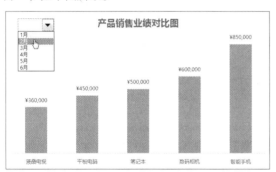

第 10 步 此时即可看到图表中只显示 2 月份的产品销售业绩对比情况，如下图所示。而且单元格 B8 中也将显示对应的月份数据"2"。

第 1 步 打开"素材文件\第 4 章\使用窗体和名称实现动态图表的制作.xlsx"文件，在"公式"选项卡下的"定义的名称"组中单击"定义名称"按钮，如下图所示。

第 2 步 打开"新建名称"对话框，设置"名称"为"销售日期"，设置"引用位置"为"=OFFSET(Sheet1!$A$1,Sheet1!$D$1,,10)"，单击"确定"按钮，如下图所示。此步骤公式中的最后一个参数表示在图表的横坐标轴上将要显示的数据个数。

第 3 步 应用相同的方法打开"新建名称"对话框，设置"名称"为"销售业绩"，设置"引用位置"为"=OFFSET(Sheet1!$B$1,Sheet1!$D$1,,10)"，单击"确定"按钮，如下图所示。

第4步 返回工作表中，在 A 列和 B 列中选择部分数据区域，在"插入"选项卡下的"图表"组中单击"插入折线图或面积图"按钮，在展开的列表中选择"带数据标记的折线图"选项，如下图所示。

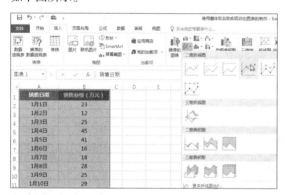

第5步 为创建的图表设置好图表标题、数据系列线条颜色以及横纵坐标的边框和刻度线，即可得到如下图所示的折线图。

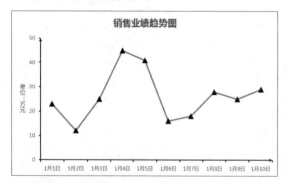

第6步 打开"选择数据源"对话框，在"图例项（系列）"下单击"编辑"按钮，如下图所示。

第7步 打开"编辑数据系列"对话框，设置"系列名称"为单元格 B1，设置"系列值"为"=Sheet1!销售业绩"，单击"确定"按钮，如下图所示。

第8步 返回"选择数据源"对话框，在"水平（分类）轴标签"下单击"编辑"按钮，打开"轴标签"对话框，设置"轴标签区域"为"Sheet1!销售日期"，单击"确定"按钮，如下图所示。

第9步 继续单击"确定"按钮，返回工作表中，在快速访问工具栏中单击"控件"按钮，在展开的列表中选择"插入"→"滚动条（窗体控件）"选项，如下图所示。

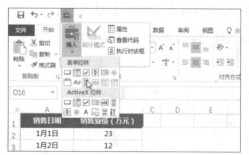

第10步 在图表上绘制好滚动条后，右击控件，在弹出的快捷菜单中选择"设置控件格式"命令，如下图所示。

第 4 章

图表应用：让财务信息一目了然

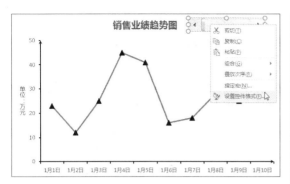

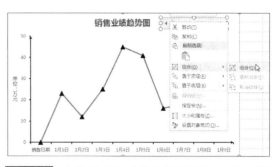

第 11 步 打开"设置控件格式"对话框，在"控制"选项卡下设置"单元格链接"为单元格 D1，单击"确定"按钮，如下图所示。

第 13 步 连续单击滚动条右侧的按钮▶，如下图所示。或者直接在单元格 D1 中输入要开始的日数据，如输入"15"。

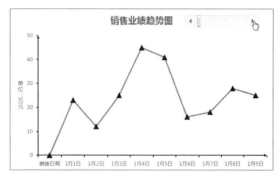

第 14 步 即可看到图表会从 1 月 15 日开始显示 10 天的销售业绩趋势数据，如下图所示，而且当在 A、B 列继续添加数据时，也可以在图表中滚动展现趋势效果。

第 12 步 返回工作表中，按住"Ctrl"键选中图表和控件，然后右击，在弹出的快捷菜单中选择"组合"→"组合"命令，如下图所示。此步骤的目的在于移动图表的位置时，保证滚动条可同时移动。

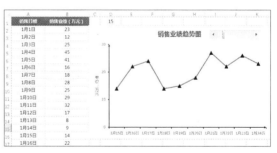

4.4 使用迷你图分析财务数据

除了可以使用图表对财务数据进行可视化的分析和展示外，还可以使用迷你图对财务数据进行分析，而且插入的迷你图会直接在数据旁边显示，既占用空间小，又可以显示清晰、简洁的图表。

4.4.1 使用迷你图分析数据

与图表不同的是，迷你图是真正的单元格背景中的微型图表，且只有3种类型，即折线图、柱形图和盈亏图。用户可根据实际情况选择合适的迷你图类型。

第1步 打开"素材文件\第4章\使用迷你图分析数据.xlsx"文件，在"插入"选项卡下的"迷你图"组中单击"折线图"按钮，如下图所示。

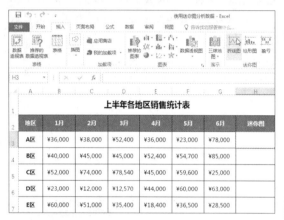

第2步 打开"创建迷你图"对话框，设置"数据范围"为单元格区域B3:G7，设置"位置范围"为单元格区域H3:H7，单击"确定"按钮，如下图所示。

第3步 返回工作表中，可看到H列创建的折线迷你图，如下图所示。

4.4.2 迷你图的美化设置

在完成了迷你图的创建后，虽然能够显示出数据的变化趋势，但是会觉得不够完美或者不能突出想要突出的数据，此时可以通过以下方法对其进行美化设置。

第1步 打开"素材文件\第4章\迷你图的美化设置.xlsx"文件，选中创建的任意一个迷你图，在"迷你图工具-设计"选项卡下的"样式"组中单击 按钮，在展开的列表中选择合适的样式，如下图所示。

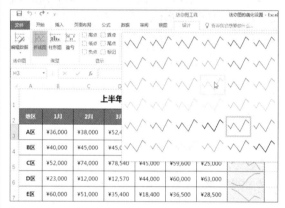

第2步 如果觉得默认创建的迷你图太细，不便于查看，则可更改迷你图图线的粗细。在"迷你图工具-设计"选项卡下的"样式"组中单击"迷你图颜色"按钮，在展开的列表中选择"粗细"→"2.25磅"选项，如下图所示。

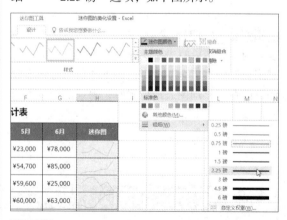

第3步 如果想要突出迷你图的高点和低点数据，也可以进行更改。在"迷你图工具-设计"选项卡下的"样式"组中单击"标记颜色"按钮，在

展开的列表中选择"高点"→"红色"选项，如下图所示。应用相同的方法可设置低点的颜色。

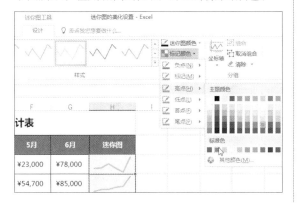

第4步 完成后即可得到如下图所示的折线迷你图。用户既可以直观看到各个地区在上半年的销售趋势，也可以快速获取各地区在上半年的最高和最低销售月份的情况。

上半年各地区销售统计表							
地区	1月	2月	3月	4月	5月	6月	迷你图
A区	¥36,000	¥38,000	¥52,400	¥36,000	¥23,000	¥78,000	
B区	¥40,000	¥45,000	¥45,000	¥52,400	¥54,700	¥85,000	
C区	¥52,000	¥74,000	¥78,540	¥45,000	¥59,600	¥25,000	
D区	¥23,000	¥12,000	¥12,570	¥44,000	¥60,000	¥63,000	
E区	¥60,000	¥51,000	¥35,400	¥18,400	¥36,500	¥28,500	

大神支招

本章主要对财务工作中相关的图表应用进行了介绍，以便让财务人员更加直观地分析与判断数据信息。下面结合本章内容介绍几个实用且常用的图表制作技巧，以帮助用户提高工作效率。

01 制作圆锥柱形图

需要将柱形图中的柱子变为具有个性化的圆锥形状，可通过以下方法来实现。需注意的是，要实现该操作，柱形图必须是三维的图表。

第1步 打开"素材文件\第4章\制作圆锥柱形图.xlsx"文件，双击图表中的数据系列，打开"设置数据系列格式"窗格，在"系列选项"选项卡下的"柱体形状"选项区域中选中"完整圆锥"单选按钮，如下图所示。

第2步 关闭窗格后，即可看到三维簇状柱形图中的方柱变为了圆锥，如下图所示。

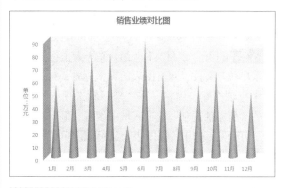

02 分离单个饼图块

如果想要重点突出饼图中的某个数据系列，可单独将代表该数据系列的饼图块分离出来。主要的操作步骤如下。

第1步 打开"素材文件\第4章\分离单个饼图块"文件，单独选中图表中要分离的饼图块，然后按住鼠标左键不放向外拖动，如下图所示。

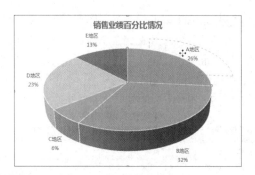

第2步 拖动至合适的位置后释放鼠标，即可看到选中的饼图块单独分离出来，如下图所示。

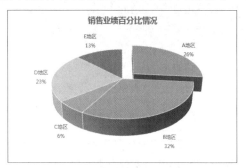

03　为坐标轴添加显示单位

当纵坐标轴中的数据较大，占据了较大的空间，且不便于阅读查看时，可在纵坐标轴上添加显示单位，主要的操作步骤如下。

第1步 打开"素材文件\第4章\为坐标轴添加显示单位"文件，双击图表的纵坐标轴，打开"设置坐标轴格式"窗格，在"坐标轴选项"选项卡下的"坐标轴选项"选项区域中设置"显示单位"为"百万"，选中"在图表上显示刻度单位标签"复选框，如下图所示。

第2步 完成后，可在图表中看到纵坐标轴左侧显示的"百万"单位，如下图所示。

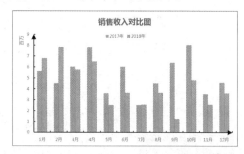

04　指定折线图的起始位置

Excel默认创建的折线图线头是从X轴最左边两个刻度线之间的位置开始的，如果想要让制作的折线图更专业，则可让折线图从Y轴开始，并止于绘图区的右侧。要实现该目的，主要的操作步骤如下。

第1步 打开"素材文件\第4章\指定折线图的起始位置"文件，双击图表的横坐标轴，打开"设置坐标轴格式"窗格，在"坐标轴选项"选项卡下的"坐标轴选项"下选中"在刻度线上"单选按钮，如下图所示。

第2步 完成后，关闭窗格，可看到折线图的起始位置在纵坐标轴的刻度线上，如下图所示。

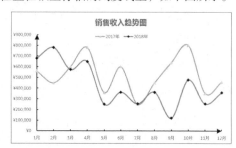

第5章
数据透视表：从多角度分析财务数据

本章导读

数据透视表是Excel中最重要的功能之一，使用透视表可以更加灵活有效地分析与处理数据。本章主要介绍数据透视表的创建方法、布局技巧、透视表数据分析方法等知识。通过本章内容的学习，可以让财务人员更加高效、快捷地统计、处理与分析财务数据。

知识要点

- ❖ 认识数据透视表
- ❖ 数据透视表的创建与布局
- ❖ 在数据透视表中筛选数据
- ❖ 使用动态数据透视表分析数据
- ❖ 制作数据透视图直观分析数据

5.1 认识数据透视表

要想使用数据透视表汇总、分析大量数据，就需要了解什么是数据透视表、数据透视表的用途及数据透视表对数据源的要求。本节将针对以上问题进行详细的解答。

5.1.1 数据透视表简介

数据透视表是一种交互式的报表，可以进行某些计算，如求和与计数等，经常被用来快速汇总、分析大量的数据。

数据透视表可以按照数据表格的不同字段从多角度进行透视，并建立交叉表格，常用于查看数据表格不同层面的汇总信息、分析结果及摘要数据。此外，使用数据透视表还可以深入分析数值数据，并帮助用户发现关键数据，从而使企业中的关键数据起到决策性的作用。

另外，如果制作数据透视表的数据源发生了更改，还可以很方便地使用刷新功能更新数据透视表。

5.1.2 数据透视表的用途

在对大量的数据进行分析统计时，通常会用到数据透视表。数据透视表的主要用途有以下几点。

（1）以简化、方便的方式查看大量的数据表格。

（2）对数值数据可进行快速分类汇总，按分类和子分类对数据进行汇总和查看。

（3）可展开或折叠所关注的数据，并快速查看摘要数据的明细信息。

（4）可将行数据移动到列或者将列数据移动到行，从而查看数据源的不同汇总结果。

（5）可对汇总后的数据进行排序、筛选和分组，获取用户关注的信息。

（6）快速地计算数值数据的分类信息、差异及个体占总体的百分比信息等。

5.1.3 数据透视表对数据源的要求

如果要创建数据透视表，则要求数据源必须是比较有规则的数据，而且只有在数据量比较大时才能体现数据透视表的优势。

数据透视表对数据源的要求有以下几点。

（1）数据源表格的第一行必须是字段名称，且字段名称不能为空。

（2）数据源中最好不要有空白单元格或合并单元格。

（3）一般情况下，一个字段只能包含一个数据信息。

（4）每个字段中数据的数据类型必须一致。

总之，数据源中的数据越有规则，数据透视表使用起来就越方便。

5.2 数据透视表的创建与布局

了解了数据透视表的相关知识后，下面将分别对数据透视表的创建、布局和汇总方式进行详细的介绍。

5.2.1 创建数据透视表

数据透视表是汇总、分析、浏览和呈现数据的好方法。创建数据透视表的具体步骤如下。

第1步 打开"素材文件\第5章\创建数据透视表.xlsx"文件，可看到要创建数据透视表的数据源表格，在该表格中可看到订购日期、订单编号、地区、销售人员、销售商品等明细数据，如下图所示。

第2步 选中任意数据单元格，在"插入"选项卡下的"表格"组中单击"数据透视表"按钮，如下图所示。

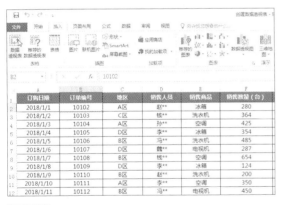

第3步 弹出"创建数据透视表"对话框，设置好"表/区域"后，选中"新工作表"单选按钮，单击"确定"按钮，如下图所示。

第4步 返回工作簿中，可看到"Sheet1"工作表前插入了一个新的工作表"Sheet2"，在该工作表中可看到一个空白的数据透视表，以及打开的字段列表，如下图所示。

第5步 在字段列表中选中需要显示的字段复选框，即可在工作表中看到创建的数据透视表效果，如下图所示。

通过该数据透视表，可看到各个销售区域下不同员工的销售数量和销售金额信息。

第6步 在字段列表中单击"行"标签中的"销售人员"下拉按钮，在展开的列表中选择"上移"选项，如下图所示。

第7步 可看到更改字段位置后的数据透视表效果，如下图所示。

通过该数据透视表，可看到各个员工在不同区域的销售数量和销售金额信息。

第8步 在字段列表中单击"值"标签中的"求和项：销售数量（台）"下拉按钮，在展开的列表中选择"删除字段"选项，如下图所示。

第9步 可看到数据透视表中将只显示各个员工在不同区域的销售金额信息，如下图所示。

温馨提示

如果要删除数据透视表，返回到空白的数据透视表效果，则可在"数据透视表工具-分析"选项卡下的"操作"组中单击"清除"按钮，在展开的列表中选择"全部清除"选项。

5.2.2 更改布局让数据的分析更清晰

数据透视表灵活度高，在实际工作中，可根据需要对数据透视表的布局进行更改和调整，以便于让数据的分析更加直观和清晰。

第1步 打开"素材文件\第5章\更改布局让数据的分析更清晰.xlsx"文件，选中数据透视表中的任意数据单元格，在"数据透视表工具-设计"选项卡下的"布局"组中单击"分类汇总"按钮，在展开的列表中选择"在组的底部显示所有分类汇总"选项，如下图所示。

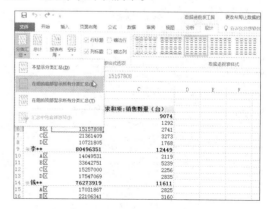

第 5 章
数据透视表：从多角度分析财务数据

第2步 可看到数据透视表中各个员工的销售金额和销售数量汇总数据会在组的底部显示，如下图所示。

第3步 选中数据透视表中的任意数据单元格，在"数据透视表工具 - 设计"选项卡下的"布局"组中单击"报表布局"按钮，在展开的列表中选择"以表格形式显示"选项，如下图所示。

第4步 可看到以表格形式显示的数据透视表效果，可发现原有的行标签单元格将会显示该字段对应的字段名称。选中数据透视表中的任意数据单元格，在"数据诱视表工具 - 设计"选项卡下的"布局"组中单击"空行"按钮，在展开的列表中选择"在每个项目后插入空行"选项，如下图所示。

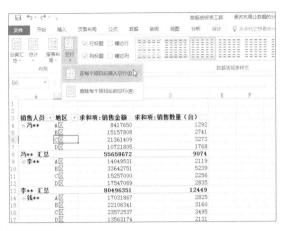

第5步 即可看到数据透视表中每个组之间会被一个空白行隔断显示，如下图所示。这样能够更加清晰地辨别各个组的数据。

温馨提示

如果要启用经典的数据透视表布局效果，则可在"数据透视表工具-分析"选项卡下的"数据透视表"组中单击"选项"按钮，打开"数据透视表选项"对话框，在"显示"选项卡下选中"经典数据透视表布局（启用网格中的字段拖放）"复选框，单击"确定"按钮。

5.2.3 为数据透视表设置不同的汇总方式

数据透视表的默认汇总方式是求和，如果是文本数据，则默认为计数。实际上，数据透视表还提供了其他汇总方式，如最大值、平均值、最小值、乘积等。如果要改变汇总方式，则可通过以下方法来实现。

第1步 打开"素材文件\第 5 章\为数据透视

设置不同的汇总方式 .xlsx”文件，在数据透视表中右击属于“值”字段的任意数据单元格，在弹出的快捷菜单中选择“值显示方式”→“总计的百分比”命令，如下图所示。

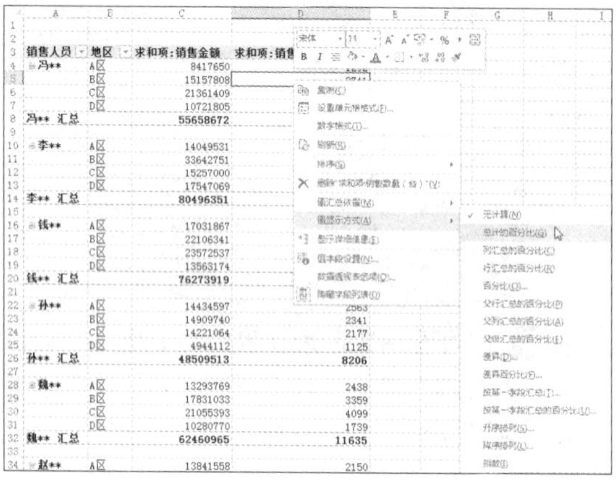

第 2 步 可看到各销售人员的销售金额和销售数量占总计的百分比情况，以及各个区域的销售数量和销售金额占总计的百分比情况，如下图所示。

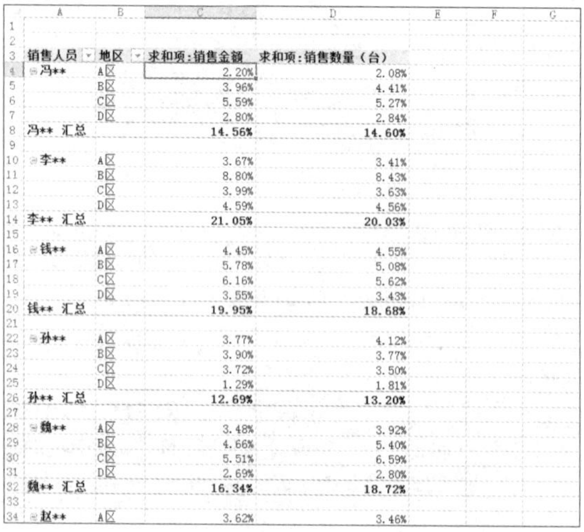

销售人员	地区	求和项:销售金额	求和项:销售数量（台）
冯**	A区	2.20%	2.08%
	B区	3.96%	4.41%
	C区	5.59%	5.27%
	D区	2.80%	2.84%
冯** 汇总		14.56%	14.60%
李**	A区	3.67%	3.41%
	B区	8.80%	8.43%
	C区	3.99%	3.63%
	D区	4.59%	4.56%
李** 汇总		21.05%	20.03%
钱**	A区	4.45%	4.55%
	B区	5.78%	5.08%
	C区	6.16%	5.62%
	D区	3.55%	3.43%
钱** 汇总		19.95%	18.68%
孙**	A区	3.77%	4.12%
	B区	3.90%	3.77%
	C区	3.72%	3.50%
	D区	1.29%	1.81%
孙** 汇总		12.69%	13.20%
魏**	A区	3.48%	3.92%
	B区	4.66%	5.40%
	C区	5.51%	6.59%
	D区	2.69%	2.80%
魏** 汇总		16.34%	18.72%
赵**	A区	3.62%	3.46%

第 3 步 在数据透视表中右击属于“值”字段的任意数据单元格，在弹出的快捷菜单中选择“值显示方式”→“父行汇总的百分比”命令，如下图所示。

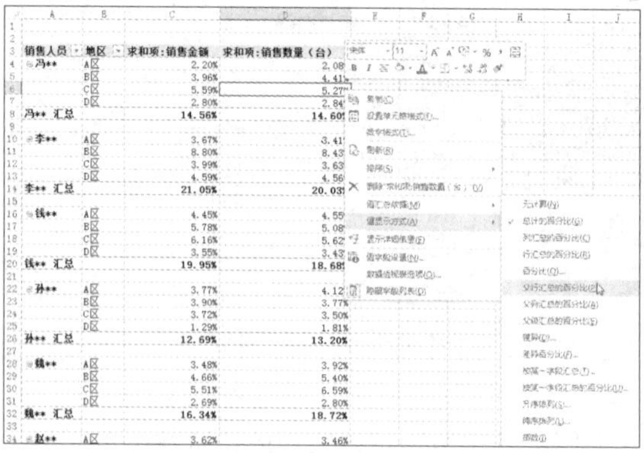

第 4 步 可看到各销售人员的百分比情况没有变化，但在各个组中可看到各个区域的销售金额和销售数量占销售人员的销售数量和销售金额的百分比情况，如下图所示。

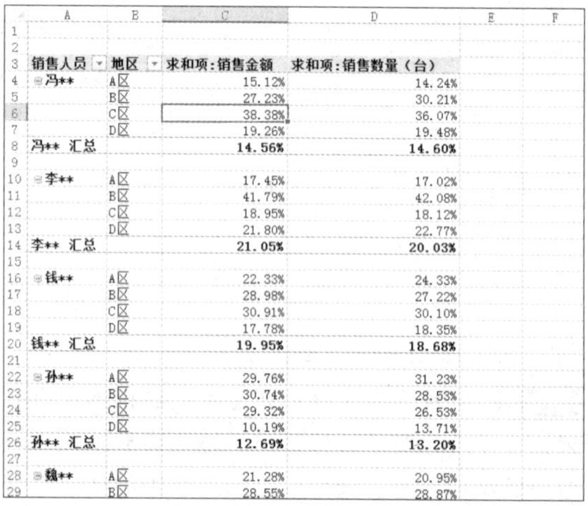

销售人员	地区	求和项:销售金额	求和项:销售数量（台）
冯**	A区	15.12%	14.24%
	B区	27.23%	30.21%
	C区	38.38%	36.07%
	D区	19.26%	19.48%
冯** 汇总		14.56%	14.60%
李**	A区	17.45%	17.02%
	B区	41.79%	42.08%
	C区	18.95%	18.12%
	D区	21.80%	22.77%
李** 汇总		21.05%	20.03%
钱**	A区	22.33%	24.33%
	B区	28.98%	27.22%
	C区	30.91%	30.10%
	D区	17.78%	18.35%
钱** 汇总		19.95%	18.68%
孙**	A区	29.76%	31.23%
	B区	30.74%	28.53%
	C区	29.32%	26.53%
	D区	10.19%	13.71%
孙** 汇总		12.69%	13.20%
魏**	A区	21.28%	20.95%
	B区	28.55%	28.87%

5.3 在数据透视表中筛选数据

为了更加轻松、准确地了解某个字段下的项目数据，可通过筛选功能对数据透视表中的数据进行筛选。筛选的方法不止一种，本节将主要介绍切片器和日程表这两种方法。

5.3.1 使用切片器筛选数据

切片器提供可用于单击筛选表格数据或数据透视表数据的按钮。除快速筛选外，切片器还可以指示当前筛选状态，以便了解筛选后的数据透视表中显示哪些内容，具体操作步骤如下。

第1步 打开"素材文件\第5章\使用切片器筛选数据.xlsx"文件，选中数据透视表中的任意单元格，在"数据透视表工具-分析"选项卡下的"筛选"组中单击"插入切片器"按钮，如下图所示。

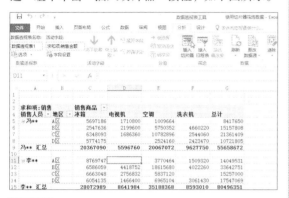

第2步 打开"插入切片器"对话框，选中要插入的切片器字段复选框，单击"确定"按钮，如下图所示。

第3步 返回工作簿中，即可看到数据透视表上方插入的3个切片器，按住"Ctrl"键不放，连续单击切片器，即可同时选中3个切片器，在"切片器工具-选项"选项卡下的"排列"组中单击"组合"按钮，在展开的列表中选择"组合"选项，如下图所示。

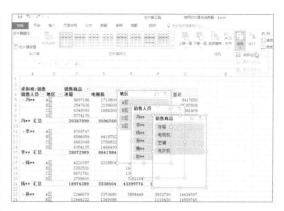

第4步 即可将3个切片器组合为一个对象，将鼠标指针放置在该组合后的对象上，当鼠标指针变为 形状时，按住鼠标左键不放并拖动，如下图所示。拖动到合适的位置后释放鼠标即可。

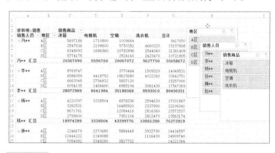

第5步 按住"Ctrl"键分别选中3个切片器，在"切片器工具-选项"选项卡下的"大小"和"按钮"组中设置切片器的大小、按钮显示的列数、高度和宽度，如下图所示。

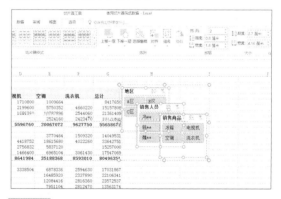

第6步 拖动下方两个切片器，让3个切片器排列在一条竖线上，然后选中3个切片器，在"切片器工具-选项"选项卡下的"排列"组中单击"对齐"按钮，在展开的列表中选择"右对齐"选项，如下图所示。

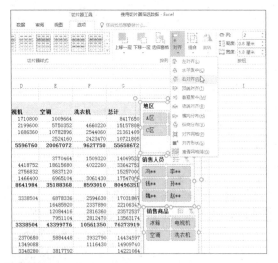

第7步 可看到右对齐后的切片器效果，保持3个切片器的选中状态，在"切片器工具-选项"选项卡下的"切片器样式"组中单击 按钮，在展开的列表中选择合适的样式，如下图所示。

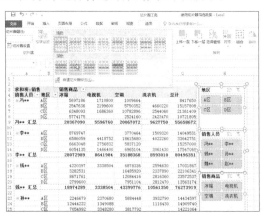

第8步 即可看到切片器应用样式后的效果，在"销售人员"切片器中单击"多选"按钮，如下图所示。

第9步 然后在该切片器中单击不需要显示的字

段项目按钮，如下图所示，即可看到数据透视表中将只显示冯**、李**、孙**对应不同商品的销售情况。

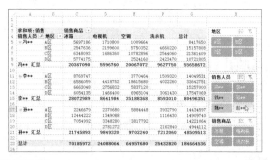

第10步 应用相同的方法在其他切片器中筛选数据，即可得到如下图所示的数据透视表效果。

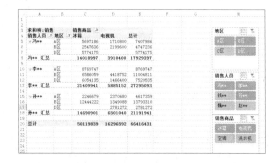

5.3.2 编制高级日程表筛选日期数据

如果要筛选数据透视表中的日期数据，则无须使用切片器进行筛选，使用日程表功能就可以筛选日期数据，具体操作步骤如下。

第1步 打开"素材文件\第5章\编制高级日程表筛选日期数据.xlsx"文件，选中数据透视表中的任意单元格，在"数据透视表工具-分析"选项卡下的"筛选"组中单击"插入日程表"按钮，如下图所示。

第 2 步 打开"插入日程表"对话框,选中"订购日期"复选框,单击"确定"按钮,如下图所示。

第 3 步 返回工作表中,即可看到插入的日程表效果,将鼠标指针放置在日程表上,当鼠标指针变为 形状时,按住鼠标左键不放并拖动,如下图所示。拖动到合适的位置后释放鼠标即可。

第 4 步 选中日程表,在"日程表工具 - 选项"选项卡下的"日程表样式"组中单击 按钮,在展开的列表中选择合适的样式,如下图所示。

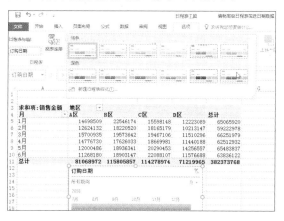

第 5 步 可看到应用样式后的日程表效果,在日程表上拖动滚动条,将其拖动到要分析的时间段,如下图所示。

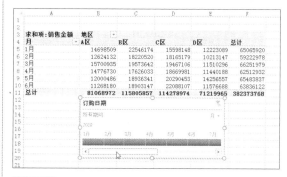

第 6 步 在时间范围控件中,单击一个时间段图块,如 2 月,然后拖动以添加其他图块,如 3 月和 4 月,从而选择了所需的日期范围,如下图所示。选择了 2 月、3 月和 4 月的时间段图块。

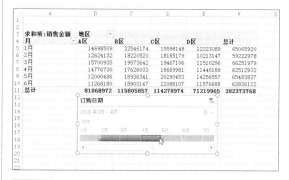

第 7 步 可看到数据透视表中也将只显示 2 月、3 月和 4 月在不同地区的销售金额数据,如下图所示。

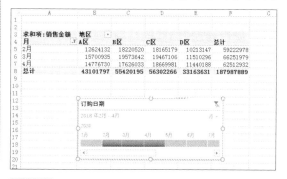

第 8 步 在日程表上单击"清除筛选器"按钮 ,如下图所示。返回未筛选前的数据透视表效果。

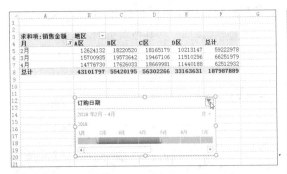

第9步 单击"时间级别"右侧的下拉按钮，在展开的列表中选择"季度"选项，如下图所示。

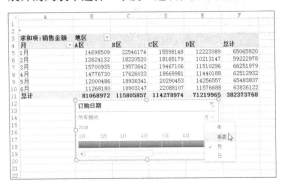

第10步 可看到日程表中的显示级别变为了季度，单击一个要显示的时间段图块，如"第1季度"，如下图所示。

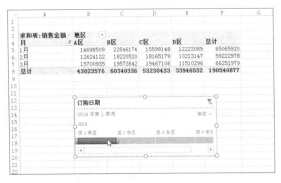

5.3.3 使用切片器同时筛选多个数据透视表

Excel组件中的切片器可以进行多个数据透视表的联动分析，从而让使用者能够清晰地看出各类数据的变化情况，具体操作步骤如下。

第1步 打开"素材文件\第5章\使用切片器同时筛选多个数据透视表.xlsx"文件，选中任意一个数据透视表中的单元格，在"数据透视表工具-分析"选项卡下的"筛选"组中单击"插入切片器"按钮，如下图所示。

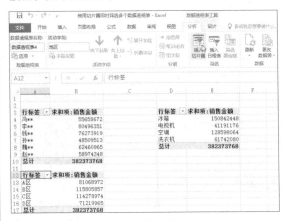

第2步 打开"插入切片器"对话框，选中要插入的切片器字段复选框，单击"确定"按钮，如下图所示。

第3步 返回工作表中，即可看到插入的"地区"切片器效果，在"切片器工具-选项"选项卡下的"切片器样式"组中单击"报表连接"按钮，如下图所示。

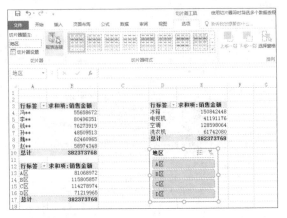

第 5 章

数据透视表：从多角度分析财务数据

第4步 弹出"数据透视表连接（地区）"对话框，选中要连接的数据透视表复选框，在此全部选中，单击"确定"按钮，如下图所示。

的字段按钮，如"C 区"，此时 3 个数据透视表中的数据会有明显的变化，而且这些数据是筛选出的与 C 区有关的销售金额数据，如下图所示。

第5步 返回工作表中，在切片器上单击要显示

5.4 使用动态数据透视表分析数据

一般情况下，创建数据透视表是通过选择一个已知的区域来进行的，即数据透视表选定的数据源区域是固定的。为了实现数据源的动态扩展，可创建动态数据透视表。主要的方法有两种，即定义名称法和列表法。

5.4.1 定义名称法制作动态数据透视表

定义名称法就是使用公式定义数据透视表的数据源，具体操作步骤如下。

第1步 打开"素材文件 \ 第 5 章 \ 定义名称法制作动态的数据透视表 .xlsx"文件，在"公式"选项卡下的"定义的名称"组中单击"定义名称"按钮，如下图所示。

第2步 打开"新建名称"对话框，设置"名称"

为"数据源"，在"引用位置"文本框中输入"=OFFSET(Sheet1!$A$1,,,COUNTA(Sheet1!$A:$A),COUNTA(Sheet1!$1:$1))"，单击"确定"按钮，如下图所示。

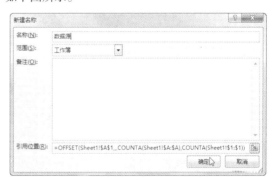

第3步 返回工作表中，在"插入"选项卡下的"表格"组中单击"数据透视表"按钮，打开"创建数据透视表"对话框，设置"表/区域"为"数据源"，选中"新工作表"单选按钮，单击"确定"按钮，如下图所示。

第4步 返回工作表中，在新工作表中右侧的字段列表中选中字段复选框，即可得到数据透视表，如下图所示。

第5步 在数据源工作表的下方继续添加数据，如添加了7月的销售数据，如下图所示。

第6步 切换至数据透视表工作表中，在"数据透视表工具-分析"选项卡下的"数据"组中单击

"刷新"按钮，如下图所示。

第7步 即可看到行标签中新增加了7月的销售数据，如下图所示。

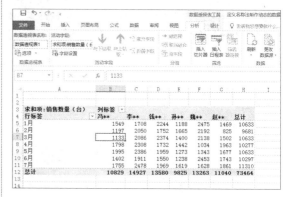

5.4.2 列表法制作动态数据透视表

列表法指的是将数据源创建为表格，从而自动扩展数据透视表的数据源，具体操作步骤如下。

第1步 打开"素材文件\第5章\列表法制作动态的数据透视表.xlsx"文件，选中任意数据单元格，在"插入"选项卡下的"表格"组中单击"表格"按钮，如下图所示。

第 5 章
数据透视表：从多角度分析财务数据

第 2 步 打开"创建表"对话框，保持默认的"表数据的来源"及复选框的选中状态，单击"确定"按钮，如下图所示。

第 3 步 返回工作表中，即可看到创建表后的表格效果，在"插入"选项卡下的"表格"组中单击"数据透视表"按钮，如下图所示。

第 4 步 打开"创建数据透视表"对话框，自动设置了"表/区域"为"表1"，选中"新工作表"单选按钮，单击"确定"按钮，如下图所示。

第 5 步 返回工作表中，在插入的新工作表中的字段列表中选中字段复选框，即可得到如下图所示的数据透视表效果。

第 6 步 切换至数据源工作表中，在 H 列中添加销售成本数据，如下图所示。

第 7 步 切换至数据透视表工作表中，在"数据透视表工具-分析"选项卡下的"数据"组中单击"刷新"按钮，如下图所示。

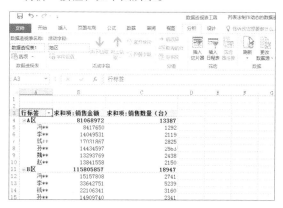

第 8 步 在右侧的字段列表中选中新添加的字段复选框，即"销售成本（元）"复选框，如下图所示。

第9步 选中新的字段复选框并刷新后,可看到创建的数据透视表效果,如下图所示。

5.5 制作数据透视图直观分析数据

数据透视图是数据透视表的图形展示,其有助于制作者更形象地呈现数据透视表中的汇总数据,方便查看、对比和分析数据趋势。

制作数据透视图的具体操作步骤如下。

第1步 打开"素材文件\第5章\制作数据透视图直观分析数据.xlsx"文件,切换至数据透视表工作表中,在"插入"选项卡下的"图表"组中单击"数据透视图"按钮,如下图所示。

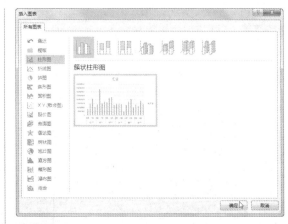

第3步 返回工作表中,可看到插入的数据透视图效果,调整图表的大小,单击右下角的"折叠整个字段"按钮,如下图所示。

第2步 打开"插入图表"对话框,选择"柱形图"图表类型,在右侧选择一种柱形图,单击"确定"按钮,如下图所示。

第 5 章

数据透视表：从多角度分析财务数据

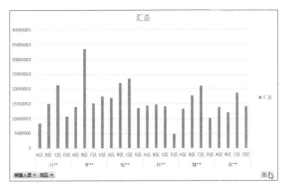

第4步 即可看到折叠字段后，图表中将只显示各销售人员的销售金额汇总对比效果，如下图所示。

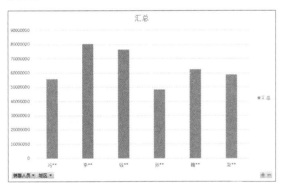

第5步 在图表上右击，在弹出的快捷菜单中选择"更改图表类型"选项，如下图所示。

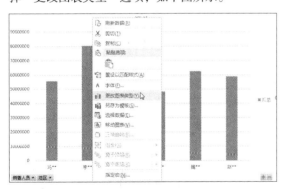

第6步 打开"更改图表类型"对话框，选择"条形图"类型，在右侧选择一种条形图，单击"确定"按钮，如下图所示。

第7步 返回工作表中，即可看到更改图表类型后的效果，单击图表左下角的"展开整个字段"按钮，如下图所示。

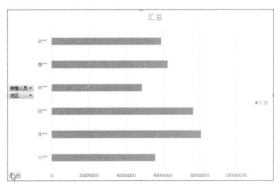

第8步 即可纵向查看各销售人员在各个地区的销售金额对比情况，单击图表中的"地区"筛选按钮，在展开的列表中取消选中"C区"和"D区"复选框，单击"确定"按钮，如下图所示。

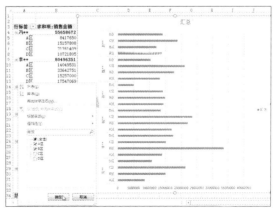

| 115 |

第9步 此时，图表中将只显示各销售人员在A区和B区的销售金额对比情况，如下图所示。

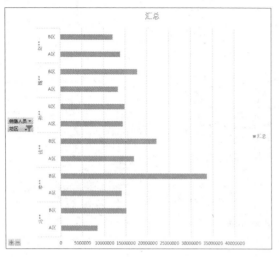

第10步 调整图表的数据系列颜色、删除图表标题、添加显示单位、更改分类间距、设置坐标轴选项的最大显示值，即可得到如下图所示的数据透视图效果。

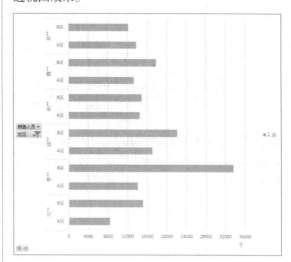

大神支招

本章主要对数据透视表的应用进行了介绍。下面结合本章内容介绍几个有关透视表应用的实用技巧。

01 让报表中的空单元格显示零值

默认情况下，数据透视表中如果存在零值，将会以空白的单元格显示，此时为了保证表格的统一和清晰，可对零值的显示进行设置。

第1步 打开"素材文件\第5章\让报表中的空单元格显示零值.xlsx"文件，选中数据透视表中的任意单元格，在"数据透视表工具-分析"选项卡下的"数据透视表"组中单击"选项"按钮，如下图所示。

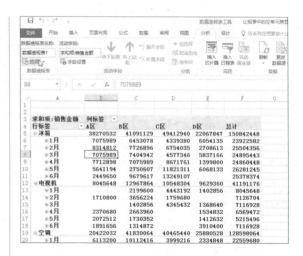

第 5 章
数据透视表：从多角度分析财务数据

第2步 弹出"数据透视表选项"对话框，切换至"布局和格式"选项卡下，在"格式"选项区域中选中"对于空单元格，显示"复选框，在文本框中输入"0"，单击"确定"按钮，如下图所示。

第1步 打开"素材文件\第5章\禁止显示明细数据.xlsx"文件，在数据透视表中双击右下角的最后一个单元格，如下图所示。

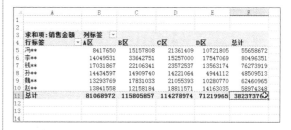

第2步 即可看到数据透视表前新增了一个工作表"Sheet1"，在该工作表中可看到创建数据透视表的数据源数据，在该工作表上右击，在弹出的快捷菜单中选择"删除"命令，如下图所示。弹出提示框，提示用户将永久删除此工作表，直接单击"删除"按钮即可。

第3步 返回工作表中，即可看到数据透视表中的空白单元格都被零值填充了，如下图所示。

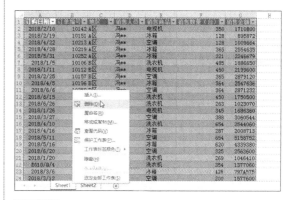

第3步 在数据透视表中的任意单元格中右击，在弹出的快捷菜单中选择"数据透视表选项"命令，如下图所示。

02 禁止显示明细数据

如果想让他人只看到创建的数据透视表，则仅仅删除数据源工作表是不能完全实现的，还需禁止显示明细数据功能，才能完全让他人无法查看数据透视表的明细数据。

第4步 打开"数据透视表选项"对话框，切换至"数据"选项卡，取消选中"启用显示明细数据"

复选框，如下图所示，单击"确定"按钮。

第5步 返回工作表中，再次双击数据透视表中右下角的最后一个单元格，就会弹出一个提示框，提示用户"无法更改数据透视表的这一部分"，直接单击"确定"按钮，如下图所示。

03 移动数据透视表

若要改变数据透视表的位置，则可通过移动数据透视表功能来实现，具体操作步骤如下。

第1步 打开"素材文件\第5章\移动数据透视表.xlsx"文件，选中数据透视表中的任意一个单元格，在"数据透视表工具-分析"选项卡下的"操作"组中单击"移动数据透视表"按钮，如下图所示。

第2步 弹出"移动数据透视表"对话框，选中"现有工作表"单选按钮，在文本框中输入移动后的位置，单击"确定"按钮，如下图所示。

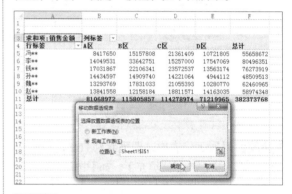

第3步 返回工作表中，即可看到移动后的数据透视表效果，如下图所示。

04 快速选中数据透视表中的值区域

当数据透视表中的数据较多，且需要对表中的值区域进行操作时，可通过以下方法快速而准确地选中值区域。

第1步 打开"快速选中数据透视表中的值区域.xlsx"文件，选中数据透视表中的任意单元格，在"数据透视表工具-分析"选项卡下的"操作"组中单击"选择"按钮,在展开的列表中选择"整个数据透视表"选项,如下图所示。

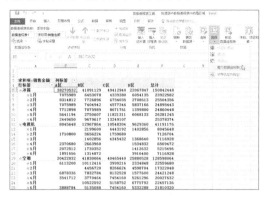

第2步 可看到整个数据透视表被选中了,在"数据透视表工具-分析"选项卡下的"操作"组中单击"选择"按钮,在展开的列表中选择"值"选项,如下图所示。

第3步 可看到数据透视表中只有值区域被选中了,如下图所示。

05 刷新数据透视表

当创建数据透视表的数据源中有数据的更改时,可通过刷新功能让数据透视表进行相应的更改。

第1步 打开"素材文件\第5章\刷新数据透视表.xlsx"文件,可看到原有的数据透视表效果,如下图所示。

第2步 切换至数据源工作表中,按下"Ctrl+H"组合键,弹出"查找和替换"对话框,在"替换"选项卡下的"查找内容"和"替换为"文本框中分别输入要查找的内容和替换的内容,单击"全部替换"按钮,如下图所示。弹出提示框,提示用户已经全部完成了替换及替换的数量,单击"确定"按钮。

第3步 返回数据透视表工作表中,在"数据透视表工具-分析"选项卡下的"操作"组中单击"刷新"下拉按钮,在展开的列表中选择"刷新"选项,如下图所示。

第4步 可看到数据透视表中的"空调"都变为了"净化器",如下图所示。

第2篇 工作实战篇

通过对第1篇内容的学习，相信读者已经逐步掌握了Excel的基础知识，并渐入佳境，对制表、函数、图表及数据透视表的基本操作技能已是驾轻就熟，为了帮助读者继续深入学习Excel中更多更强的功能、函数、技巧等运用方法，进一步提高Excel技能，最大限度地提高工作效率，真正实现"早做完，不加班"的目标，本篇将结合财务人员的日常实际工作内容（包括原始单据的制作，凭证、会计账簿的管理，固定资产管理，进销存管理，往来账务管理，员工工资及个人所得税的核算，增值税、企业所得税等税金的核算管理，财务报表的编制，财务指标分析等），针对拖慢工作进度的细节之处，以及运用Excel过程中时常遇到的诸多难点和痛点，详细讲解运用Excel功能、函数公式、数据透视表巧妙化解工作难题的方法和技巧，同时分享上述各项财务工作的管理思路和工作经验。

第6章 实战：会计凭证的制作与管理

本章导读

会计凭证是记录日常经济业务发生与完成状况的书面证明，按其用途与编制程序不同，主要分为原始凭证与记账凭证。其中，原始凭证是编制记账凭证的依据，记账凭证是财务人员登记会计账簿必不可少的凭据。可以说，制作与管理会计凭证是财务工作的起点。因此，本章主要以原始凭证中的员工借款单、费用报销单及通用记账凭证为例，介绍运用Excel制作与管理会计凭证的基本思路与具体方法，为后续一系列工作的顺利开展奠定一个良好的开端。

知识要点

- ❖ 单据的格式设置
- ❖ "数据验证"的运用
- ❖ 制作费用报销单的函数
- ❖ 制作会计科目动态菜单
- ❖ 记账凭证填制表单与打印样式

6.1 制作原始凭证

 案例背景

原始凭证涵盖范围非常广泛，主要包括发票、收据、交通票据、收料单、发货单、员工借款单、费用报销单等。在日常经营活动中，员工借款与费用报销的发生频率非常高，如果采用手工填写原始凭证的方式记录这些经济业务，既不规范，也不便于管理与统计数据，更会影响工作效率，运用Excel制作与管理，可以有效解决上述问题。

本例将通过Excel提供的函数功能，制作员工借款单与费用报销单。制作完成并填写后的效果如下图所示。实例最终效果见"结果文件\第6章\员工借款管理.xlsx""费用借款管理.xlsx"文件。

××公司员工现金借款单

单据编号：2018-0518

借款人	张三	所属部门	销售部	借款时间	2018年5月10日
借款理由	到××市出差洽谈业务
业务类型	出差	借款账户	库存现金	借款金额	¥3,000.00
报销时间	2018年5月16日	报销金额	¥2,600.00	归还金额	¥400.00
未还金额	¥0.00	备 注			

××公司费用报销单

报销日期：2018 年 6 月 18 日　　部门名称　物流部　　No：2018-0618

费用名称	单据（张）	部门	费用类别	金额		
货车维修费	1	物流部	管理费用	2156.00	报销人	
					部门审查	
					分管领导审批	
报销金额合计	¥2156.00				总经理审批	
核实金额（大写）	人民币贰仟壹佰伍拾陆元整					
财务审核			出纳			

6.1.1 员工借款单

运用Excel制作原始凭证的主要目的是提高工作效率，便于管理借款相关数据，同时也是为后续的财务工作提供原始依据。为了确保后期汇总数据的准确性，就必须保证原始单据内容输入规范、正确。因此，对于需要频繁输入又容易出错的基础信息，最简单便捷的方法是建立一个"基础信息库"，预先在信息库中设置相关的基础信息，再使用"数据验证"功能在"员工借款单"中制作下拉菜单，填写信息时不必手工输入，直接从下拉菜单中快速选择对应的信息即可，如此既能省时省力、提高工作效率，又能有效避免因手工输入的信息不够规范和统一而导致后期数据统计出现错误。下面介绍具体方法与操作步骤。

1. 建立"基础信息库"

员工借款单涉及的基础信息一般包括员工姓名、部门名称、业务类型、借款账户等。

新建一个Excel工作簿，命名为"员工借款管理"，将工作表"Sheet1"重命名为"基础信息库"，绘制表格，并编辑基础信息，如下图所示。

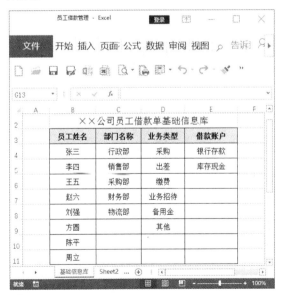

> **温馨提示**
>
> 注意将"基础信息库"中各个项目的具体内容以纵向排列，使之形成一个个不同类别的"序列"，需要增加信息时，即可无限向下添加。

2. 制作员工借款单模板

对于所有使用频率较高的单据都应当创建一个空白模板，实际填写时，复制、粘贴该模板即可。

第1步 将工作表"Sheet2"重命名为"借款单模板"，绘制借款单表格并设置好字体格式，如下图所示。

第2步 上图中设置为灰色的G3单元格用于输入单据编码。这里可巧妙运用"设置单元格格式"中的"自定义"功能简化输入简码后，单元格内即呈现预先设置的信息。❶选中G3单元格并右击；❷选择快捷菜单中的"设置单元格格式"选项，如下图所示。

第3步 ❶在弹出的对话框左侧的"分类"列表框中选择"自定义"选项；❷在右侧"类型"文本框中输入""单据编号"!:2018-0000"；❸单击"确定"按钮即可，如下图所示。

温馨提示

这里注意标点符号使用规范，即在Excel中无论是设置格式或是运用函数公式计算时，其中所使用到的标点符号必须在英文输入状态下输入，否则所有设置和公式均无效。

第4步 在G3单元格中输入自编号码。编码设计规则是：月份数+编号。例如，本月是2018年5月，本张单据的编号是第18号，只需输入数字"518"，G3单元格内即自动呈现"单据编号：2018-0518"字样，如下图所示。

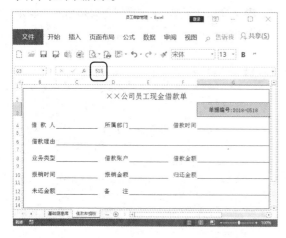

温馨提示

本例中输入的编码实际是"518"。因此，依照编码查阅单据时，需注意在"查找和替换"对话框内只能输入"518"或3个数字当中的一个或连续的两个数字，而不能输入"0518"或任何"518"以外的字符，否则无法查找到此张单据。

第5步 接下来设置基础信息下拉菜单。可设置的单元格包括C4、E4、C8、E8，设置方法完全相同。这里以C4单元格为例示范操作步骤。

选中C4单元格，❶选择"数据"选项卡；❷单击"数据工具"按钮；❸选择"数据验证"子菜单中的"数据验证"选项，如下图所示。

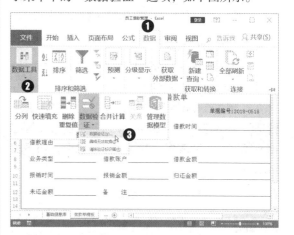

第6步 系统弹出对话框，默认显示"设置"选项卡内容，设定"验证条件"，选择"允许"下拉列表中的"序列"选项，如下图所示。

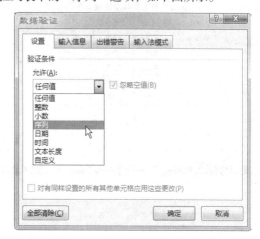

第6章
实战：会计凭证的制作与管理

第7步 ❶单击"来源"文本框，输入公式"=基础信息库!$B$4:$B$12"；❷单击"确定"按钮即完成设置，如下图所示。

第8步 此时C4单元格右侧出现一个下拉按钮，单击该按钮，即呈现"基础信息库"中"员工姓名"中的选项，填写时根据实际借款人从菜单中选择，其他单元格如法炮制即可，如下图所示。

> **温馨提示**
> 本例中"员工姓名"序列的实际区域是"基础信息库"中的B4:B11，在设置下拉菜单序列时设为B4:B12，其中奥妙在于：后期如需添加信息，只需在第12行插入一行信息，之前已设序列始终会自动将新增加的信息囊括在序列包含的区域范围之内，无须重新设置。

第9步 员工借款单中的"未还金额"是根据借款金额、报销金额、归还金额自动计算得出的，只需设置简单的计算公式即可。

选中C12单元格，输入公式"=ROUND(G8-E10-G10,2)"，如下图所示。

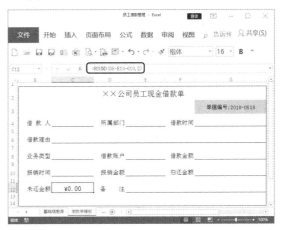

第10步 任意选取基础信息，输入数据，测试单据和公式的正确性，如下图所示。

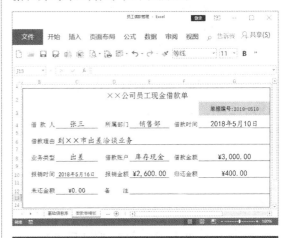

> **温馨提示**
> 为保证后期查找单据需要、汇总统计的准确性，需注意填写单据时，编号不可重复。运用Excel函数设置公式可防止输入重复编号，本章将在6.1.2节中介绍具体方法。

3. 员工借款管理

对于员工借款的管理，主要从统计借款人次、借款金额、报销金额、归还金额、未还金额、未还单据数等方面着手，这里虚拟2018年6月的借款单共5张单据以作示范。

第1步 打开"素材文件\第6章\员工借款管

理.xlsx"文件,在第一行与第二行绘制一个小型表格,编辑好项目名称,使用"冻结窗口"功能将第一行与第二行固定在表格顶端,如下图所示。

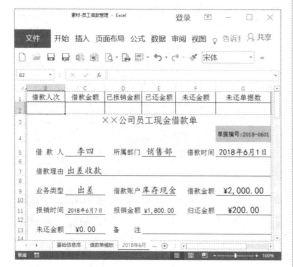

第2步 运用COUNTIFS函数自动汇总统计"借款人次"和"未还单据数"。统计的依据分别是借款单中"借款金额"不为"0"与"未还金额"大于"0"的次数。❶ 在B2单元格中输入公式"=COUNTIFS(F3:F888,"借款金额",G3:G888,">0")";❷ 在G2单元格中输入公式"=COUNTIFS(B3:B888,"未还金额",C3:C888,">0")"。如下图所示。

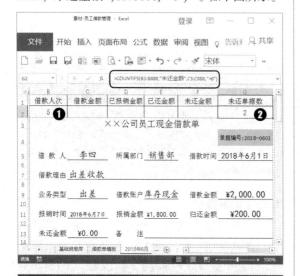

> **温馨提示**
> 每月发生借款的次数(借款单数量)不确定也不固定,因此在设置此类单据的汇总公式

时应当统一将需统计的项目金额所在区域范围扩大,以保证数据统计的完整性,如本例中将统计范围设为G3:G888。

第3步 运用SUMIF函数汇总计算当月"借款金额""已报销金额""已还金额""未还金额"。❶ 在C2单元格中输入公式"=SUMIF(F3:F888,"借款金额",G3:G888)";❷ 在D2单元格中输入公式"=SUMIF(D3:D888,"报销金额",E3:E888)";❸ 在E2单元格中输入公式"=SUMIF(F3:F888,"归还金额",G3:G888)";❹ 在F2单元格中输入公式"=SUMIF(B3:B888,"未还金额",C3:C888)"或"=ROUND(C2-D2-E2,2)",如下图所示。

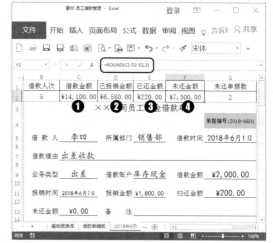

6.1.2 费用报销单

费用报销单制作与管理的思路和员工借款单基本一致,因此本节对于制作此单据涉及的单元格设置、制作下拉菜单、汇总统计数据等具体操作步骤不再赘述。但是二者发挥的财务作用毕竟不同,所以本节将根据其作用着重讲解其中需要"特殊"处理的部分内容。

1. 费用报销单基础设置

这里所讲的"基础设置"指自定义单元格格式、制作下拉菜单,下面进行简要提示,具体操作步骤请参照6.1.1节中的讲解。

第1步 打开"素材文件\第6章\费用报销管

理 .xlsx"文件。❶合并 B9、C9、D9 单元格,自定义单元格格式,输入日期"6-10";❷H9 单元格用于输入单号编号,同样设置好单元格格式,输入"601",如下图所示。

第 2 步 "部门名称"与"费用类别"分别在 F9 单元格与 E11:E15 区域制作下拉菜单,如下图所示。

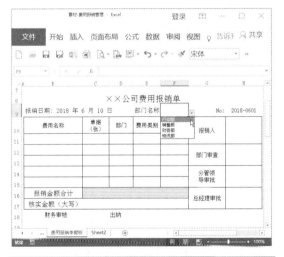

温馨提示

如果序列的数量较少,则可直接在工作表右侧的空白区域设置序列或在"数据验证"对话框中的"来源"文本框中直接输入序列名称,不必增加工作表单独设置。例如,费用报销单中需要设置下拉菜单的基础项目仅包括"部门名称"和"费用类别"两个序列。

2. 费用报销单"智能化"

"智能化"费用报销单(以下简称"报销单")的思路是:单据中"部门名称"自动列出、报销金额自动求和、小写金额自动转换为大写金额、单据编码自动连续编号并确保每张单据号码"独一无二"(无重复号码),以及智能提醒在纸质报销单上签名。

第 1 步 在报销单的表体设置"部门名称"的目的是便于后期以部门名称为依据统计各部门发生的费用金额。如果企业管理规定报销单必须分部门填写,即可设置公式使其根据 F9 单元格下拉菜单中选取的部门自动列示。❶在 F9 单元格的下拉菜单中任意选择一个部门名称,如"销售部";❷在 D11 单元格中输入公式"=F9";❸在 D12 单元格中输入公式"=D11"并将公式复制、粘贴到 D13、D14、D15 单元格内,如下图所示。

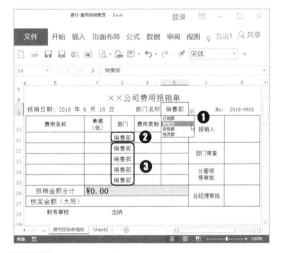

第 2 步 嵌套多个函数自动显示大写金额:任意填写报销单各项目与报销金额,在 C17 单元格内输入公式"=IF(C16="","",IF(INT(C16)=0,"",TEXT(TRUNC(C16),"人民币 [DBNum2]G/ 通用格式 ")&" 元 ")&IF(TRUNC(C16*10)-TRUNC(C16*10,-1)=0,IF(TRUNC(C16*100)-TRUNC(C16*100,-1)<>0," 零 ",""),TEXT(TRUNC(C16*10)-TRUNC(C16*10,-1),"[DBNum2]G/ 通用格式 ")&" 角 ")&IF(TRUNC(C16*100)-TRUNC(C16*100,-1)=0,"",TEXT(TRUNC(C16*100)-TRUNC(C16*100,-1),"[DBNum2]G/ 通用格式 ")&" 分 ")&IF(TRUNC(C16*10)-TRUNC(C16*10,

-1)=0," 整 ",""))"，如下图所示。

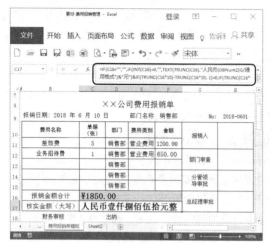

自动显示大写金额的公式相对复杂一些，这里将其中运用的函数及公式的含义稍做解释。如果短时间内确实难以理解，不妨直接从"结果文件\第 6 章\费用报销管理.xlsx"文件中复制到自己的表格中使用。

INT 函数：将数值向下舍入直接取整为最接近的整数，语法是"INT(number)"。无论 C16 的值为"16.35"或"16.65"，运用 INT 函数取整后的值均为"16"。

TRUNC 函数：按指定的精度截尾取整，包含两个参数，语法是"TRUNC(number, number_digits)"，其中"number_digits"即代表取整的精度，如果不设置这个参数，则默认为"0"，即直接取整。公式中"TRUNC(C16*100,-1)"的含义是：将单元格 B9 的值乘以 100 之后得到的数值，再向左移一个数字取整数（负数即表示向左移动）。假设 C16 的值为"16.55"，则公式中"TRUNC(C16*100)-TRUNC(C16*100,-1)"的计算过程与结果是：1 655-1 650=5，以此类推。

TEXT 函数：将数值转化为指定的文本。公式中的含义是将计算得出的数字转化为中文大写数字，并在其后加上"元""角""分"，如果计算结果是整数，则在大写数字后面加上"××元整"。

公式中的"[DBNum2]G/通用格式"表示中文大写数字格式。

第3步 报销单自动编号：财务单据的编号应当保持规则性、顺序性、连贯性及唯一性，如果每次增加费用报销单时以手工输入编号，则容易使号码出现重复、断号等错误，下面介绍单据自动编号的方法。

选中 H9 单元格，输入公式"=IF(B8="",""，COUNT($H$8:$H$8)+1)"。公式的含义是如果 B8 单元格为空白，则 H9 单元格也显示为空，否则统计从 H8 至 H8 单元格的个数之后再加 1。设置公式后的编号变换为"2018-0001"，不符合原定的按月份编码的规则，在公式后面补充"+600"即可。因此，完整的公式是"=IF(B8="",""，COUNT($H$8:$H$8)+1)+600"，如下图所示。

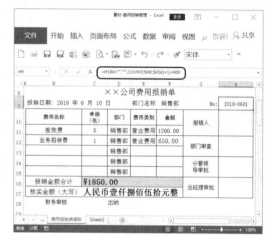

第4步 测试自动编号效果：将第"601"号单据整张复制、粘贴到下面的空白区域内，生成一张新的单据。此时第二张单据的编号自动变为"2018-0602"，如下图所示。

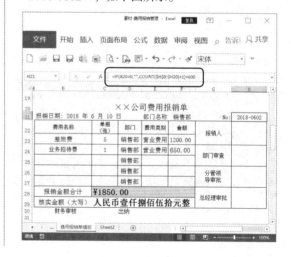

第6章
实战：会计凭证的制作与管理

温馨提示

自动编号的公式设置完成后，无论是按顺序依次向下复制添加报销单或是在任意两张单据之间插入新单据，均不会影响自动编码的正确性。次月将公式中的"600"全部替换为"700"即代表7月的报销单据。

第5步 报销单填写完毕后，通常应当打印出纸质单据，交相关人员签字确认。这里同样可以运用"数据验证"功能阻止在电子报销单的单元格内输入任何信息，以达到提醒的效果。❶ 选中 H10:H17 单元格区域→选择"数据"选项卡→单击"数据验证"按钮→弹出"数据验证"对话框→在"允许"下拉列表中选择"文本长度"选项；❷ 在"数据"下拉列表中选择"等于"选项；❸ 在"长度"文本框中输入"0"；❹ 选择"出错警告"选项卡；❺ 选中"输入无效数据时显示出错警告"复选框；❻ 在"样式"下拉列表中选择"停止"选项；❼ 在"错误信息"文本框内输入自定义提示信息；❽ 单击"确定"按钮即可完成设置，如下图所示。

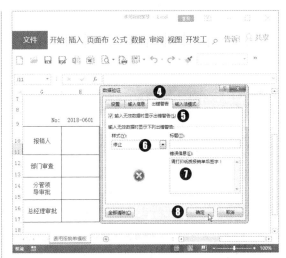

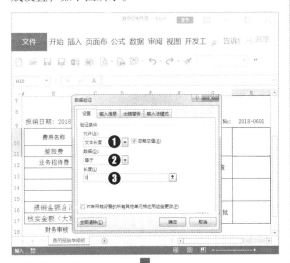

测试效果：在H10单元格中输入任意信息，系统立即阻止输入并自动弹出提示对话框，如下图所示。

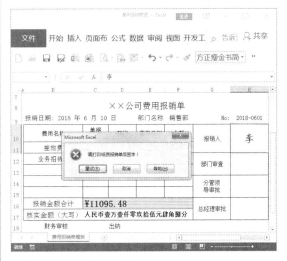

3. 期间费用汇总分析

财务范畴中，企业日常发生的所有费用除计入成本外，通常归集为二大类（期间费用），即营业费用、管理费用、财务费用。本书对于报销单的设计思路是在填写时即将费用分类，同时按类别和部门分别汇总分析费用金额，便于财务人员及时发现费用支出问题加以解决。这里预先填写了5份报销单的内容和金额，以便展示汇总分析费用的设置效果。

第1步 在预留的第"601"号报销单上方空白区域绘制表格，如下图所示。

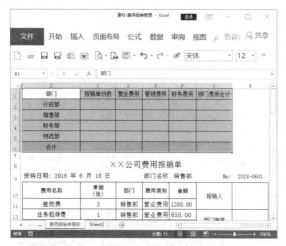

第2步 ❶在C6单元格内设置纵向求和公式（按部门汇总）"=ROUND(SUM(C2:C5),0)"，将公式复制、粘贴到D6、E6、F6单元格中；❷在G2单元格内设置横向求和（按费用类别求和）公式"=ROUND(SUM(D2:F2),2)"，将公式复制、粘贴到G3、G4、G5单元格内，如下图所示。

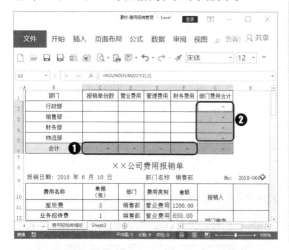

第3步 C2:F5区域的单元格内分别运用COUNTIF与SUMIFS函数设置公式汇总报销单内的相关数据。❶在C2单元格内输入公式"=COUNTIF($F$9:$F$763,$B2)"统计行政部填写的报销单份数，将公式复制、粘贴到C3、C4、C5单元格内；❷在D2单元格内输入公式"=SUMIFS($F$11:$F$763,$D$11:$D$763,$B2,$E$11:$E$763,D$1)"汇总行政部当月报销的"营业费用"，将公式复制、粘贴至D2:F5区域内的所有单元格中，如下图所示。

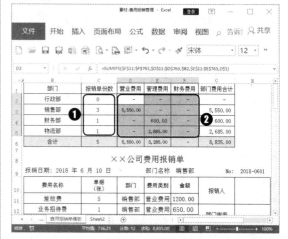

温馨提示

费用报销单模板建立完成后，保留空白模板，实际需要时按月份新建工作表，然后将空白模板复制、粘贴到当月工作表中即可正常使用。

6.2 制作记账凭证

 案例背景

记账凭证是财务人员根据审核无误的原始凭证填制的，是作为记账、登记会计账簿的会计凭证。记账凭证在记载经济业务时，是将各类经济业务归入相应的某一会计科目，确定会计分录。因此，制作会计科目表是填制记账凭证的基础和前提。

会计科目是为了记录日常经营活动中发生的各类经济业务，并对其进行全面、系统、分类核算和实

第6章
实战：会计凭证的制作与管理

施有效监督而设置的类目。会计科目按照会计要素的具体内容分为五大类：资产类、负债类、共同类、权益类、损益类。每一类别中包含数个同类一级科目，企业可按照自身行业性质选择不同会计准则或会计制度下规范和固定的一级科目。一般情况下，一级科目由国家统一规定，二级及二级以下的会计科目允许企业在不违背会计准则和会计核算要求的前提下，根据实际核算需求自行设置。

实际工作中，企业的会计科目总数通常有几百个，财务人员填制记账凭证时从众多会计科目中选取相应的会计科目相当耗费时间和精力，同时也会产生五花八门、意想不到的问题，导致会计科目选取错误，进而影响账务的准确性。因此，本节针对在编制记账凭证过程中容易出现纰漏的细节，设计制作一份与众不同的会计科目表和记账凭证，以达到在实际工作中"高效"填制记账凭证的目的，并确保会计科目与数据准确无误。

会计科目表与记账凭证制作完成后的效果如下图所示。实例最终效果见"结果文件\第6章\会计科目表.xlsx、记账凭证.xlsx"文件。

会计科目表

类型	级次	科目编码	科目名称			记账凭证列示
			一级科目	二级科目	三级科目	
资产	1	1001	库存现金			库存现金(1001)
资产	1	1002	银行存款			银行存款(1002)
资产	2	100201	银行存款	中国××银行××支行		银行存款\中国××银行××支行(100201)
资产	1	1121	应收票据			应收票据(1121)
资产	1	1122	应收账款			应收账款(1122)
资产	2	112201	应收账款	暂估应收款		应收账款\暂估应收款(112201)
资产	2	112202	应收账款	A公司		应收账款\A公司(112202)
资产	2	112203	应收账款	B公司		应收账款\B公司(112203)
资产	2	112204	应收账款	C公司		应收账款\C公司(112204)
资产	2	112205	应收账款	D公司		应收账款\D公司(112205)
资产	2	112206	应收账款	E公司		应收账款\E公司(112206)
资产	1	1123	预付账款			预付账款(1123)
资产	1	1221	其他应收款			其他应收款(1221)
资产	2	122101	其他应收款	社保（个人）		其他应收款\社保（个人）(122101)
资产	2	122102	其他应收款	其他		其他应收款\其他(122102)
资产	1	1231	坏账准备			坏账准备(1231)
资产	1	1401	材料采购			材料采购(1401)
资产	1	1402	在途物资			在途物资(1402)
资产	1	1403	原材料			原材料(1403)

记 账 凭 证

2018 年 6 月 10 日　　　　附件3张　第0001号

摘要	会计科目	√	借方 千百十万千百十元角分	贷方 千百十万千百十元角分
6月销售 A公司 票号00000001	应收账款\A公司(112202)		3 3 0 0 0 0 0	
确认收入	主营业务收入(6001)			2 8 4 4 8 2 8
销项税额	应交税费\应交增值税\销项税额(22210102)			4 5 5 1 7 2
6月销售 B公司 票号00000002	应收账款\B公司(112203)		2 5 0 0 0 0 0	
确认收入	主营业务收入(6001)			2 1 5 5 1 7 2
销项税额	应交税费\应交增值税\销项税额(22210102)			3 4 4 8 2 8
合计		√	5 8 0 0 0 0 0	5 8 0 0 0 0 0

会计主管　　　　记账　　　　稽核　　　　填制

6.2.1 会计科目表

前面讲过，制作会计科目表是为后续登记记账凭证这一环节做好准备、打好基础，因此应当根据记账凭证的填制内容要求来设计表格。

最基础的会计科目表中至少要包括类别、级次、科目编码、一级科目、二级科目、三级科目等项目。这些项目内容都是后续设置公式的源数据。

第1步 新建一个Excel工作簿，将工作表Sheet1命名为"会计科目表"。按上述项目绘制表格，并设置好表格格式、会计科目编码及各级科目名称，注明每个会计科目的类别与级次，如下图所示。

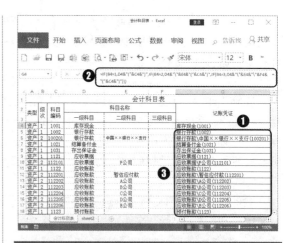

> **温馨提示**
>
> 嵌套IF函数是为了会计科目组合显示更为规范，界面更加整洁。如果觉得上述公式太过冗长，难以理解，可以不必使用这个函数，直接输入公式"=D4&"\"&E4&"\"&F4&"("&("&C4&")""，按照统一的编码规则进行组合，即一级科目\二级科目\三级科目（科目编码），但是如果科目不足三级，就会出现连续两个"\"符号，如"库存现金\\（1001）"。

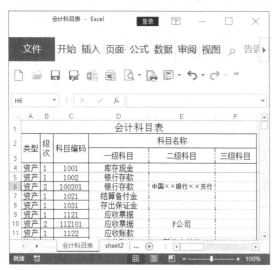

第2步 ❶新增一列即G列，列名称命名为"记账凭证"，该列的内容将会自动显示在后面制作的记账凭证中；❷运用IF函数、字符串连接符号"&"将3个级别的科目名称及科目编码组合在一起。在G4单元格中输入公式"=IF(B4=1,D4&"("&C4&")",IF(B4=2,D4&"\"&E4&"("&C4&")",IF(B4=3,D4&"\"&E4&"\"&F4&"("&C4&")")))"。

以上公式看似复杂，其实很好理解，其含义是：如果B4单元格的值（库存现金科目的级次）为1，则仅组合一级科目和科目编码，G4单元格显示"一级科目（科目编码）"。如果B4单元格的值为2，则组合一级科目、二级科目和科目编码，G4单元格显示"一级科目\二级科目（科目编码）"依次类推。❸将G4单元格的公式复制、粘贴到表格下面区域中的单元格内，如下图所示。

6.2.2 记账凭证

本节对于记账凭证（以下简称"凭证"）的设计思路是：为了更快捷地输入凭证内容，同时也要保证凭证样式的规范性，将输入表单与打印样式一分为二分别制作，即绘制两份不同样式的表格，设置公式链接数据，只需在输入表单中输入凭证内容，即可自动生成凭证打印样式。同时，要真正达到"高效"工作的目的，凭证输入表单还必须具备两项功能：一是通过输入关键词即能快速查找和检索到完整的会计科目名称；二是自动检验借贷双方的金额是否相等。

1. 制作记账凭证输入表单

第1步 新建工作簿，命名为"记账凭证"，将工作表Sheet1重命名为"记账凭证模板"；做好基础设置：可参照纸质凭证的样式绘制表格，并设置好、输入基础内容，如日期、凭证号、附件张数等。预设单元格A1为快速查找和检索会计科目输入关键词的"查询框"，如下图所示。

第6章
实战：会计凭证的制作与管理

第2步 ❶ 设置金额求和公式：在G11单元格内输入公式"=ROUND(SUM(H5:H10),2)"；❷ 在F3和F11单元格设置公式检验借贷双方金额是否平衡，分别用符号"√"和"×"代表；❸ 在F11单元格内输入公式"=IF(G11=H11,"√","×")"；在F3单元格内输入公式"=F11"。任意输入一个会计分录以检验以上公式的正确性，如下图所示。

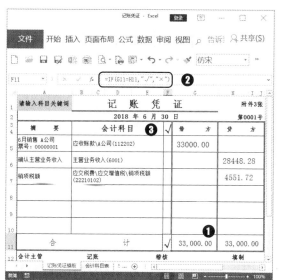

2. 制作会计科目"动态"菜单

一般制作"动态"菜单比较常用的方法是将项目分为二级或多级，接着将一级菜单的项目定义为"名称"，再将下级菜单的项目定义名称，运用"数据验证"功能设置序列后，选择一级菜单中的某个项目，则二级菜单仅列示一级菜单下包括的项目，以此类推。这样可以缩小选择范围，缩短选择时间。但是会计科目分类较细，科目数量较多，因此必须要设置多级菜单才能达到上述效果。如果菜单级数过多，选择所需项目仍然比较耗费时间。因此制作会计科目动态菜单并不适用这个方法。本节另辟蹊径，运用另一种更为简捷的方法，即输入关键词，如"应收"二字，然后设置公式自动检索出名称中包含"应收"的所有会计科目，再将检索得到的科目设置为下拉菜单的序列，即可使菜单中的备选项目随关键词的变换而"动态"变化。

第1步 下拉菜单中的备选科目源自前面已制作完成的会计科目表，由于设置下拉菜单序列不能跨越工作簿，因此首先要将"会计科目表"工作簿中的表格复制、粘贴到"记账凭证"工作簿中。❶ 打开"素材文件\第6章\会计科目表.xlsx"文件，右击"会计科目表"工作表标签；❷ 在弹出的右键菜单中选择"移动或复制"选项，如下图所示。

第2步 ❶ 在弹出的对话框中的"将选定工作表移至工作簿"下拉列表中选择"记账凭证.xlsx"选项；❷ 在"下列选定工作表之前"列表框中选择"Sheet2"选项；❸ 单击"确定"按钮即可将此工作表整张复制到"记账凭证"工作簿中，如下图所示。

| 133

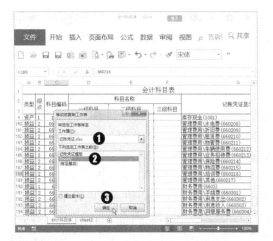

第3步 在"会计科目表"右侧空白区域绘制表格，作为关键词输入框与会计科目检索列表，如下图所示。

第4步 ❶ 在 I3 单元格预先输入关键词，如"应收"。❷ 在 J4 单元格内设置数组公式"{=IF($I$3="",G4,INDEX($G:$G,SMALL(IF(MMULT(1-ISERR(FIND($I$3,$D$4:$F$888)),{1;1;1}),ROW($4:$888),888),ROW(A1)))&"")}"。公式首尾相应的一对括号"{}"就是数组公式的标志。这里需要注意一个细节：输入"{}"括号以内的公式内容后，切勿急于按"Enter"键，必须按下"Ctr+Shift+Enter"组合键之后才能生成有效的数组公式，手工直接输入的"{}"符号无效。公式的大致含义是：如果 I3 单元格内的值为空，则 J4 单元格中显示 G4 单元格的值，否则就从 D4:D888 单元格区域中检索包含 I3 单元格中的值的最小值。❸ 将公式复制到下面区域的单元格中。此时可以看到会计科目表中包括"应收"字符的所有科目已全部被检索到并列示在表格中，如下图所示。

温馨提示

为了避免检索内容有所遗漏，建议以包含相同关键词最多的科目数量为标准，作为设置检索公式的单元格数，如包含"费用"字符的会计科目共38个，数量最多，可将J4单元格的公式复制到J5:J41区域中的所有单元格内。

第5步 ❶ 选中 J4:J41 单元格区域，选择"公式"选项卡；❷ 单击"定义的名称"按钮；❸ 选择"定义名称"选项，如下图所示。

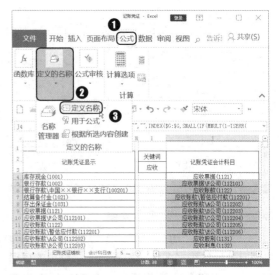

第 6 章
实战：会计凭证的制作与管理

第6步 ❶ 在"新建名称"对话框中的"名称"文本框中输入自定义名称，如"记账凭证会计科目"。此时"引用位置"文本框内已自动填入之前选中的区域；❷ 单击"确定"按钮，如下图所示。

第7步 切换到"记账凭证模板"工作表，选中B5单元格，设置下拉菜单。在"数据验证"对话框的"来源"文本框中输入第6步已定义好的名称"记账凭证会计科目"后单击"确定"按钮即可，如下图所示。

第8步 此时B5单元格中的下拉菜单中已列出包含"应收"字符的所有科目以供选择。复制B5单元格，粘贴到B6:B10区域的单元格中，此时这些单元格中全部出现与B5单元格相同的下拉菜单中，如下图所示。

第9步 上述步骤制作而成的检索表中被检索到的科目是从"会计科目表"中输入的关键词而来的，下面再做一步简单的设置，即可直接在"记账凭证"工作表的A1单元格中输入关键词后检索到所需科目：首先在"记账凭证"工作表A1单元格输入关键词"应付"→切换到"会计科目表"工作表，在I3单元格中输入链接公式"=记账凭证模板!A1"，此时I3单元格显示"记账凭证模板"工作表中A1单元格的内容，如下图所示。

| 135

温馨提示

在实际工作中，检索会计科目时，应尽量输入最小级次科目所包含的字符，如增值税销项税额对应的是三级科目"应交税费\应交增值税\销项税额(22210102)"，此时输入关键词"销项"比输入"税费"更能精简下拉菜单中的备选项目，以便提高工作效率。

第10步 由于填制每张记账凭证时，都需要在A1单元格内输入关键词检索会计科目，所以应将A1单元格冻结在第一行，使其固定可见。下面将记账凭证的位置稍做调整。❶选中A2:J2单元格区域并右击，选择"插入"选项；❷在弹出的"插入"对话框中选中"活动单元格下移"单选按钮，单击"确定"按钮；❸将B2:J2单元格区域中的内容剪切、粘贴到B3:J3单元格区域后，冻结第一行即可，如下图所示。

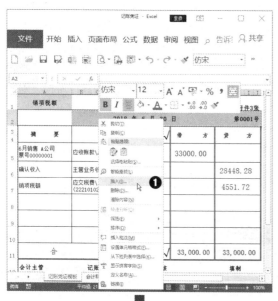

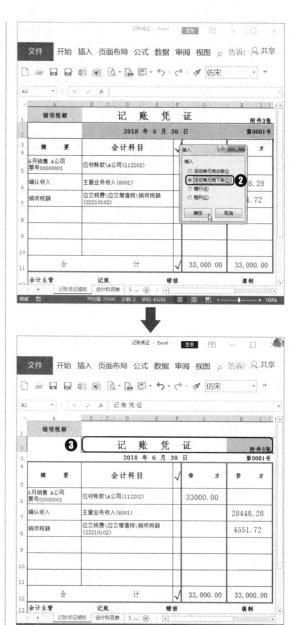

3. 制作记账凭证打印样式

记账凭证（以下简称"凭证"）填制完成后，需要将Excel中的电子凭证打印成纸质凭证，并将每份凭证所记载的经济业务的相关原始单据附在其后。当月所有凭证填制完成并审核无误、全部打印后，即可与附件一起装订成册，以备查阅。所以，必须要保证纸质凭证样式规范、字迹清晰、纸面整洁。下面制作凭证打印样式

第6章
实战：会计凭证的制作与管理

表单。

第1步 在记账凭证输入表单的右侧空白区域绘制表格，设置好字体、格式等。值得注意的是，为了避免在设置公式时产生"错位"，打印样式表格所占据区域的行次应当与凭证输入表单的行次相同，也就是要与凭证输入表单保持水平位置一致，如凭证输入表单所占据的行次是第2~13行，那么右侧的凭证打印样式表格也应当在第2~13行绘制，如下图所示。

第2步 设置公式让所有可变内容自动生成，而M2单元格的标题和第13行各列单元格的内容是固定不变的，可以不必设置公式。在M6单元格输入公式"=IF(A6="","",A6)"。公式的含义是：如果A6单元格（凭证输入表单中第一行摘要所在的单元格）为空，则M6单元格也为空，否则就显示A6单元格的内容。其他单元格如日期、编号、附件张数、检验借贷双方平衡的符号等，均按这个方法设置公式自动显示（金额所在的区域除外，需要另行设置），如下图所示。

第3步 设置金额显示的公式：表格设定的是一个单元格只显示一位数字，如"万"位所在单元格只显示万位上的数字"3"，因此这一步需要运用"字符计数器"LEN函数与"字符截取器"MIDB函数配合完成。❶ 在S6单元格中输入公式"=IF(LEN($G6*100)>=7,MIDB($G6*100,LEN($G6*100)-6,1),"")"。公式的含义是：用LEN函数计算G6单元格的数值乘以100以后的数字的字符数，如果大于等于7个，就用MIDB函数从G6单元格乘以100以后的数字中由左向右截取字符，截取的起始位置是G6单元格数字乘以100以后的字符数减去6之后的数字代表的位置。如果G6单元格的数字乘以100以后的数字字符数小于7个，就显示为空白。结合本例中的数字"33 000"，理解这个公式：33 000×100=3 300 000，LEN函数计算出字符数等于7个，MIDB函数从这7个字符中的左起第1位数"（7-6）"开始截取，只截取1个字符，得到数字"3"。❷ 将S6单元格的公式复制到Q6:Z6区域中的所有单元格中，依次修改公式中的两个数字（截取位数"1"不变），万位以下依次将两个数字分别减1，万位以上则依次将两个数字分别加1，万位（即S6单元格）公式不作修改→分位（Y6单元格）设置公式"=IF($G6= "","",IF(LEN($G6*100)>=1,MIDB($G6*100,LEN ($G6*100),1),""))"；❸ 选中Q6:Z6区域，并以这个区域为最小单位，将区域中的公式复制粘贴至Q7:Z12区域中；❹ 选中P6:Y12区域，将公式复制、粘贴至 Z6:AI12 区域→运用"查找与替换"功能将此区域中所有单元格的公式中的字母"G"替换为"H"（代表贷方金额）即可，如下图所示。

可，如下图所示。

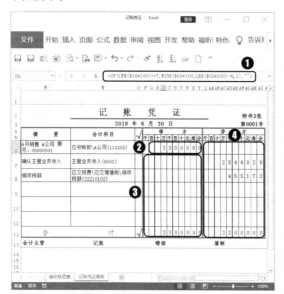

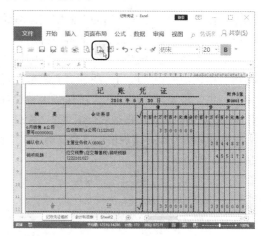

第2步 ❶单击"自定义快速工具栏"中的打印预览按钮，进入"打印预览"界面；❷调整页边距，使记账凭证完整显示在页面内即可打印纸质记账凭证，如下图所示。

温馨提示

公式中将数字33 000乘以100的原因在于：如果数字为整数，则LEN函数不会将小数点后面的"0"字符计算在内，而MIDB函数截取字符时计算的起始位置则会把所有字符包括"."和"0"全部计算在内。这样两个函数配合截取数字就会出现不一致的差错，那么截取到的数字也必然有偏差。

4. 设置记账凭证打印区域

打印记账凭证时，为了节约纸张，根据本节设计的记账凭证打印表单的大小可以使用1张A4纸打印两份记账凭证。因此在打印记账凭证之前，需要对打印区域与界面进行简单设置。为展示效果，这里在第0001号凭证下面制作第0002号凭证，进行复制、粘贴操作，填入其他内容即可，具体操作步骤如下。

第1步 选中 M2:AJ29 单元格区域，单击"自定义快速工具栏"中的"设置打印区域"按钮（注意这不是直接打印的按钮）。如果只需打印单份记账凭证，则按此方法选中此份凭证所在区域即

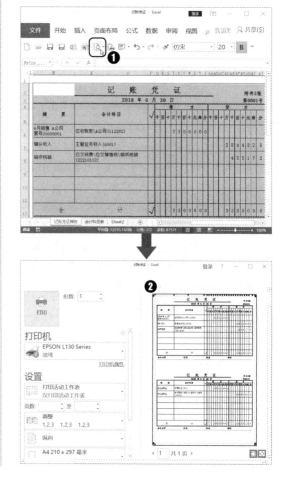

第 6 章

实战：会计凭证的制作与管理

大神支招

本章主要介绍了制作与管理原始凭证和记账凭证的基本思路与具体操作方法。相信读者对上述案例中涉及的Excel中的部分功能、函数及函数组合的运用已经有所了解并通过练习逐步熟悉，应用到实际工作中时，可以根据自身的工作需求在此基础上进行调整和补充。下面针对实际填制凭证时遇到的一些细节上的不足之处，运用几种实用的技巧对之前制作的凭证加以弥补和完善，以帮助财务人员进一步提高工作效率。

01 规范会计数字格式

填制记账凭证时，如果金额位数较多，数字字符较多，不易于快速准确地辨认出具体金额大小，则可以通过以下两个方法分别设置数字格式，使其依照数字规范格式显示金额。

方法一：使用千位分隔符","分隔会计金额。

打开"素材文件\第6章\记账凭证.xlsx"文件，将凭证中所记载的数字格式进行调整。❶选中G6:J12单元格区域并右击，在弹出的快捷菜单中选择"设置单元格格式"选项；❷在弹出的"设置单元格格式"对话框中选择"分类"列表框中的"数值"选项；❸选中"使用千位分隔符(,)"复选框，单击"确定"按钮，如下图所示。

方法二：将数字格式直接设置为"会计专用"格式。

❶在"设置单元格格式"对话框中选择"分类"列表框中的"会计专用"选项；❷在"货币符号（国家/地区）"下拉列表中选择"无"选项，单击"确定"按钮（小数位数默认为两位），如下图所示。

139

设置数字格式后,效果如下图所示。

02　自动调整表格列宽

实际工作中,在单元格中输入字符的宽度经常会超过所在单元格预设宽度,如果是数字字符,则单元格内显示为"#####……"而文本字符则不能完整显示。通过设置单元格格式即可解决这个问题。

打开"素材文件\第6章\费用报销管理.xlsx"文件,可看到表格中F12单元格与C17单元格出现了上述问题,如下图所示。

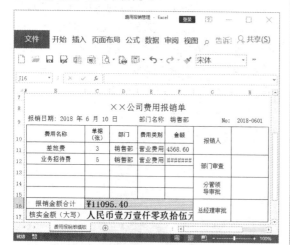

下面通过简单的设置即可让单元格的列宽根据字符的长度自动调整。

❶按住"Ctrl"键,依次单击F12与C17单元格,即可同时选中两个单元格,选择"开始"选项卡;❷单击"单元格"按钮;❸选择"格式"下拉列表中的"自动调整列宽"选项即可,如下图所示。

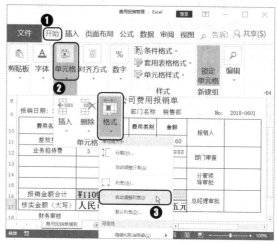

效果如下图所示。

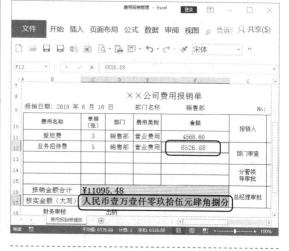

03　字符长度自动适应列宽

在实际工作中,如果单元格字符过长,采用自动调整列宽的方式其实并不适用。原因在于调整某一列宽度的同时也会使表格整体宽度加宽,极有可能致使表格最右列越过页面的边界线,从而影响打印内容的完整性。因此,更为妥善的方法是让单元格内字符的长度自动适应列宽,这样既能完整显示单元格内容,又可以兼顾表格整体

第6章
实战：会计凭证的制作与管理

宽度及打印效果。

下面继续以"素材文件\第6章\费用报销管理.xlsx"文件中的"费用报销单"表格为例示范具体操作方法。❶选中B11:F17单元格区域并右击，选择右键菜单中的"设置单元格格式"选项，在弹出的"设置单元格格式"对话框中选择"对齐"选项卡；❷选中"文本控制"选项区域中的"缩小字体填充"复选框，单击"确定"按钮，如下图所示。

设置完成后可以看到原内容超长时的字符字号已自动缩小并完整显示，如下图所示。如果将列宽加宽，则字体也会自动逐步还原至预设字号大小。

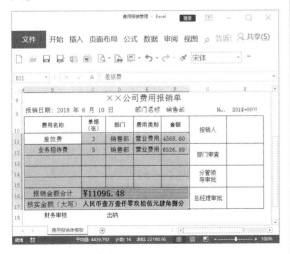

温馨提示

设置字符长度自动适应列宽也可以采用"自动换行"的方式。但是需要注意，"自动换行"仅适用于单元格内的文本字符，如果单元格内是数字字符，则不宜采用"自动换行"。

04 弥补下拉菜单中的"空白"瑕疵

Excel中通过"数据验证"功能设定序列制作的下拉菜单能够免去重复手工输入，帮助财务人员保质保量地高效完成工作。所以这项功能也备受大家的青睐，被广泛应用于日常财务工作中。

但是，下拉菜单尤其是动态下拉菜单中存在的一个小瑕疵也让财务人员时常感叹"美中不足"：动态下拉菜单中"动"的仅是菜单中备选项目的内容和数量，而下拉菜单的长度是根据设置序列时设定的单元格区域大小所决定的，不会随着备选项目数量多少而自动变化，它是固定不变的。

因此，当备选项目数量较少，不足以填满下拉菜单时，最末一项备选项目下面就会出现一片空白区域。虽然这无伤大雅，但是对于追求完美的财务人员而言，这片"空白"既影响美观，还会导致选择备选项目的速度"慢3拍"。

其实这个"空白"瑕疵是可以弥补的，而且操作流程也非常简单，只需设置一个公式就能达到让菜单长度也跟随备选项目"动"起来的预想效果。

打开"素材文件\第6章\记账凭证.xlsx"文件，在A1单元格中输入关键词"应收"，单击B6单元格的下拉按钮，可以看到位于序列末尾处的备选项目"长期应收款（1531）"下面出现的一片"空白"，如下图所示。

此时如果要选择排列在前的备选项目,则必须拖动下拉菜单右侧的滑块,这样确实对选择速度有一些影响。下面讲解弥补"空白"的具体方法和操作步骤。

第1步 ❶选择"公式"选项卡,单击"定义的名称"按钮;❷选择"名称管理器"选项,如下图所示。

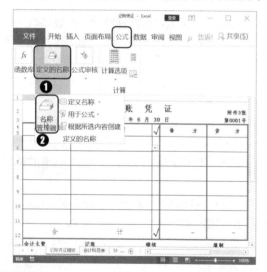

第2步 ❶在"名称管理器"对话框中选择之前定义的名称"记账凭证会计科目";❷在对话框底部的"引用位置"文本框中将原有内容替换为公式"=OFFSET(会计科目表 !$J$4,,,SUMPRODUCT(N(LEN(会计科目表 !$J:$J)>0)),)",单击"关闭"按钮;❸系统弹出询问是否保存更改的对话框,单击"是"按钮即可保存更改,如下图所示。

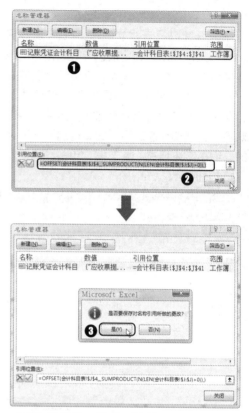

设置完成后,此时下拉菜单中仅剩下一行空白,其他空白区域已全部删除,并且下拉菜单的长度也会随着备选项目数量一起"动"起来,如下图所示。

第7章
实战：会计账簿管理

本章导读

会计账簿是以记账凭证为依据，对凭证中记载的零散的大量经济信息进行全面、系统、连续、分类记录和核算的簿籍。设置和登记会计账簿不仅是会计基础工作流程中最为重要的一个环节，还是连接会计凭证和财务报表的纽带。做好会计账簿的管理工作，能够为期末编制财务报表提供全面、可靠的数据依据。

对于企业而言，Excel就成为日常财务管理的最佳工具。在不违背会计账簿管理总体原则的大前提下，运用Excel制作和管理会计账簿，不仅可按照自身的特点和需求定制会计账簿，不断加强和完善财务管理工作，而且经济实惠，同样能够提高工作效率。

本章将在前面章节制作的会计凭证的基础上，介绍和分享如何运用Excel制作会计账簿的具体方法、技巧和管理思路。

知识要点

- ❖ INDEX和MATCH函数的嵌套方法
- ❖ 字符截取函数的综合运用
- ❖ ROW函数的妙用
- ❖ "条件格式"的设置方法
- ❖ "筛选"数据的方法和技巧
- ❖ 校验账表数据的方法

7.1 明细账管理

案例背景

本节实现"高效"制作与管理明细账的总体思路是：在填制记账凭证的同时，将每一明细科目的相关信息自动记载到明细账簿上，无须手工录入。

本节以下图所示的银行存款日记账和现金日记账为例，通过Excel中的基础功能、技巧及设置方法，同步且全自动地将分散记录在每份单张记账凭证上的相同会计科目中的经济信息集中列示在明细账簿中，并在此基础上制作明细账动态查询表，实现在同一表格中快速查询不同会计科目的明细账。实例最终效果见"结果文件\第7章\明细账.xlsx"文件。

银行存款日记账（100201）

100201	期初余额	356,268.86		发生次数	12			2018年6月
序号	科目代码		日期	凭证号	摘要	本期发生额		期末余额
						借方	贷方	
		合计				67,500.00	80,269.62	343,499.24
1	100201	100201-1	6-1	0001	缴纳5月增值税	-	12,368.28	343,900.58
2	100201	100201-2	6-1	0001	缴纳5月地税	-	1,484.20	342,416.38
3	100201	100201-3	6-1	0002	缴纳印花税	-	226.80	342,189.58
4	100201	100201-4	6-1	0002	缴纳个人所得税	-	687.85	341,501.73
5	100201	100201-5	6-1	0002	支取备用金	-	20,000.00	321,501.73
6	100201	100201-6	6-10	0007	支付物流费	-	13,631.94	307,869.79
7	100201	100201-7	6-15	0010	存入现金	22,500.00	-	330,369.79
8	100201	100201-8	6-15	0010	缴纳五险一金	-	9,602.55	320,767.24
9	100201	100201-9	6-4	0012	存入现金	22,500.00	-	343,267.24
10	100201	100201-10	6-4	0012	财务费用	-	268.00	342,999.24
11	100201	100201-11	6-30	0016	存入现金	22,500.00	-	365,499.24
12	100201	100201-12	6-30	0016	支付应账款	-	22,000.00	343,499.24

现金日记账（1001）

1001	期初余额	120,000.00		发生次数	6			2018年6月
序号	科目代码		日期	凭证号	摘要	本期发生额		期末余额
						借方	贷方	
		合计				20,000.00	101,180.70	38,819.30
1	1001	1001-1	6-1	0002	提取备用金	20,000.00	-	140,000.00
2	1001	1001-2	6-15	0010	现金存入银行	-	22,500.00	117,500.00
3	1001	1001-3	6-15	0011	发放5月工资	-	33,000.70	84,499.30
4	1001	1001-4	6-4	0012	现金存入银行	-	22,500.00	61,999.30
5	1001	1001-5	6-4	0012	报销费用	-	680.00	61,319.30
6	1001	1001-6	6-30	0016	支取备用金	-	22,500.00	38,819.30

第 7 章

实战：会计账簿管理

			银行存款\中国××银行××支行(100201)				
100201		期初余额	356,268.86	发生次数	13		2018年6月
序号	科目代码	日期	凭证号	摘要	本期发生额		期末余额
					借方	贷方	
	银行存款				82,500.00	80,269.62	358,499.24
	——中国××银行××支行				82,500.00	80,269.62	358,499.24
	请选择三级科目				—	—	—
1	100201	100201-1	6-1	0001	缴纳5月增值税	—	12,368.28	343,900.58
2	100201	100201-2	6-1	0001	缴纳5月地税	—	1,484.20	342,416.38
3	100201	100201-3	6-1	0002	缴纳印花税	—	226.80	342,189.58
4	100201	100201-4	6-1	0002	缴纳个人所得税	—	687.85	341,501.73
5	100201	100201-5	6-1	0002	支付备用金	—	20,000.00	321,501.73
6	100201	100201-6	6-10	0007	支付物流费	—	13,631.94	307,869.79
7	100201	100201-7	6-15	0010	存入现金	22,500.00	—	330,369.79
8	100201	100201-8	6-15	0010	缴纳五险一金	—	9,602.55	320,767.24
9	100201	100201-9	6-4	0012	存入现金	22,500.00	—	343,267.24
10	100201	100201-10	6-4	0012	财务费用	—	268.00	342,999.24
11	100201	100201-11	6-30	0016	存入现金	22,500.00	—	365,499.24
12	100201	100201-12	6-30	0016	收到应收账款	15,000.00	—	380,499.24
13	100201	100201-13	6-30	0016	支付应付款	—	22,000.00	358,499.24

	银行存款\中国××银行××支行(100201)		
	辅助表1		
银行存款	明细科目数量 2个		发生次数
银行存款-1	银行存款(1002)		
银行存款-2	银行存款 中国××银行××支行(100201)		13

	辅助表2	
一级科目代码	发生次数	科目汇总
应交税费	23	118450.94
银行存款	13	82500.00
管理费用	8	57563.57
库存现金	6	20000.00
应收账款	6	423013.34
主营业务收入	6	364666.66
库存商品	5	278534.32
应付账款	5	22000.00
本年利润	3	60272.12
其他应收款	2	2616.16
累计折旧	2	0.00
应付职工薪酬	2	35616.86
主营业务成本	2	285538.68
税金及附加	2	1760.55
销售费用	2	680.00
财务费用	2	268.00
结算备付金	0	0.00

7.1.1 制作银行日记账

第6章中制作记账凭证的版式是用于记载每日发生的每笔经济业务的单张凭据，是为了满足月末打印成纸质凭证装订成册的需要而设计的。而日记账中列示的信息全部来源于记账凭证，如果在记账凭证原版式的基础上设置公式，则程序相当复杂，并且难以理解和实际应用。因此，为了简化公式设置，便于下一步制作日记账，下面首先对记账凭证稍做调整，在原版式基础上加以补充和完善。

1."改版"记账凭证

打开"素材文件\第7章\明细账.xlsx"文件，在记账凭证录入单中任意输入几笔分录，并在E列右侧添加5列辅助列，分别输入项目名称："发生次数""科目编码""编码组合""凭证号""日期"，如下图所示。

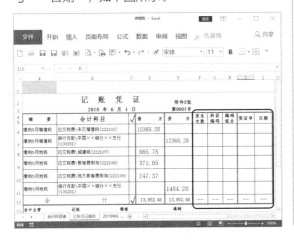

下面对F6:J11区域中的所有单元格设置公式，自动列示所需信息。

第1步 统计每个会计科目在设定的区域中发生的次数：F6单元格设置公式"=IF(B6="","",COUNTIF($B$6:$B6,$B6))"。此公式将区域设定为$B$6:$B6，其含义是锁定区域中的起始单元格B6，而区域末尾单元格与会计科目所在单元格为可变量。例如，将公式复制、粘贴到F7单元格中，可看到F7单元格中的公式变为IF(B7="","",COUNTIF($B$6:$B7,$B7))，以此类推。将公式复制到F7:F11区域的单元格中。此时可看到"银行存款"科目在凭证中第1次出现时统计的次数为"1"，第2次出现时统计的次数为"2"，以此类推，如下图所示。

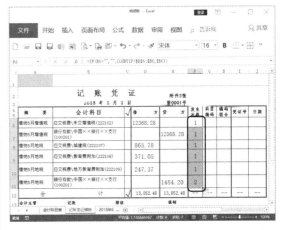

第2步 查找会计科目名称对应的科目编码：虽然B列的会计科目名称中已包含了科目编码，但是

这里需要将科目编码分离出来单独列示。在 G6 单元格设置公式"=IFERROR(INDEX(会计科目表!C:C,MATCH(B6,会计科目表!G:G,0)),"")"。公式中 MATCH 函数用于查找 B6 单元格的值在"会计科目表"中所在的行数，找到的结果是第 98 行；INDEX 函数则显示"会计科目表"中 C98 单元格的值，即"应交税费\未交增值税（222102）"对应 C 列中的科目编码"222102"。复制、粘贴公式到 G7:G11 区域的单元格中，效果如下图所示。

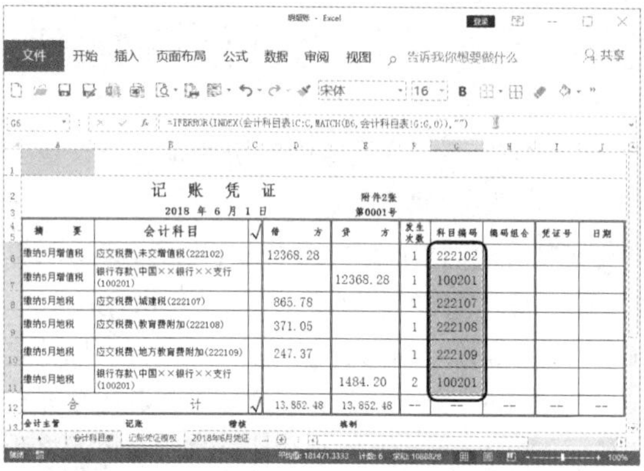

第3步 将科目编码与代表发生次数的号码组合生成新的编码，在 H6 单元格中设置公式："=IF(G6="","",G6&"-"&F6)"，复制、粘贴公式至 H7:H11 区域的单元格中，效果如下图所示。

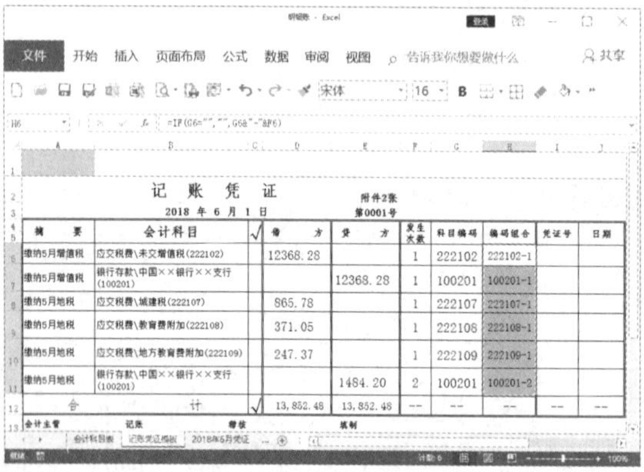

第4步 查找并引用凭证号和凭证日期：❶ 在 I6 单元格中设置公式"=IF(B6="","",E3)"。❷ 这里注意 I7:I11 区域包括的单元格不宜复制 I6 单元格中的公式，应在 I7 单元格中设置公式"=IF(B7="","",I6)"链接 I6 单元格的值后再复制、粘贴到 I8:I11 区域的单元格中。❸ 在 J6 单元格设置公式"=IF(B6="","",B3)"，在 J7 单元格中设置公式"=IF(B7="","",J6)"链接 J6 单元格的值后再复制、粘贴到 J8:J11 区域的单元格中，效果如下图所示。

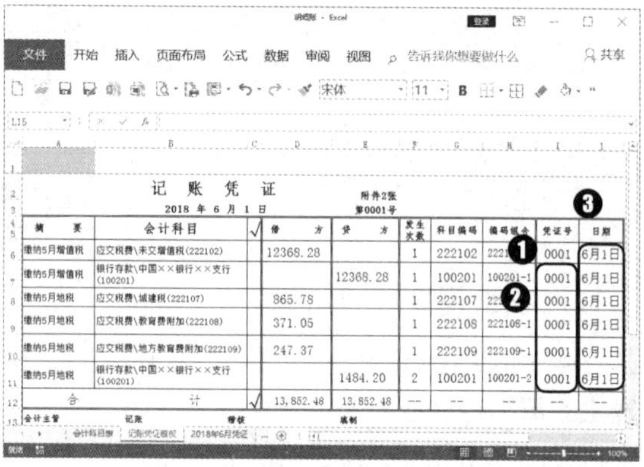

温馨提示

①记账凭证模板"改版"完成后，可将预先填入的信息删除保存为空白模板。实际填制时，将空白模板复制、粘贴到新的工作表中使用。

②上例 F6:H11 区域中同一行次单元格中的公式可以合并在一个单元格中列示。例如，将 H6 单元格的公式设置为"=INDEX(会计科目表!C:C,MATCH(B6,会计科目表!G:G,0))&"-"&COUNTIF($B$6:$B6,$B6))"后，H6 单元格直接显示"222102-1"。

2. 生成银行日记账

为展示效果需要，这里预先新增一份工作表，命名为"2018年6月凭证"，并虚拟编制了当月部分经济业务，填制记账凭证共计16份。

第1步 新增工作表，重命名为"银行存款日记账"，在其中绘制空白表格，并设置好格式。在 A2 单元格中输入科目编码"100201"，D2 单元格中任意输入期初余额，如下图所示。

第 7 章
实战：会计账簿管理

第 3 步 根据第 2 步统计得到的次数（数字"12"）设定科目编码在 B 列列示的次数。在 B6 单元格中设置公式"=IF((ROW()-5)<=$F$2,$A$2,"")"，并将公式复制、粘贴到 B7:B888 区域的所有单元格中。

公式解析：

①ROW() 函数：返回 B6 单元格所在的行次，即"6"。

②ROW()-5：减去 B6 单元格以上的 5 行。公式运算得到的数字为 6-5=1。

③整个公式含义：如果 B6 单元格所在行的行数减去 5 后的数字小于 F2 单元格中的值 12，即显示 A2 单元格中的科目编码"100201"，否则显示为空白。例如，在 B18 单元格中，"ROW()-5"运算得到数字是 13，大于 12，则此单元格内显示为空白，效果如下图所示。

第 2 步 在表格中同样设置一个统计会计科目发生次数的公式，统计得到的数字用于决定会计科目代码列示的次数。例如，本例中统计得出"银行存款\中国××银行××支行(100201)"科目在"2018 年 6 月凭证"工作表中一共出现了 12 次，在 B 列设置公式后，即可使 B 列自动列示刚好 12 个"银行存款\中国××银行××支行(100201)"的科目编码（即"100201"）。❶ 在 F2 单元格中设置公式"=COUNTIF('2018 年 6 月凭证'!$G:$G,$A$2)"。❷ 设置 F2 单元格格式，自定义为""发生次数" #"，单元格中即可显示"发生次数 12"，如下图所示。

第4步 A列设置公式使序号自动依次编号。在A6单元格中设置公式"=IF(B6="","",COUNTIF($B$6:B6,B6))",并将公式复制、粘贴到A7:A888区域的所有单元格中,效果如下图所示。

第5步 C列组合显示B列中的科目编码与A列中的序号。在C6单元格中设置公式"=IF(B6="","",B6&"-"&A6)",如下图所示。

第6步 D列至H列运用INDEX和MATCH函数组合设置公式,在"2018年6月凭证"工作表中查找C列科目编码对应的信息。❶ 在D6单元格中设置公式"=INDEX('2018年6月凭证'!J:J,MATCH($C6,'2018年6月凭证'!$H:$H,0))"查找引用科目编码"100201-1"对应的日期。❷ 在E6单元格中设置公式"=INDEX('2018年6月凭证'!I:I,MATCH($C6,'2018年6月凭证'!$H:$H,0))"查找引用科目编码"100201-1"对应的凭证号。❸ 在F6单元格中设置公式"=IF(E6="","",INDEX('2018年6月凭证'!A:A,MATCH($C6,'2018年6月凭证'!$H:$H,0)))"查找引用科目编码"100201-1"对应的摘要内容。❹ 在G6单元格中设置公式"=IF(E6="","",INDEX('2018年6月凭证'!D:D,MATCH($C6,'2018年6月凭证'!$H:$H,0)))"查找引用对应的借方金额。❺ 在H6单元格中设置公式"=IF(G6="","",INDEX('2018年6月凭证'!E:E,MATCH($C6,'2018年6月凭证'!$H:$H,0)))"查找引用科目编码"100201-1"对应的贷方金额。❻ 选中D6:H6区域,将公式复制、粘贴至D7:H888区域中,效果如下图所示。

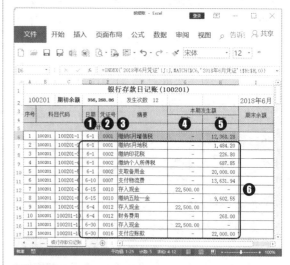

温馨提示

注意:这里B、C列公式不能合并,因为C列中显示的科目编码是A、B列组合而成的,而A列的公式又引用了B列的值,如果合并,将使公式陷入循环状态而导致运算结果出错。

第7步 设置运算公式计算当期发生额的合计金额与余额。❶ 在G5和H5单元格内设置求和公式,计算借方和贷方的合计发生额。G5单元格的公式为"=ROUND(SUM(G6:G200),2)",将公式复制、粘贴到H5单元格即可。❷ 在I5单元格内设置公式计算"期末余额""=ROUND(D2+G5-H5,2)"。这里将计算余额的公式统一设置为"期初余额＋本期借方发生额－本期贷方发生额＝期末余额"，当负债类和权益类科目余额为负数时，代表余额为贷方正数。❸ 在 I6 单元格中设置公式"=IFERROR(ROUND(D2+G6-H6,2),"")"，计算发生第 1 笔经济业务之后的余额（注意这里不能向下复制、粘贴 I6 单元格内的公式）。❹ 在 I7 单元格内设置公式"=IFERROR(ROUND(I6+G7-H7,2),"")"，将 I7 单元格内的公式复制、粘贴到 I8:I200 区域的所有单元格中，效果如下图所示。

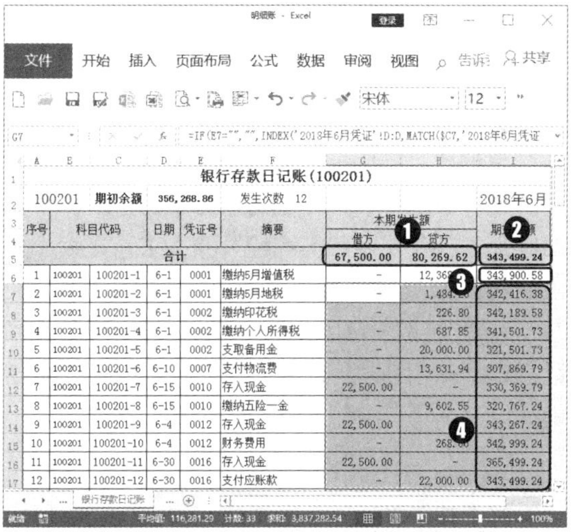

温馨提示

本例中计算合计与余额的公式所引用的 G 列与 H 列的值是从记账凭证中查找并引用的，当 G 列与 H 列中任一单元格为空白时，余额的计算结果就会出现错误，并在单元格内显示为乱码，与此同时也会引起 G5 和 H5 单元格中的"合计发生额"出现连锁反应而显示乱码。因此，应在运算公式前嵌套"IFERROR"函数，可有效避免这种错误。

第 8 步 测试公式效果。在 A2 单元格内任意输入一个其他会计科目的编码，如输入"140501"，表格内所有单元格即可自动列示出"2018 年 6 月凭证"中关于"140501"的所有经济信息，如下图所示。

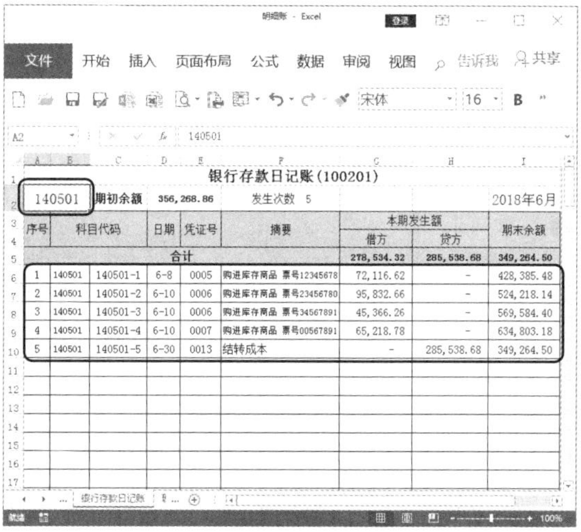

以上制作"银行日记账"的过程和思路看上去比较复杂，似乎很难把握其中规律并将其应用到工作之中，其实只要抓住了其中的核心思路和方法，实际运用时自然能够驾轻就熟。

这个"核心"就是：运用 INDEX 和 MATCH 函数组合公式，遵照一个指定的"依据"查找并引用目标信息。而确保精准查找到目标信息的必要前提是必须要将这个依据唯一化。

例如，本例唯一的依据是重组之后的科目编码。而之前对记账凭证所做的"改版"工作、在日记账中设置的统计业务发生次数、列示科目编码、自动编号、重组科目编码等一系列公式，其实都是在为实现准确的查找和引用所有相关信息"铺路搭桥"。

7.1.2 生成现金日记账

银行存款日记账制作完成后，再制作现金日记账及其他科目明细账就易如反掌了，如直接复制表格、重新输入科目编码、修改公式，即可快速生成新的相关科目的明细账。下面以现金日记账为例讲解操作步骤。

第 1 步 ❶ 新增一份工作表，命名为"现金日记账"，切换到工作表"银行存款日记账"，单击表格左上角列标"A"与行号"1"交汇处的图标，即可选中整张工作表。❷ 按下"Ctrl+C"组合键，将其复制，切换到"现金日记账"工作表，同样单击表格左上角图标 ，按下 "Ctrl+V" 组合键粘贴即可，如下图所示。

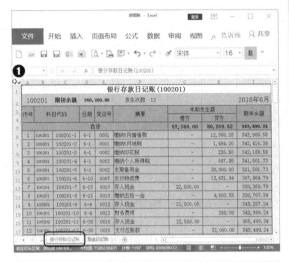

第 2 步 修改表格标题，在 A2 单元格内输入科目编码 1001，重新输入期初余额即可。表格内所有包含公式的单元格已自动列示出 "2018 年 6 月凭证" 工作表中的所有相关信息，如下图所示。

其他科目的明细账如法炮制即可。虽然会计科目数量多达几百个，但是在日常财务工作中，根据企业自身规模和实际经营情况来看，大部分企业真正涉及的科目并不多，通常在几十个左右，不必全部制作明细账。下面对于实际工作中运用 Excel 制作明细账的处理方法做以下提示与说明。

① 对于每月必用或常用的会计科目建议制作固定的明细账工作表，并尽量整合到一张工作簿中，以便快速查阅和打印。

② 对于偶然发生的经济业务，偶尔涉及的会计科目可以在已有明细账的工作表中输入科目编码查询和打印或临时增加工作表制作。

③ 制作次月明细账时，复制、粘贴上月明细账表格，运用 "查找与替换" 功能将公式中所包含的链接上月记账凭证的工作表名称批量替换为当月记账凭证工作表的名称即可。例如，制作 2018 年 7 月的明细账只需三步：复制、粘贴 2018 年 6 月明细账表格至新增工作表→选中整张工作表→将公式中的 "2018 年 6 月凭证" 批量替换为 "2018 年 7 月凭证"，即可生成 7 月的明细账。

④ 本节制作的 2018 年 6 月明细账中的期初余额为手工录入，次月可将 2018 年 6 月明细账的期末余额设置公式链接到 2018 年 7 月明细账中的期初余额所在单元格，以此类推。

7.1.3 制作"动态"明细账查询表

前面所讲的明细账制作思路是将各个明细科目分别制作成明细账,是静态、固定的表格,适用于经济业务相对简单、涉及会计科目较少的情形。当记账凭证中记载的会计科目较多时,如果要为每个涉及的科目都制作一份明细账,就需要反复进行复制、粘贴明细账表格、替换公式中包含科目名称的操作,仍然比较耗费时间与精力。本节将在前面所做明细账的基础上,进一步制作明细账动态查询表,通过添加辅助表、制作动态下拉菜单、设置公式多层嵌套组合等方式,实现在同一张工作表中根据不同科目名称(包括不同级次科目)"动态"列示相应的明细账内容,并按科目级次分别进行汇总。

为展示效果,这里预先在明细账工作簿中的"会计科目表"中虚拟输入了部分明细科目的6月期初余额。

1. 添加辅助表制作"动态"科目菜单

在6.2.2节中讲解了制作动态下拉菜单的方法。由于其公式比较复杂,可能对处于Excel应用初级阶段的财务人员而言难于理解,因此本节将转换思路,采用一种更为浅显易懂的方法,通过添加辅助表格,运用几个常用函数,并结合7.1.1节制作的"静态"明细账所设置的公式,成功制作出动态下拉菜单。

第1步 ❶ 打开"素材文件\第7章\明细账.xlsx"文件,在"会计科目表"工作表的H列旁添加一个辅助列,即I列,输入项目名称"明细账查询表"。❷ 在I4单元格内设置公式"=CONCATENATE(D4, "-",COUNTIF($D$4:$D4,$D4))"并复制、粘贴到I5:I202区域的所有单元格中,以统计D列中一级科目名称的个数,并将一级科目名称与统计得出的数字组合为新的科目名称,如下图所示。

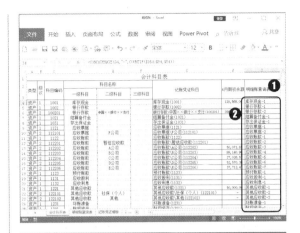

温馨提示

"CONCATENATE"是一个连接函数,主要用于连接单元格之间的字符或自定义字符,与连接符号"&"有着异曲同工之妙。不过二者的语法截然不同,实际使用时要注意区分。

第2步 ❶ 新增工作表,命名为"明细账查询表",将"银行存款日记账"工作表中的信息复制、粘贴其中。❷ 在右侧区域绘制两个辅助表,并设置好格式,在K3、M3、O3、P3单元格中输入项目名称,而灰色单元格K3用于设置下拉菜单,L3单元格将设置公式,因此这里暂不输入任何内容,如下图所示。

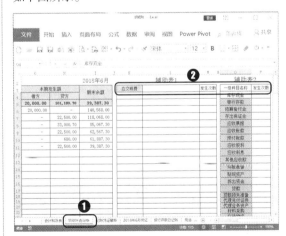

第3步 切换到"会计科目表"工作表,选中D4:D202区域→按"Ctrl+C"组合键→切换到"明细账查询表"→单击O4单元格→按"Ctrl+V"组合键,即可快速复制、粘贴所有一级科目名称。

第4步 删除一级科目名称中的重复值。❶选中 O4:O202 区域。❷单击"数据"选项卡"数据工具"组中的"删除重复值"按钮，如下图所示。

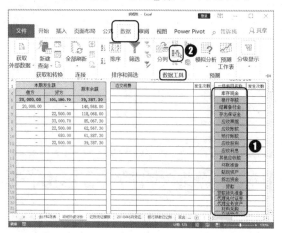

第5步 ❶系统弹出"删除重复项警告"对话框，选中"以当前选定区域排序"单选按钮。❷单击"删除重复项"按钮。❸系统再次弹出"删除重复值"对话框，直接单击"确定"按钮。❹接着弹出提示框，提示已删除指定区域中重复值个数与保留值个数，单击"确定"按钮即可，如下图所示。

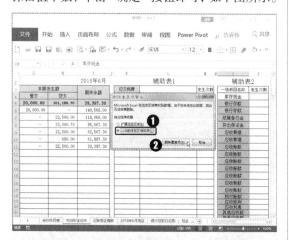

温馨提示

这里注意不要选中"扩展选定区域"单选按钮，而只能选中"以当前选定区域排序"单选按钮，否则其两旁区域中需要保留的重复数值也会被删除。

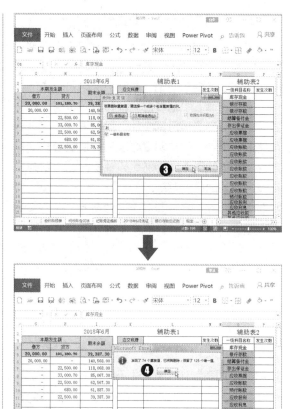

第6步 在辅助表中其他区域设置公式。❶在 P4 单元格内设置公式"=COUNTIF('2018年6月凭证'!B:B,O4&"*")"，统计"2018年6月凭证"中出现包含"库存现金"字符的次数。由于凭证中填入的均是明细科目，而 O 列中列示的是一级科目编码，字符内容有所差异，因此设置这个公式时必须添加连接符号"&"与通配符"*"，才能进行准确统计。本例公式中"O4&"*""的关键词是"包含"，公式含义是指统计"2018年6月凭证"工作表 B 列中包含以"库存现金"字符开始的所有会计科目的发生次数。❷在 L3 单元格内设置公式"=COUNTIF(会计科目表!G:G,K3&"*")"以统计"会计科目表"工作表 G 列中包含 K3 单元格字符出现的次数。❸K4 单元格参照 7.1.1 节的思路与方法设置公式"=IF($K$3="","",IF((ROW()-3)<=$L$3,$K$3&"-"&ROW()-3,""))"，根据 L3 单元

第 7 章

实战：会计账簿管理

格统计得到的数字自动列示 N 个一级会计科目名称，并与字符 "-" 和 "ROW()-3)" 运算得出的数字组合。❹ 在 L4 单元格中设置公式 "=IFERROR(VLOOKUP(K4,IF({1,0}, 会计科目表 !I:I, 会计科目表 !G:G),2,0),"")"，逆向查找 K4 单元格数值在 "会计科目表" 工作表 I 列位置所对应的 G 列的数值。❺ 在 M4 单元格中设置公式 "=IF(L4="","",IF COUNTIF('2018 年 6 月凭证 '!B:B,L4)=0,"-",COUNTIF('2018 年 6 月凭证 '!B:B,L4)))" 统计 L4 单元格中明细科目名称在 "2018 年 6 月凭证" 工作表中出现的次数。❻ 将 K4、L4、O4、P4 单元格中的公式复制粘贴到下面区域中即可。在 K3 单元格任意输入一个一级科目名称（如 "应交税费"）以验证公式的准确性，效果如下图所示。

域，定义区域名称，在 "新建名称" 对话框中将名称设置为 "明细科目名称"，在 "引用位置(R)" 文本框内设置公式："=OFFSET(明细账查询表 !$L$4,,,SUMPRODUCT(N(LEN(明细账查询表 !$L:$L)>0)))"，单击 "确定" 按钮即可。❷ 合并 K1:M1 区域中的单元格为 K1 单元格，设置下拉菜单。在 "数据验证" 对话框中设置 "序列" 为之前定义的名称 "明细科目名称"→单击 K1 单元格右下角的按钮▼，可看到下拉菜单中仅列示出一级科目 "应交税费" 及其二级和三级明细科目，如下图所示。

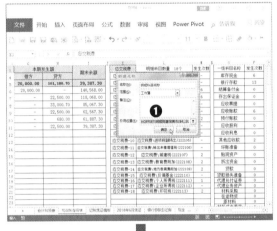

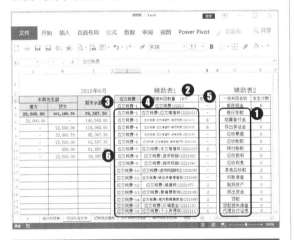

温馨提示

众所周知，VLOOKUP 函数只能从左至右查找指定数据。本例嵌套了函数 "IF({1,0})" 后即可实现逆向查找。注意逆向查找公式与常规 VLOOKUP 查找公式的语法有所不同：①设置查找列时也要逆向排列，如公式中 I 列排列在 G 列之前；②公式中的数字 "2" 恒定不变。

第 7 步 设置一级下拉菜单。选中 K3 单元格，进行设置一级科目名称下拉菜单的一系列操作。由于一级科目数量是固定不变的，因此下拉菜单的长度也不会改变，这里将 "序列" 直接设置为一级科目名称所在的 $O$4:$O$128 区域即可，不必定义区域名称和设置 "引用位置" 的公式。

第 8 步 设置二级下拉菜单。❶ 选中 L4:L21 区

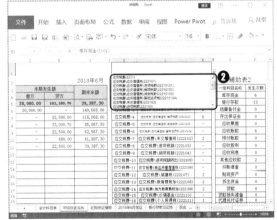

温馨提示

二级下拉菜单 "序列" 的具体区域范围以包含相同字符数量最多的明细科目的数量为依据选定。本例中 "会计科目表" 工作表中包含 "管理费

| 153 |

用"和"应交税费"的科目数量最多，均为18个，因此设置区域为L4:L21。

2. 动态查询明细账

工作表中的明细账查询表格是从"银行存款日记账"工作表中复制、粘贴而来，因此表格中原有的公式仍有效，不必重新设置。下面只需再将3个单元格设置简单公式，即可实现仅通过两步手工操作，即选择一级和二级下拉菜单中的备选项目后，明细科目对应的所有明细账内容"动态"列示。

第1步 设置表头科目名称自动显示。合并A1:H1区域中的单元格为A1单元格，设置公式"=IF(K1="","请在K1单元格下拉菜单中选择一项明细科目",K1)"。公式含义是：如果K1单元格为空，则A1单元格显示自定义提示性文字，即"请在K1单元格下拉菜单中选择一项明细科目"；如果K1单元格不为空，则显示K1单元格的内容。为展示效果，这里从K1单元格下拉菜单中任意选择一个明细科目，如选择"应交税费\应交增值税\销项税额 (22210102)"科目，效果如下图所示。

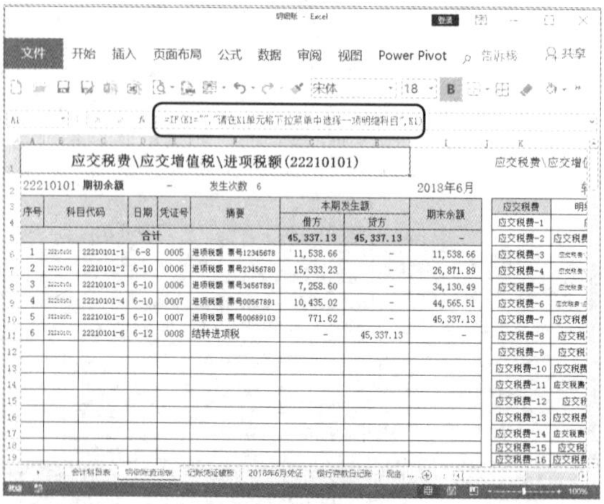

第2步 ❶A2单元格设置VLOOKUP逆向查找公式查找A1单元格中明细科目名称在"会计科目表"工作表中对应的科目编码："=IF(K1="","",科目编码",IFERROR(VLOOKUP(A1,IF({1,0},会计科目表!G:G,会计科目表!C:C),2,0),""))"。❷D2单元格设置公式查找A1单元格中明细科目名称在"会计科目表"工作表中对应的期初余额。这

里设置常规查找公式"VLOOKUP(A1,会计科目表!G:H,2,0)"即可，如下图所示。

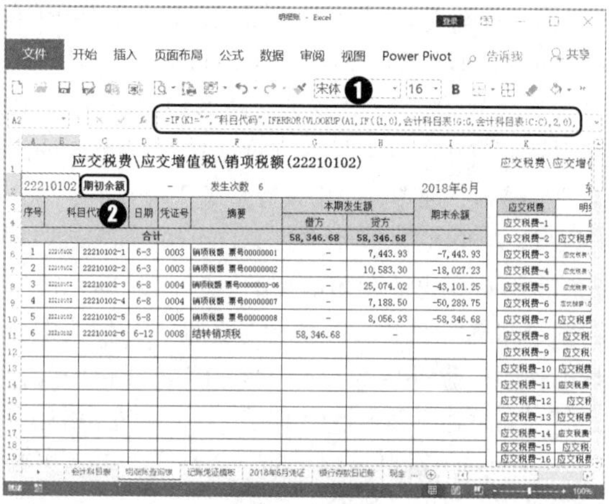

> **温馨提示**
>
> 本例选择了"应交税费\应交增值税\销项税额 (22210102)"科目作为效果展示。实际财务工作中，每期期末均应将此科目余额全部结转，因此其期初余额与期末余额始终为0。

至此，动态明细账查询表制作完成。查询时在K3和K1单元格下拉菜单中选择不同的一级科目和明细科目，查询表中的所有内容即可随科目的改变而变化。

7.1.4 按级次查询和汇总科目明细账

实际工作中，企业会根据具体经济业务的繁简程度和记账需要，在部分一级科目下自行设置下级科目，一般设置到三级。前面制作的明细账查询表是直接按照记账凭证中记载的每个最末级科目发生的全部经济信息列示并汇总。如果在下拉菜单中选择的是上一级科目，则不能列示出明细账内容。例如，一级科目"应交税费"下设置了多个二级科目，其中"应交增值税"二级科目下又设置了"进项税额""销项税额"等三级科目。而"库存现金"仅设置了这一个一级科目。目前从明细账中能够分别查询到每一个最末级科目的经济信息，却不能根据上一级科目列示出涵盖所有下一级科目的明细账，因此明细账查询表尚有局限。如果要突破这一局限，则需要运用多

种函数设置多层嵌套公式。通过前面的学习，相信读者对于Excel中的函数运用技巧与公式设置方法已经熟悉并逐步掌握，因此本节将在此基础上讲解如何巧妙运用多种函数，配合设置嵌套公式，进一步对"明细账查询表"加以补充和完善，实现在会计科目下拉菜单中无论选择任何一级科目，均能全部列示出所有与之对应的明细账，并全面掌握本科目所有级次的动态汇总额。

1. 分级汇总科目发生额

为展示效果，首先在K3单元格下拉菜单中选择一级科目"应交税费"，在K1单元格下拉菜单中选择三级科目"应交税费\应交增值税\进项税额（22210101）"。

第1步 ❶ 选中"明细账查询表"工作表中的A5:F5区域，在上面插入两行，分别合并A5:F5区域、A6:F6区域中的单元格为A5、A6单元格。❷ 注意将B8单元格原有公式"=IF((ROW()-5)<=$F$2,$A$2,"")"中的数字"5"修改为数字"7"，并复制、粘贴到下面区域的所有单元格中（或用"查找替换"的方式修改），如下图所示。

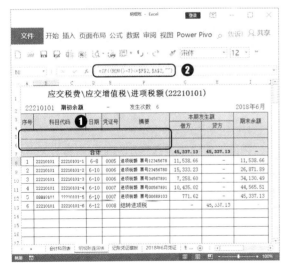

第2步 A5:A7区域中的单元格分别设置公式，自动显示一级至三级科目的名称。❶ 在A5单元格中设置公式"=IFERROR(VLOOKUP($A$2,会计科目表!$C:D,2,0)&"   ","请选择一级科目")"，通过A2单元格查找并返回"会计科目表"工作表中的一级科目名称。注意，公式中运用连接符号"&"并在后面设置一串空格是为了使表格美观，让不同级次的科目名称错落有致地显示在单元格中（下同）。❷ 在A6单元格中设置公式"=IF(LEN($A$2)>=6,"   ---"&VLOOKUP($A$2,会计科目表!$C:E,3,0),"请选择二级科目")"，查找并返回二级科目名称。根据会计科目编码规则，一级至三级科目的编码长度分别设置为4位、6位、8位。公式中运用了"LEN"函数并嵌套"IF(LEN($A$2)>=6)"，用于计算A2单元格中科目编码的长度，以判断科目编码的级次是否为二级以上。整个公式的含义是：如果A2单元格中的科目编码长度（字符数量）大于等于6位（代表科目级次在二级及二级以下），即从"会计科目表"工作表中查找并返回E列中二级科目名称，否则显示自定义文字"请选择二级科目"。❸ 在A7单元格中设置公式"=IF(LEN($A$2)>=8,"   ---"&VLOOKUP($A$2,会计科目表!$C:G,4,0),"请选择三级科目")"，查找并返回三级科目名称，效果如下图所示。

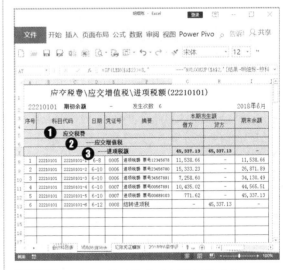

第3步 ❶ 在D2单元格中重新设置公式"=SUMIF(会计科目表!G:G,"*"&A2&"*",会计科目表!H:H)"，汇总包含以A2单元格内科目编码开始的所有级别科目编码的期末余额，即选择一级科目时，则汇总一级及以下科目编码的期初余额，如果选择二级科目，则汇总二级及以下科目编码的期初余额，以此类推。❷ 在F2单元格中将公式

修改为"=COUNTIF('2018年6月凭证'!$B:$B,"*"&$A$2&"*")"，按科目级次统计记账凭证中该科目的发生次数，如下图所示。

第4步 G5:I6区域中的单元格分别设置公式汇总一级和二级科目的发生额。❶在G5单元格中设置公式"=SUMIF('2018年6月凭证'!$H:$H,LEFT($A$2,4)&"*",'2018年6月凭证'!D:D)"，汇总记账凭证中包含A2单元格中科目编码在前4位数的所有科目的借方发生额。公式中的LEFT函数也是字符截取函数之一，其作用是按照指定的数量，从左至右截取指定单元格中数值左侧的N个字符。本例中"LEFT($A$2,4)"用于截取A2单元格中科目编码的前4位数字（一级科目编码）。❷将G5单元格中的公式复制、粘贴到H5单元格，原公式中的"2018年6月凭证'!D:D"自动变为"2018年6月凭证'!E:E"，即可汇总记账凭证中一级及以下科目的贷方发生额。❸在I5单元格中设置公式"=IF(LEN($A$2)">=4,ROUND($D$2+G5-H5,2))"计算一级及以下科目的期末余额。❹在G6单元格中设置公式"=IF(LEN($A$2)>=6,SUMIF('2018年6月凭证'!$H:$H,LEFT($A$2,6)&"*",'2018年6月凭证'!D:D),0)"，汇总记账凭证中二级及以下科目的借方发生额，并复制、粘贴到H6单元格。❺在I6单元格中设置公式"=IF(LEN($A$2)>=6,ROUND($D$2+G6-H6,2),0)"计算二级及以下科目的期末余额，效果如下图所示。

2. 分级列示明细账内容

设置完成分级汇总科目发生额的公式后，接下来需要根据所选科目的级次在明细账查询表中分级列示记账凭证中的所有经济信息，让这份查询表更加完善。

实现这一目标前，应厘清之前列示明细账内容时的思路，以便明确下一步的制作方法。

（1）明细账查询表中列示的相关信息，如日期、凭证号、摘要、借贷双方的发生额等内容，均是以重组之后的唯一科目编码为依据在"2018年6月凭证"工作表中精确查找引用而来。

（2）"2018年6月凭证"工作表中与明细账对应的科目编码则是设置公式将科目编码与科目发生次数组合而成。

因此，要实现分级列示明细账内容，关键在于要让"2018年6月凭证"工作表中G列科目编码跟随"明细账"中所选会计科目级次的变化而改变，具体操作步骤如下。

第1步 切换到"2018年6月凭证"工作表，在B1单元格中设置公式"=IF(LEN(明细账查询表!A2)=4,"一级",IF(LEN(明细账查询表!A2)=6,"二级",IF(LEN(明细账查询表!A2)=8,"三级")))"，以判断"明细账查询表"工作表中A2单元格中科目编码的级次。当前A2单元格中的科目编码为"22210101"，可以看到B1单元格中自动显示为"三级"，如下图所示。

在指定的字符串中,从指定的位置起向右截取指定的字节数。此公式的作用是从 B6 单元格字符串"应交税费\未交增值税 (222102)"中截取左括号"("所在位置(即第 11 位)再加 1,即第 12 位的字节"2"开始向右截取 4 个字节。在 E1 单元格中输入此公式,可看到截取到的字节为一级科目编码"2221",如下图所示。

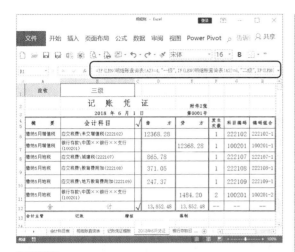

第 2 步 在 G6 单元格中设置公式"=IF(B6="","",IF($B$1="一级",MID(B6,FIND("(",B6)+1,4),IF($B$1="二级",MID(SUBSTITUTE(B6,")",""),FIND("(",B6)+1,6),IF($B$1="三级",INDEX(会计目表!C:C,MATCH(B6,会计科目表!G:G,0))))))",根据 B1 单元格中的科目级数显示相应的科目编码。公式嵌套了字节截取函数"MID"与另外两个读者相对陌生的函数:FIND 和 SUBSTITUTE,下面对该公式进行分层讲解,再逐层组合释义,以便于读者理解。

① "FIND("(",B6)":FIND 函数用于确定指定的字符在指定的字符串中的位置。"FIND("(",B6)"即确定 B6 单元格中字符串"应交税费\未交增值税 (222102)"中左括号"("的位置。在 D1 单元格中单独输入此公式,可以看到运算得到的结果是"11",如下图所示。

② "MID(B6,FIND("(",B6)+1,4)":MID 函数

> **温馨提示**
> 注意这个公式运用的截取函数是 MID 而不是 MIDB。二者的区别是:前者以字节为单位计算字符的起始位置,后者则是以字符为单位计算的。1 个字符(文字)等于 2 个字节。本例如果运用 MIDB 函数,从第 12 位开始截取 4 个字节,那么得到的结果将是"交增"二字。

③ "SUBSTITUTE(B6,")","")":此公式需在截取二级科目编码时嵌套使用。二级科目编码数字位数为 6 位,如果仍然用"MID(B6,FIND("(",B6)+1,6)"公式截取,当 B 列中的会计科目编码是二级或三级时,自然能够准确截取到前 6 位数字编码。但是当 B 列中的科目编码为一级时,就会出问题。例如,"库存现金 (1001)"截取 6 个字节得到的字符是"1001)"。因此,设置公式截取二级科目编码时务必要清除右括号")",此时就需要运用文本替换函数 SUBSTITUTE。"SUBSTITUTE(B6,")","")"的含义是将 B6 单元格中的字符")"替换为空值,即清除")"。在 F1 单元格中输入此公式,可看到结果是"应交税费\未交增值税 (222102",如下图所示。

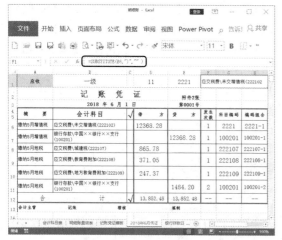

B6 单元格中的已将右括号 ")" 替换为空值后的字符中,从左括号 "(" 的下一个字符起向右截取 6 位数字;如果 B1 单元格的值为 "三级",就根据 B6 单元格的值,从 "会计科目表" 工作表中查找引用与其对应的科目编码。

第3步 将 F6 单元格中的公式修改为 "=IF(B6="","",COUNTIF($G$6:$G6,$G6))" → 将 F6、G6 单元格中的公式复制、粘贴到下面凭证相同的区域中,即可大功告成。

第4步 测试公式效果。切换到 "明细账查询表" 工作表,在 K1 单元格下拉菜单中选择一级科目 "应交税费(2221)" 选项。左侧表格区域即列示出 "2018 年 6 月凭证" 工作表中科目编码以 "2221" 开始的一至三级所有科目的相关经济信息,如下图所示。

将这个文本替换公式嵌套到字符截取公式中后,截取二级科目编码时,遇到一级科目时就不会再出现右括号 ")" 了。例如,"库存现金(1001)" 截取后得到的字符依然是 "1001"。

④设置截取三级科目编码公式的操作很容易,保留单元格中原有的公式即可。当然也可以将截取二级科目的公式复制、粘贴过来,将其中的文字 "二级" 修改为 "三级",将代表截取字节个数的数字 "6" 改为 "8" 即可。

⑤通过以上对 G6 单元格中多层嵌套公式的层层解析后,整个公式的含义已经清晰明了。

如果 B1 单元格的值为 "一级",就从 B6 单元格中字符为 "(" 的下一个字符起向右截取 4 位数字;如果 B1 单元格的值为 "二级",就从

7.2 制作科目汇总表

 案例背景

本节制作的科目汇总表是依据经济业务发生时填制的原始记账凭证编制而成的,是指根据一定时期内所有记账凭证中填写的会计分录所涉及的科目,分别将借方和贷方发生额按月汇总到同一张表格内,并同时汇总全年发生额。后期运用 Excel 函数设置公式,根据科目类别登记总分类账或财务报表时,即可将公式化繁为简,直接从科目汇总表中取数,提高了工作效率。

下图所示的科目汇总表的制作思路是:将每月记账凭证中的借方与贷方金额按照会计科目分别汇总,同时汇总同一会计科目中的全年发生额,并制作动态菜单快速查询某科目大类(资产类、负债类、权益类、成本类、损益类)中具体某级科目的汇总发生额,再制作一份小巧的科目类别分类汇总表格,并讲解通过 Excel 中的 "筛选" 功能按级次汇总发生额的操作技巧。通过对本章内容的学习,财务人员

第7章
实战：会计账簿管理

即可通过一张表格的动态数据，对每期的各科目汇总数据了如指掌，同时对科目按类别汇总的发生额了然于心、概览全局。实例最终效果见"结果文件\第7章\科目汇总表.xlsx"文件。

科目类别	科目编码	科目名称	借方发生额	贷方发生额		项目	资产	负债	权益	成本	损益	合计
负债	2202	应付账款	44,000.00	612,887.26		借方	1,501,012.47	336,074.96	114,326.57	-	1,282,647.72	3234061.72
						贷方		899,521.08	898,759.83	153,133.09	-	1,282,647.72	3234061.716

科目汇总表

类别	编码级次	科目编码	一级科目	二级科目	三级科目	全年合计		2018年6月		2018年7月		2018年8月	
						借方	贷方	借方	贷方	借方	贷方	借方	贷方
						3,234,061.7	3,234,061.7	1,753,481.2	1,753,481.2	1,480,580.5	1,480,580.5	-	-
资产	1	1001	库存现金			35,000.00	200,947.10	20,000.00	101,180.70	15,000.00	99,766.40		
资产	1	1002	银行存款			165,000.00	151,547.63	82,500.00	80,269.62	82,500.00	71,278.01		
资产	2	100201	银行存款	某××银行××支行		165,000.00	151,547.63	82,500.00	80,269.62	82,500.00	71,278.01		
资产	1	1021	结算备付金			-	-	-	-	-	-		
资产	1	1031	存出保证金			-	-	-	-	-	-		
资产	1	1121	应收票据			-	-	-	-	-	-		
资产	2	112101	应收票据	F公司		-	-	-	-	-	-		
资产	1	1122	应收账款			767,601.51	30,000.00	423,013.34	15,000.00	344,588.17	15,000.00		
资产	2	112201	应收账款	暂估应收款		-	-	-	-	-	-		
资产	2	112202	应收账款	A公司		99,204.10	-	53,968.50	-	45,235.60	-		
资产	2	112203	应收账款	B公司		111,994.54	30,000.00	76,728.88	15,000.00	35,265.66	15,000.00		
资产	2	112204	应收账款	C公司		307,902.23	-	181,786.58	-	126,115.65	-		
资产	2	112205	应收账款	D公司		117,471.88	-	52,116.62	-	65,355.26	-		
资产	2	112206	应收账款	E公司		131,028.76	-	58,412.76	-	72,616.00	-		
资产	1	1123	预付账款			-	-	-	-	-	-		

7.2.1 汇总记账凭证科目发生额

科目汇总表的主要作用是将当月填制的记账凭证中涉及会计科目的借贷双方发生额汇总至一张表格内，所以这份表格的制作相对于7.1.3节的"明细账查询表"工作表更为简便，公式也更易理解，主要运用的函数是"单条件求和函数"SUMIF与"多条件求和函数"SUMIFS，并嵌套其他常用函数即可实现预定目标。

打开"素材文件\第7章\科目汇总表.xlsx"文件，为讲解需要并展示效果，本节预先在工作簿中新增了一份"2018年7月凭证"工作表并填制了16张记账凭证。

第1步 新建一个 Excel 工作表，命名为"科目汇总表"→将"会计科目表"工作表中的信息复制、粘贴至"科目汇总表"工作表中→删除原表格中不需要的内容，添加绘制基础表格，并设置好格式，如下图所示。

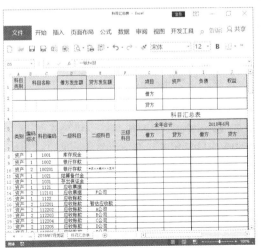

第2步 设置公式自动判断 C 列科目编码级次。虽然之前在"会计科目表"工作表的 B 列已对科目编码级次进行了定义和归属，但是其中的数字属于文本格式，会影响后续公式的设置，并且由于其中的数字是静态不变的，即使后续成功设置了公式，但如果某个单元格的运算结果有误，由静态数字引起的错误不易被察觉，因此，建议在这里设置公式自动判断科目级次。下面仍然运用条件判断函数 IF 嵌套字符计数器 LEN 函数达到目标，但这里的公式与 7.1.4 节介绍的同作用公式略有不同。在 B8 单元格中设置公式"=MAX(IF(LEN(C8)={4,6,8},{1,2,3}))"，并复制、粘贴到 B9:B206 区域中的所有单元格中，如下图所示。

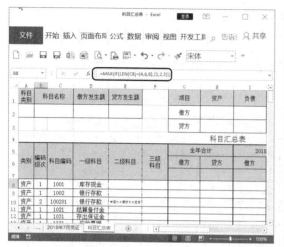

总额"20 000",如下图所示。

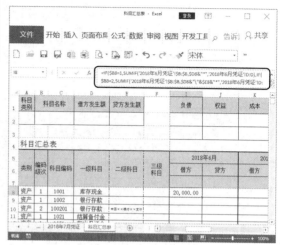

上述公式设置了两组常规数组,是对之前判断科目编码级次的公式进行了简化。数组的标志即大括号"{ }",但必须注意:这里的大括号是出现在公式之中,而且是手工录入的。因此,它是公式之中的常规数组,并非数组公式,只是与其形似而已,实际运用时要注意二者的区别。

在公式中运用数组可以大幅度简化公式,但是需要满足这类公式运用数组有以下两个前提条件。

①大号括内的值必须设置为数字,不能设置为文本字符,更不能嵌套公式,否则公式无效;例如,在7.1.4节中,设置公式根据编码长度判断科目级别,如果使其显示文字"一级""二级"或"三级"时,就无法使用常规数组。

②嵌套IF函数联合数组进行条件判断时,需要设置一个"标配"函数,即返回一组数字中的最大值函数MAX或最小值函数MIN(二者在此公式中运算得到的结果一致),否则当科目编码长度等于"6"或"8"时,B8单元格内的结果均是"FALSE"。

第3步 汇总记账凭证中科目的发生额。在I8单元格中设置公式"=IF($B8=1,SUMIF('2018年6月凭证'!$B:$B,$D8&"*",'2018年6月凭证'!D:D),IF($B8=2,SUMIF('2018年6月凭证'!$B:$B,$D8&"\"&$E8&"*",'2018年6月凭证'!$D:$D),IF($B8=3,SUMIF('2018年6月凭证'!$B:$B,$D8&"\"&$E8&"\"&$F8&"(*",'2018年6月凭证'!$D:$D))))"公式运算结果得到2018年6月"库存金额(1001)"的借方发生额

此公式虽然比较长,但是其含义浅显易懂,下面以第一、二层公式为例进行讲解。

①如果B8单元格的值为"1"(科目级次为一级),则汇总"2018年6月凭证"工作表中B列所列示的字符串中,包含"科目汇总表"中D8单元格字符,即"库存现金(1001)"的所有借方发生额。

②如果B8单元格的值为"2",则汇总"2018年6月凭证"工作表中B列所列示的会计科目名称+编码的字符串中,包含"科目汇总表"中D8单元格字符+符号"\"+E8单元格字符的所有借方发生额。例如,在"应交税费\应交增值税\进项税额(22210101)"科目中,公式将汇总凭证中包含"应交税费\应交增值税"(二级科目)字符的所有借方发生额,以此类推。

第4步 ❶复制、粘贴I8单元格公式至J8单元格。这里需要注意的是,由于I8单元格的公式运用"$"锁定了所有列标,因此粘贴到J8单元格后,公式仍然会汇总借方发生额,此时只需将公式中的"$D:$D"修改为"$E:$E",即可汇总贷方发生额。❷选中I8与J8单元格,将公式复制、粘贴到I9:J206区域的所有单元格中,即可分别汇总每个科目的借方发生额,效果如下图所示。

第 7 章

实战：会计账簿管理

年 7 月凭证"，即可生成 2018 年 7 月凭证中的每个科目及所有科目的汇总额。用同样的方法汇总以后月份凭证的发生额即可，效果如下图所示。

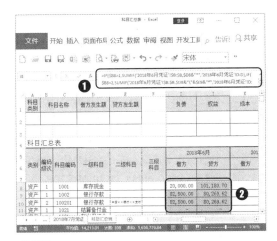

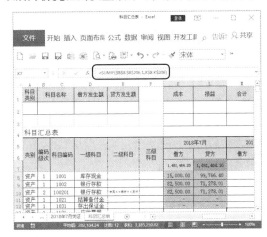

第 5 步 汇总 2018 年 6 月所有科目的借方发生额总额。在 I7 单元格中设置公式 "=SUMIF($B$8:$B$206,1,I$8:I$206)"，并将其复制、粘贴至 J8 单元格，即可汇总所有科目贷方发生额总额，如下图所示。

第 7 步 汇总一级科目的全年发生额。❶ 在 G8 单元格中设置公式 "=SUMIF($I$6:$U$6,"借方",$I8:$U8)"，横向汇总"库存现金"科目全年借方发生额；在 H8 单元格中设置公式 "=SUMIF($I$6:$U$6,"贷方",$I8:$U8)"，横向汇总"库存现金"科目全年贷方发生额；将 G8 与 H8 单元格的公式复制、粘贴或直接使用填充柄填充至 G9:H206 区域的所有单元格中即可。❷ 在 G7 与 H7 单元格中分别设置公式纵向汇总所有一级科目的全年汇总额，G7 单元格公式为 "=SUMIF($B$8:$B$206,1,$G$8:$G$206)"，H7 单元格公式为 "=SUMIF($B$8:$B$206,1,H$8:H$206)"，效果如下图所示。

> **温馨提示**
> 此公式仅汇总了 B8:B206 区域中数值为 "1"（一级科目编码）对应的 I8:I206 区域中的金额，其原因在于该区域中一级科目的汇总额中已经包含了二级与三级的合计汇总额，不得重复汇总。

第 6 步 设置完成汇总 2018 年 6 月凭证科目发生额的公式后，接着获取 2018 年 7 月及后期所有月份的科目汇总额就很容易了。将 I7:J206 整个区域复制、粘贴到预先绘制的 2018 年 7 月科目汇总区域 K8:L206 中，并运用"查找与替换"的方式将公式中的"2018 年 6 月凭证"字符替换为"2018

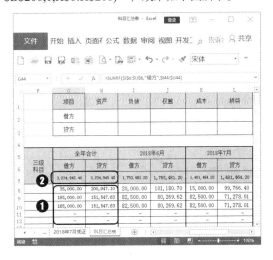

| 161

7.2.2 分类汇总科目发生额

本节所讲的分类汇总科目发生额，是指对科目汇总表中的已汇总数据按照一级科目的所属大类（资产、负债、权益、成本、损益）进行二次汇总。这里需要运用多条件求和函数"SUMIFS"，下面讲解公式的具体设置方法。

①在H2单元格中设置公式"=SUMIFS($G$8:$G$206,$A$8:$A$206,H$1,$B$8:$B$206,1)"，对"科目汇总表"中"资产"类一级科目的全年借方发生额汇总，并将公式填充至I2:L2区域的所有单元格中。

②在H3单元格中设置公式"=SUMIFS($H$8:$H$206,$A$8:$A$206,H$1,$B$8:$B$206,1)"，对"科目汇总表"中"资产"类一级科目的全年贷方发生额汇总，同样将公式填充至I3:L3区域的所有单元格中。

这里以H2单元格的公式为例解释公式的含义。简单来说，即对G8:G206区域（借方发生额）求和必须同时满足两个条件：一是A8:A206区域（科目类别）中的单元格数值与H1单元格中的数值相同，即"资产"；二是B8:B206区域（科目级次）中的单元格数值为1，即一级科目。

③M2与M3单元格设置简单求和公式，对所有类别科目的借方和贷方发生额分别进行汇总，效果如下图所示。

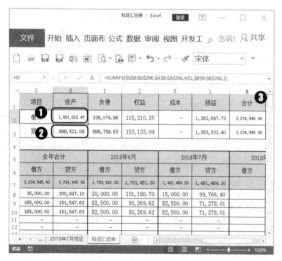

通过本例对SUMIFS函数的具体运用，已经可以明确其语法与SUMIF函数的不同之处。

（1）求和区域排列的位置不同。

SUMIF函数：公式中被求和区域排列在公式括号内最末位；例如，公式"=SUMIF($I$6:$U$6,"借方",$I8:$U8)"的被求和区域为"$I8:$U8"。

SUMIFS函数：公式中被求和区域排列在公式括号内最首位；例如，公式"=SUMIFS($G$8:$G$206,$A$8:$A$206,H$1,$B$8:$B$206,1)"的被求和区域为"$G$8:$G$206"。

（2）求和条件设置数量不同。

SUMIF为单条件求和函数，仅可设置一个求和条件。

SUMIFS为多条件求和函数，可设置两个及以上求和条件。

7.2.3 分类查询一级科目汇总额

本节将制作二级联动下拉菜单，分别按照科目类别、科目级次等项目对"科目汇总表"工作表中的全年发生额进行快速筛选与查询。

与7.1.4小节中按级次查询和列示科目明细账制作动态下拉菜单不同的是，本节按照会计科目的5个大类查询某一类别中某一级科目的全年发生额，相对而言比较简单，只需制作二级动态下拉菜单即可。因此运用常规方法即可达到预想效果。

1. 制作数据源表格

本节主要是对科目大类及各类别中的一级科目名称制作下拉菜单，而一级科目名称总数多达100多个，因此首先应当单独制作一份数据源表格，将动态下拉菜单中的备选项目按科目五大类设置为5个序列。

第1步 新建一张工作表，命名为"科目类别表"，将"会计科目表"工作表中的A列至D列区域中的内容全部复制、粘贴到"科目类别表"工作表内，如下图所示。

第7章
实战：会计账簿管理

第2步 运用"筛选"功能快速删除二级与三级科目编码与科目名称，仅保留一级科目编码与名称：❶ 选中 A2:D3 区域，选择"数据"选项卡。❷ 单击"筛选"按钮，如下图所示。

第3步 ❶ 单击 B2 单元格右上角的下拉按钮，出现下拉列表；❷ 取消选中下拉列表中的数字"1"（代表一级科目）复选框，单击"确定"按钮，如下图所示。

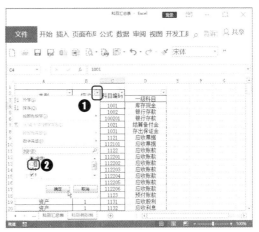

第4步 ❶ 选中被筛选出来的二级与三级科目编码、科目名称、科目级次、类型所在的整个区域；❷ 在其上右击，在弹出的快捷菜单中选择"删除行(D)"选项；❸ 在弹出的提示框中单击"确定"按钮，即可删除二、三级所有内容，如下图所示。

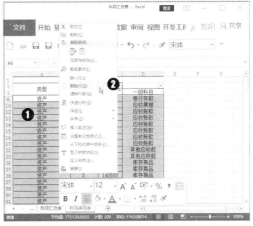

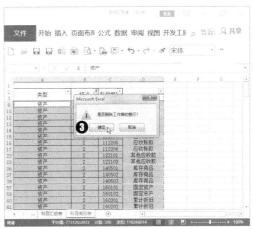

第5步 ❶ 再次单击 B2 单元格右上角的下拉按钮，可看到下拉列表中仅剩余"全选"、数字"1"与"空白"复选框；❷ 直接选中"全选"复选框，单击"确定"按钮，即可重新列示出所有一级科目编码及名称，如下图所示。

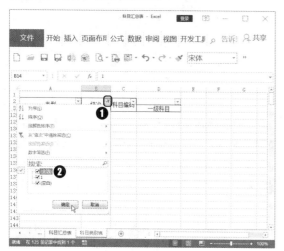

第6步 在 E4 单元格中设置公式"=CONCATENATE(C4,"",D4)"，将科目编码与科目名称组合，作为"科目汇总表"工作表中下拉菜单的备选项目。将 E4 单元格中的公式复制、粘贴或填充至 E4 以下区域的所有单元格中，效果如下图所示。

第7步 ❶ 按"Ctrl+C"组合键复制 E 列，在 E 列上右击，在出现的快捷菜单中选择"粘贴选项"选项下的图，即可将 E 列内容转换为数值格式；❷ 删除 A 列至 D 列的所有内容，保留原 E 列（现

为 A 列）内容；❸ 在空白区域绘制表格，按照科目大类分别设置 5 个序列，将 A 列中的科目名称复制、粘贴至各个科目类别所在区域，数据源表格即制作完成，如下图所示。

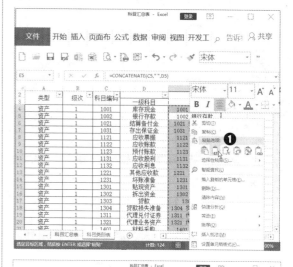

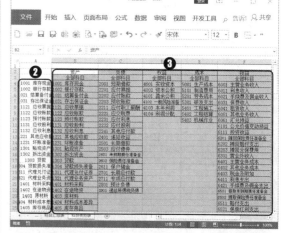

温馨提示

细心的读者可能已经留意到，本例数据源表格中，每一科目类别下均设置了一个相同的备选项目，即"全部科目"，其作用是：当在二级下拉菜单中选择它时，即可汇总所选科目大类中所有一级科目的借贷双方发生额。

2. 制作二级联动菜单

制作二级联动菜单的方法和步骤简单易懂，首先分别将一级和二级菜单的备选项目所在序列定义为名称，然后运用"数据验证"功能设置下

第 7 章
实战：会计账簿管理

拉菜单即可，具体操作步骤如下。

第1步 定义一级菜单名称。❶ 选中 A2:E2 区域（5个科目大类名称），选择"公式"选项卡，选择"定义的名称"→"定义名称"选项；❷ 在"新建名称"对话框中输入名称，如输入"科目类别"，单击"确定"按钮，如下图所示。

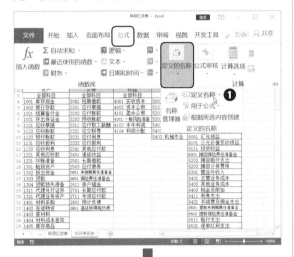

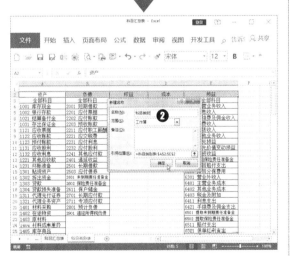

第2步 定义二级菜单名称。❶ 选中 A2:E62 区域，选择"公式"选项卡，选择"定义的名称"→"根据所选内容创建"选项；❷ 系统弹出"根据所选内容创建名称"对话框，自动默认选中"首行(T)"与"最左列(L)"两个复选框。这里需要注意的是，应当取消选中"最左列(L)"复选框，单击"确定"按钮，如下图所示。

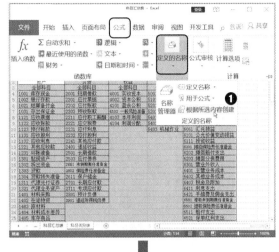

第3步 精简二级菜单长度。第 2 步定义二级菜单名称时，为了满足科目数量最多的"资产"类的 59 个一级科目而选中整个 A2:E62 区域，这样其他科目数量较少的科目大类的下拉菜单长度也会和"资产"类相同，从而在菜单中出现一片空白，影响美观和选取速度，因此建议将空白区域消除。由于每一类别的一级科目数量相对固定，因此无须在"名称管理器"对话框中设置公式，直接修改区域范围即可。❶ 选择"公式"选项卡，单击"定义的名称"按钮，选择"名称管理器"选项；❷ 单击"名称管理器"对话框中的名称"成本"，在对话框底部的"引用位置"文本框内将"=

| 165

科目类别表！$D$3:$D$62"修改为"=科目类别表!$D$3:$D$10"，用同样的方法修改其他科目大类的区域范围，最后单击"关闭"按钮即可，如下图所示。

第4步 ❶切换到"科目汇总表"工作表，选中A2单元格，选择"数据"选项卡，选择"数据工具"→"数据验证"下拉按钮中的"数据验证"选项；❷系统弹出"数据验证"对话框，将"允许"设置为"序列"，在"来源"文本框中输入之前定义的一级科目名称"=科目类别"，单击"确定"按钮，如下图所示。

第5步 选中B2单元格，同样通过"数据验证"功能设置二级下拉菜单，不同的是这里需要运用间接引用函数INDIRECT设置公式：在"序列"的"来源"文本框中设置公式"=INDIRECT(A2)"，单击"确定"按钮，如下图所示。

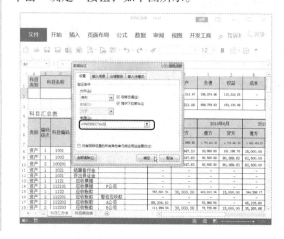

第 7 章

实战：会计账簿管理

第6步 测试效果：在 A1 单元格下拉菜单中任意选择一个类别，如选择"成本"类别，单击 B2 单元格下拉按钮，可看到二级下拉菜单中仅列示"成本"类别中的一级科目，如下图所示。

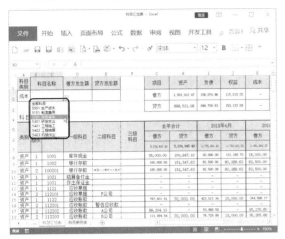

第7步 根据一级与二级下拉菜单中所选科目名称汇总发生额。❶ 在 D2 单元格中设置公式"=IF($B$2=" 全 部 科 目 ",SUMIFS(G8:G206,$A$8:$A$206,$A$2,$B$8:$B$206,1),SUMIFS(G8:G206,$A$8:$A$206,$A$2,$C$8:$C$206,LEFT($B$2,4)))"，汇总科目的全年借方发生额；❷ 在 E2 单元格中设置公式"=IF($B$2=" 全 部 科 目 ",SUMIFS(H8:H206,$A$8:$A$206,$A$2,$B$8:$B$206,1),SUMIFS(H8:H206,$A$8:$A$206,$A$2,$C$8:$C$206,LEFT($B$2,4)))"，汇总科目的全年贷方发生额。

D2 单元格公式的含义是：当 B2 单元格的数值为"全部科目"时，即汇总 A8:A206 区域中数值与 A2 单元格相同，并且 B8:B206 区域中数值为 1 的借方发生额；否则即汇总 A8:A206 区域中数值与 A2 单元格相同，并且截取 B2 单元格左侧 4 位字节后（一级科目编码）与 C8:C206 区域中数值相同的借方发生额。

E2 单元格公式含义与 D2 单元格公式含义相同，不再赘述。

最终效果如下图所示。

7.2.4 筛选科目及明细汇总额

实际工作中，如果需要同时查阅某一类科目汇总额及其每个明细科目的汇总额，可通过Excel 中的"筛选"功能，直接在科目汇总表中筛选查询。下面讲解具体方法和操作步骤。

1. 添加"筛选"按钮

要实现在表格中直接筛选查询，首先必须为"科目汇总表"工作表的表头添加"筛选"按钮，方法虽然简单，但是在操作过程中需要注意细节上的问题，且不同的操作得到的效果也会有所差异。下面通过实际操作讲解并展示。

第1步 ❶ 选中 A5:N7 区域，选择"数据"选项卡，单击"筛选"按钮；❷ 可看到 A5:N7 区域中每个单元格的右上角均出现"筛选"按钮，如下图所示。

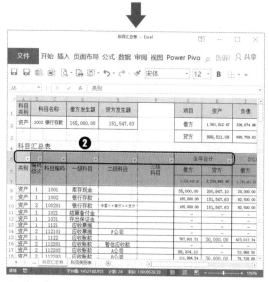

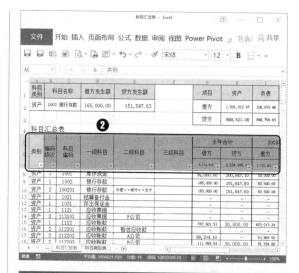

第 2 步 上面的筛选按钮出现在单元格右上角，是因为 A5:F7 区域中的单元格均为合并第 5~7 行后的单元格，这样不仅影响美观，使表格看上去不太规范，而且运用到某些工作场景中有可能还会导致筛选结果不够准确。因此，为保证筛选的准确性和表格的规范性，添加筛选按钮时需注意将其"转移"到单元格的右下角。❶ 选中 A5:F7 区域，选择"开始"选项卡，选择"对齐方式""合并后居中"选项，即可取消合并单元格；❷ 选中 A7:N7 区域，执行添加筛选按钮的操作，再次合并 A5:F7 区域中的单元格即可，如下图所示。

温馨提示

重新合并单元格时也需要注意操作细节：不得在选择A5:F7区域后单击"合并后居中"按钮，这样会将整个区域合并为一个单元格。正确的操作方法是：选择A5:A7区域合并为A5单元格后，双击快捷工具栏中的格式刷按钮，将A5单元格的格式复制到B5:F7区域中。

2. 执行"筛选"操作

由于添加"筛选"按钮的操作过于简单，以致很多财务人员误认为这个功能也相对单一化，无法满足实际工作中不同的数据需求。其实，这个"筛选"功能貌似普通，事实上实力非凡，它既可筛选指定的单项数据，也可在一张表格中执行多重筛选，同时还可以进行模糊筛选、通过对设定的条件进行逻辑判断后智能筛选。因此，筛选功能是否能够最大限度地发挥作用，满足自身的工作需求，实际上取决于使用者对这项功能的熟练操作程度，以及作为一名财务人员，在对数据进行统计分析时，是否拥有一个清晰完整的思路和正确的逻辑思维。下面结合日常工作中的实际数据需求，介绍几种"筛选"的方法与技巧。

第 1 步 单项筛选：这种筛选可以说是最基础的操作。例如，筛选所有一级科目，单击 B5 单元格右下角的"筛选"按钮→取消选中"全选"复选框→选中"1"复选框→单击"确定"按钮，即可列示所有一级科目的每月及全年的汇总发生额。

经过筛选后，被执行筛选操作的列，单元格的筛选按钮即会变化为按钮行标变化为蓝色，效果如下图所示。

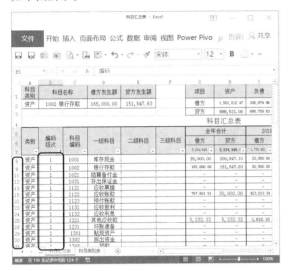

第2步 多重筛选：这种筛选也很简单，依次筛选项目即可。例如，筛选负债类所有一级科目，单击A5单元格"筛选"按钮→选中"负债"复选框→单击B5单元格"筛选"按钮→选中"1"复选框即可，效果如下图所示。

称及其他相关信息，如下图所示。

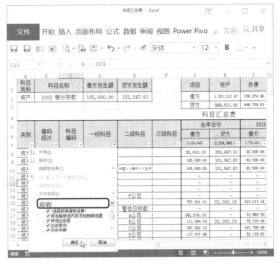

最终筛选结果如下图所示。

第4步 数字筛选：根据设定条件对数字自动进行逻辑判断后筛选。例如，需要了解全年借方发生额大于等于100 000元的有哪些科目：❶单击G5单元格"筛选"按钮，选择"数字筛选(F)"→"大于或等于(O)"选项；❷系统弹出"自定义自动筛选方式"对话框，在"大于或等于"右侧文本框中输入"100 000"，单击"确定"按钮即可，如下图所示。

第3步 模糊筛选：输入关键词筛选。例如，工作中需要查阅所有"应收"科目的发生额，单击D5单元格"筛选"按钮，在"文本筛选(F)"选项下的文本框中输入"应收"，单击"确定"按钮，即可筛选出所有包含"应收"二字的一级科目名

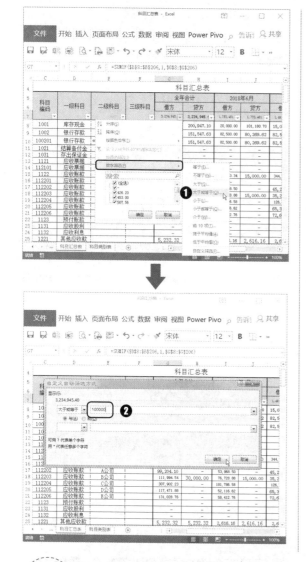

最终筛选结果如下图所示。

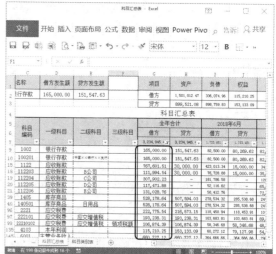

温馨提示

"数字筛选"菜单中还提供了多种筛选条件,如"小于""小于或等于""介于""高于平均值"等。同时,在"自定义自动筛选方式"对话框中除了可设定以上筛选条件,还能够设定双重条件:单击选择对话框中的"与"或"或"选项,可设定筛选同时满足条件一"与"条件二的项目,或者满足条件一"或"条件二的项目。

7.3 编制总分类账

案例背景

总分类账也称总账,是按总分类账户(一级会计科目)进行分类登记的会计账簿。总分类账的概括性极强,不仅能够全面、总括地反映和记录经济业务引起的资金运动和财务收支情况,还是编制会计报表的主要依据,因此任何企业都必须设置总分类账。

登记总分类账("总账")的方法一般有以下3种。

(1)根据记账凭证直接汇总同类科目借方与贷方的发生额总额后登记。这种方式仅适用于经济业务量小且业务内容简单的企业。

(2)根据汇总记账凭证登记。汇总记账凭证是对一定时期的收、付、转凭证进行汇总形成的试算

第 7 章
实战：会计账簿管理

平衡和登记总账的会计凭证。这种方式工作量大，如果企业的经济业务决定了发生转账凭证较多，则不适合用此方法。

（3）根据科目汇总表登记。根据记账凭证制作出科目汇总表，再按照科目汇总表中的各个科目发生额总额登记至总账中。

本节介绍第（3）种方法制作总分类账表格，如下图所示，运用Excel函数设置公式自动从科目汇总表中提取数据登记至总分类账表格中，并自动判断余额方向，同时校验总账与科目汇总表的全年累计额是否相符。

实例最终效果见"结果文件\第7章\总分类账.xlsx"文件。

应付账款总账					
科目： 2202 应付账款					
2018年月	摘要	借方	贷方	方向	余额
	上年结转	-	-	平	-
06	本月合计	22,000.00	323,099.83	贷	301,099.83
06	累计	22,000.00	323,099.83	贷	-
07	本月合计	22,000.00	289,787.43	贷	267,787.43
07	累计	44,000.00	612,887.26	贷	-
08	本月合计	-	-	平	
08	累计	44,000.00	612,887.26	贷	
……	……			平	
12	本月合计			平	
12	本年累计	44,000.00	612,887.26	贷	568,887.26

√ 本年借方累计额与科目汇总表总额相符！
√ 本年贷方累计额与科目汇总表总额相符！

7.3.1 获取汇总额，计算累计额

本节制作的总分类账以"月"为最小单位汇总一级科目发生额，并将每月汇总额再次逐月累加至全年，这就决定了表格格式的固定性。因此，本节对总分类账的设计思路是：依然将总分类账"动态化"与"自动化"，即制作一级科目下拉菜单，可选择不同的一级科目，账表中的当月发生额可根据所选科目直接链接"科目汇总表"，并从中自动获取汇总额，与此同时，总分类账的标题也将自动列示。而"累计""本年累计""余额"则设置简单公式，以当月发生额为基数计算、总分类账标题显示。

1. 制作科目下拉菜单与总账标题

这一步操作非常简便、快捷，直接从"科目汇总表"工作表中复制两个单元格，对"数据验证"的"序列"设置稍作修改即可。

第1步 打开"素材文件\第7章\科目汇总表.xlsx"

文件，新增一张工作表，并命名为"总分类账"，在其中绘制基础表格并设置好格式，如下图所示。

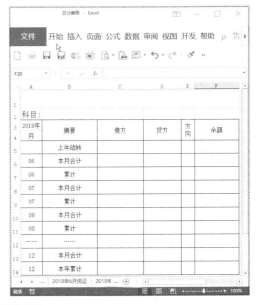

第2步 复制"科目汇总表"工作表A1:A2区域，

171

粘贴至"总分类账"工作表的任意空白区域，如 G1:G2 区域。第一级下拉菜单（科目大类）同时也被粘贴过来，效果如下图所示。

第3步 复制"科目汇总表"工作表 C2 单元格，粘贴至"总分类账"工作表的 B2 单元格。与第 1 步不同的是，这一步粘贴的仅仅是第二级下拉菜单的"躯壳"，而菜单中的备选项目却无法被同时粘贴。这里只需将"数据验证"对话框中的"序列"设置公式修改为"=INDIRECT(G2)"即可，如下图所示。

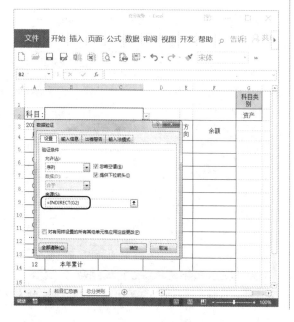

此时第二级下拉菜单即制作完成，效果如下图所示。

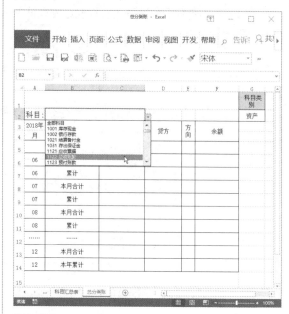

第4步 自动生成总账标题。在 A1 单元格中设置公式"=RIGHT($B$2,LEN(B2)-5)&" 总账 ""即可。公式含义是：从右截取 B2 单元格中字符串与字符"总账"组合。截取的字符个数是以 LEN 函数计算得到 B2 单元格的字符总数，再减去固定数字 5 之后的数字（一级科目编码＋空格的字符个数固定为 5 个），效果如下图所示。

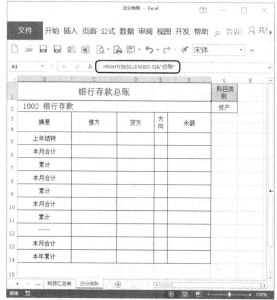

2. 自动取数发生额、计算累计额

总账中的本月发生额自动从"科目汇总表"工作表中取数，可运用SUMIF、VLOOKUP函数，并嵌套其他函数，设置不同的公式均可达到预定目标。而"累计"额只需设置简单的求和公式即可。

❶C6单元格设置公式"=SUMIF(科目汇总表!$C$8:$C$206,LEFT($B$2,4),科目汇总表!I$8:I$206)"，获取"科目汇总表"中一级科目的借方发生额汇总额；❷D6单元格设置公式"=SUMIF(科目汇总表!$C$8:$C$206,LEFT($B$2,4),科目汇总表!J$8:J$206)"，获取"科目汇总表"中一级科目的贷方发生额汇总额；❸C7单元格设置公式"=ROUND(SUM(C5:C6),2)"，将公式填充至D7单元格，用于计算年初至6月的累计发生额；❹其他月份按此方法设置公式即可，效果如下图所示。

3. 逻辑判断余额方向

余额方向是指期末余额在借方还是在贷方。总分类账中余额的计算公式为：上月余额+借方本月合计金额−贷方本月合计金额=本期余额，那么当上月余额+借方本月合计金额小于贷方合计金额

时，余额就会成为负数，由此带出两个问题：一是在专业的会计账簿里，余额一般不允许呈现负数，而是以借方与贷方来代表正负；二是根据科目类别不同，余额的正负也应当以不同的方向来表示。例如，资产类科目余额为正数时，方向在借方；而负债类科目却恰恰相反，余额为正数时，方向在贷方。因此，总分类账中的余额如果仅以简单的加减公式进行运算，就会导致余额出现负数，而使账表既不规范，也不美观。因此，需要运用函数设置公式自动将负数转化为正数，同时根据借方与贷方的数据对余额方向进行逻辑判断。

为了展示公式效果，这里预先在B2单元格的下拉菜单中选择"2202应付账款"科目。

第1步 ❶ 在F6单元格中设置公式"=ROUND(F5+C6-D6,2)"，计算6月期末余额，此时余额显示为负数"-301 099.83"；❷ 在F6单元格原有公式前嵌套绝对值函数ABS即可"转负为正"，最终公式为"=ABS(ROUND(F5+C6-D6,2))"；❸ 将F6单元格公式复制、粘贴至每月"本月合计"与"本年累计"所在行对应的"余额"所在单元格中，"累计"行对应的"余额"所在单元格不设置公式，如下图所示。

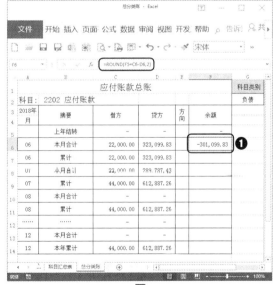

温馨提示

由于"余额"中的负数已被转化为正数,无法直接根据F列(余额)中的数据判断其方向,因此只能通过比较借方与贷方数据小大进行判断。

7.3.2 校验账表数据是否相符

在"总分类账"工作表中,借贷双方的"本年累计"金额是由本张表格中的"本月合计"与逐月累计数累加而成的,而"本月合计"金额则是通过函数设置公式自动从"科目汇总表"工作表获取的。如果"科目汇总表"工作表的汇总额有误,或者"总分类账"中的公式设置错误,都会导致逐月累计及全年累计额出错,因此核对"总分类账"与"科目汇总表"工作表的两个全年累计额是否一致很有必要。下面只需设置两个公式即可自动将账与表中借贷双方的全年累计数据进行校验,及时发现问题并予以更正。

第1步 ❶ 在A15单元格中设置公式"=IF(C14=VLOOKUP(RIGHT(B2,LEN(B2)-5),科目汇总表!D:G,4,0),"√本年借方累计额与科目汇总表总额相符!","× 全年借方累计额不符,请检查公式")";❷ 在A16单元格中设置公式"=IF(D14=VLOOKUP(RIGHT(B2,LEN(B2)-5),科目汇总表!D:H,5,0),"√本年贷方累计额与科目汇总表总额相符!","× 全年贷方累计额不符,请检查公式")",效果如下图所示。

温馨提示

由于"总分类账"工作表中的余额是根据上月余额加减每月借贷发生额计算得出,是已经逐月累计的数据,因此,账表中的"累计"栏不得再设置计算余额的公式,否则将导致余额被重复计算而出现错误。

第2步 自动判断余额方向。在E5单元格中设置公式"=IF(C5=D5,"平",IF(C5>D5,"借","贷"))",将公式填充至E6:E14区域的所有单元格即可。公式含义是:如果借方与贷方的金额相等,则判断余额方向为"平";如果借方金额大于贷方金额,则余额方向为"借",否则余额方向为"贷"。

效果如下图所示。

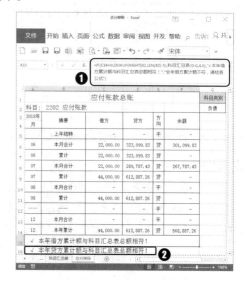

第7章
实战：会计账簿管理

第2步 测试公式效果。在C6单元格中（6月合计借方金额）任意输入一个数据，如输入"30 000"，即可看到A15单元格中提示文字发生变化，显示为"× 全年借方累计额不符，请检查公式！"，如下图所示。

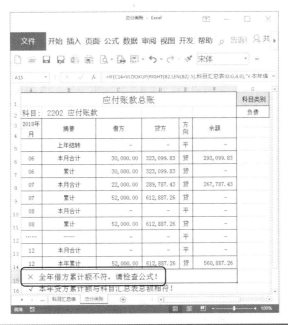

> **温馨提示**
> "总分类账"工作表中的G1、G2、A15、A16单元格是为了完善表格而添加的辅助性包含公式的单元格，在打印纸质总分类账表时可只将主表区域，即将A1:F14区域设置为打印区域。

大神支招

前面主要讲解了如何运用Excel中的各种函数设置自动运算公式，并与其他功能巧妙配合，高效管理会计账簿的具体方法与实际操作步骤。希望读者通过以上学习，能够逐步掌握每个函数的主要作用和运用语法，并从中摸索出嵌套函数设置多层公式的思路和规律，再将其融会贯通，运用到不同的工作场景之中，进一步提高工作效率。下面结合本章内容，再向读者介绍几个Excel中的功能运用技巧，帮助大家解决实际工作中的一些"小麻烦"，同时也能让大家的Excel技能更上一层楼。

01 巧用"条件格式"清除表格"蜘蛛网"

在7.1.3节中制作了"动态"明细账查询表，根据所选科目，链接记账凭证中的明细内容，动态列示在查询表中。由于每个科目发生的次数都不尽相同，在制作表格时，绘制的表格框线区域范围较大，因此这个查询表存在一个弊病：当某个科目发生次数较少时，被设置为空白显示的区域，表格的框线依然静态存在，看上去就像"蜘蛛网"一般，既影响表格美观，又让表格缺乏规范性。那么，Excel中有没有某项功能或某个公式，能够清除"蜘蛛网"，让表格框线也随着查询表中所列示明细账内容的多少而自动添加或消失呢？答案是肯定的，运用Excel中的"条件格式"功能，在指定单元格中设定条件公式，并设置满足条件后的单元格格式，即可实现这一目标。下面讲解具体方法和操作步骤。

第1步 打开"素材文件\第7章\明细账.xlsx"文件，切换到"明细账查询表"工作表，在K3单元格下拉菜单中任意选择一项，如选择"应收账款"科目，在K1单元格下拉菜单中同样选择"应收账款（1122）"科目。可看到左侧明细账表中列示出此科目在2018年6月记账凭证中所有内容共6项，下面没有明细内容的区域则出现了空白的表格，如下图所示。

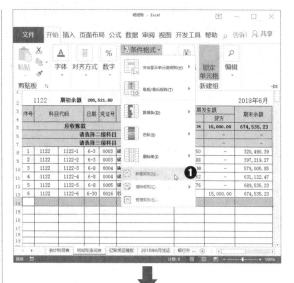

第2步 ❶选中A14:I14区域，选择"开始"选项卡，选择"条件格式"→"新建规则(N)"选项；❷系统弹出"新建格式规则"对话框，在"选择规则类型(S):"列表框中选择"使用公式确定要设置格式的单元格"选项；❸在"编辑规则说明(E)"区域"为符合此公式的值设置格式(O)"文本框中输入公式"=$A14="""；❹单击"格式(F)"按钮，如下图所示。

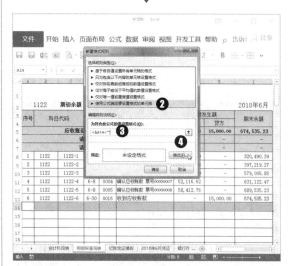

第3步 ❶在弹出的"设置单元格格式"对话框中选择"边框"选项卡；❷单击"预置"区域的"无(N)"按钮，即可取消上下左右四条边框；❸单击"确定"按钮返回"新建格式规则"对话框；❹此时对话框中的"预览"区域即显示之前设置的格式，单击"确定"按钮即可，如下图所示。

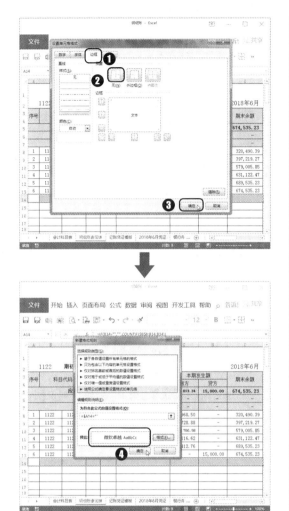

以上设置此格式条件的作用是：如果 A14 单元格为空值，则消除 A14:I14 单元格的表格框线。

第 4 步 ❶ 选中 A14:I14 区域，单击"自定义快速访问工具栏"中的"格式刷"按钮；❷ 此时鼠标指针变为形状，按住鼠标左键不放并拖动，选中 A4:I48 区域（或更多区域），如下图所示。

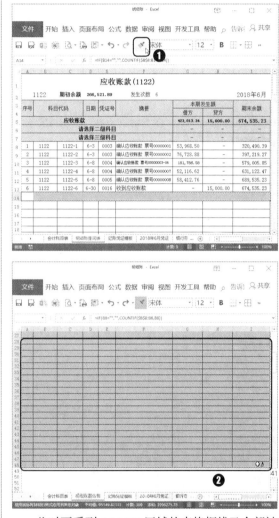

此时可看到 A14:I48 区域的表格框线已全部被消除，效果如下图所示。

此时可看到 A14:I14 区域的表格框线已被全部消除，效果如下图所示。

第5步 测试条件格式设置效果。在K3单元格下拉菜单中任意选择一个2018年6月记账凭证中发生次数较多的一级科目,如选择"应交税费"科目,同样在K1单元格下拉菜单中选择一级科目"应交税费(2221)"。此时可看到明细账表中列示出"应交税费"一级科目下的所有内容,同时表格框线已自动添加,如下图所示。

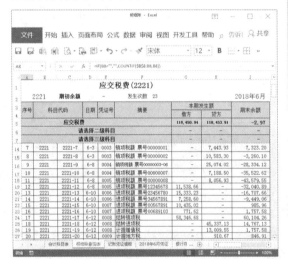

但是这个格式仍然存在一个不足之处:即明细账表中每一行区域中单元格的下框线同时也是下一行区域中单元格的上框线。这样最后一项明细内容所在行的下框线,会因为下一行A列的值为空值,而导致其下框线也被消除。例如,"应交税费(2221)"科目下的最后一项明细内容所在区域A30:I30的表格无下框线,如下图所示。

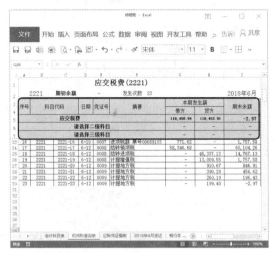

下面再设置一个条件格式,将最后一项明细内容的下框线添加上,才能让这张表格的格式完美无瑕。

第6步 ❶选中A31:I31区域,打开设置"条件格式"功能的"新建格式规则"对话框,在"选择规则类型(S)"列表框中选择"使用公式确定要设置格式的单元格"选项。❷在"编辑规则说明(E)"区域的"为符合此公式的值设置格式(O)"文本框中输入公式"=AND($A31="",$A30<>"")"。其中,AND函数代表"并且"的意思;"$A30<>"""代表A30单元格的值大于或小于空值(不等于空值)。整个公式含义是:A31单元格的值为空值,并且A30单元格的值不为空值。❸单击"格式(F)"按钮,如下图所示。

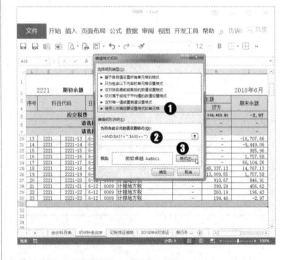

实战：会计账簿管理

第7步 ❶ 在弹出的"设置单元格格式"对话框中单击一次"边框"区域中长方形顶部，即添加上框线（左、右、下框线不添加）；❷ 单击"确定"按钮返回"新建格式规则"对话框；❸ 此时预览区域显示已设置的格式，单击"确定"按钮即可，如下图所示。

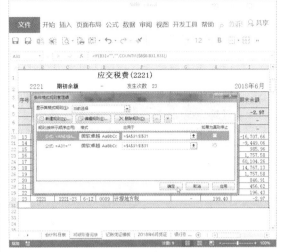

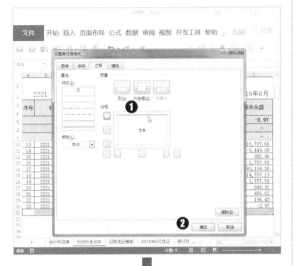

> **温馨提示**
>
> 后期如需调整条件格式的规则，可选择"开始"选项卡，选择"条件格式"→"管理规则"选项，弹出"条件格式规则管理器"对话框，在其中单击"编辑规则"按钮即可进行修改。

最终效果如下图所示。

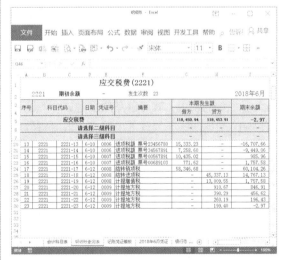

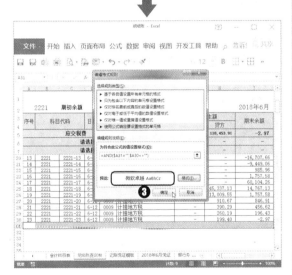

第8步 系统弹出"条件格式规则管理器"对话框，此时可以看到对话框中同时包含了之前设置的两个条件格式规则，单击"确定"按钮即可，如下图所示。

第9步 选择发生次较少的会计科目测试效果。依次在K3和K1单元格下拉菜单中选择一级科目"管理费用"与二级科目"管理费用\工资(660201)"，可看到最终效果已成功达到预定目标，如下图所示。

02 快速输入相同小数位数的数据

财务人员每天都要与数字打交道，接触的数字几乎95%以上都包含小数。按照会计范畴的数字规范格式，应当统一将小数位数保留至小数点后两位。因此，日常工作中，无论是在Excel中还是使用专业的财务软件进行账务处理，财务人员都需要手工输入大量包含两位小数的原始数据。频繁的手工操作，既耗时费力，也容易出现手误而导致的数据错误，从而影响工作效率。不过在Excel中，有一项非常"人性化"的功能，只需进行两步简单的设置，就可以有效规避这个问题，以后输入数据时，无须输入小数点，直接将数据作为整数输入，Excel即可自动将数据转化为两位小数的数据。例如，输入"865.78"这个数据，在单元格中直接输入"86578"即可。下面介绍设置方法。

第1步 ❶打开"素材文件\第7章\明细账.xlsx"，切换到"2018年6月记账凭证"工作表，选择"文件"选项卡；❷在弹出的界面左侧选择"选项"选项，如下图所示。

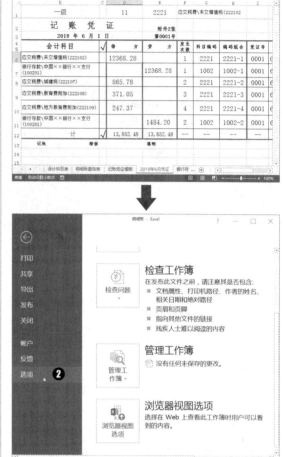

第2步 ❶弹出"Excel 选项"对话框，在左侧列表中选择"高级"选项；❷在右侧"使用 Excel 时采用的高级选项"设置区域选中"自动插入小数点"复选框，设置小数位数为"2"，单击"确定"按钮即可完成设置，如下图所示。

第7章
实战：会计账簿管理

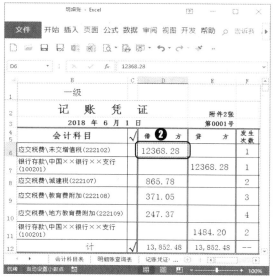

第3步 测试效果。❶ 在D6单元格中输入"1236828"，按"Enter"键；❷此时D6单元格的值已转化为"12368.28"，如下图所示。

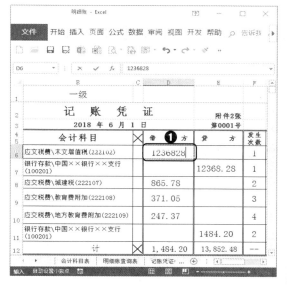

03 移花接木，让银行对账单改头换面

在实际工作中，财务人员每月初都要前往本公司所在的开户银行打印上月的纸质银行明细对账单。如今大部分企业均已开通了网上银行，所以每月也可以同时从银行官网中将银行明细对账单导出到Excel表格并保存至计算机中以备查询。但是，从网上银行导出的原始对账单表格的格式通常都极不规范，不便于查阅和进行数据分析。为展示效果，这里预先从某企业开通的某网上银行的官网导出了2018年6月1日至2018年6月30日的银行对账单Excel表格。打开"素材文件\第7章\网上银行对账单.xlsx"文件，可看到表格格式（其中涉及交易日期与交易金额等均为虚拟内容），如下图所示。

| 181

上图表格的特点是：字体小、无用的项目内容过多、表格过长，整体视觉效果凌乱。如果在原始表格的基础上调整格式，同样比较耗时费力。所以财务人员每月面对这类表格时，往往会感到非常头痛，不知从何下手，如何调整。针对这种情况，最简单的处理方法是预先自制一份表格模板，按照自身工作需求设置好项目和格式，之后每月采用"移花接木"的方式复制原始表格中的相关数据并"选择性粘贴"数值至模板中，即可快速让原始银行明细对账单改头换面、焕然一新。下面讲解具体操作方法与步骤。

第1步 首先制作银行账户明细模板。新建一个 Excel 工作簿，命名为"银行账户明细-2018年"，将 Sheet1 工作表名称重命名为"银行对账单 2018.06"，根据实际工作需求绘制表格，并设置好各个项目名称和表格格式，在 B2 单元格内输入银行存款的上期期末余额，如下图所示。

> **温馨提示**
>
> 这份银行对账单对于收支数据的排列特点是：收款与付款金额全部列示在同一列，支出金额以负数表示。为了便于后续数据统计分析工作，建议在自制的模板中将收入金额与支出金额分为两列列示。

第2步 设置公式自动将同在一列的收支数据分别列示并计算余额。❶ 以"选择性粘贴"方式将"银行对账单"中收支数据整列数值复制、粘贴至"银行账户明细-2018年"工作表的 G 列（辅助列）；❷ 在 B5 单元格与 C5 单元格分别设置公式"=IF(G5>0,G5,0)"与"=IF(G5<0,ABS(G5),0)"。公式含义是：如果 G5 单元格的数值大于 0（代表收入金额），则 B5 单元格返回 G5 单元格的数值，否则返回 0 值；如果 G5 单元格的数值小于 0（代表支出金额），则 C5 单元格返回 G5 单元格数值的绝对值（负数转化为正数），否则返回 0 值；❸ 在 D5 单元格中设置公式"=ROUND(B2+B5-C5,2)"计算发生第一笔收入或支出后的余额；❹ 在 D6 单元格中设置公式"=ROUND(D5+B6-C6,2)"计算发生第二笔收入或支出后的余额；❺ 将 B5 与 C5 单元格中的公式复制、粘贴至 B6 与 C6 单元格，将 B6、C6、D6 单元格中的公式填充至 B7:D74 区域的所有单元格中，如下图所示。

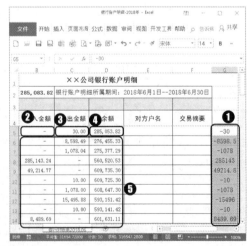

第3步 将"银行对账单"中的交易日期、对方户名、交易摘要内容分别以"选择性粘贴"方式复制、粘贴其中数值至"银行对账单 2018.06"工

作表中对应的 A 列、E 列、F 列中，效果如下图所示。

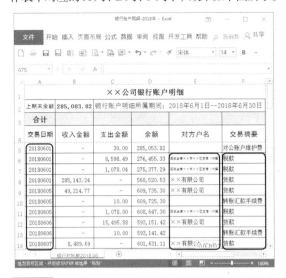

第4步 ❶ 为 A4:F4 区域添加筛选按钮（具体方法请参照 7.2.4 节）。❷ 在 B3 单元格中设置公式 "=SUBTOTAL(9,B4:B100)" 并填充至 C3 单元格，分别对收入与支出金额进行分类汇总求和。公式中 SUBTOTAL 函数即分类汇总函数，数据 "9" 代表求和，"B4:B100" 代表被求和的区域。此公式需要与筛选功能配合，才能体现其分类汇总的作用。❸ 在 D3 单元格中设置公式 "=ROUND(SUM(B2,B5:B100)-SUM(C5:C100),2)" 计算期末余额。公式含义是：期初余额（B2）+本期收入总额(B5:B100)-本期支出总额(C5:C100)，如下图所示。

此时读者可能会产生一个疑问：D3 单元格为什么没有直接设置简化公式 "=ROUND(B2+B3-C3,2)" 呢？原因就在于 B3 与 C3 单元格中设置的并非是普通的求和公式，而是分类汇总公式，即 B3 与 C3 单元格中的合计金额是根据筛选出的收入与支出明细金额汇总而来的。如果 D3 单元格设置简化的计算公式，那么计算得到的余额并不准确。下面测试公式效果即可明确这个问题。

第5步 单击 F4 单元格 "交易摘要" 的 "筛选" 按钮→任意选择一项类别，如选择 "税款" 类别。此时可看到 B3 单元格与 C3 单元格的金额是根据筛选出的 "税款" 收支明细汇总的，而 D3 单元格中的期末余额仍然保持不变，如下图所示。

第6步 财务人员每月从网上银行导出电子版银行账户明细对账单后，还应当前往开户银行打印纸质版 "银行对账单" 与每一笔交易发生时生成的加盖银行公章的银行回单作为记账凭证的附件。这里运用 COUNT 函数预先统计当月银行账户发生交易的笔数，在 E3 单元格中设置公式 "=" 本月共发生 "&COUNT($A5:$A188)&" 笔交易 ""，效果如下图所示。

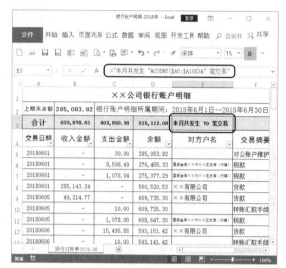

这个公式虽然简单，但"功劳"不小。例如，本例中公式统计得出当月发生了70笔交易，即可明确知悉当月银行回单必然有70份。财务人员心中有数后，前往开户银行打印时可及时核对银行回单是否已经一次性打印齐全，有效避免因单据打印遗漏而来回往返银行，节省时间和精力。

温馨提示

银行对账单模板制作完成并保存在工作簿中，在每月从网银中导出上月银行对账单表格后，只需复制、粘贴空白模板，再将相关数值复制、粘贴至对应的项目所在列中，即可迅速将网上银行对账单改造为一份清晰整洁、便于查阅和统计分析的表格。财务人员可根据自身企业所在网上银行对账单的格式特点，参考本节思路与方法对其进行改造。

同时，建议财务人员养成一个良好的工作习惯：首先在每月初（第1日）即从网上银行导出并"改造"上月电子版银行账户明细，以便及时开展下一步工作。然后再前往开户银行打印纸质版银行对账单与银行回单。

04 缩小公式区域范围，让工作表告别"卡顿"

相信很多读者在使用Excel过程中都曾经遇到过一个问题：如果在一张Excel工作表中，设置了大量公式，则常常会导致运算速度变得非常迟

缓，整个Excel程序也有些"卡顿"，这在一定程度上影响了工作效率。而大多数使用者通常会将责任归咎于Excel程序运行速度跟不上或计算机硬件设备落后，却没有考虑到有可能是由于自己在设置公式时，将区域范围设定得太大所造成的。其实只要将公式稍做修改，即可让Excel立即告别"卡顿"。

打开"素材文件\第7章\明细账.xlsx"，切换至"明细账查询表"工作表，在K3单元格下拉菜单中任意选择一个科目，如选择"管理费用"科目。此时可看到原本属于"应交税费"的明细科目并未立即变为"管理费用"科目下的明细科目。同时Excel窗口底部的状态栏中显示"正在打开4个线程：40%"，代表公式正在运算进程中，当40%逐渐达到100%时，"管理费用"科目下的明细科目才会列示出来，速度非常缓慢，如下图所示。

下面介绍解决方法。

第1步 由于这张工作表包含了大量公式，因此，首先应检测其他区域的公式在运算时是否也会发生这个问题。经过测试后，其他区域的公式在运算时都非常流畅，这样就可以锁定导致运算速度迟缓的区域仅在"辅助表1"中。接下来只针对这个区域中的公式进行修改即可。

第2步 选中L4单元格，可看到其中的公式是"=IFERROR(VLOOKUP(K4,IF({1,0},会计科目表!

$I:$I,会计科目表!$G:$G),2,0),"")",公式设定运用VLOOKUP函数查找K4单元格数值的区域范围是"会计科目表"的I列和G列。将这个范围修改为区域"$I$4:$I$204"与"$G$4:$G$204",将修改后的公式填充至L4单元格下面区域范围内的所有单元格中即可。

第3步 在K3单元格的下拉菜单中重新另选一个科目测试效果。如选择"应交税费"科目,此时明细科目立即被查找到并列示出来,不再出现之前的公式运算缓慢的现象,如下图所示。

通过以上测试,可以发现"明细账查询表"的其他区域中,运用其他函数设置的公式同样也包含了整列区域范围,但是在运算时,并未导致速度变慢。由此可明确,导致Excel卡顿的"罪魁祸首"就是在运用查找函数VLOOKUP设置公式时,将区域范围设定为整列。因此,大家在运用这个函数时应注意避免将公式中的查找范围设定为整列,而应当设置为数据源所在的具体区域范围,即可有效解决Excel运算速度迟缓的问题。

第8章
实战：固定资产管理

本章导读

固定资产是指企业为生产产品、提供劳务、出租或经营管理而持有的、使用寿命超过一个会计年度，价值达到一定标准的非货币性有形资产。管理好一个企业的固定资产是保障企业正常运营的必要前提。

那么，如何才能有效管理企业中的各项固定资产，并遵循相关法律法规的规定，按照固定资产的不同类别或用途采用不同的折旧方法准确无误地核算每期折旧额，同时对折旧额进行合理归集后计入当期损益呢？以上工作看似简单，在具体操作时却非常烦琐。如果运用Excel制作管理表格、利用函数设置公式自动计算固定资产的相关数据，就能化繁为简，轻松高效地完成固定资产日常管理工作。

本章就以上所述内容，讲解如何充分运用Excel对固定资产进行合理、高效的管理，以及自动计算不同折旧方式下折旧额的函数运用和公式设置方法。希望读者学习后进行实战练习，从中领会到一些财务角度的管理思路。

知识要点

- ❖ 运用"设置单元格格式"功能制作固定资产卡片
- ❖ 各种日期函数的多种运用
- ❖ 固定资产折旧额计算
- ❖ INDEX和MATCH函数的三层嵌套方法
- ❖ VLOOKUP和MATCH函数的嵌套方法
- ❖ 打印超长表格的技巧

第 8 章
实战：固定资产管理

8.1 固定资产卡片

案例背景

固定资产卡片是指登记固定资产原始信息的卡片，是对固定资产进行明细分类核算的一种基本的账簿形式。

固定资产的折旧方法根据其性能、用途、特点的不同，一般分为年限平均法（直线法）、工作量法、年数总和法、双倍余额递减法。其中，年限平均法（以下简称"直线法"）最为简便，运用算术平均法即可计算得出每期相等的折旧额。而通过其他3种折旧方法计算得出的每年折旧额都不尽相同，具体核算时相对复杂。因此，直线法在实际工作中的应用范围最为广泛。

本节主要介绍运用Excel制作单项固定资产管理卡片，登记基础信息，并将"直线法"折旧方法融入固定资产卡片之中，如下图所示，同时讲解如何设置公式自动计算折旧期限、累计折旧额、余额等数据，以及设置表格格式将普通表格制作成"卡片"的具体方法和操作步骤。实例最终效果见"结果文件\第8章\固定资产卡片.xlsx"文件。

××公司固定资产卡片			
编号	1001	使用年限	10年
名称	生产设备01	折旧期数	120期
规格型号	HT6186	折旧方法	直线法
类别	生产经营	每期折旧额	5,937.50 元
部门	生产部	折旧起始月	2017年7月
资产原值	750,000.00 元	折旧结束月	2027年6月
预计净残值(5%)	37,500.00 元	累计折旧期数	13期
折旧基数	712,500.00 元	剩余折旧期数	107期
购进日期	2017/6/15	累计折旧额	77,187.50 元
发票号码	00123456	折旧余额	635,312.50 元

8.1.1 创建固定资产管理表格

固定资产卡片的"前身"其实是表格，也就是说，必须先将表格制作完善，才能在此基础上"化表格为卡片"。因此，本节首先讲解基础表格的制作，核心内容仍然是如何设置公式对固定资产的相关数据进行自动运算。下面以企业外购的、可立即投入使用的固定资产为例讲解制作方法。

第1步 新建一个 Excel 工作簿，将工作表"Sheet1"重命名为"固定资产卡片-直线法"→绘制表格→设置好表格中的各个项目→填入固定资产基本信息（空白单元格用于设置公式），如下图所示。

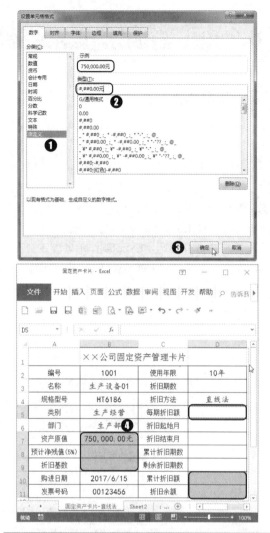

> **温馨提示**
>
> 上图表格中的"类别"（B5单元格）、"部门"（B6单元格）、"折旧方法"（D4单元格）可运用"数据验证"功能设置"序列"，制作下拉菜单，填写时直接从菜单中选取即可。

第2步 由于表格中的数字较多，查看内容时可能有所不便，因此为了更直观地凸显数字以便后期查阅，可以通过"设置单元格格式"对话框中的"自定义"方式，对包含数字的单元格设置格式，使数字单元格显示为"# 元"。下面以 B7 单元格为例介绍设置自定义单元格格式的方法。❶ 打开"设置单元格格式"对话框→选择"分类"列表框中的"自定义"选项；❷ 选择"类型"列表框中的"#,##0.00"选项，此内容自动填入"类型"文本框中→在文本框中"#,##0.00"后面输入"元"。此时可看到"示例"区域同步显示自定义设置的数字样式；❸ 单击"确定"按钮，即可设置好 B7 单元格的格式；❹ 用格式刷将 B7 单元格的格式复制到其他包含数字的单元格中（包括即将设置公式、目前暂时空白的数字单元格，即 B8、B9、D5、D10 和 D11 单元格），如下图所示。

> **温馨提示**
>
> 其他单元格如"折旧期数"项目，也可按此方法设置单元格格式，使其显示为"#期"。

第3步 计算预计净残值、折旧基数（资产净值）、折旧期数及每期折旧额。固定资产的预计净残值率通常设定为资产原值的 5%。以上各项目的会计公式为：

B8 单元格：预计净残值＝资产原值 × 预计净残值率

B9 单元格：折旧基数＝资产原值－预计净残值

D3 单元格：折旧期数＝10 年 ×12 个月

D5 单元格：每期折旧额＝折旧基数 ÷ 折旧期数

在以上项目对应的单元格中分别设置以下公式：❶ 在 B8 单元格中设置公式"=ROUND(B7*0.05,2)"；❷ 在 B9 单元格中设置公式"=ROUND(B7-B8,2)"；❸ 在 D3 单元格中设置公式"=D2*12"；❹ 在 D5 单元格中设置公式"=ROUND(B9/D3,2)"，效果如下图所示。

个月 +120 个月）。嵌套 DATE 函数后，公式自动计算出自 2017 年 7 月起 120 个月后是 2027 年 6 月，效果如下图所示。

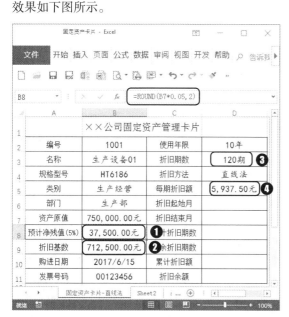

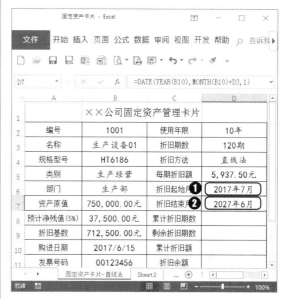

第 4 步 根据《企业会计准则》相关规定：固定资产折旧开始时间为达到预定可使用状态的次月开始计提折旧。本例列举的固定资产为外购且无须安装即可投入使用，购入时间为 2017 年 6 月 15 日，因此折旧开始月份为 2017 年 7 月。下面运用日期函数设置公式自动计算：❶ 在 D6 单元格中设置公式"=DATE(YEAR(B10),MONTH(B10)+1,1)"计算折旧的起始月份。公式解析：此公式同时运用了 3 个日期型函数，其中 YEAR 函数返回指定单元格中的年度，即返回数值"2017"；MONTH 函数返回指定单元格的月份再加 1，即返回数值"7"（6+1）；DATE 函数以日期格式返回括号内指定年月日的序列号，其语法是 DATE（year,month,day），公式中的"day"设置为"1"即表示指定月份的第 1 天。❷ 在 D7 单元格中设置公式"=DATE(YEAR(B10),MONTH(B10)+D3,1)"计算折旧结束月份。此公式与前一公式的不同之处在于：公式中 MONTH 函数返回 B10 单元格的月份后，加上的是折旧期（月）数 D3 单元格的值"120"，返回数值为"126"（6

第 5 步 计算累计折旧期数与剩余折旧期数。❶ 累计折旧期数是指折旧起始月至本月（以当前计算机系统日期为准）共计已经折旧的期数。在 D8 单元格中设置公式"=DATEDIF(D6,TODAY(),"M")+1"。

DATEDIF 也是一个日期型函数，它的功能非常强大，主要用于计算两个日期之间间隔的天数、月份数或年数。下面根据 D8 单元格中的公式理解这个函数的语法和含义。

公式中括号内的"D6"代表日期"2017 年 7 月"，"TODAY()"则返回当前计算机系统日期"2018 年 7 月 18 日"；"M"为月份的英文单词"MONTH"的首位字母，代表需要计算两个日期之间月份数。

最后在公式后面加"1"，是由于 DATEDIF 计算的月份数是两个日期之间的日期差距，并未包含起始月份本身，因此应当将起始月份加回才能得到正确的累计折旧期数。最终公式运算结果为"13"（如果需要计算天数或年数，则将公式中的"M"替换为日期的英文单词"DATE"的首位字母"D"，或年度的英文单词"YEAR"的首位字母"Y"即可）。

❷D9 单元格计算剩余折旧期数，设置简单公式"=D3-D8"，即折旧期数 – 累计折旧期数。公

式运算结果为"107"（120-13）。以上两个公式的效果如下图所示。

温馨提示

这里需要注意一点：TODAY函数返回的是当前计算机系统的日期，如果系统日期与实际日期不一致，那么公式运算结果就会出错，进而导致下一步"累计折旧额"与"折旧余额"计算错误。因此要注意不能随意更改计算机的系统日期。

第6步 计算累计折旧额与折旧余额。❶ 在D10单元格中设置公式"=ROUND(D8*D5,2)"，即每期折旧额 × 累计折旧期数 = 累计折旧额；❷ 在D11单元格中设置公式"=ROUND(B9-D10,2)"，即折旧基数 - 累计折旧额 = 折旧余额，效果如下图所示。

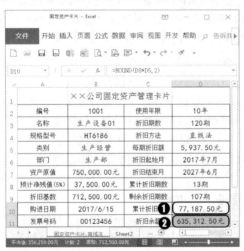

以上第5步与第6步设置公式成功后，D8、D9、D10、D11单元格的数值即会随着自然月份的推移而自动计算得出实时的相关数据。例如，当2018年8月到来时，D8~D11单元格中的数值将分别变化为"14期""106期""83,125.00元""629,375.00元"，以此类推。

8.1.2 设置格式，变表格为"卡片"

本节介绍如何在"单元格格式设置"对话框中将之前制作的固定资产管理表格"乔装打扮"为一张"卡片"样式。读者了解并掌握了设置方法后，在实际工作中，可根据企业的要求设计和制作出不同效果的"卡片"样式。

第1步 ❶ 在上例的"固定资产卡片.xlsx"文件中，切换到"固定资产卡片-直线法"工作表，按住"Ctrl"键的同时分别单击A列、B列、C列、D列，即同时选中这4列（注意不得拖动鼠标进行选择）；❷ 在选中的4列上右击，在弹出的快捷菜单中选择"插入(I)"选项，即可在此4列的每列前插入1列；❸ 以同样的操作依次单击之前插入的4列，同时调整其列宽为相同宽度，如下图所示。

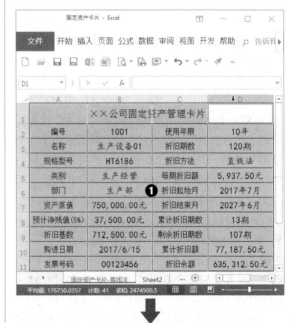

第 8 章

实战：固定资产管理

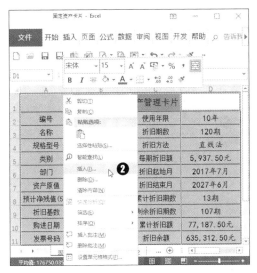

第 2 步 按照第 1 步操作在表格的每一行前面插入一行，并调整缩小行高（包含标题）→清除表格框线→将表格区域内的所有单元格（包含标题）填充颜色为灰色，如下图所示。

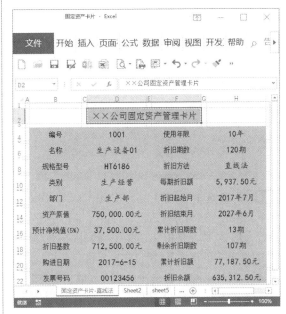

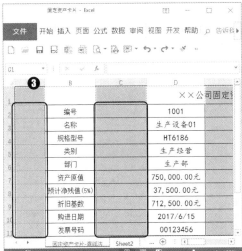

以上操作完成后，效果如下图所示。

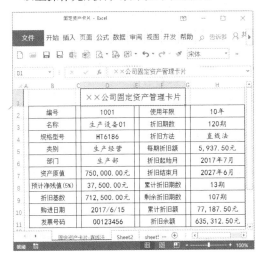

第 3 步 ❶ 选中 B4 单元格，打开"设置单元格格式"对话框→切换到"边框"选项卡；❷ 将颜色设置为白色→依次单击一次右侧"边框"区域的上边框和左边框；❸ 再将颜色设置为灰色→依次单击右边框与下边框→单击"确定"按钮，如下图所示。

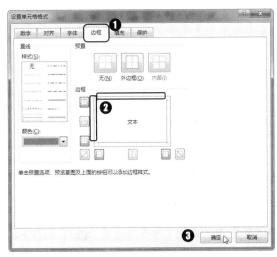

B4 单元格格式设置效果如下图所示。

| 191 |

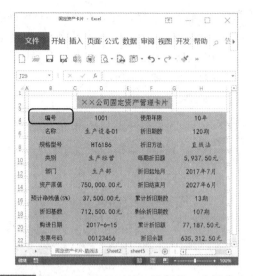

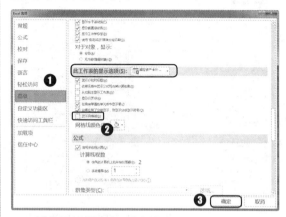

最终设置效果如下图所示。

第4步 ❶选中D4单元格,按照第3步操作流程将单元格的上边框和左边框、右边框与下边框分别设置为与B4单元格相反的颜色;❷用"格式刷"将B4单元格的格式复制到D2单元格→合并D2:F2区域为D2单元格;❸选中B4:B5区域,用"格式刷"将其格式复制到B6:B22区域→以同样方法将D4:D5区域的格式复制到D6:D22区域;❹选中B4:D22区域,将格式复制到F4:H22区域→重新设置H4:H22区域中的单元格格式,同类型格式的单元格使用"格式刷"复制即可,效果如下图所示。

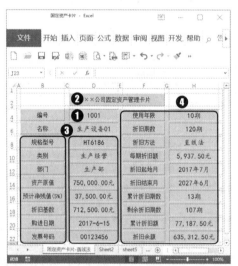

第5步 最后取消工作表网格线。❶打开"Excel选项"对话框→选择左侧列表中的"高级"选项;❷取消选中右侧"此工作表的显示选项(S):"区域的"显示网格线(D)"复选框;❸单击"确定"按钮,如下图所示。

> **温馨提示**
>
> 　　后期新增固定资产时,逐次复制整张固定资产卡片到下面区域,修改相关内容即可。但是需要注意一点:必须复制、粘贴到相同列位置(B列至H列),不可错位粘贴,否则将导致后续制作的表格从卡片中取数据时发生错误。
> 　　本节制作的固定资产卡片中加入了折旧项目,适用于按照直线法计算折旧额的固定资产。以其他折旧方法折旧的固定资产,由于计算方法相对于直线法较为复杂,同时每期折旧额都有可能不同,如果要将折旧项目加入卡片中,就需要在表格中增加较多行次或列次,这样不便于查询与管理。因此,对于这类固定资产的折旧额,应当另制表格核算,不宜将折旧项目加入卡片中。

8.2 固定资产折旧计算

案例背景

计提固定资产折旧的方法一般包括年限平均法、工作量法、年数总和法和双倍余额递减法，企业应当根据固定资产的特点、类别、用途及固定资产所含经济利益预期实现方式选择不同的折旧方法。在8.1节中已将年限平均法（直线法）的折旧项目加入固定资产卡片中予以核算，因此本节不再赘述。下面重点讲解根据其他3种折旧方法，使用Excel分别在固定资产卡片旁添加固定资产折旧计算表（辅助表），如下图所示，并运用适当的函数设置公式自动计算折旧额的方法。实例最终效果见"结果文件\第8章\固定资产折旧计算表.xlsx"文件。

××公司固定资产管理卡片

编号	2001	使用年限	4年
名称	货车01	折旧期数	48期
规格型号	HT6187	折旧方法	工作量法
类别	生产经营	预计总工作量	800000公里
部门	物流部	单位工作量折旧额	0.19元
资产原值	158,000.00元	折旧起始月	2018年7月
预计净残值(5%)	7,900.00元	累计工作量	40,536.60公里
折旧基数	150,100.00元	累计折旧额	7,701.95元
购进日期	2018-6-20	折旧余额	142,398.05元
发票号码	00123457	备注	-

××公司固定资产折旧计算表-工作量法

2018年	期初数	期末数	月工作量（公里）	月折旧额（元）	折旧余额（元）
7月	-	6,138.50	6,138.50	1,166.32	148,933.69
8月	6,138.50	13,250.60	7,112.10	1,351.30	147,582.39
9月	13,250.60	22,380.20	9,129.60	1,734.62	145,847.77
10月	22,380.20	28,556.30	6,176.10	1,173.46	144,674.31
11月	28,556.30	34,221.20	5,664.90	1,076.33	143,597.98
12月	34,221.20	40,536.60	6,315.40	1,199.93	142,398.05
合计			40,536.60	7,701.95	-

××公司固定资产管理卡片

编号	3001	购进日期	2018/7/1
名称	机器01	发票号码	00123458
规格型号	HT6188	使用年限	6年
类别	生产经营	折旧期数	72期
部门	生产部	折旧方法	年数总和法
资产原值	100,000.00元	折旧起始月	2018年8月
预计净残值(5%)	5,000.00元	折旧结束月	2024年7月
折旧基数	95,000.00元	备注	-

××公司固定资产折旧计算表-年数总和法

年份	年折旧额	月折旧额	会计年度折旧期间		期数	会计年度折旧/年	折旧余额
第1年	27,142.86	2,261.90	2018年8月	2018年12月	5	11,309.50	15,833.36
第2年	22,619.05	1,884.92	2019年1月	2019年12月	12	25,257.96	13,194.45
第3年	18,095.24	1,507.94	2020年1月	2020年12月	12	20,734.15	10,555.54
第4年	13,571.43	1,130.95	2021年1月	2021年12月	12	16,210.29	7,916.68
第5年	9,047.62	753.97	2022年1月	2022年12月	12	11,686.55	5,277.77
第6年	4,523.81	376.98	2023年1月	2023年12月	12	7,162.67	2,638.91
			2024年1月	2024年7月	7	2,638.91	
合计	95,000.00	7,916.66	合计		72	95,000.01	

××公司固定资产管理卡片

编号	4001	购进日期	2018/6/1
名称	机器02	发票号码	00123459
规格型号	HT6189	使用年限	6年
类别	生产经营	折旧期数	72期
部门	生产部	折旧方法	双倍余额递减法
资产原值	58,800.00元	折旧起始月	2018年7月
预计净残值(5%)	2,940.00元	折旧结束月	2024年6月
折旧基数	55,860.00元	备注	-

××公司固定资产折旧计算表-双倍余额递减法

年份	年折旧额	月折旧额	折旧余额	会计年度折旧期间		会计年度折旧/年	折旧余额
第1年	19,600.00	1,633.33	39,200.00	2018年7月	2018年12月	6	9,799.98	9,800.02
第2年	13,066.67	1,088.89	26,133.33	2019年1月	2019年12月	12	16,333.36	6,533.33
第3年	8,711.11	725.93	17,422.22	2020年1月	2020年12月	12	10,888.91	4,355.53
第4年	5,807.41	483.95	11,614.81	2021年1月	2021年12月	12	7,259.23	2,903.71
第5年	4,337.41	361.45	7,277.41	2022年1月	2022年12月	12	5,072.41	2,168.71
第6年	4,337.41	361.45	2,940.00	2023年1月	2023年12月	12	4,337.41	2,168.70
			2,940.00	2024年1月	2024年6月	6	2,168.70	
合计	55,860.00	4,655.20		合计		72	55,860.00	

8.2.1 工作量法折旧额计算

工作量法是以固定资产能够完成的工作量为依据计算折旧额的方法，主要适用于使用期间负担程度差异大，提供的经济效益极不均衡的固定资产。例如，运输工具（车辆）主要通过行驶工作发挥作用，为企业提供经济效益。由于每月行驶的里程都不同，因此其折旧额应根据每月的实际行驶里程（工作量）计算。工作量也可以是机器设备的总工作小时等。下面以车辆为例，介绍运用Excel制作表格高效计算折旧额的方法和步骤。

打开"素材文件\第8章\固定资产折旧计算表.xlsx"文件，为了方便讲解和展示效果，首先新增一份工作表，命名为"固定资产卡片－工作量法"，将8.1节制作的固定资产卡片复制、粘贴至此表，并对其内容、项目和格式稍作修改，如下图所示。

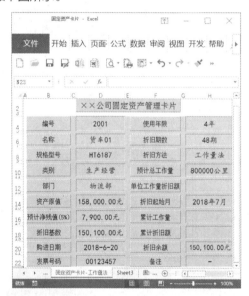

第1步 ❶计算单位工作量折旧额，会计公式为：（资产净值÷预计总工作量）×100%，在H12单元格中设置公式"=ROUND(D18/H10,2)"；累计工作量、累计折旧额的数值将链接折旧额计算表中的数据。❷在卡片的右侧区域绘制空白表格→在K5单元格输入7月的期初数"0"→在L5单元格任意填入期末数（这里的期初数与期末数是指汽车里程表中的读数）→设置好格式和"合计"

栏公式。由于折旧从2018年7月开始，因此2018年折旧额计算表中的月份设置为7月至12月即可，如下图所示。

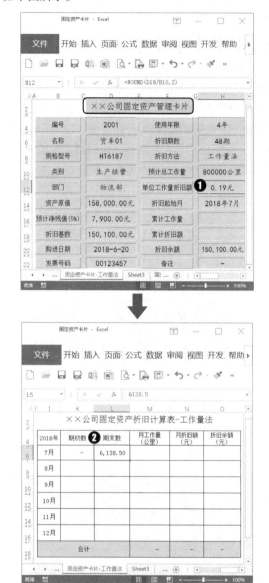

第2步 计算7月的相关数据。❶在M5单元格中设置公式"=IF(L5=0,0,L5-K5)"计算7月的工作量（期末数－期初数）。❷在N5单元格中设置公式"=M5*$H$12"计算月折旧额（月工作量 × 单位工作量折旧额）；这里注意一点，公式中必须使用"$"符号锁定H12单元格。❸在O5单元格中设置公式"=ROUND($D$18-N5,2)"计算7月折旧之后的固定资产余额（资产净值－月折旧额），如下图所示。

第4步 每月期末数只需根据汽车里程表实际读数输入，即可自动计算得出表格中所有其他相关数据。这里虚拟填入每月期末数，以展示公式效果，如下图所示。

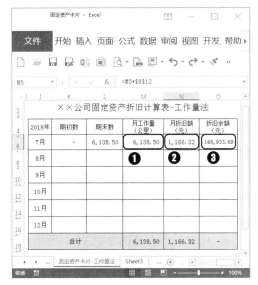

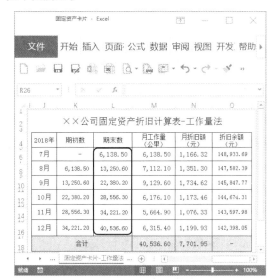

第3步 ❶ 在 K7 单元格中设置公式"=L5"链接 L5 单元格中 7 月的期末数（每月期末数即为次月期初数）→将 K7 单元格公式向下填充至 K9:K15 区域的所有单元格中；❷ 选中 M5:N5 区域→向下填充公式至 M7:N15 区域的所有单元格中；❸ 在 O7 单元格中设置公式"=ROUND(O5-N7,2)"计算 8 月折旧余额（7 月余额－8 月折旧额）→将 O7 单元格公式向下填充至 O9:O15 区域的所有单元格中，如下图所示。

第5步 链接折旧额计算表中"合计"栏的相关数据至固定资产卡片中。❶ 在 H16 单元格中设置公式"=M17"链接累计工量数据；❷ 在 H18 单元格中设置公式"=N17"链接累计折旧额；❸ 在 H20 单元格中设置公式"=ROUND(D18-H18,2)"计算折旧余额或设置公式"=O15"链接折旧额计算表中的余额，如下图所示。

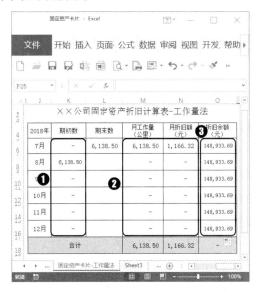

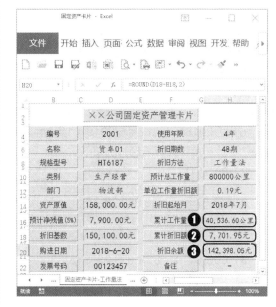

8.2.2 年数总和法折旧额计算

年数总和法是指用固定资产原值减去预计残值后的净额，乘以一个逐年递减的分数（折旧率），计算每年折旧额的一种加速折旧的方法。其中，分母为固定资产使用年限逐年相加的总和数，分子则以使用年限减去1之后的数字开始逐年递减。年数总和法主要适用于因技术进步，产品更新换代较快的，以及常年处于强震动、高腐蚀状态的固定资产的折旧。

下面在运用Excel制作折旧额计算表之前先举例讲解年数总和法计算折旧额的会计公式。

例如，某企业于2018年6月购入固定资产，原值为100 000元，预计净残值为5 000元（100 000元×5%），资产净值为95 000元。预计使用年限5年，则年总和数（分母）为1+2+3+4+5=15。每年折旧额计算如下。

第1年：$95\,000 \times \dfrac{5}{15} \approx 31\,666.67$（元）

第2年：$95\,000 \times \dfrac{4}{15} \approx 25\,333.33$（元）

第3年：$95\,000 \times \dfrac{3}{15} = 19\,000.00$（元）

第4年：$95\,000 \times \dfrac{2}{15} \approx 12\,666.67$（元）

第5年：$95\,000 \times \dfrac{1}{15} \approx 6\,333.33$（元）

以上各年累计折旧额为95 000元。

这里需要注意一点，折旧年度通常与会计年度（每年1~12月）不一致，因此折旧额应当分期间时段计算。本例中折旧起始月为2018年7月，则第1年折旧额31 666.67元实际跨越了两个会计年度，分别为2018年7到12月与2019年1到6月。那么每个会计年度计算折旧额方法如下。

2018年7到12月：

$31\,666.67 \times \dfrac{6}{12} \approx 15\,833.33$（元）

2019年1到12月：

$31\,666.67 - 15\,833.33 + 25\,333.33 \times \dfrac{6}{12} \approx 28\,500.00$（元）

……

以此类推。

下面讲解年数总和法折旧额计算表制作及自动运算公式的具体方法和操作步骤。

打开"素材文件\第8章\固定资产卡片.xlsx"文件→新增一张工作表→命名为"固定资产卡片–年数总和法"→预先制作一张固定资产管理卡片，输入基础原始信息，如下图所示。

第1步 在右侧区域绘制两个空白表格，分别用于计算每年折旧额与会计年度折旧额，输入折旧年度与会计折旧期间。其他单元格暂时空置，用于设置公式自动计算，如下图所示。

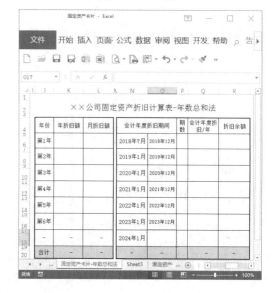

第2步 计算年数总和法每年折旧额与月均折旧额。❶ 这里运用年数总和法折旧额专用函数 SYD 自动计算，函数语法是：SYD(原值,预计净残值,净值,第 n 年)。在 K5 单元格中设置公式"=SYD($D$14,$D$16,$H$8,MID($J5,2,1))"。公式中代表第 n 年的部分嵌套公式"MID($J5,2,1)"的作用与意义在于：截取 J5 单元格的数字"1"，向下填充公式时，其中代表第 n 年的数字自动变化为 J 列中对应的年度数字，不必逐个手动修改。❷ 在 L5 单元格中设置公式"=ROUND(K5/12,2)"计算月均折旧额。❸ 选中 K5:L5 区域，向下填充公式至 K7:L15 区域的所有单元格中。此时可看到 K19 单元格内合计额为"95 000"，说明公式设置准确无误，如下图所示。

如下图所示。

第4步 计算各会计年度折旧额与折旧余额。

❶ 在 Q5 单元格中设置公式"=ROUND(L5*P5,2)"计算 2018 年年度会计折旧额（月折旧额 ×6 个月）；❷ 在 R5 单元格中设置公式"=ROUND(K5-Q5,2)"计算 2018 年年末折旧余额；❸ 在 Q7 单元格中设置公式"=IF(R5>0,ROUND(R5+L7*$P$5,2),ROUND(L7*P7,2))"。公式含义如下。

如果 R5 单元格（2018 年年末余额）大于 0，则计算 R5 单元格的值 +L7 单元格的值 ×P5 单元格的值；否则计算 L7×P7 的值（本期月折旧额 × 期数）。

公式中锁定 P5 单元格的值"6"的目的是：确定了折旧起始月之后，即可明确第一个会计年度的折旧期数，进而确定每年折旧额在一个会计年度中的两段期间。本例折旧起始月为 2018 年 7 月，则第一个会计年度的折旧期数为 6 期，那么之后每个折旧年度的两段期间在会计年度中均为本年 7~12 月和次年 1~6 月，并且每段期间均为 6 期。因此公式锁定 P5 单元格的值"6"后，向下填充公式时，可确保计算结果准确无误。

❹ 在 R7 单元格中设置公式"=ROUND(R5+K7-Q7,2)"计算 2019 年年末折旧余额；❺ 选中 Q7:R7 区域，将公式填充至 Q9:R16 区域的所有单元格中 → O17 单元格直接设置公式"=R15"即可。此时可看到 Q20 单元格合计额为"95 000.01"，R17

第3步 计算各会计年度折旧期间的期数。❶ 在 P5 单元格中输入公式"=DATEDIF($N5,$O5,"M")+1"，按"Enter"键后，其格式会自动转换为日期格式，重新设置单元格格式为"常规"即可；❷ 将 P5 单元格公式向下填充至 P7:P15 区域的所有单元格中；❸ P19 单元格合计期数直接链接固定资产卡片中的折旧总期数，设置公式"=H10"即可；❹ 在 P17 单元格中设置公式"=P19-SUM(P5:P15)"，以总期数减去之前累计折旧期之和，倒推最后一个会计年度的折旧期数；❺ 在 O17 单元格中设置公式"=N17+P17*30"倒推折旧期间的最末月份。公式中"P17*30"的含义是 6 期 ×30 天，系统自动将 2024 年 1 月 +6 期 ×30 天之和折算为某年某月，单元格中最末会计年度的余额为"0",表明公式设置正确无误,如下图所示。

温馨提示

上图中O19单元格的合计金额与固定资产净值产生0.01元的尾差,属于正常差异。实际工作中,调整最末一期的折旧额即可。

第5步 测试公式效果。在固定资产卡片中H4单元格(购进日期)中输入"2018-7",即可看到会计年度折旧计算表中折旧额的数据已经全部发生变化,如下图所示。

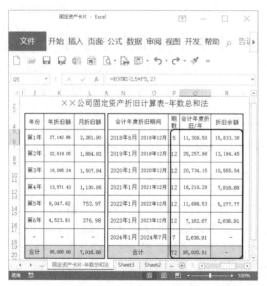

8.2.3　双倍余额递减法折旧额计算

双倍余额递减法是指在不考虑固定资产预计残值的情况下,将每期固定资产的期初账面净值(原值-累计折旧,不考虑预计净残值)乘以一个固定不变的分数,计算得出折旧额的一种特殊的加速折旧方法。其特殊之处在于:最末两年采用直线法折旧,并且考虑预计净残值,即(固定资产原值-累计折旧-预计净残值)÷2。从事某些特殊行业的企业或相关部门批准的从事特殊行业的企业才能采用双倍余额递减法折旧。下面举例讲解双倍余额递减法折旧的会计公式。

例如:某企业于2018年6月购入固定资产,预计使用年限为6年。资产原值为58 800元,预计净残值为2 940元,资产净值为55 860元,经相关部门批准,采用双倍余额递减法计提折旧。各年折旧额计算为:

第1年:$58\,800 \times \dfrac{2}{6} = 19\,600$(元)

第2年:$(58\,800 - 19\,600) \times \dfrac{2}{6} \approx 13\,066.67$(元)

……

第1~4年累计折旧:47 185.19元

资产余额:58 800-47 185.19=11 614.81(元)

第5年:(11 614.81-2 940)÷2=4 337.41(元)

第6年:4 337.41元

第1~6年累计折旧额:55 860元

需要注意的是,双倍余额递减法计算折旧额时,仍然要考虑折旧年度与会计年度不一致的问题。下面运用Excel制作折旧额计算表,设置公式自动计算折旧额。

打开"素材文件\第8章\固定资产折旧计算表.xlsx"文件→新增一张工作表→命名为"固定资产卡片－双倍余额递减法"→预先制作一张固定资产管理卡片,填入基础原始信息,如下图所示。

第 8 章

实战：固定资产管理

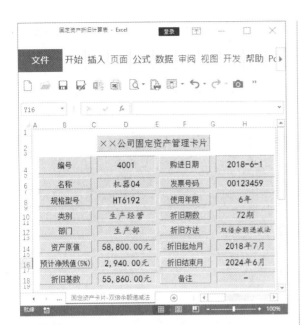

第1步 在卡片的右侧区域绘制空白工作表，设置好格式与各项目，空白单元格用于设置公式，如下图所示。

第2步 ❶ 计算各年折旧额。这里运用双倍余额递减法函数 DDB 进行计算，其语法类似于年数总和法函数 SYD，即 DDB(原值，预计净残值，使用年限，第 n 年)。不同的是，双倍余额递减法包含两种折旧方法，因此这里需要嵌套 IF 函数与直线法折旧函数 SLN[语法：SLN(原值，残值，使用年限)]，对折旧年度进行逻辑判断后选择折旧方法。在 K5 单元格中设置公式"=IF($H$8-MID(J5, 2,1)>=2,DDB($D$14,$D$16,$H$8,MID(J5,2,1)), SLN($M$11,$D$16,2))"→将 K5 单元格公式向下填充至 K7:K17 区域的所有单元格中。公式含义：如果 H8 单元格的值（使用年限"6"）减去 J5 单元格的值（MID 函数截取的数值）"1"之后的余数大于等于"2"，可判断出该年度并非在最末两年之中，此时就选择 DDB 函数计算折旧额；否则（小于等于 2）使用 SLN 函数计算折旧额。

❷ 在 L5、M5、M7 单元格中分别设置简单公式 "=ROUND(K5/12,2)" "=ROUND(D14-K5,2)" "=ROUND(M5-K7,2)" 计算折旧年度内月均折旧额与折旧余额→向下填充公式至表格区域的所有单元格中。此时可看到"合计"栏 K19 单元格中的累计折旧额为"55 860.00"，与卡片中"折旧基数"相符，第 6 年余额为"2 940.00"，即预计净残值，如下图所示。

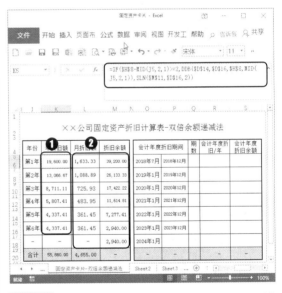

第3步 计算会计年度各年折旧额。Q5:S17 区域及 P17 单元格公式设置方法与 8.2.2 小节中制作的年数总和法折旧额计算表相同，请参照设置，此处不再赘述，最终效果如下图所示。

温馨提示

上图中S17单元格的值（余额）为"0"是由于计算会计年度折旧余额时，是直接以原值-预计净残值后的资产净值55 860为基数逐年减去各年折旧额计算而来的，而M17单元格（余额）的值为"2 940"是以资产原值为基数计算的，因此两个结果并不冲突，均为正确数据。

8.3 固定资产清单

 案例背景

本章前面制作的固定资产管理卡片及折旧额计算表是对于单项固定资产进行基础信息的记录与管理。实务中，财务人员需要对本企业所有固定资产的概况进行比较全面的了解，同时在编制当月折旧的记账凭证时，必须在凭证后面附上一份当月的固定资产折旧明细表作为凭证附件。因此，本节针对以上工作要求，分享运用Excel制作"固定资产清单"与"固定资产折旧明细表"（见下图）的思路和方法。实例最终效果见"结果文件\第8章\固定折旧清单.xlsx、固定折旧明细表.xlsx"文件。

××公司固定资产清单

序号	编号	折旧方法	固定资产名称	规格型号	类别	部门	费用类别	购进日期	发票号码	资产原值 1776800	预计净残值88840	使用年限	折旧期数	折旧起始月	折旧结束月	累计折旧期数	折旧剩余期数	查看卡片
1	1001	10 直线法	生产设备01	HT6186	生产经营	生产部	制造费用	2017/6/15	00123456	750,000.00	37500	10年	120期	2017年7月	2027年6月	13期	107期	编号1001
2	1002	10 直线法	生产设备02	HT6187	出租	行政部	管理费用	2017/12/10	00234567	500,000.00	25000	8年	96期	2018年1月	2025年12月	7期	89期	编号1002
3	2001	20 工作量法	货车01	HT6188	生产经营	物流部	制造费用	2018/6/20	00155006	120,000.00	6000	4年	48期	2018年7月	2022年6月	1期	47期	编号2001
4	2002	20 工作量法	轿车02	HT6189	生产经营	行政部	管理费用	2018/6/20	00101468	120,000.00	6000	4年	48期	2018年7月	2022年6月	1期	47期	编号2002
5	3001	30 年数总和法	机器03	HT6190	生产经营	生产部	制造费用	2018/3/1	00310006	100,000.00	5000	6年	72期	2018年4月	2024年3月	4期	68期	编号3001
6	3002	30 年数总和法	机械设备01	HT6191	出租	行政部	管理费用	2017/11/20	00104564	66,000.00	3300	6年	72期	2017年12月	2023年11月	8期	64期	编号3002
7	4001	40 双倍余额递减法	机器04	HT6192	生产经营	生产部	制造费用	2018/6/1	11013465	58,800.00	2940	6年	72期	2018年6月	2024年6月	1期	71期	编号4001
8	4002	40 双倍余额递减法	机器05	HT6193	生产经营	生产部	制造费用	2017/7/30	00123467	62,000.00	3100	6年	72期	2017年8月	2023年7月	12期	60期	编号4002

*********************有限公司
2018年7月固定资产折旧明细表

编号	固定资产名称	规格型号	部门	购进日期	折旧方法	折旧期数	资产原值	预计净残值	资产净值	每期（单位）折旧额	折旧期限 起始月	折旧期限 结束月	折旧率	期初累计折旧	本期折旧额	期末数 累计折旧	期末数 余额
	合计		生产部11554.95	行政部7047.06 物流部1166.32			1,776,800.00	88,840.00	1,687,960.00	17,996.10				121,773.24	19,768.33	141,541.57	1,546,418.43
1001	生产设备01	HT6186	生产部	2017/6/15	10 直线法	120	750000	37500	712500	5,937.50	2017/7月	2027/6月	0.83%	71,250.00	5,937.50	77,187.50	635,312.50
1002	生产设备02	HT6187	行政部	2017/12/10	10 直线法	96	500000	25000	475000	4,947.92	2018/1月	2025/12月	1.04%	29,687.52	4,947.92	34,635.44	440,364.56
2001	货车01	HT6188	物流部	2018/6/20	20 工作量法	48	120000	6000	114000	0.19	2018/7月	2022/6月	0.00%	—	1,166.32	1,166.32	112,833.68
2002	轿车02	HT6189	行政部	2018/6/20	20 工作量法	48	120000	6000	114000	0.18	2018/7月	2022/6月	0.00%	—	606.28	606.28	113,393.72
3001	机器03	HT6190	生产部	2018/3/1	30 年数总和法	72	100000	5000	95000	2,261.90	2018/4月	2024/3月	2.38%	6,785.70	2,261.90	9,047.60	85,952.40
3002	机械设备01	HT6191	行政部	2017/11/20	30 年数总和法	72	66000	3300	62700	1,492.86	2017/12月	2023/11月	2.38%	14,050.02	1,492.86	15,542.88	47,157.12
4001	机器04	HT6192	生产部	2018/6/1	40 双倍余额递减法	72	58800	2940	55860	1,633.33	2018/6月	2024/6月	2.92%	1,633.33	1,633.33	54,226.67	
4002	机器05	HT6193	生产部	2017/7/30	40 双倍余额递减法	72	62000	3100	58900	1,722.22	2017/8月	2023/7月	2.92%		1,722.22	1,722.22	57,177.78

8.3.1 制作固定资产清单

本节设计固定资产清单时，考虑到每项固定资产所包含的"信息量"较大，所以"固定资产卡片"表格中根据这些信息而设置的项目也比较多。但是"固定资产清单"表格的项目是横向排列的，如果将卡片中所有项目均列入其中，就会导致表体过长，查阅时反而不便。因此，本节制作"固定资产清单"的思路是：在表格中仅列入最原始的基础信息，再运用Excel中的"超链接"功能，在"固定资产清单"工作表中为每项固定资产都设置一个超链接，如需查阅固定资产详细信息，单击链接即可直接跳转至固定资产卡片。下面讲解具体操作步骤。

打开"素材文件\第8章\固定资产清单.xlsx"文件，其中包含之前制作的按照4种折旧方法（直线法、工作量法、年数总和法、双倍余额递减法）分类的固定资产卡片及折旧计算表共8张。

第1步 新建一张工作表→命名为"固定资产清单"→绘制空白表格，并设置好各列单元格格式，如下图所示。

第2步 ❶ 在 C3:C10 区域（"折旧方法"项目）制作下拉菜单。在"数据验证"对话框的"设置"选项卡中将序列设置为"10 直线法，20 工作量法，30 年数总和法，40 双倍余额递减法"，折旧方法名称前面的号码是为下一步自动编码而预设的，编码规则为：按折旧方法不同，分别以折旧方法名称前的号码开始，按固定资产的个数依次编号。❷ 在 B3 单元格中设置公式"=IF(COUNTIF(C$3:C3,C3)<10,LEFT(C3,2)&"0"&COUNTIF(C$2:C3,C3),LEFT(C3,2)&COUNTIF(C$2:C3,C3))"自动按照折旧方法为固定资产分类编码→将公式向下填充至 C4:C10 区域的所有单元格中。公式含义有以下两个。

第 1 个：如果用 COUNTIF 统计得出 C3:C3 区域中，C3 单元格数值的个数 < 10，就截取 C3 单元格中值的左侧两个字节（"10"），然后与数字"0"及统计得出 C3 单元格数值的代表个数的数字组合。

第 2 个：如果 C3 单元格数值的个数 ≥ 10，则组合截取到的数字"10"与统计得出 C3 单元格数值的代表个数的数字（不添加数字"0"）。

因此，C3 单元格公式运算结果为"1001"。

公式中设置条件"≥ 10"的原因在于：如果不设置这个条件，当固定资产增加到 10 个及以上时，公式运算结果将为"10010、10011、…"，不符合编码规则。

❸ 在 A3 单元格中设置公式"=IF(C3="","",COUNT($A$2:A2)+1)"。公式作用是：当 C3:C10

区域中的任一单元格填入折旧方法时，序列号即自动生成，效果如下图所示。

第3步 在 D3:K10 区域、M3:M10 区域的单元格中分别填入基础信息，在 L3:L10 区域、N3:R10 区域的单元格中分别设置公式自动运算相关项目数据（公式设置方式请参照8.1.1 小节），效果如下图所示。

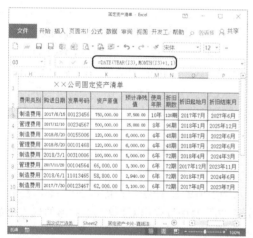

第4步 为每个固定资产卡片定义名称，以备下一步制作超链接使用。❶切换到"固定资产卡片-直线法"工作表，选中 D4 单元格（编号"1001"），依次选择"公式"→"定义的名称"→"定义名称"选项；❷在"新建名称"对话框的"名称(N)"文本框中输入名称"编号1001"，单击"确定"按钮即可；❸按此方法定义其他固定资产卡片的名称，选择"公式"选项卡"定义的名称"→"名称管理器"选项，打开"名称管理器"对话框即可查看"名称"明细，如下图所示。

第 8 章

实战：固定资产管理

第 5 步 切换到"固定资产清单"工作表，选中 S3 单元格，设置公式"="编号"&B3"，自动组合"编号"字符与 B3 单元格的编号，向下填充 S3 单元格公式至 S4:S10 区域的所有单元格中，如下图所示。

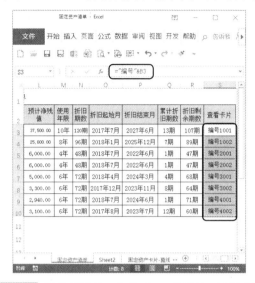

第 6 步 制作超链接。❶ 选中 S3 单元格，选择"插入"→"链接"→"链接"选项；❷ 系统弹出"插入超链接"对话框，选择"链接到"列表框中的"本文档中的位置"选项；❸ 在"或在此文档中选择一个位置："列表框中选择"已定义名称"→"编号 1001"选项，单击"确定"按钮，一个超链接即制作完成，如下图所示。

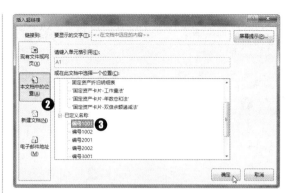

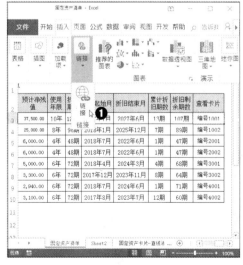

S4:S10 区域中单元格超链接按照第 6 步的方法操作即可。制作完成后，需要查看卡片时，单击超链接名称即可跳转至卡片所在位置，效果如下图所示。

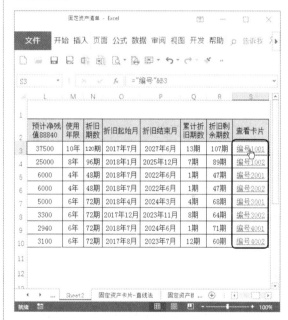

第 7 步 在固定资产卡片中制作"返回清单"超链接。❶ 切换到"固定资产卡片-直线法"工作表，选中 B1 单元格，输入字符"返回清单"→按照第 6 步方法打开"插入超链接"对话框→选择"链接到"列表框中的"本文档中的位置"选项；❷ 在"或在此文档中选择一个位置："列表框中选择"固定资产清单"选项；❸ 单击"确定"按钮即可，如下图所示。

| 203 |

最终效果如下图所示。

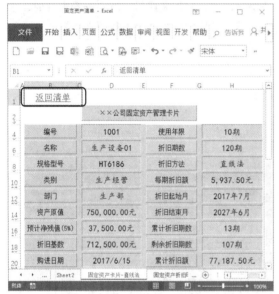

将制作完成的"返回清单"超链接直接复制、粘贴至其他工作表中即可。单击这个链接即可返回"固定资产清单"工作表。

以上第6步和第7步制作超链接的步骤有一个不同之处：第6步选择超链接的"位置"是"已定义名称"；第7步选择的"固定资产清单"并非通过"公式"→"定义名称"功能定义的名称，而是工作表的名称，如果将来工作表名称被改变，超链接即失效，而已定义的"名称"却不会受此影响，所以大家在制作超链接时应当尽可能将被链接的"位置"定义为名称。

8.3.2 制作折旧明细表

每月编制并打印纸质记账凭证的同时，在每份纸质凭证后面粘贴与凭证记载的经济内容相符的附件（原始凭证），是会计做账必需的规范操作之一，记载固定资产折旧金额的凭证当然也不能例外。制作这份附件的最"高效"办法就是在Excel中制作一份"折旧明细表"工作表，表格中大部分项目内容设置公式自动链接"固定资产清单"工作表中的原始信息。之后每月制作附件只需3步操作即可完成：复制、粘贴上月折旧明细表为新表→修改少数几个项目内容，如表格标题中的月份、按照工作量法折旧的固定资产的当月折旧额、所有固定资产的期初累计折旧余额等，即可快速生成当月的折旧明细表→打印纸质表格，粘贴于记账凭证后面。本节通过制作2018年7月折旧明细表的案例，向读者演示如何运用INDEX嵌套两层MATCH函数，以及VLOOKUP嵌套MATCH函数，设置公式达到高效工作的目标。下面讲解具体制作方法与操作步骤。

第1步 打开"素材文件\第8章\固定资产清单.xlsx"文件→新建一张工作表，命名为"固定资产折旧明细表"→绘制空白表格，根据工作需求设置好各个项目名称与单元格格式→预先填入"编码""期初累计折旧""本月折旧额"项目的数据，如下图所示。

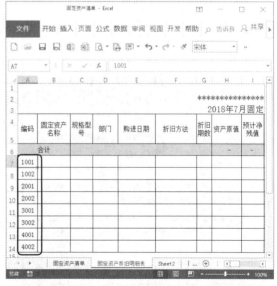

第 8 章

实战：固定资产管理

第2步 设置表格标题中月份所在单元格的格式。选中 A3 单元格，打开"设置单元格格式"对话框→选择"数字"选项卡"分类"列表框中的"自定义"选项→在"类型"文本框中输入"yyyy"年"m"月固定资产折旧明细表""→单击"确定"按钮即可，如下图所示。

设置格式效果：在 A3 单元格中仅输入"2018-7"即可显示"2018 年 7 月固定资产明细表"这一长串字符，如下图所示。

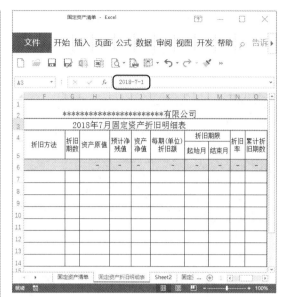

第3步 其他区域单元格分别设置以下公式。❶ 在 B7 单元格中设置公式"=INDEX(固定资产清单 !$D:$S,MATCH($A7, 固定资产清单 !$B:$B,0),MATCH(B$4, 固定资产清单 !$D$2:$Z$2,0))"引用"固定资产清单"工作表中的固定资产名称。此公式嵌套了两层 MATCH 函数公式，其含义分别如下。

第 1 层：精确查找 A7 单元格的值"1001"，在"固定资产清单"工作表中 B 列中的所在行数，查找结果为"3"。

第 2 层：精确查找 B4 单元格的值"固定资产名称"在"固定资产清单"工作表中的第 2 行区域 D2:Z2 中的所在列数，查找结果为"1"。

最后 INDEX 函数引用"固定资产清单"工作表中第 3 行第 2 列的值，即编码为"1001"对应的固定资产名称"生产设备 01"。

这个公式的作用是：两层 MATCH 函数公式同时设定了被引用单元格的行数与列数，此后无论在"固定资产清单"工作表中插入行或列，均不会影响公式运算结果。

❷ 将 B7 单元格公式向下填充至 B8:B14 区域的所有单元格中。❸ 选中 B7:B14 区域，将公式向右填充至 C7:I14 区域。需要注意的是，由于本例将"固定资产清单"工作表中的"折旧方法"项目设置在了 C 列，因此在折旧明细表中的相同项目所在 F 列的公式中需要将 INDEX 函数公式中

| 205

的第 2 层 MATHC 函数公式中设定的区域修改为 "C$2:$Z$2"。

公式效果如下图所示。

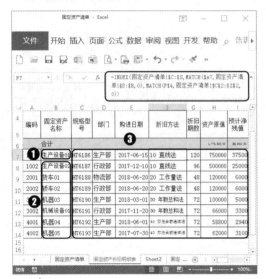

其他区域项目如"资产净值""折旧率""累计折旧期数""累计折旧额""余额"等按照会计方法设置函数公式即可，此处不再赘述。下面以"折旧期限"项目为例讲解 VLOOKUP 嵌套 MATCH 函数设置公式的方法与作用。

第 4 步 ❶ 选中 L7 单元格，设置公式"=VLOOKUP($A7,固定资产清单!$B:O,MATCH(" 折旧 "&L$5,固定资产清单!$B$2:$Z$2,0),0)"，精确查找 A7 单元格的值，即"1001"在"固定资产清单"工作表 B:O 区域中对应的"起始月"项目中的值。

上述公式如果按照 VLOOKUP 函数的常规语法"套路"，应设置为"=VLOOKUP($A7,固定资产清单!$B:O,14,0)"。其中数字"14"代表"固定资产清单"工作表 B:O 区域中的第 14 列，即 O 列。如果向右填充公式，其中数字应修改为"15"，但是公式不会将"14"自动更新为"15"，必须手动修改列数才能保证公式运算正确。而利用 MATCH 函数设置第 2 层公式"MATCH(" 折旧 "&L$5,固定资产清单!$B$2:$Z$2,0)"替代数字"14"之后，即可自动返回指定区域中的列数，不必做任何修改，直接填充公式即可。❷ 将 L7 单元格中的公式向右填充至 M7 单元格；❸ 选中 L7:M7 区域，向下填充公式至 L8:M14 区域的所有单元格

中，效果如下图所示。

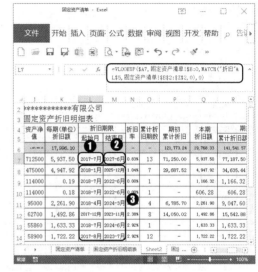

第 5 步 设置公式按照部门统计折旧额，以确定费用归集并计入当期损益。选中 C6 单元格，设置公式"=" 生产部 "&SUMIF(D7:D14," 生产部 ",Q7:Q14)&" 行政部 "&SUMIF(D7:D14," 行政部 ",Q7:Q14)&" 物流部 "&SUMIF(D7:D14," 物流部 ",Q7:Q14)"。这个公式其实是运用连接符号"&"将各部门于当月发生的折旧额汇总的公式组合在一起，填制记账凭证时，直接将各部门汇总折旧额计入"当期损益"中的相关科目即可。实务中，也可根据实际工作需求另制表格汇总，具体制表与汇总方法请参考第 6 章"会计凭证的制作与管理"中的相关内容，效果如下图所示。

第6步 次月生成当月折旧明细表非常轻松、快捷。❶复制"2018年7月折旧明细表",粘贴至表格下方相同列次区域中,如A17:S29区域→在A18单元格中直接输入"2018-8";❷选中R7:R14区域,即2018年7月期末累计折旧额所在区域,复制、粘贴到P22:P29区域中,作为2018年8月期初累计折旧额;❸根据固定资产不同的折旧方法核对当月折旧额。按照直线法折旧的,每期折旧额相同,不必重新核算,只需简单核对即可;按照工作量法折旧的,根据当月实际工作量核算当月折旧额后,填入"每期(单位)折旧额"项目栏;按照年数总和法或双倍余额递减法折旧的,如果当月月份恰好跨越折旧年度,则只需查阅"固定资产卡片"中的"折旧计算表"所列示的当月所属折旧年度应当计提的折旧额后,填入即可。

之后每月按照上述方法操作一次,即可快速生成当月折旧明细表。核对无误后打印纸质表格,作为记账凭证附件粘贴于其后即可。如果当月有固定资产增加,则将其添加至"固定资产清单",并制作"固定资产卡片",次月添加至"固定资产折旧明细表"中即可。2018年8月折旧明细表如下图所示。

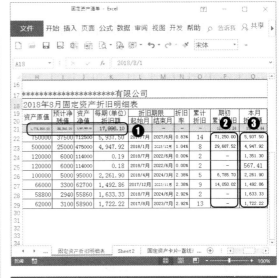

温馨提示

对于固定资产折旧明细表,实务中应遵照企业财务要求设置所需项目,不必设置过多。

大神支招

本章分享了日常财务工作中对固定资产进行规范管理的一些思路与方法,并结合会计实务中的实操内容,讲解了如何制作Excel工作表,运用各种函数设置公式将管理固定资产这项具体工作化繁为简,并达到"高效"工作的方法。下面结合本章内容及实际工作中运用Excel时的常见问题,介绍以下实用技巧,以帮助财务人员进一步完善工作细节并提高工作效率。

01 打印超长表格——每页显示标题行与列项目

日常财务工作中,由于财务涉及的内容及数据量较大,由此而制作出的Excel表格通常都会超宽超长,因此打印表格时仅一页A4纸无法容纳全部内容。此时除首页外,其他页面无法完整显示标题所在行与最左侧的项目所在列内容。以"固定资产折旧明细表"为例,打开"素材文件\第8章\固定资产清单.xlsx"文件→切换到"固定资产折旧明细表"→单击"自定义快速访问工具栏"中的"打印预览和打印(P)"按钮 →页面跳转至预览图,可看到总页数共2页→切换到第2页,打印预览图如下图所示。

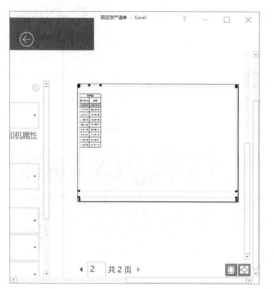

那么如何打印出规范的表格，让每页都固定显示标题及左列项目呢？在 Excel 中可通过"打印标题"功能设置固定显示在每页的行与列，下面介绍具体操作步骤。

第1步 ❶ 返回工作表格→单击"页面"选项卡中的"打印标题"按钮；❷ 系统弹出"页面设置"对话框→在"工作表"选项卡的"打印标题行 (R):"区域"顶端标题行 (R):"文本框中设置行次区域，这里设置为第 1~5 行→在"从左侧重复的列数 (C):"文本框中设置列次区域，这里设置为 A:K 区域；❸ 单击"确定"按钮即可，如下图所示。

再次打开"打印和预览"窗口，查看第 2 页预览图，可看到此页已显示之前设置的顶端标题行和左侧重复的列数，如下图所示。

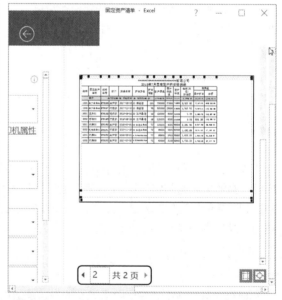

第2步 如果无须将所有项目打印出来，只打印指定项目时，可通过"设置打印区域"功能实现。这里主要提示一个细节处理方法，即指定项目所在区域不连续时如何设置打印区域。例如，仅打印 2018 年 7 月折旧明细表中"编码""固定资产名称""规格型号""部门""资产原值""预计净残值""资产净值""本期折旧额"项目，操作方法如下：按住"Ctrl"键的同时分别选中以上项目内容所在区域（之前设置了"从左侧重复的列数"的区域不必选择）→单击"页面"选项卡中"打印区域"按钮→选择"设置打印区域"选项，如下图所示。

设置后页数为1页，效果如下图所示。

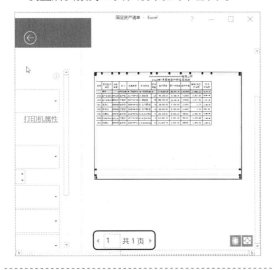

02　轻松选取不连续单元格或区域

本章在制作各种表格的过程中，曾多次涉及需要选取不连续表格区域或单元格的情形，通常采用的方法是按住"Ctrl"键不放，用鼠标选中区域或单元格。其实还有一个更加轻松高效的方法，可以"解放"手指，不必按住"Ctrl"键即可选取目标区域或单元格。❶按下

"Shift+F8"组合键→页面底部状态栏显示"添加或删除所选内容"；❷单击选取区域或单元格，再次按下"Shift+F8"组合键取消即可，如下图所示。

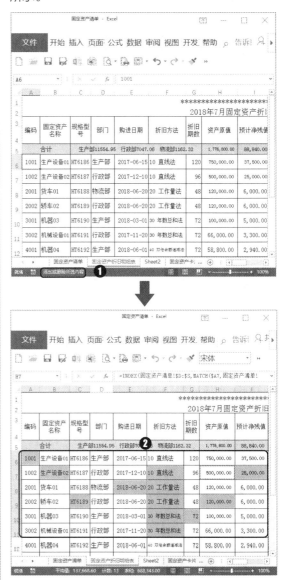

03　拆分窗格查看不相邻的行列数据

实际工作中，财务人员需要同时查看表格中不相邻的、相隔行列数较多的数据时，时常感到非常吃力，稍不留神就会"看走眼"，从而影响工作效率。运用Excel中拆分窗格功能可将一个文件窗口一分为二，之后拖动不相邻的数据行

列至相邻位置即可方便查看，而且只需两步操作即可实现：打开"素材文件\第8章\固定资产清单.xlsx"文件→切换到"固定资产清单"工作表。例如，此时需要同时查看I列（"购进日期"）、O列（"折旧起始月"）和P列（"折旧结束月"）3列数据，操作步骤如下。

第1步 ❶ 选中I3单元格右侧的J3单元格→选择"视图"选项卡；❷ 单击"窗口"按钮；❸ 选择"拆分"选项，如下图所示。

04 新建窗口查看不同工作表

如果一个Excel工作簿中包含了多张工作表，并且工作表之间的内容与数据相互关联，那么在查看一张工作表数据时也可能需要同时核对另一张工作表中的数据。如果通过单击工作表标签来回切换工作表，则不便于数据核对工作。此时可运用"新建窗口"功能，将此工作簿窗口"一生为二"，生成一个新的窗口，即可同时查看不同工作表中的内容。打开"素材文件\第8章\固定资产清单.xlsx"文件，如要同时查看"固定资产清单"与"固定资产卡片-直线法"中的数据，依次选择"视图"→"窗口"→"新建窗口"选项即可，效果如下图所示。

第2步 此时I列与J列之间出现"分界线"，表明窗口已经被一分为二，拖动右侧窗口底部的滚动条，将O列与P列拖至I列旁边即可，如下图所示。

> **温馨提示**
> 新建的窗口是临时生成的，如同这个Excel工作簿窗口的"影子"一般，当新建窗口关闭时，不会生成新的Excel文件。另外，"视图"选项卡中"新建窗口"与"拆分"功能也可同时使用，根据实际工作需求，按照上述方法操作即可。

第9章
实战：进销存管理与数据分析

本章导读

进销存又称购销链，主要是指企业将商品采购、入库、销售的动态过程。进销存管理的具体工作量是非常大的，财务人员如何能保证高效率、高质量地完成这项工作呢？除了自身需要具备财务方面的精准核算、数据分析、规范管理的"硬"实力，当然还需要借助Excel这个"软"工具来达成工作目标。

因此，本章的主要内容就是围绕管理"进销存"工作，讲解Excel中各种功能、函数的具体运用。本章讲述的重点依然是如何运用函数设置公式高效并精准地核算和分析相关数据，以及其中对于"进销存"管理的方法和思路。

知识要点

- ❖ HLOOKUP与MATCH函数嵌套
- ❖ RANK函数的运用
- ❖ SUMPRODUCT函数的运用
- ❖ 动态引用图片
- ❖ 表单控件的制作和运用
- ❖ 条件格式的综合运用
- ❖ 数据透视表与透视图

9.1 建立基础资料信息库

案例背景

在"进销存"这一链条中,基础资料的完善程度和准确度非常重要,它直接影响后续财务核算、数据分析结果的准确性。基础资料至少应当包括供应商资料、客户资料、商品资料这三大类,而每一基础大类中又分别涵盖了大量具体信息。因此制作一张Excel表格管理这些信息非常必要,本节主要讲解运用Excel分别制作以上三大类管理表格的具体方法与步骤,同时制作商品信息查询表,如下图所示,目的是与读者分享动态引用商品图片的技巧。本节以××公司进销存业务为例进行讲解,并设定其为一般纳税人,增值税销项税率为16%。由于篇幅有限,表格中所列举各类资料的具体数量不会太多。读者通过本章的学习,最关键的是要把握思路、掌握方法,然后触类旁通,灵活运用到实际工作之中。本节实例最终效果见"结果文件\第9章\基础资料信息库.xlsx"文件。

××有限公司供应商明细表

序号	供应商编码	供应商名称	辅助	纳税人类型	进项发票类型	进项税率	是否可抵扣	品牌	联系人	联系电话	备注
1	GYS001	供应商A	GYS001 供应商A	一般纳税人	增值税专用发票	16%	是	品牌A	张先生	13********0	
2	GYS002	供应商B	GYS002 供应商B	一般纳税人	增值税专用发票	16%	是	品牌B	李先生	13********1	
3	GYS003	供应商C	GYS003 供应商C	小规模纳税人	普通发票	3%	否	品牌C	王女士	13********2	
4	GYS004	供应商D	GYS004 供应商D	小规模纳税人	普通发票	3%	否	品牌D	刘先生	13********3	
5	GYS005	供应商E	GYS005 供应商E	一般纳税人	增值税专用发票	16%	是	品牌E	赵女士	13********4	
6	GYS006	供应商F	GYS006 供应商F	小规模纳税人	普通发票	3%	否	品牌F	陈先生	13********5	
7	GYS007	供应商G	GYS007 供应商G	小规模纳税人	普通发票	3%	否	品牌G	周先生	13********6	
8	GYS008	供应商H	GYS008 供应商H	一般纳税人	增值税专用发票	16%	是	品牌H	方女士	13********7	
9	GYS009	供应商I	GYS009 供应商I	一般纳税人	增值税专用发票	16%	是	品牌I	袁先生	13********8	
10	GYS010	供应商J	GYS010 供应商J	一般纳税人	增值税专用发票	16%	是	品牌J	吴先生	13********9	

××有限公司客户资料

序号	客户编码	客户名称	纳税人类型	销项发票类型	销项税率	价格类型	成本利润率	联系人	联系电话	备注
1	KH001	客户A	小规模纳税人	普通发票	16%	零售价	50.00%	陈先生	13********9	
2	KH002	客户B	一般纳税人	增值税专用发票	16%	经销价	45.00%	方女士	13********8	
3	KH003	客户C	一般纳税人	增值税专用发票	16%	经销价	45.00%	李先生	13********7	
4	KH004	客户D	一般纳税人	增值税专用发票	16%	零售价	55.00%	刘先生	13********6	
5	KH005	客户E	小规模纳税人	普通发票	16%	经销价	45.00%	王女士	13********5	
6	KH006	客户F	一般纳税人	增值税专用发票	16%	直销价	30.00%	吴先生	13********4	
7	KH007	客户G	一般纳税人	增值税专用发票	16%	零售价	55.00%	袁先生	13********3	
8	KH008	客户H	小规模纳税人	普通发票	16%	直销价	30.00%	张先生	13********2	
9	KH009	客户I	一般纳税人	增值税专用发票	16%	经销价	45.00%	赵女士	13********1	
10	KH010	客户J	一般纳税人	增值税专用发票	16%	经销价	45.00%	周先生	13********0	

第9章

实战：进销存管理与数据分析

××有限公司商品资料

序号	供应商	商品编码	商品名称	规格型号	条型码	品牌	装箱数	未税进价	含税进价	零售价 55%	经销价 45%	直销价 30%	最低限价 15%	商品图片
1	GYS001 供应商A	001001	商品01	HT5180	69**********0	品牌A	36	25.68	29.79	57.08	46.69	36.69	30.21	商品01
2	GYS001 供应商A	001002	商品02	HT5181	69**********1	品牌A	12	13.25	15.37	29.44	24.09	18.93	15.59	商品02
3	GYS001 供应商A	001003	商品03	HT5182	69**********2	品牌A	6	45.62	52.92	101.38	82.95	65.17	53.67	商品03
4	GYS002 供应商B	002001	商品04	HT5183	69**********3	品牌B	48	15.86	18.40	35.24	28.84	22.66	18.66	商品04
5	GYS002 供应商B	002002	商品05	HT5184	69**********4	品牌B	10	62.51	72.51	138.91	113.65	89.30	73.54	商品05
6	GYS002 供应商B	002003	商品06	HT5185	69**********5	品牌B	20	16.22	18.82	36.04	29.49	23.17	19.08	商品06
7	GYS003 供应商C	003001	商品07	HT5186	69**********6	品牌C	40	32.63	33.61	74.69	61.11	48.01	39.54	商品07
8	GYS003 供应商C	003002	商品08	HT5187	69**********7	品牌C	30	38.12	39.26	87.24	71.38	56.09	46.19	商品08

××市×××有限公司
商品基本信息查询表

商品编号名称	003002 商品08
规格型号	HT5187
条形码	69*********7
供应商	GYS003 供应商C
品牌	品牌C
装箱数	30
未税进价	38.12
含税进价	39.26
零售价	87.24
经销价	71.38
直销价	56.09
最低限价	46.19

9.1.1 制作供应商明细表

供应商资料属于采购环节中的基础资料，下面列举企业日常经营管理过程中时常涉及的部分较为常规化信息，运用Excel制作"供应商明细表"，设置相关项目和函数公式，具体步骤如下。

第1步 新建一个 Excel 工作簿，命名为"基础资料信息库"→将工作表"Sheet1"重命名为"供应商资料"→绘制基础表格→设置好项目名称和基本格式→输入供应商原始基础资料。空白列将在下一步设置公式，如下图所示。

第 2 步 A 列（"序号"）运用 COUNT 函数设置公式自动根据供应商的增减编制序列号，不必手工编号。在 A3 单元格中输入公式"=IF(C3="",
" ☆ ",COUNT($A$2:$A2)+1)"→将 C3 单元格公式向下填充至 C4:C12 区域的所有单元格中。

公式含义：当 C3 单元格填入供应商名称时，统计上一单元格不为空值的个数后再加数字"1"。

公式作用：无论是删除或插入行，还是依次添加供应商，序号均会自动按照顺序编码。

另外，这里设定单元格为空值时，显示"☆"而并未像之前那样设定为显示空值，作用在于提示此单元格中包含公式，不得直接输入字符，可防止公式因手误而被删除，如下图所示。

第 3 步 测试公式效果：❶ 在第 6 行前插入一行→选中 A6 单元格→按"Ctrl+D"组合键，即可快速复制上一单元格 A5 的内容。由于此时 C6 单元格为空值，因此 A6 单元显示"☆"；❷ 在 C6 单元格中填入任意字符，A6 单元格中自动编号为"4"→向下填充公式后，其他序号均自动改变为正确的顺序号，如下图所示。

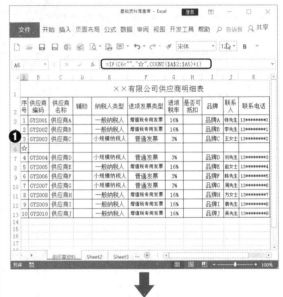

第 4 步 ❶D 列（"辅助"）设置公式组合供应商编号与名称，用于列示在"商品资料明细表"工作表中。在 D3 单元格中输入公式"=B3&" "&C3"→向下填充公式；❷H 列（"是否可抵扣"）运用 IF

函数，根据 F 列中"进项发票类型"逻辑判断是否可抵扣，其作用是决定在"商品资料明细表"中的商品价格以不含税还是含税价格作为成本价。在 H3 单元格中输入公式"=IF(F3="增值税专用发票","是","否")"→向下填充公式至 H4:H12 区域的所有单元格中即可，如下图所示。

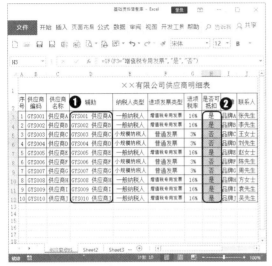

第5步 K 列（"联系电话"）运用"数据验证"功能（默认电话号码均为手机号码），将电话号码位数固定为"11"，以免输入时出错。打开"数据验证"对话框，在"允许"下拉列表中选择"文本长度"选项，在"数据"下拉列表中选择"等于"选项；在"长度"文本框中输入数字"11"，单击"确定"按钮即可，如下图所示。

当实际输入电话号码数字的个数小于或大于 11 时，将弹出提示对话框，有效避免电话号码输入错误。

9.1.2 制作客户资料明细表

"客户资料明细表"中设置的项目、格式、公式设置方法与"供应商明细表"基本相同，复制、粘贴并略做修改即可，不再赘述。下面主要讲解"客户资料明细表"中设置不同项目的目的与作用。

第1步 将工作表"Sheet2"重命名为"客户资料"，复制整张"供应商资料"粘贴至"客户资料"工作表中→填入客户相关基础信息→将原 H 列与 I 列内容删除，如下图所示。

第2步 重新设置 H 列与 I 列项目。实际工作中，企业在面对客户时，角色即转变为供应商，所以通也常会根据与客户之间的基本合作模式、双方博弈的结果及最终商定的合同条件等因素的不同，考虑给予对方不同类型的商品售价，同时也会预先为各类价格设定一个预期成本利润率［（售价－进价）÷售价］，作为后续实际定价的参考价格。因此这里将 H 列与 I 列分别设置为"价格类型"与"成本利润率"。H3:H12 区域运用"数据验证"功能制作下拉菜单，设置"序列"为"零售价""经销价""直销价""最低限价"→ I3:I12 单元格虚拟填入成本利润率，如下图所示。

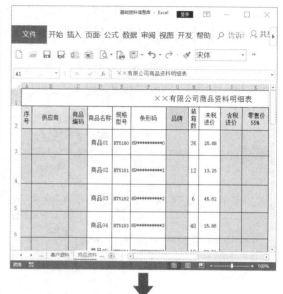

9.1.3 制作商品资料明细表

商品的原始信息通常是由供应商提供的，由于各个供应商提供的表格格式千差万别，无法统一管理。因此在实际经营中，所有企业接收到这些资料后，都必须整理规范并输入到统一模板之中。而每项商品涵盖的"信息量"也很大，包括商品名称、规格型号、所属供应商、品牌、各类价格等。如果依靠手工输入、人工计算，其效率必然跟不上高效工作的节奏，数据质量也无法保障。因此本节将讲解制作"商品资料明细表"模板，其设计思路是：在表格中只需输入与商品相关的原始基础信息，其他信息如所属供应商、品牌等内容自动从"供应商资料"明细表中取数，并设置公式自动计算各类价格，尽可能减少手工输入工作量，提高工作效率与质量。下面讲解具体操作步骤。

第1步 在"基础资料信息库"工作簿中新建一张工作表，命名为"商品资料"→绘制表格，设置好项目和格式→输入部分商品原始信息→插入商品图片。标为灰色的列次将设置公式，如下图所示。

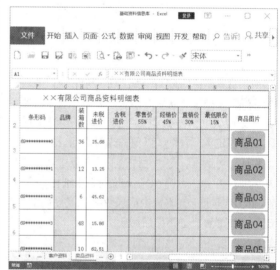

接下来在B列（"供应商"）制作供应商名称的下拉菜单，填入时可直接从下拉菜单选取。

第2步 ❶切换至"供应商资料"工作表→选中"辅助"项目所在区域D3:D12；❷选择"公式"选项卡中"定义名称"→"新建名称"选项，打开"新建名称"对话框，在"名称"文本框中设置名称为"供应商编码名称"；❸在"引用位置："文本框中输入公式"=OFFSET(供应商资料!$D$3,,,SUMPRODUCT(N(LEN(供应商资料!$D:$D)>0)),)"，单击"确定"按钮关闭对话框即可，如下图所示。

第 9 章
实战：进销存管理与数据分析

第3步 ❶返回"商品资料"工作表→选中 B3:B32 区域（"供应商"）；❷打开"数据"选项卡中的"数据验证"对话框→设置"序列"的"来源"为"=供应商编码名称"，单击"确定"按钮即可，如下图所示。

下拉菜单制作完成后，为展示后续所设公式效果，这里预先在 B3:B30 区域单元格中任意选取一项供应商名称。

第4步 ❶A3:A32 区域中的单元格同样运用 COUNT 函数设置公式"=IF(B3="","☆",COUNT($A$2:A2)+1)"自动编号。❷C 列即"商品编码"，设置公式自动编码。编码规则：编码数字的个数设定为 6 个，其中前 3 个数字即为商品所属供应商的编码前 3 位数字，后 3 个数字依次按顺序编码，编码范围为"001-999"。在 C3 单元格中设置公式"=IF(COUNTIF(B$3:B3,B3)<10,MID(B3,4,3)&"00"&COUNTIF(B$2:B3,B3),IF(AND(COUNTIF(B$3:B3,B3)>=10,COUNTIF(B$3:B3,B3)<100),MID(B3,4,3)&"0"&COUNTIF(B$2:B3,B3),MID(B3,4,3)&COUNTIF(B$2:B3,B3)))"→将公式填充至 C4:C32 区域的所有单元格中。此公式与 8.3.1 小节中设置的自动编码公式的含义相同，请参照理解，不再赘述。不同的是，这里根据编码规则增设了一个条件：统计出同一供应商出现的次数小于 10 时，在供应商编码与顺序编码之间添加"00"；在 10~100 之间，仅添加一个"0"，效果如下图所示。

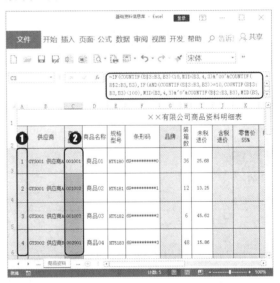

第5步 G 列（"品牌"）根据 B 列各单元格中列示的供应商名称自动链接"供应商资料"工作表中对应的品牌名称。在 G3 单元格中设置公式"=IFERROR(VLOOKUP($B:$B,供应商资料!D:I,6,0),"")"→将公式填充至 G4:G32 区域的所有单元格中。公式中代表 D:I 区域中"品牌"所在的 I 列的列数"6"同样可以运用 MATCH 函数嵌套公式予以替代，效果如下图所示。

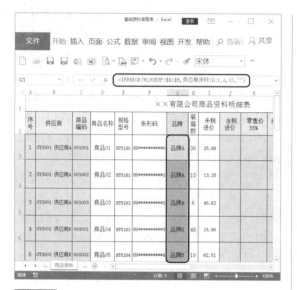

进项税额不能抵扣时,则应以"含税进价"作为计价依据。因此,设置 Excel 公式时就需要嵌套 IF 函数公式设定条件,根据"供应商资料"工作表中 H 列("是否可抵扣")列示的"是"或"否"进行判断,应该以"未税进价"还是"含税进价"为基数计算零售价。在 K3 单元格中输入公式"=IFERROR(IF(VLOOKUP($B:$B,供应商资料!$D:$H,5,0)=" 是 ",ROUND($I3/(1-RIGHT(K$2,3)),2),ROUND($J3/(1-RIGHT(K$2,3)),2)),0)。公式中"RIGHT(K$2,3)"用于自动截取 K2 单元格中零售价的预设成本利润率,截取得到的结果即"55%"。

❷ 将 K3 单元格公式填充至 K3:N32 区域的所有单元格内,即可准确计算得出各类型不同成本利润率的实际价格,效果如下图所示。

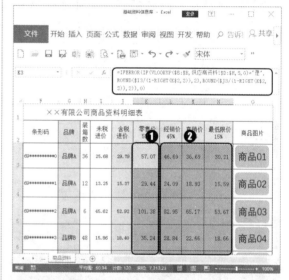

第 6 步 自动计算 J 列数值("含税进价")。会计公式为:含税进价 = 未税价格 ×(1+ 税率)。其中"税率"设置公式自动从"供应商资料"工作表中 H 列列示的不同税率中取数。在 J3 单元格中输入公式"=IFERROR(ROUND(I3*(1+VLOOKUP($B:$B,供应商资料!$D:H,4,0)),2),0)"→将公式向下填充即可,如下图所示。

第 7 步 计算 K:N 列中各类型价格。❶K 列(零售价)预设的成本利润率为 55%,会计公式为:零售价 = 进价 ÷(1-55%)。这里需要注意的是,供应商开具增值税专用发票上的进项税额允许抵扣时,应当以"未税进价"作为计价依据;

> **温馨提示**
> 模板制作成功后,按照企业实际输入商品信息的正常流程,在接收到供应商提供的商品基础资料后,只需输入或直接从供应商发送的电子表格中复制相关项目内容粘贴至模板中,即可自动链接或运算生成其他项目内容或所需数据。
> 以上3类表格中所设项目为常用项目,日常工作中应根据实际工作需求自行增减。

9.1.4 动态查询商品图片

如果要查看表格中的具体某项内容,则可

运用多种方法，如打开"查找与替换"对话框输入关键词直接查找，运用VLOOKUP或INDEX与MATCH组合函数设置公式进行查找引用等。但是如果需要动态查询图片，则仅仅通过以上方法是无法实现的，必须结合运用其他技巧和方法才能达到目标。本节将制作"商品查询表"，以"商品编码+名称"为依据，查找"商品资料明细表"对应的所有项目内容。其中，数据性内容依然运用查找引用公式，下面介绍另一查找引用函数HLOOKUP嵌套MATCH函数设置公式的方法，以及如何设置动态查询引用商品图片的具体方法与操作步骤。

第1步 首先在"基础资料信息库"中的"商品资料"工作表中 E 列前插入一列，在 E3 单元格中设置公式"=C3&" "&D3"组合商品编码与商品名称，作为下一步制作"商品查询表"中下拉菜单的备选项目→向下填充公式即可，如下图所示。

第2步 新建一张工作表，重命名为"商品查询表"→绘制表格→设置各项目名称与单元格格式。其中 C3 单元格用于放置动态引用的商品图片，如下图所示。

第3步 在 B3 单元格中制作下拉菜单。❶打开"新建名称"对话框→设置"名称 (N)"为"商品编码名称"→在"引用位置 (R)"文本框中输入公式"=OFFSET(商品资料 !$E$3,,,SUMPRODUCT(N(LEN(商品资料 !$E:$E)>0)),)"，单击"确定"按钮关闭对话框；❷切换至"商品查询表"工作表→选中 B3 单元格→打开"数据验证"对话框→设置"序列"的"来源"为"= 商品名称"，单击"确定"按钮即可，如下图所示。

第4步 ❶在B3单元格的下拉菜单中任意选择一项商品名称,如"001003 商品03"→在B4单元格中设置公式"=HLOOKUP("*"&A4&"*",商品资料!$2:$100,MATCH($B$3,商品资料!E:E,0)-1,0)";❷将B4单元格公式填充至B5:B14区域的所有单元格中即可;❸测试公式效果:在B3单元格下拉菜单中选择另一商品名称,如"001002 商品02",B4:B14区域的所有单元格内容将随之发生变化,如下图所示。

公式解析:

①HLOOKUP与VLOOKUP函数的作用、语法基本相同。唯一不同之处:HLOOKUP是按行次查找,所以设定查找的范围应当以行次表示,如本例公式中设定的范围为"2:100",即2~100行(范围大小根据表格区域大小而定)。

②公式中嵌套MATCH函数公式用于查找B3单元格的值("001003 商品03")在"商品资料"工作表E列中所在的行数,查找到的结果为"8",减去1之后是第2行至第100行中的第7行。

③整个公式含义:查找并返回"商品资料"工作表中的2~100行范围内,包含A4单元格中字符的单元格所对应的第7行单元格,即F8单元格中的内容。

第5步 下面通过两步操作即可实现动态引用商品图片。❶切换至"商品资料"工作表→打开"公式"选项卡中"定义名称"选项中的"新建名称"对话框→设置名称为"商品图片"→在"引用位置(R)"文本框中输入公式"=INDEX(商品资料!$P:$P,MATCH(商品查询表!$B$3,商品资料!$E:$E,0))";❷复制任意一张商品图片粘贴至"商品查询表"工作表的C3单元格中→在"公式编辑"栏中输入"=商品图片"即可,如下图所示。

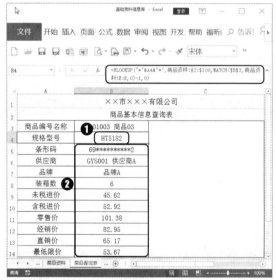

第 9 章
实战：进销存管理与数据分析

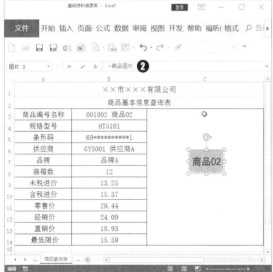

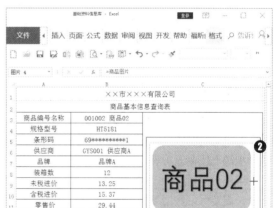

第6步 动态引用设置成功后，系统会自动为图片添加黑色框线，为了不影响美观，只需做以下简单调整即可。❶选中商品图片，对其大小稍作调整→选择"格式"选项卡→单击"裁剪"按钮；❷按住鼠标左键不放，拖动图片上的4个边框即可裁剪掉黑色框线，如下图所示。

第7步 测试设置效果：在B3单元格下拉菜单中任意选择一项其他商品名称，如"003002 商品08"，此时C3单元格中原有图片已自动变化为"003002 商品08"对应的商品图片，效果如下图所示。

9.2 进销存管理

 案例背景

在企业的进销存经营活动过程中，对于财务人员而言，最核心的工作就是要准确核算每一环节所发生的所有财务数据，包括每项商品的每单入库成本、销售金额、销售成本、成本利润率、每月结存数量、金额及盘存差异等。这些工作不仅繁重复杂，而且由于某些客观原因，难以确保数据的准确性。但是如果充分运用Excel中的功能、函数，制作规范的管理表格，就能够将复杂的工作简单化，并且以简驭繁，更能保证数据准确可靠。本节将在前面建立的"基础信息资料库"的基础上，制作两类表单，即采购入库单、销售出库单，以及实物盘存表与全动态库存明细表，如下图所示。每张表单都设置公式，使数据互相链接钩稽，力求在完成最为简单的工作（录入入库单、销售单）的同时，同步实现进销存数据的自动汇总、核算。实例最终效果见"结果文件\第9章\进项存管理.xlsx"文件。

××市××有限公司
2018年7月入库单

供应商:	GYS006 供应商F		入库日期	2018-7-8		结算方式		账期	未付	入库单号:	JH20180701		
专用发票		开票日期	2018-7-20		发票号码	00123456		开票金额	20,000.00	开票余额	13,613.32		
序号	规格型号	商品编号名称	条形码	单位	入库数量	单价	入库金额	进项税额	价税合计	当前库存数量	备注	参考进价	参考成本	发票类型
1	HT5195	006001 商品16	69*********15	个	120	17.50	2,100.00	336.00	2,436.00	260		16.58	1,989.60	1
2	HT5196	006002 商品17	69*********16	包	200	15.00	3,000.00	480.00	3,480.00	400		15.22	3,044.00	1
3	HT5197	006003 商品18	69*********17	个	300	14.00	4,200.00	672.00	4,872.00	680		13.56	4,068.00	1
4	HT5198	006004 商品19	69*********18	个	150	16.00	2,400.00	384.00	2,784.00	290		16.22	2,433.00	1
5	HT5199	006005 商品20	69*********19	个	300	10.24	3,072.80	491.65	3,564.45	260		10.28	3,084.00	1
6	HT5200	006006 商品21	69*********20	个	200	10.29	2,058.00	329.28	2,387.28	170		10.28	2,056.00	1
7	HT5201	006007 商品22	69*********21	个	600	7.68	4,608.00	737.28	5,345.28	640		7.68	4,608.00	1
8	HT5202	006008 商品23	69*********22	个	500	15.08	7,538.20	1,206.71	8,744.31	580		15.08	7,540.00	1
		合计			2370	—	28,977.00	4,636.32	33,613.32	—	—	—	28,822.60	

第 9 章
实战：进销存管理与数据分析

××市××有限公司
2018年7月销售单

供应商: KH001	客户A	出库日期	2018-7-12	结算方式		账期	未收	出库单号:	XS20180701
普通发票		开票日期	2018-7-28	发票号码	12345678	开票金额	15,000.00	开票余额	6,400.34

序号	规格型号	商品编码名称	条形码	单位	销售数量	单价	折扣率	销售金额	销项税额	价税合计	当前库存数量	备注	平均成本单价	本单毛利额	本单毛利率	价格类型
1	HT5182	001003 商品03	69**********2	个	60	82.95	95%	4,728.15	756.50	5,484.65	640		45.66	1,988.55	42.06%	经销价45%
2	HT5196	006002 商品17	69**********16	包	100	28.51	100%	2,851.00	456.16	3,307.16	400		15.13	1,338.00	46.93%	经销价45%
3	HT5197	006003 商品18	69**********17	个	20	25.40	100%	508.00	81.28	589.28	680		13.75	233.00	45.87%	经销价45%
4	HT5198	006004 商品19	69**********18	个	60	30.38	90%	1,640.52	262.48	1,903.00	290		16.13	672.72	41.01%	经销价45%
5	HT5199	006005 商品20	69**********19	个	120	19.25	100%	2,310.00	369.60	2,679.60	260		10.25	1,080.00	46.75%	经销价45%
6	HT5200	006006 商品21	69**********20	个	30	19.25	100%	577.50	92.40	669.90	170		10.29	268.80	46.55%	经销价45%
7	HT5201	006007 商品22	69**********21	个	200	14.38	85%	2,444.60	391.14	2,835.74	640		7.68	908.60	37.17%	经销价45%
8	HT5202	006008 商品23	69**********22	个	120	28.24	100%	3,388.80	542.21	3,931.01	580		15.08	1,579.20	46.60%	经销价45%
	合计				710	—	—	18,448.57	2,951.77	21,400.34	—		—	8,068.87	43.74%	—

××市××有限公司
2018年7月盘存表

序号	规格型号	商品编码名称	条形码	实盘数量	备注
1	HT5209	010002 商品30	69**********29	181	
2	HT5208	010001 商品29	69**********28	96	
3	HT5207	009002 商品28	69**********27	541	
4	HT5206	009001 商品27	69**********26	696	
5	HT5205	007003 商品26	69**********25	54	
6	HT5204	007002 商品25	69**********24	1191	
7	HT5203	007001 商品24	69**********23	493	
8	HT5202	006008 商品23	69**********22	576	
9	HT5201	006007 商品22	69**********21	631	
10	HT5200	006006 商品21	69**********20	163	
11	HT5199	006005 商品20	69**********19	257	
12	HT5198	006004 商品19	69**********18	280	
13	HT5197	006003 商品18	69**********17	676	
14	HT5196	006002 商品17	69**********16	394	
15	HT5195	006001 商品16	69**********15	253	
16	HT5194	005003 商品15	69**********14	140	
17	HT5193	005002 商品14	69**********13	152	
18	HT5192	005001 商品13	69**********12	219	
19	HT5191	004003 商品12	69**********11	362	
20	HT5190	004002 商品11	69**********10	295	
21	HT5189	004001 商品10	69**********9	393	
22	HT5188	003003 商品09	69**********8	319	
23	HT5187	003002 商品08	69**********7	298	
24	HT5186	003001 商品07	69**********6	53	
25	HT5185	002003 商品06	69**********5	111	
26	HT5184	002002 商品05	69**********4	18	
27	HT5183	002001 商品04	69**********3	430	
28	HT5182	001003 商品03	69**********2	632	
29	HT5181	001002 商品02	69**********1	672	
30	HT5180	001001 商品01	69**********0	585	

××市××有限公司
2018年7月进销存明细表

序号	商品编码名称	规格型号	条形码	期初余额			本月入库成本			本月销售成本			期末账面结存			期末盘存		盘存差异	
				数量	平均单价	金额	购进数量	平均本单价	购进金额	销售数量	销售金额		结存数量	平均本单价	结存金额	实盘数量	实盘金额	数量差异	金额差异
	合计			9,186		406,661.96	3,270		50,933.00	1,110	65,889.63		11,346		391,605.35	11,161		-185	-5,120.37
1	001001 商品01	HT5180	69**********0	200	25.68	5,136.00	450	25.68	11,556.00	60	3,252.99		590	22.78	13,439.01	585	13,326.30	-5	-112.71
18	006003 商品18	HT5197	69**********17	400	13.56	5,424.00	300	13.75	4,200.00	20	508.00		680	13.41	9,116.00	676	9,065.16	-4	-50.84
19	006004 商品19	HT5198	69**********18	150	16.22	3,244.00	150	16.13	2,400.00	60	1,640.52		290	13.81	4,003.48	280	3,866.80	-10	-136.68
20	006005 商品20	HT5199	69**********19	80	10.28	822.40	300	10.25	3,072.80	120	2,310.00		260	6.10	1,585.20	257	1,567.70	-3	-17.50
21	006006 商品21	HT5200	69**********20		10.28		200	10.29	2,058.00	30	577.50		170	8.71	1,480.50	163	1,419.73	-7	-60.77
22	006007 商品22	HT5201	69**********21	300	7.68	2,304.00	600	7.68	4,608.00	260	3,393.92		640	5.50	3,518.08	631	3,470.50	-9	-47.58
23	006008 商品23	HT5202	69**********22	200	15.08	3,016.00	500	15.08	7,538.20	120	3,388.80		580	12.35	7,165.40	576	7,113.60	-4	-51.80
24	007001 商品24	HT5203	69**********23		15.16			15.16					500	15.16	7,580.00	493	7,473.88	-7	-106.12
25	007002 商品25	HT5204	69**********24	1,200	5.82	6,984.00		5.82					1,200	5.82	6,984.00	1,191	6,931.62	-9	-52.38
26	007003 商品26	HT5205	69**********25	60	42.68	2,560.80		42.68					60	42.68	2,560.80	54	2,304.72	-6	-256.08
27	009001 商品27	HT5206	69**********26	700	262.15	183,505.00		262.15					700	262.15	183,505.00	696	182,456.40	-4	-1,048.60
28	009002 商品28	HT5207	69**********27	650	86.82	56,433.00		86.82		100	16,399.05		550	72.79	40,033.95	541	39,379.39	-9	-654.56
29	010001 商品29	HT5208	69**********28	120	161.55	19,386.00		161.55		20	7,180.00		100	122.06	12,206.00	96	11,717.76	-4	-488.24
30	010002 商品30	HT5209	69**********29	300	78.96	23,688.00		78.96		110	16,748.90		190	36.52	6,939.10	181	6,610.12	-9	-328.98
				—	—	—	—	—	—	—	—		—	—	—	—	—	—	—

9.2.1 制作采购入库单

当采购的货物到达仓库，经过清点无误收入仓库后，接下来的工作就是要将此批货物的数量、金额等相关数据输入计算机系统，那么就需要制作一张规范的入库单。在这份表单中，应当尽可能包含完善的数据信息，以备后期查阅和后续统计、分析工作的顺利进行。下面讲解运用 Excel 制作"入库单"的方法和步骤。

第1步 打开"素材文件\第9章\进销存管理.xlsx"文件，为了便于讲解和展示效果，首先新增一张工作表，命名为"2018.07 入库单"→绘制表格：第1行与第2行区域中的表格用于汇总当月所有入库单中的相关数据→填入入库单表头中各项目基础信息。其中，A5 单元格（"供应商"）、A6 单元格（发票类型）制作下拉菜单以备选取；D6 单元格（"发票号码"）与 L6 单元格（"入库单号"）可通过"设置单元格格式"对话框中的"自定义"设置，简化手工输入。以上具体操作步骤均可参照前面相关章节内容，此处不再赘述。入库单表格中仅灰色部分为手工输入区域，其他区域均设置公式自动核算；其中 M8:O16 区域作为辅助核算区域，如下图所示。

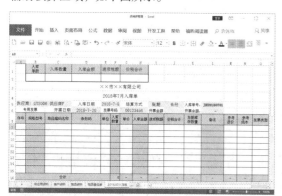

第2步 ❶B8:B15 区域中的单元格通过"数据验证"功能制作下拉菜单：将"商品资料"工作表中的"规格型号"所在区域定义为名称"规格型号"→打开"数据验证"对话框，将"序列"的"来源"设置为"=规格型号"→填入"供应商 F"中的"规格型号"；❷A8:A15 区域（"序号"）设置公式自动编号：在 A8 单元格中输入公式"=IF(B8="","-",

COUNT($A$7:A7)+1)"→向下填充公式；❸C8:C15 区域（"商品编码名称"）运用 VLOOKUP 嵌套 IF 函数设置逆向查找公式，链接"商品资料"工作表中与"规格型号"对应的"商品编码名称"信息：在 C8 单元格中输入公式"=IF(B8="","-",VLOOKUP($B8,IF({1,0},商品资料!F:F,商品资料!E:E),2,0))"→向下填充公式；❹D8:D15 区域（"条形码"）设置公式链接"商品资料"工作表中与"规格型号"对应的"条形码"信息：在 D8 单元格中输入公式"=IFERROR(VLOOKUP(C8,商品资料!$E:G,3,0),"-")"→向下填充公式即可，如下图所示。

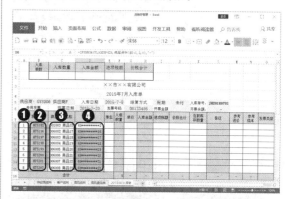

> **温馨提示**
>
> 这里将商品"规格型号"设定为手工输入的原因在于：在实际工作中，通常是按照供应商随货发送的纸质或电子版"出库单"上列示的信息输入的。一般包括规格型号、条形码、商品名称等，其中最能够简化手工输入工作的信息自然是"规格型号"。

第3步 ❶E8:E15 区域（"单位"）的内容制作下拉菜单选取：在"数据验证"对话框中将"序列"设置为"个""件""盒""包""箱"等或更多单位名称，也可以预先在"商品资料"工作表中设定好每项商品的单位，再设置公式自动链接；❷在 F8:F15 区域（"入库数量"）与 H8:H15 区域（"入库金额"）中任意填入虚拟数据；❸G8:G15 区域（"单价"）设置公式，根据实际入库金额÷入库数量计算单价：在 G8 单元格中输入公式"=IFERROR(ROUND(H8/F8,2),0)"→向下填充公式即可，如下图所示。

第 9 章

实战：进销存管理与数据分析

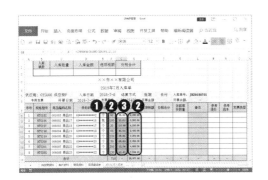

第4步 接着计算"进项税额"与"价税合计"，这里对于"进项税额"计算的设计思路是：如果与供应商预先商定开具增值税专用发票，进项税额允许抵扣，那么应当以不含税金额作为入库成本金额；如果开具普通发票，进项税额不允许抵扣，那么进项税额不必单列，应当一并计入入库成本中，因此在输入"入库金额"时可直接输入含税金额。设置公式时，应首先在辅助区域 O 列中设置公式，根据 A6 单元格填入的发票类型设置条件予以判断并返回不同的数值之后，每项商品的"进项税额"再根据 O 列中的数值单列或一并计入成本。❶ 在 O8 单元格中输入公式"=IF($A6="专用发票",1,IF($A6="普通发票",2))"→在 O9 单元格中设置公式"=O8"，向下填充公式；❷ 在 I8 单元格中输入公式 =IF($O8=1,ROUND(H8*0.16,2),IF($O10=2,0))"，公式含义是：当 O8 单元格中数值为"1"时（代表"专用发票"），即用入库金额 ×16% 计算进项税额；当 O8 单元格中数据为"2"时（代表"普通发票"），则进项税额为 0，"价税合计"金额即输入的含税"入库金额"；❸ 在 J8 单元格（"价税合计"）中设置简单求和公式即可，公式为"=ROUND(H8+I8,2)"→将 O8 与 J8 单元格中的公式向下填充即可，如下图所示。

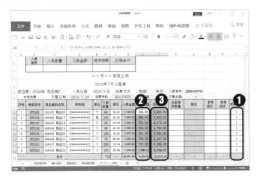

第5步 商品入库时应当核对实际进价是否与供应商预先报价一致，如果略有差异，属于正常情况，如果价格出入太大，就能及时发现问题，迅速与供应商沟通解决。因此，在输入每项商品入库信息的同时也需要查看之前在"商品资料"工作表中输入的"未税进价"或"含税进价"，再根据本单入库数量计算"参考成本"。❶ 在 M8 单元格中设置公式"=IFERROR(IF($O8=1,VLOOKUP(C8,商品资料!E:J,6,0),IF($O8=2,VLOOKUP(C8,商品资料!E:K,7,0))),0)"；❷ 在 N8 单元格中设置公式"=ROUND(F8*M8,2)"→将 O8 与 N8 单元格中的公式向下填充即可，如下图所示。

第6步 在 M 列与 I 列中设置条件格式，当实际进价高于供应商报价时，加粗字体，提醒相关人员予以处理。❶ 选中 M8 与 I16 区域→打开"开始"选项卡"条件格式"→"新建格式规则"对话框→在"选择规则类型(S):"列表框中选择"使用公式确定要设置格式的单元格"选项，在"为符合此公式的值设置格式(O)"文本框中输入公式"=G8>M8"（"单价"大于"参考进价"），单击"格式"按钮；❷ 在"字体"选项卡的"字形(O):"列表框中选择"加粗"选项，单击"确定"按钮关闭对话框（日常工作中根据实际需求设置其他格式即可），如下图所示。

| 225

设置效果如下图所示。

格中输入任意数字，如输入"30 000"，效果如下图所示。

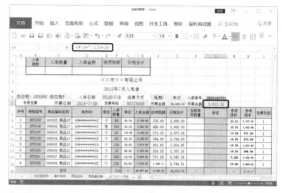

第8步 最后在B2:G2区域中设置公式汇总当月所有单据的各个项目的数据。为展示公式效果，首先将"入库金额"调整为与"参考成本"相近的数据→复制第1张入库单，粘贴2张至下方同列次区域中（共3张入库单），填入虚拟数据。❶ 在B2单元格中设置公式"=COUNTIF(D:D," 入库日期 ")"统计当月入库单数；❷ 在C2单元格中设置公式"=SUMIF($A:$A," 合计 ",F:F)"汇总当月入库总数量；❸ 在D2单元格中设置公式"=SUMIF($A:$A," 合计 ",H:H)"汇总当月"入库金额"→向右填充公式即可，效果如下图所示。

温馨提示

从上图中可看到"单价"与"参考进价"的差异较大，这是由于之前为展示公式效果任意输入了"入库金额"而导致的。实际经营活动中，供应商预先报价与实际进价一般不会出现较大差异。

第7步 实际工作中的流程通常是"货到入库→供应商开具发票送达客户→客户收到发票后按照账期支付货款"，开票金额在实际收到发票时填入，设置公式检验本单入库金额与开票金额是否存在差异，以便及时与供应商沟通处理。在L6单元格中设置公式"=IF(J6="",0,J16-J6)"，计算供应商开票金额与本单入库金额之间的差异。在J6单元

温馨提示

K列（"当期库存数量"）暂时空置，将设置公式链接进销存明细表中的期末结存数量，便于即时掌握库存数量的动态变化状况。本节将在后续制作完成"2018.07进销存"明细表后再行设置。

9.2.2 制作销售出库单

本节将讲解制作"销售出库单"的方法,并分享销售管理方面的思路。销售出库单的表单格式与采购入库单大同小异;在项目设置方面,商品基础类信息与采购入库单完全一致,其他项目内容因销售环节的业务特点与采购入库环节不同,所以与采购入库单有所差别。因此,本节将着重讲解在这些不同项目中,如何运用函数设置公式,高效完成工作目标的具体方法与步骤。

第1步 新建一张工作表,重命名为"2018.07销售单"→将整张"2018.07入库单"工作表复制、粘贴至"2018.07销售单"工作表中→修改相关项目名称与原表单中的虚拟数据→保留添加与销售业务相关的项目,如"折扣率"等。表单中灰色项目仍然设置为手工输入,其他项目全部设置为公式自动运算,如下图所示。

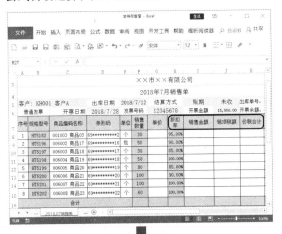

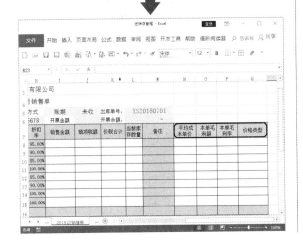

第2步 设置查找引用公式,链接"商品资料"工作表中的商品"单价"。注意"销售出库单"工作表中的"单价"需要参考预先与客户商定的价格类型。❶ 制作价格类型的下拉菜单。选中Q8:Q15区域→打开"数据验证"对话框→将"序列"的"来源"设置为"=商品资料!$L$2:$O$2"即可。❷ 在Q8:Q15区域的单元格中任意选取价格类型,用以验证"单价"项目公式的正确性→G8单元格中设置公式"=VLOOKUP(C8,商品资料!$E:$Z,MATCH(Q8,商品资料!$2:$2,0)-4,0)",按照Q8单元格中选择的价格类型("经销价45%"),在"商品资料"工作表中查找并返回C8单元格中的商品编码名称→向下填充公式;❸ 在I8单元格中设置公式"=ROUND(F8*G8*H8,2)",根据销售数量、折扣率计算销售金额,折扣率为"100%"代表无折扣,按原价销售;❹ 在J8单元格中设置公式"=ROUND(I8*0.16,2)",计算销项税额;❺ 在K8单元格中设置公式"=ROUND(SUM(I8:J8),2)",计算价格合计金额;❻ 选中I8:K8区域,向下填充公式即可,如下图所示。

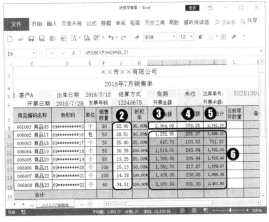

第3步 在辅助核算区域中设置公式计算成本利润（率），表单中设置项目名称为"本单毛利额"与"本单毛利率"（成本利润），设置以上两个项目的作用是：在开具销售出库单的同时监测毛利（率）高低变化情况，有利于及时发现低毛利（率），并予以纠正处理，有效避免因低毛利（率）导致企业蒙受经济损失。❶分别填入每项商品的"平均成本单价"→在O8单元格中设置公式"=ROUND(I8-(N8*F8),2)"，计算毛利额。会计公式为：销售金额-数量×平均成本单价；❷在P8单元格中设置公式"=IFERROR(O8/I8,0)"，计算毛利率；❸将O8:P8区域中的公式向下填充；❹在I16:K16区域、O16单元格中设置简单求和公式，分别汇总各项目数据，如下图所示。

> **温馨提示**
> N列中的"平均成本单价"将在9.2.3节制作完成进销存明细表后，修改为公式，动态链接进销存明细表中的相关数据。

第4步 由于表单中每项商品的折扣率和毛利率均有所差异，因此这里需要在P16和H16单元格中分别设置不同的公式进行计算。❶P16单元格的公式其实与P8:P15区域中所有单元格的公式一致，直接按下"Ctrl+D"组合键即可；❷H16单元格计算整单折扣率比较麻烦，其会计公式为"折扣后的销售金额÷折扣前的销售金额（按原价计算销售金额）"。表单中I3:I15区域中单元格的数据即"折扣后的销售金额"，所以接下来必须计算得出"按原价计算的销售金额"才能准确计算整单

折扣率。常规的方法通常是：增加一个列次→通过公式"数量×单价"计算得出每项商品的"折扣前的销售金额"→汇总求和每项的销售金额→计算整单折扣率。其实，只需设置计算折扣率的普通公式，在其中嵌套区域乘积求和函数SUMPRODUCT即可一步计算得出整单折扣率。在H16单元格中设置公式"=I16/SUMPRODUCT(F8:F15*G8:G15)"，如下图所示。

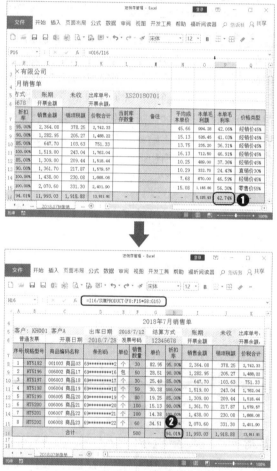

公式中"SUMPRODUCT(F8:F15*G8:G15)"的含义是：将F8:F15区域与G8:G15区域每一相同行次的两个数值的乘积汇总求和。其中"PRODUCT"的含义即"乘积"，是Excel中的函数，可以独立运用。

第5步 汇总当月各项目数据的合计数。"销售出库单"制作完成后，直接复制整张单据，粘贴至下面同列次位置的区域中，修改其中的商品基

础信息，即可生成新的"销售出库单"，接下来在 B2:G2 区域中设置统计、汇总公式。❶ 在 B2 单元格中设置公式"=COUNTIF(D5:D188,"出库日期")"，统计当月发生销售的所有单据的份数；❷ 在 C2 单元格中设置条件求和公式"=SUMIF($A:$A,"合计",F:F)"，汇总当月销售出库的商品数量的总合计数；❸ 在 D2 单元格中设置公式"=SUMIF($A:$A,"合计",I:I)"，汇总当月所有单据的销售金额总额；❹ 将 D2 单元格公式向右填充至 E2、G2 单元格中即可，如下图所示。

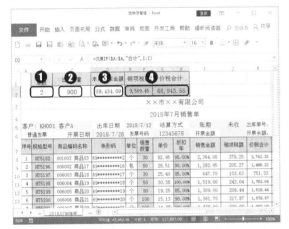

温馨提示

实际工作中，如果发生采购返厂或销售退货的业务，则只需在以上单据中输入相关数据的负数，或者直接复制、粘贴单据模板，将标题分别修改为"采购返厂单"和"销售退货单"即可使用。

9.2.3 生成动态进销存明细表

在企业的实际经营活动中，每天都有可能发生采购入库和销售出库的业务，所以财务人员每月都必须汇总大量的入库或出库的相关数据，同时核算并结转当月成本。而采购入库单与销售出库单中所记录的商品出入库的相关数据信息是分散和重复的，这样就给统计和汇总等财务核算工作带来极大的不便。针对这个问题，本节将运用 Excel 制作一张几乎完全动态、自动化的"进销存明细表"，在发生出入库业务、输入单据的同

时，即可自动统计汇总每项商品的入库、出库、结存等数据，并且展现商品即时动态库存的数量和金额变化，以便相关部门及时备货或掌控货物出入库数量。而财务人员只需审核出入库单据，并对"进销存明细表"中的各项数据加以严密监控、及时核对无误即可。下面讲解具体方法与操作步骤。

1. 新增商品信息自动添加

实际工作中，每当接收到供应商提供的新的商品基础信息，必然需要手工输入或复制、粘贴至企业自制的"商品资料明细表"中，这项工作是不可避免和简化的。而在"进销存明细表"中也是以商品编码名称为依据设置公式在出入库单据中取数，以实现数据自动汇总。因此，每新增一项商品信息，在"进销存明细表"中也必须要同时添加上这项信息。如果再次手工输入，既耗时费力，也难以保证其与"商品资料明细表"中的同一商品信息完全相符。存在一字之差，或者输入时因手误在字符之间无意中插入一个空格或符号，都会导致公式取数出错，进而引起后续一系列数据产生误差。其实，对于这个问题同样可以在表格中设置公式，让新增商品的相关信息自动添加至"进销存明细表"中。下面分享制作思路，并讲解具体步骤。

第1步 在"进销存管理"工作簿中新建一张工作表，重命名为"2018.07进销存"→绘制基础表格→设置表格格式和各项目名称→根据当前商品信息数量编制序号，或者预先设置好序号。本例将序号增加至 36 个，如下图所示。

第2步 ❶ 在 B6 单元格中设置公式 "=IFERROR(VLOOKUP($A6,商品资料!$A:E,5,0),"-")"，在"商品资料"工作表中查找引用 A6 单元格中的序号"1"所对应的 E 列中的"商品编码名称"信息。需要注意的是，这里是运用 VLOOKUOP 函数以序号为依据进行查找的，因此此处的序号与之前制作的出入库单据中的序号不同，不宜设置公式自动编号，而是预先编制。❷ 在 C6 单元格中设置公式 "=IFERROR(VLOOKUP($B6,商品资料!$E:F,2,0),"-")"，根据 B6 单元格中的"商品编码名称"在"商品资料"工作表中的 F 列中查找对应的"规格型号"（或同样设置为以"序号"查找）→向右填充 C6 单元格的公式至 D6 单元格中→将公式中的数字"2"修改为"3"即可（或将以上 3 个公式中的数字部分用"MATCH"函数公式替换）。❸ 将 B6:D6 区域中的公式向下填充至 B7:D41 区域的所有单元格中即可，如下图所示。

以上设置所实现的效果是：在"商品资料"工作表中输入新增商品信息的同时，"2018.07 进销存"工作表中同时列示新增商品，无须再次手动输入。实际应用时，应尽量在其他需要列示商品基础信息的工作表中预先编好顺序号码。

第3步 测试公式的准确性。切换至"商品资料"工作表→在"商品 31"后面输入两条商品信息。此时"2018.07 进销存"工作表中 B36:D37 区域的单元格中已自动列示出完全相同的商品信息，如下图所示。

2. 核算进销成本和平均单价

核算进销成本的方法非常简单，运用单条件求和函数 SUMIF 设置公式，分别汇总"2018.07 入库单"与"2018.07 销售单"工作表中的数量与金额即可。这里预先在 E6:G37 区域内填入虚拟期初数据，以便展示公式效果。

第1步 ❶ 在 H6 单元格中设置公式 "=SUMIF('2018.07 入库单'!$C:$C,$B6,'2018.07 入库单'!F:F)"，汇总"001001 商品 01"在 2018 年 7 月内的入库总数量→在 J6 单元格中设置公式 "=SUMIF('2018.07 入库单'!$C:$C,$B6,'2018.07 入库单'!H:H)"，汇总"001001 商品 01"在 2018 年 7 月发生的入库总金额→在 I6 单元格中设置公式 "=IFERROR(ROUND((G6+J6)/(E6+H6),2),0)"，核算平均成本单价。其会计公式为：（期初库存金额＋本期入库金额）÷（期初库存数量＋本期入库数量）。❷ 将 H6:J6 区域中的公式向下填充至 H7:J41 区域的所有单元格中，即可汇总其他商品的入库数量与金额。❸ 在 H5 与 J5 单元格中设置简单的求和公式，汇总当月所有商品入库总数量与总金额，并与"2018.07 入库单"中的汇总数据核对是否一致，效果如下图所示。

第9章
实战：进销存管理与数据分析

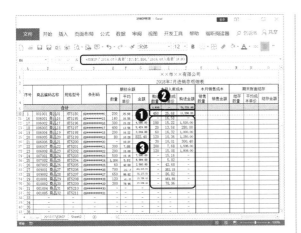

第2步 ❶ 在 K6 单元格中设置公式 "=SUMIF('2018.07 销售单'!$C:$C,$B6,'2018.07 销售单'!F:F)"，汇总"001001 商品 01"的 7 月销售数量；❷ 核算销售成本时须注意，这里并非是要汇总"2018.07 销售单"工作表中的销售金额，而是计算已销售商品对应的成本金额，会计公式为：销售数量 × 平均成本单价。因此，L6 单元格中应设置公式 "=ROUND(I6*K6,2)"；❸ 将 K6:L6 区域中的公式向下填充至 K7:L41 区域的所有单元格中。在 K5 与 L5 单元格中同样运用 SUM 函数设置求和公式即可，如下图所示。

3. 核算期末结存数据与盘存差异

核算期末账面结存数据的会计公式是："期初余额+本期购进−本期销售=期末结存"。因此，进销存明细表中的公式也很简单，直接在同一表格中按照会计公式的思路设置即可，无须链接其他工作表中的数据。而盘存差异则需在月末对商品实物进行盘存后，根据实际盘存数量核算账面数据与实际盘存数据的差异，并对差额做财务处理。

第1步 ❶ 在 M6 单元格中设置公式 "=E6+H6-K6"，计算期末结存数量；在 O6 单元格中设置公式 "=ROUND(G6+J6-L6,2)"，计算期末结存金额；在 N6 单元格中设置公式 "=IFERROR(ROUND(O6/M6,2),0)"，计算期末平均成本单价。❷ 将 M6:N6 区域中的公式填充至 M7:N41 区域的所有单元格即可；❸ 在 M5、O5 单元格中设置简单求和公式，汇总当月所有商品的结存数量和结存金额，如下图所示。

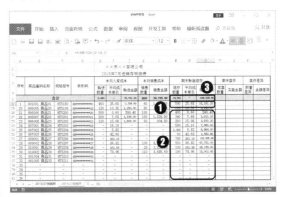

第2步 实际工作中，企业通常采用"见物盘物"的方式对实物进行盘存，之后再由工作人员按照盘存时记录的信息输入 Excel 表格中。因此，这里预先新建一张工作表，命名为"2018.07 盘存表"，用于输入商品实盘数量。表格项目设置与制作都非常简单，具体为：绘制表格→设置好各项目名称→按照实物盘存表上记载的商品规格型号顺序依次输入表格→运用 VLOOKUP 函数将"商品编码名称""条形码"等基础信息从"商品资料"工作表中查找引用至"2018.07 盘存表"中相同项目名称所在区域即可。其中 E 列（"实盘数量"）中的数字即为盘存后输入的每项商品实际盘存的数量，如下图所示。

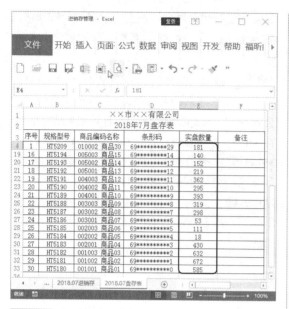

> **温馨提示**
> 工作中实际应用"进销存明细表"时,可将其中的"期初余额"项目所在区域也设置为公式,自动链接引用上一期的"期末余额"数据。

4. 设置存货紧缺预警提示

实际工作中,企业都会根据销售情况为每项商品设置最低安全库存量,当库存数量低于最低安全库存量时,就必须提前制订采购计划,备足货物,以避免因缺货而影响销售额。下面介绍在Excel表格中运用"条件格式"设置"存货紧缺预警"提示的方法。为便于讲解,本例将所有商品的最低安全库存量均设定为"200"。

❶ 选中"2018.07 进销存"工作表中的 M6:M41 区域→打开"条件格式"→"新建格式规则"对话框→在"选择规则类型"列表框中选择"只为包含以下内容的单元格设置格式"选项;❷ 在"编辑规则说明"编辑框内的下拉菜单中设定条件,即依次选择"单元格值""小于"→在文本框中输入数字"200";❸ 单击"格式(F)"按钮打开"设置单元格格式"对话框;❹ 在"填充"选项卡中选择任意颜色或设置为其他格式→单击"确定"按钮返回"新建格式规则"对话框,再次单击"确定"按钮即完成设置,如下图所示。

第3步 切换至"2018.07 进销存"工作表核算盘存差异。❶ 在 P6 单元格中设置公式"=VLOOKUP($C:$C,'2018.07 盘存表'!$B:E,4,0)",查找引用"2018.07 盘存表"工作表中每项商品的"实盘数量";在 Q6 单元格中设置公式"=ROUND(N6*P6,2)",计算实际盘存的库存金额;❷ 在 R6 单元格中设置公式"=P6-M6",计算实际盘存与账面余额的数量差异。在 S6 单元格中设置公式"=ROUND(Q6-O6,2)",计算实际盘存与账面余额的金额差异;❸ 将 P6:S6 区域的单元格公式向下填充至 P7:S41 区域的所有单元格中;❹ 在 P5:S5 区域的单元格中设置简单求和公式,汇总所有商品的相关数据即可,如下图所示。

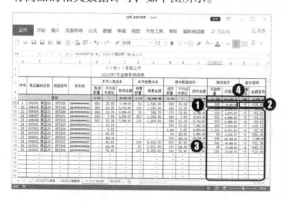

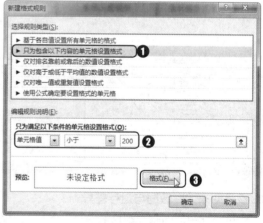

第 9 章

实战：进销存管理与数据分析

变化。

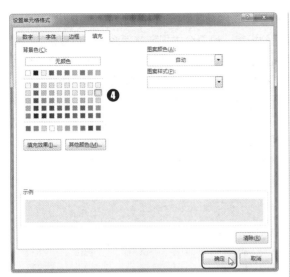

❶ 切换至"2018.07入库单"工作表→选中 K8 单元格，设置公式"=VLOOKUP($C8,'2018.07进销存'!$B:M,12,0)"，将公式向下填充至 K8:K15 区域的所有单元格中；❷ 将"2018.07进销存"工作表中包含"存货紧缺预警提示"条件格式的任一单元格格式复制、粘贴至"2018.07入库单"工作表中的 K8:K15 区域即可，效果如下图所示。

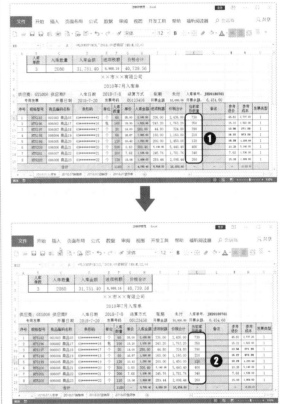

设置完成后，可看到 M6:M41 区域中数字小于"200"的单元格已自动填充为设定的颜色，效果如下图所示。

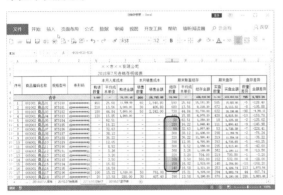

5. 出入库单据链接库存数量

最后将"2018.07进销存"工作表中的数据链接至入库单与出库单中，并同步显示存货紧缺预警提示，以便随时掌控商品库存的动态

按照以上步骤对"2018.07销售单"做相同设置即可。

9.3 销售数据统计与分析

案例背景

日常工作中，企业经常要求销售会计从不同角度对销售额、毛利额等数据进行整理、统计、汇总和分析，以衡量每项商品的盈利能力及其对企业获得利润所做贡献的大小，并通过数据分析商品畅销或

| 233

滞销的原因，帮助企业找出问题、解决问题。这些工作具体实施时虽然也很烦琐和复杂，但是只要有思路和方法，仍然可以充分运用Excel制作相关销售数据分析表，设置公式规范管理数据，将复杂的事情简单化，高效完成工作任务。因此，本节将讲解制作几张实际工作中具有代表性的销售数据管理分析表格，主要包括销售排行榜、销售数据综合查询汇总表、销售达标率统计表等，如下图所示，而核心内容依然是如何设置公式自动运算，尽量减少手工操作和人工核算，以保证数据精准无误。同时，本节将穿插介绍部分美化表格的操作技巧，以及相关动态图表和部分“表单控件”的作用与制作方法，以配合数据源表格对数据进行查询、汇总和分析，使具体操作更加便捷，数据展示更为直观、生动。

本节实例最终效果见“结果文件\第9章\销售数据分析.xlsx、销售达标分析表.xlsx”文件。

××市××有限公司商品销售排行榜

2018年7月　○按销售额排行　◉按毛利额排行　○按毛利率排行

名次	商品编码名称	销售金额	毛利额	毛利率
	合计	112,910.67	46,678.97	41.34%
1	010002 商品30	16,748.90	8,063.30	48.14%
2	009002 商品28	16,399.05	7,717.05	47.06%
3	003003 商品09	15,990.00	5,124.00	32.05%
4	004002 商品11	9,576.00	4,464.00	46.62%
5	010001 商品29	7,180.00	3,949.00	55.00%
6	003001 商品07	5,499.90	2,236.90	40.67%
7	001003 商品03	4,391.68	2,125.08	48.39%
8	002002 商品05	4,546.00	2,045.60	45.00%
9	001001 商品01	3,252.99	1,712.19	52.63%
10	003002 商品08	9,238.00	1,614.00	17.47%
11	004001 商品10	6,028.20	1,208.20	20.04%
12	006008 商品23	2,070.60	1,165.80	56.30%
13	006007 商品22	2,387.32	1,158.52	48.53%
14	002001 商品04	2,008.68	1,057.68	52.66%
15	006004 商品19	1,519.00	712.50	46.91%
16	006002 商品17	1,282.95	526.45	41.03%

供应商

××市××有限公司
销售汇总表

序号	项目	销售数量	销售金额	毛利额	毛利率
1	GYS001 供应商A	140	8,527.87	4,313.67	50.58%
2	GYS002 供应商B	120	7,144.48	3,368.68	47.15%
3	GYS003 供应商C	740	39,750.62	12,926.82	32.52%
4	GYS004 供应商D	1,220	18,030.65	6,645.05	36.85%
5	GYS005 供应商E	690	8,658.54	2,292.54	26.48%
6	GYS006 供应商F	1,010.00	26,164.47	12,382.97	47.33%
7	GYS007 供应商G	-	-	-	0.00%
8	GYS008 供应商H	-	-	-	0.00%
9	GYS009 供应商I	100.00	16,399.05	7,717.05	47.06%
10	GYS010 供应商J	130.00	23,928.90	12,012.30	50.20%

××市××有限公司
销售指标达成率统计表

全年总指标　1,440.00

已完成销售额　801.55　　单位：万元

2018年	月销售金额	达成率	勾选月份
1月	120.50	100.42%	☑
2月	110.68	92.23%	☑
3月	108.18	90.15%	☑
4月	96.65	80.54%	☑
5月	98.36	81.97%	☑
6月	83.68	69.73%	☑
7月	88.28	73.57%	☑
8月	95.22	79.35%	☑
9月			☐
10月			☐
11月			☐
12月			☐
合计	801.55	55.66%	

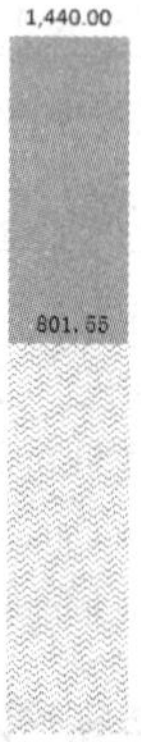

9.3.1 创建动态销售排行榜

“销售排行”即对销售额进行排序，排序在Excel中最简单的方式是直接单击“快速访问工具栏”中的升序或降序按钮。但是这种方法仅适用于临时、急需的数据需求。而对商品销售额或其他相关数据排序，是一项常态化的工作，因此，最高效的方法是预先制作一张“排行榜”表格，运用函数在表格中

第 9 章
实战：进销存管理与数据分析

设置公式判断数据的高低顺序，再使其自动"上榜"，并按各自的名次"对号入座"。

1. 制作商品销售汇总表

由于商品销售汇总表中各项数据需要直接在"销售出库单"中取数，同时为了实现在同一张工作表中按月汇总数据，因此本节已预先在"2018.07出库单"工作表中虚拟增加制作了6张销售出库单，单据日期分别设定为7月和8月，并将工作表名称修改为"2018销售单"。下面讲解具体方法和步骤。

第1步 为保证销售汇总表取数准确，首先在"2018销售单"工作表每份出库单表格中扩展添加辅助列：将R7:S16区域绘制为表格，设置项目名称为"客户""日期"；❶ 在R8单元格中设置公式"=A5"，链接出库单表头A5单元格中列示的客户名称；❷ 在S8单元格中设置公式"=TEXT(D6,"YYYY年M月")"，链接出库单表头D6单元格中输入的日期，并将其转化为文本格式；❸ 在R9单元格中设置公式"=R8"，S9单元格设置公式"=S8"→将R9:S9区域中的公式填充至R10:S15区域的所有单元格中，如下图所示。

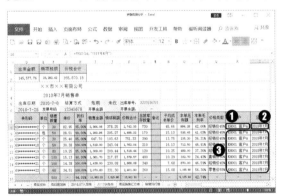

其他出库单用同样的方法制作即可。

第2步 新建一张工作表→命名为"商品销售汇总表"→绘制空白表格，并设置好各项目名称及单元格格式→预先编制序号，如下图所示。

其他项目数据全部通过公式自动运算。

第3步 ❶ 在B5单元格中设置公式"=IFERROR(VLOOKUP($A5,商品资料!$A:E,5,0),"-")"，根据序号查找引用"商品资料"工作表中相同序号对应的"商品编码名称"；❷ 在C5单元格中设置公式"=IFERROR(VLOOKUP($B5,商品资料!$E:F,2,0),"-")"，根据B5单元格列示的商品编码名称查找引用"商品资料"工作表中与之对应的"规格型号"→将C5单元格的公式向右填充至D5、E5单元格中；❸ 将B5:E5区域中的公式向下填充至B6:E34区域的所有单元格中，如下图所示。

第4步 ❶ 在B2单元格中制作下拉菜单：选中B2单元格→打开"数据验证"对话框→将"序列"的"来源"设置为"全年,2018年7月,2018年8月"→单击"确定"按钮，关闭对话框；❷ 在B2单元格下拉菜单中任意选择一个选项。这里

选择"2018 年 7 月"选项。在 F5 单元格中设置公式"=IF($B$2=" 全年 ",SUMIF('2018 销售单 '!$C:$C,$B5,'2018 销售单 '!F:F),SUMIFS('2018 销售单 '!F:F,'2018 销售单 '!$C:$C,$B5,'2018 销售单 '!$S:$S,($B$2)))"。公式含义如下。

如果 B2 单元格的数值为"全年",则按单条件汇总"2018 销售单"工作表 C 列中包含与 B5 单元格相同数值的单元格对应的 F 列的值,即汇总销售数量。否则按多条件汇总销售数量,须满足的条件为:"2018 销售单"工作表 C 列与 S 列单元格的值分别包含 B5、B2 单元格中的字符。

❸ 将 F5 单元格的公式向下填充至 F6:F34 区域的所有单元格中。此时公式运算结果为:每项商品在 2018 年 7 月的销售汇总数量,如下图所示。

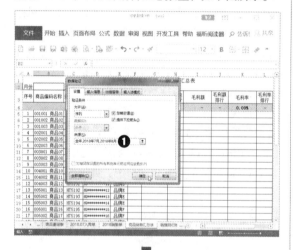

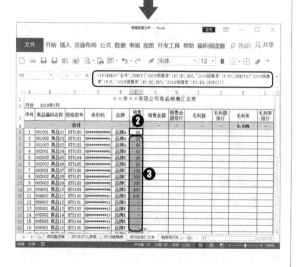

第 5 步 ❶ H5 单元格运用"排名"函数 RANK 设置公式"=IF(G5=0,0,RANK(G5,G$5:G$34,0))",返回 G5 单元格中的数字在 G5:G34 区域中按降序排列的顺序号(如果按升序排列,则将 RANK 函数公式中数字"0"修改为"1"即可)。将 H5 单元格的公式向下填充至 H6:H34 区域的单元格中→除"毛利率"项目外,其他项目数据及排名均按照以上方法设置公式即可。❷ K5 单元格("毛利率")不必链接其他工作表,直接根据会计公式设置函数公式计算毛利率,公式为"=IFERROR(I5/G5,0)",将 K5 单元格的公式向下填充至 K6:K34 区域的所单元格中,最终效果如下图所示。

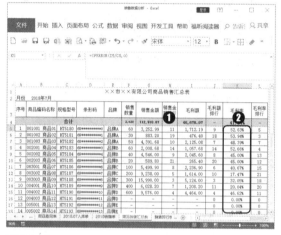

第 6 步 测试公式的准确性。在 B2 单元格下拉菜单中分别选择"全年""2018 年 8 月"选项。可看到 F5:M34 区域中的数字跟随 B2 单元格所列内容的变化而改变,如下图所示。

第9章
实战：进销存管理与数据分析

2. 生成动态销售排行榜

本节对于"动态销售排行榜"的制作思路是：主要运用VLOOKUP函数设置公式，结合Excel中的"开发工具"功能制作"表单控件"，分别按照"销售金额""毛利额""毛利率"3项不同项目标准，以预先编制好的"序号"作为固定的排列顺序，在"商品销售汇总表"工作表中查找并引用与"序号"相对应的排名数据。

新建一张工作表，命名为"销售排行榜"→绘制表格，设置好各项目名称和单元格格式，然后按照以下步骤操作。

第1步 ❶ 在D4单元格中设置简单求和公式"=ROUND(SUM(D5:D34),2)"→E4单元格的公式设置相同；❷ 在F4单元格中设置公式"=IFERROR(E4/D4,0)"，计算毛利率；❸ 按照"商品资料"工作表中列举的商品个数（30个）预先编制好顺序号码，依次编至第"30"项即可，如下图所示。

接下来运用"开发工具"功能制作表单控件。

第2步 添加"开发工具"选项卡。一般情况下，Excel的初始窗口的功能区中并没有"开发工具"选项卡，需要手动添加。❶ 打开"Excel 选项"对话框→选择左侧列表中的"自定义功能区"选项；❷ 在右侧"自定义功能区"区域"主选项卡"列表框中选择"开发工具"选项→单击"确定"按钮，关闭对话框返回主窗口即可，如下图所示。

第3步 插入表单控件。❶ 依次选择"开发工具"选项卡→"插入"→"表单控件"→"选项按钮"选项；❷ 在空白区域绘制一个"选项按钮"控件→在其上右击→在快捷菜单中选择"设置控件格式"选项，打开"设置控件格式"对话框；❸ 选中"控制"选项卡中的"已选择"单选按钮；❹ 在

| 237 |

"单元格链接："文本框中输入"F1";❺选中"三维阴影"复选框→单击"确定"按钮关闭对话框,如下图所示。

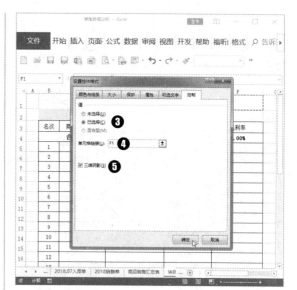

第4步 ❶选中"选项按钮"控件→在其上右击→在快捷菜单中选择"编辑文字"选项→将控件中的原名称修改为"按销售额排行";❷复制"选项按钮"控件并粘贴两次后,共有3个控件,将另外两个控件的名称分别修改为"按毛利额排行""按毛利率排行"→调整好控件大小和格式,并将3个控件放置于合适的区域,如下图所示。

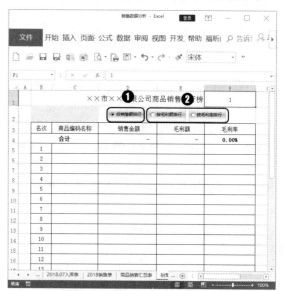

"选项按钮"控件的作用是:单击其中一个控件,F1单元格中的数字显示为与控件个数对应的数字。注意这是一个"单选"控件,即每次仅能选择其一,不能同时选择两个及以上控件。例如，本例依次单击"按销售额排行""按毛利额排行""按毛利率排行"控件，F1 单元格即依次显示数字"1""2""3"。

第 5 步 C5 单元格运用 IF 函数与 VLOOKUP 函数嵌套公式，根据 F1 单元格显示的不同数字，分别按照 B5 单元格中的数字，在"商品销售汇总表"B5:B34 区域范中逆向查找并返回与"销售排行榜"工作表中 B5 单元格中序号相同的按照不同标准排名所对应的"商品编码名称"。具体公式为："=IF($F$1=1,IFERROR(VLOOKUP($B5,IF({1,0},商品销售汇总表!$H$5:$H$34,商品销售汇总!$B$5:$B$34),2,0),""),IF($F$1=2,IFERROR(VLOOKUP($B5,IF({1,0},商品销售汇总表!$J$5:$J$34,商品销售汇总表!$B$5:$B$34),2,0),""),IF($F$1=3,IFERROR(VLOOKUP($B5,IF({1,0},商品销售汇总表!$L$5:$L$34,商品销售汇总表!$B$5:$B$34),2,0),""))))"。

以上公式看似很长很复杂，其实很好理解。公式共嵌套了 3 层 IF 函数公式，表明设定了 3 个条件，其含义与作用相同，下面只需对第 1 层公式稍做解释，即可理解整个公式的含义。

如果 F1 单元格中的数值为"1"（代表"按销售额排行"），则在"商品销售汇总表"工作表的 H5:H34（"销售金额"）区域中查找与数字"1"相同的单元格并返回与之对应的 B5:B34 区域中的同一行次的数值。

通俗的解释是：在"商品销售汇总表"工作表中查找按照"销售金额"排名为第 1 名的那一项商品的编码名称，并显示在"销售排行榜"工作表中对应序号为"1"的 C5 单元格内。另外两层公式以此类推理解即可。

将 C5 单元格中的公式向下填充至 C6:C34 区域的所有单元格中。分别单击 3 个控件，即可看到 C6:C34 区域中列示的"商品编码名称"的排列顺序在随着 F1 单元格中数字的改变而发生变化，如下图所示。

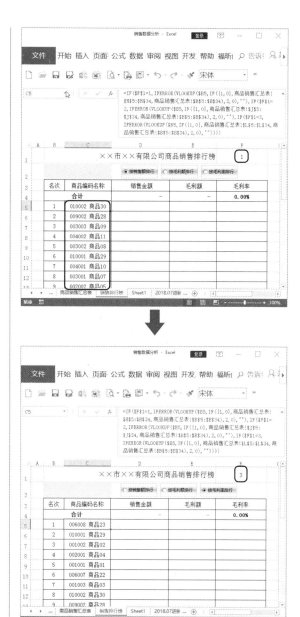

第 6 步 "销售金额"与"毛利额"项目的数据均可根据 C5 单元格列示的商品编码名称，运用 VLOOKUP 函数设置简单的查找引用公式即可返回相应的数据。❶ 在 D5 单元格中设置公式"=IFERROR(VLOOKUP($C5,商品销售汇总表!B:G,6,0),"")"。E5 单元格同样设置公式，查找并返回"毛利额"数值；❷ 在 F5 单元格中直接设置公式"=IF(C5=0,"",IFERROR(E5/D5,0))"，根据同一张表格中列示的"销售金额"与"毛利额"即可计算出

"毛利率"；❸ 将 D5:F5 区域中的公式向下填充至 D6:F34 区域的所有单元格中，如下图所示。

第7步 通过最后 3 步操作，即可实现在"销售排行榜"工作表中分别按照月份对各项数据排序。❶ 将"商品销售汇总表"工作表中包含下拉菜单的 B2 单元格直接复制、粘贴至"销售排行榜"工作表中的 B2 单元格内；❷ 切换至"商品销售汇总表"工作表，选中 B2 单元格→打开"数据验证"对话框→单击"设置"选项卡中的"全部清除"按钮→单击"确定"按钮关闭对话框；❸ 在 B2 单元格中设置公式"=销售排行榜!B2"即可，如下图所示。

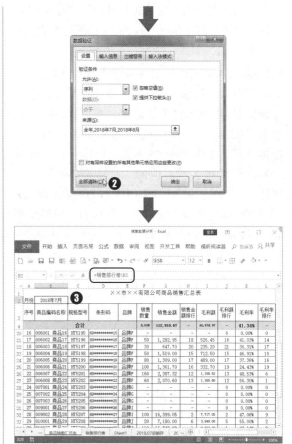

温馨提示

"商品销售汇总表"中清除了B2单元格中的下拉菜单，原因在于：由于B2单元格已经设置公式链接"销售排行榜"工作表中B2单元格内的数值。如果未清除下拉菜单，则在选择了任一备选项后，其中公式即可被自动清除。那么在"销售排行榜"中的B2单元格选择月份时就无法发挥作用。

3. 提升销售排行榜"颜值"

本节主要从"销售排行榜"工作表格式设置方面着手，综合运用"条件格式"功能提供的多种条件规则，对表格中各个细节的"可塑"之处进行改善设置，不仅提升表格的"颜值"，而且更能凸显表格中的数据，使之更为直观、清晰。

第1步 设置控件所链接的单元格中的数字字体，使其变换为趣味符号。❶ 选中 F1 单元格→单击"自定义快捷工具栏中"设置字体的下拉按钮，选择"Weingdings2"字体；❷ 将字号设置为"26 号"；

第9章
实战：进销存管理与数据分析

❸将"对齐方式"设置为"左对齐"即可，如下图所示。

续单击"确定"按钮，依次关闭以上两个对话框即可，如下图所示。

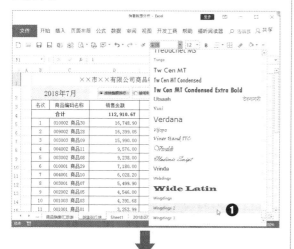

第2步 清除表格框线，在表格区域设置灰白相间的"斑马线"。❶选中 B3:F34 区域→打开"设置单元格格式"对话框→切换至"边框"选项卡，单击"预置"区域的"无"按钮→单击"确定"按钮关闭对话框；❷选中 B5:F34 区域→打开"条件格式"→"新建格式规则"对话框→在"选择规则类型："列表框中选择"使用公式确定要设置格式的单元格"选项→在"为符合此公式的值设置格式"文本框中输入公式"=MOD(ROW(),2)=1"→单击"格式"按钮，打开"设置单元格格式"对话框；❸切换至"填充"选项卡，在"背景色"颜色面板中选择"灰色"选项→连

| 241 |

以上设置完成后，效果如下图所示。

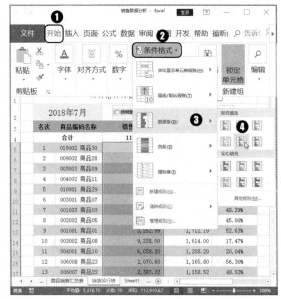

"毛利额""毛利率"项目中的数据按以上方法制作数据条即可，效果如下图所示。

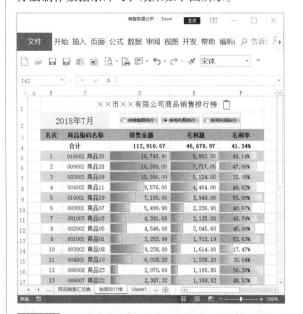

本例设定"条件格式"时，设置了公式"=MOD(ROW(),2)=1"，其中 MOD 函数用于计算两数相除的余数，函数语法是：MOD(number,divisor)。例如，设置公式"=MOD(5,3)"返回的结果是 2（5÷3=1……2）。ROW 函数用于自动返回本行的行数。整个公式含义是：如果本行的行数÷2的余数等于 1，则代表所在行数为奇数，则将单元格背景自动填充为灰色。设置这个条件格式后，无论在所设区域中插入或删除多少行次，奇数行都会自动填充为灰色，始终保持灰白相间的效果。

第 3 步 添加彩色数据条，使数据动态变化更加生动。❶选中"销售金额"数据所在区域 D5:D34→选择"开始"选项卡；❷单击"条件格式"下拉按钮；❸选择"数据条"选项；❹在"数据条"子菜单中选择任一选项即可，如下图所示。

第 4 步 未上榜商品名次的数字自动隐藏。前面在"销售排行榜"工作表的数据区域中设置公式时，已设定为当月销售数量为 0 时，则单元格内显示为空值，但是 B 列中代表"名次"的数字依然存在，如下图所示。

第9章
实战：进销存管理与数据分析

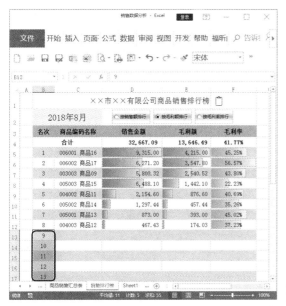

下面运用"条件格式"功能和单元格数据隐藏技巧，通过简单的操作即可使其按照设定的条件自动隐藏或显示。

❶ 选中B13单元格→打开"条件格式"→"新建格式规则"对话框→选择"选择规则类型："列表框中的"使用公式确定要设置格式的单元格"选项；❷ 在"为符合此公式的值设置格式"文本框中输入公式"=C13="""→单击"格式"按钮；❸ 系统弹出"设置单元格格式"对话框，切换至"数字"选项卡；❹ 在左侧"分类："列表框中选择"自定义"选项；❺ 在右侧"类型"文本框中输入3个分号";;;"→连续单击"确定"按钮，依次关闭对话框即可，如下图所示。

第5步 最后取消工作表网格线。打开"Excel选项"对话框→在左侧列表中选择"高级"选项→取消选中"显示网格线"复选框即可。

最终效果如下图所示。

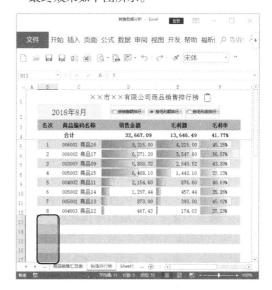

9.3.2 一表查询汇总分析销售数据

9.3.1节制作的销售汇总表及销售排行榜，是以每项商品名称为依据对销售数据进行查询汇总和分析的。而实际工作中，企业对于销售数据的分析需求远远不止于此，还需要从各种角度对数据进行多方位查询汇总。例如，要求账务人员分别按照供应商、客户、品牌、业务主管等类别对销售数据进行分类汇总。那么作为销售会计，应

| 243 |

该如何满足这一工作需求，并高效完成工作任务呢？制作Excel汇总表时，是否必须按类别分别制作销售汇总表，再分表查询汇总呢？当然是不必要的。其实只需运用函数设置嵌套公式，即可将以上项目类别的相关数据全部整合到一张工作表中，然后通过筛选方式，分别按照不同类别进行列示与汇总。具体操作方法其实也非常简单，参照9.3.1节制作"商品销售汇总表"与"销售排行榜"工作表的思路与公式设置方法即可实现这一目标。

1. 制作销售综合查询汇总表

由于"销售综合查询汇总表"工作表中即将增加"客户""供应商""品牌""业务主管"等项目，而这些项目的数据同样需要在"2018销售单"工作表中取数，因此应当预先在相应的基础资料表格中添加并设置以上基础信息。首先在"2018销售单"工作表中的每张销售出库单据的辅助核算区域添加辅助列，分别设置VLOOKUP公式，根据销售单据中的"商品编码名称"自动查找引用以上信息。具体设置方法按照9.3.1节制作"商品销售汇总表"工作表中的步骤操作即可，此处不再赘述。下面讲解综合查询汇总表的制作方法与步骤。

第1步 ❶ 新建一张工作表，命名为"综合查询汇总表"→绘制空白表格，根据工作需求设置好各个项目名称与单元格格式（B3单元格暂时空置，将设置公式自动显示不同的分类项目名称）→编制序号；❷ 在右侧空白区域预先设置好下拉菜单备选项目（分类汇总的项目），如下图所示。

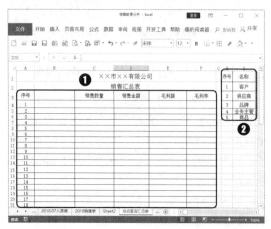

第2步 制作"下拉菜单"控件。❶ 依次选择"开发工具"选项卡，单击"插入"→"组合框"按钮；❷ 绘制一个控件，并打开"设置对象格式"对话框→在"数据源区域："文本框中输入"$I$2:$I$6"→在"单元格链接："文本框中输入"$A$1"→选中"三维阴影"复选框→单击"确定"按钮关闭对话框即可，如下图所示。

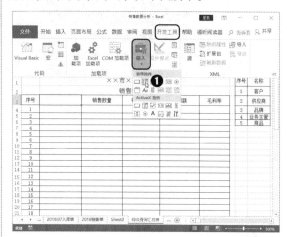

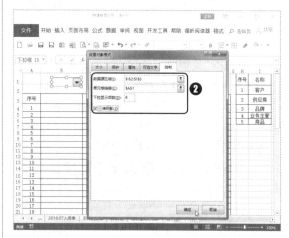

第3步 "下拉菜单"控件制作完成后，单击控件，下拉菜单即列示 I2:I6 区域中的项目名称。选择任意一项后，A1 单元格中即显示与之排列顺序相对应的数字。调整控件大小，并将其放置于合适的区域，如下图所示。

第 9 章
实战：进销存管理与数据分析

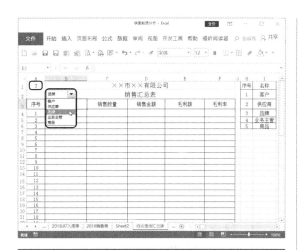

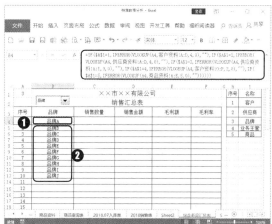

温馨提示

这里需要注意的是，下拉菜单控件与通过"数据验证"功能制作的下拉菜单对备选项目的"序列"排列方式的要求有所不同。前者要求比较严格，必须将备选项目排列在同一列次中，而后者将备选项目排列在同一列次或同一行次均可。

下面对表格中各区域设置公式。

第 4 步 ❶ 在 B3 单元格中设置公式"=LOOKUP($A$1,$H$2:$I$6)"，根据 A1 单元格中返回的数字查找并返回 H2:I6 区域中相同数字对应的项目名称；❷ 在 B4 单元格中设置公式"=IF($A$1=1,IFERROR(VLOOKUP(A4,客户资料!A:D,4,0),""),IF($A$1=2,IFERROR(VLOOKUP(A4,供应商资料!A:D,4,0),""),IF($A$1=3,IFERROR(VLOOKUP(A4,供应商资料!A:I,9,0),""),IF($A$1=4,IFERROR(VLOOKUP(A4,客户资料!O:P,2,0),""),IF($A$1=5,IFERROR(VLOOKUP(A4,商品资料!A:E,5,0),""))))))"，设定 5 个条件，按照 A1 单元格中的数字变化，在不同的基础信息工作表中查找并返回与 A4 单元格相同数字所对应的基础信息内容。将公式填充至 B5:B33 区域的所有单元格中，如下图所示。

公式效果：在下拉菜单中选择不同的备选项目，B4:B33 区域则列示不同项目下的明细内容。

第 5 步 接着在 C4:E33 区域中设置公式自动汇总各项目数据。❶ 在 C4 单元格中设置公式"=IF($A$1=1,SUMIF('2018销售单'!$R:$R,$B4,'2018销售单'!F:F),IF($A$1=2,SUMIF('2018销售单'!$U:$U,$B4,'2018销售单'!F:F),IF($A$1=3,SUMIF('2018销售单'!$T:$T,$B4,'2018销售单'!F:F),IF($A$1=4,SUMIF('2018销售单'!$V:$V,$B4,'2018销售单'!F:F),IF($A$1=5,SUMIF('2018销售单'!$C:$C,$B4,'2018销售单'!F:F))))))"，根据 B4 单元格中所列内容的变化，分别按照不同的类别汇总"2018销售单"工作表中的"销售数量"。这个公式虽然较长，但是其设计思路与 9.3.1 节制作的"商品销售汇总表"中的汇总公式如出一辙，含义也完全相同，只是增加嵌套了两层 IF 函数公式，请参照理解，不再赘述。❷ D4、E4 单元格均按此方法设置公式即可。在 F4 单元格中设置公式"=IF(D4=0,0,E4/D4)"，计算毛利率；❸ 将 C4:F4 区域中的公式向下填充至 C5:F33 区域的所有单元格中，如下图所示。

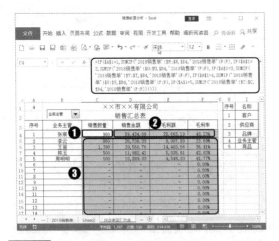

第6步 最后可将"下拉菜单"控件移至A1单元格，遮挡住其中的数字或调整字体，并参照9.3.1节中"销售排行榜"的"条件格式"设置方法，对表格格式进行相关调整和设置，如隐藏B4:B33区域中空白单元格所在区域的其他单元格中的数据、隐藏下拉菜单备选项目所在的H1:I6区域、设置自动填充单元格背景颜色、制作数据条或其他数据标识、取消工作表网格线等。这里需要提醒注意的是，H1:I6区域不得通过"自定义单元格格式"功能输入";;;"隐藏，否则与之链接的"下拉菜单"控件中的备选项目也会同时被屏蔽。正确的方法是：清除表格框线→采用"障眼法"将字体的颜色设置为与工作表背景色相同的颜色，同样可获得"隐藏"的效果，如下图所示。

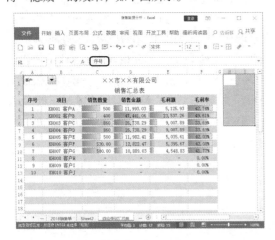

2. 创建动态数据透视图表

综合查询汇总表制作完成之后，下面在此基础上同步制作一份数据透视图与数据透视表，以便更直观地展示数据，并对数据进行更全面的对比和分析。同时，透视图表中的数据也可随着源数据的动态变化而更新。

第1步 插入数据透视图即可同时生成数据透视表，因此这里直接执行"插入数据透视图"的操作即可。❶选择"插入"选项卡；❷选择"数据透视图"→"数据透视图"选项；❸系统弹出"创建数据透视表"对话框→单击"表/区域:"文本框→按住鼠标左键不放，拖动鼠标选择源数据所在区域；❹为了便于讲解，在"选择放置数据透视图的位置"区域选中"现有工作表:"单选按钮；❺单击"位置(L):"文本框，选中工作表右侧空白区域中的任意一个单元格→单击"确定"按钮关闭对话框，如下图所示。

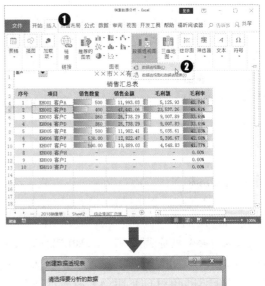

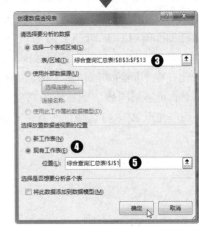

第2步 选中空白的"数据透视表"所在区域中

的任一单元格→右侧窗口显示"数据透视表字段"列表，依次选中需要分析数据的字段，数据透视表和数据透视图即同步列示相关数据，如下图所示。

第3步 更新数据透视图表数据。❶用鼠标拖动"下拉菜单"控件，将其移至数据透视图表区域中的空白处，以便观察图表中的数据变化→在控件的下拉菜单中另选一个项目，如选择"业务主管"项目；❷单击数据透视表区域中的任一单元格→在其上右击→选择快捷菜单中的"刷新"选项，即可更新数据，如下图所示。

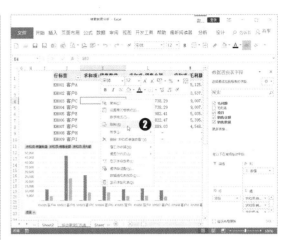

此时可看到数据透视图表中的所有数据已更新为与"业务主管"相关的数据，如下图所示。

3. 通过数据透视图表分析数据

运用数据透视表能够以各种方式或不同角度迅速对数据进行多方位求值和分析，且操作简单方便。下面结合以上案例示范操作方法。

第1步 改变数值显示方式，分析数据比例。如果需要查看每位业务主管完成的销售额或毛利额对总额的占比情况，可直接在数据透视表中一键获取。❶选中数据透视表中"销售金额"项目数据所在区域，即 L2:L6 中的任一单元格，在其上右击→选择快捷菜单中的"值显示方式"选项；❷选择子菜单中的"总计的百分比"选项，即可计算得出每位业务主管的销售额占比数据，同时数据透视图中的柱形图也随之发生变化，如下图所示。

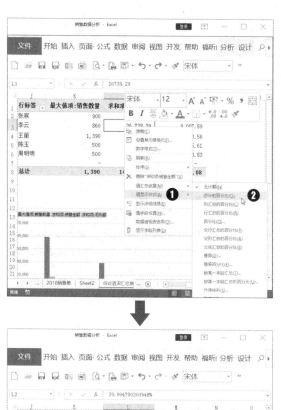

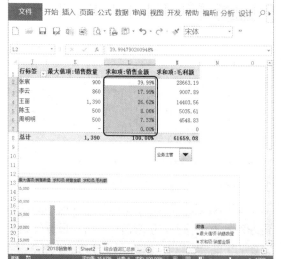

温馨提示

如果要恢复显示"销售金额"数据，则再次选择快捷菜单中的"值显示方式"选项，在其子菜单中选择"无计算"选项即可。

第2步 转换行列，换个角度分析数据。目前透视图表中是以每位业务主管作为一个类别，用柱形图比较各自的"销售数量""销售金额"与"毛利额"的高低。如果需要以每一项目为一个类别，对比每位业务主管的业绩，则可将图表中的行列互换。❶选中图表→在其上右击→选择快捷菜单中的"选择数据"选项；❷在弹出的"选择数据源"对话框中单击"切换行/列"按钮→单击"确定"按钮即可，如下图所示。

执行"行列互换"操作后，可看到数据透视图与数据透视表的布局同步发生变化，效果如下图所示。

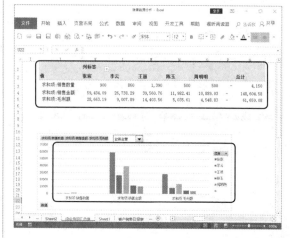

第9章
实战：进销存管理与数据分析

第3步 快速获取数组中的最大值。如果需要知悉销售额最高的品牌名称，除了运用 MAX 函数设置公式外，也可直接在数据透视表中直接获取。❶ 选择"数据透视表字段"列表中的"值"区域里的"求和项:销售金额"选项→在快捷菜单中选择"值字段设置"选项；❷ 系统弹出"值字段设置"对话框→在"值汇总方式"选项卡的"选择用于汇总所选字段数据的计算类型"列表框中选择"最大值"选项→单击"确定"按钮，关闭对话框即可，如下图所示。

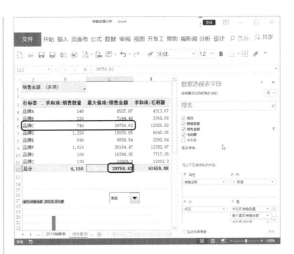

第4步 过滤零值，获取最小值。获取数组中的最小值虽然也可以直接按照第 3 步中的操作方式获得，但是存在一个弊端：如果数组中包含零值且无负值，则获得的最小值永远是"0"，无法找到"0"以外的最小值。所以应先过滤掉"0"值，才能准确求出目标最小值。❶ 将"数据透视表字段"列表的"销售金额"选项拖动到"筛选"区域中；❷ 数据透视表区域中出现"销售金额(多项)"字段，右下角带有筛选标志 →单击筛选标志，取消选中筛选菜单中的"-"选项（0值）；❸ 按照第 3 步的操作，通过在"值字段设置"对话框中的"选择用于汇总所选字段数据的计算类型"列表框中选择"最小值"选项，即可准确找到最小值，如下图所示。

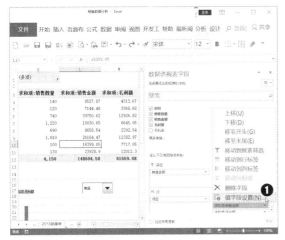

此时可看到 L12 单元格中"销售金额"的数据由之前的汇总金额"148 604.58"改变为 L4:L11 区域数组中的最大值"39 750.62"，由此可得知"品牌"C 的销售额最高，如下图所示。

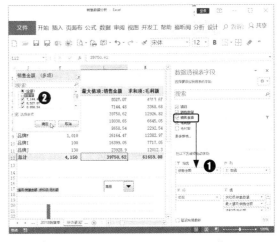

温馨提示

运用MIN或SMALL函数也可求得一组数据中的最小值,但同样存在无法剔除"0"值的问题,因此需要分别嵌套IF函数设置数组公式或嵌套COUNTIF函数才能达到目标。本例如果通过设置公式的方式获取"销售金额"这一组数据中的最小值,可设置的公式为:"{=MIN(IF(D4:D33<>0,D4:D33))}"或"=SMALL(D4:D33,COUNTIF(D4:D33,0)+1)"。

4. 利用"日程表"筛选日期段数据

实际工作中,时常需要按照不同的时间段对销售数据或其他数据分别进行汇总和分析。例如,要汇总一年、一季度、一个月、一旬或一周甚至具体到几日的数据,通常使用的筛选方法是添加"筛选"按钮→设置日期筛选条件进行汇总。其实筛选日期还有一个"捷径",即将源数据表格创建为数据透视表后,插入"日程表"对日期进行筛选,数据透视表即可根据所选日期同步列示并汇总期间内的数据。插入"日程表"的方法请参考5.3.2小节,下面简要讲解以具体日期为一个日期段汇总的方法。

为讲解与示范需要,这里预先制作了一份7月1日~9月30日的"客户销售日报表",并虚拟填入此段期间每日销售金额作为数据透视表的数据源(实际运用时,销售日报表的数据同样可设置公式从销售单据中自动取数和汇总运算)。

第1步 ❶打开"素材文件\第9章\客户销售日报表.xlsx"文件,选中A3:F95区域,依次选择

"插入"选项卡→"表格"→"数据透视表"选项,即可打开"创建数据透视表"对话框,选择放置数据透视表的位置为"新工作表";❷在生成的数据透视表中依次单击月份所在单元格左下角的"汇总"按钮⊞,即可列示出每月销售明细→插入一张日程表→单击右上角"时间级别"按钮,在弹出的菜单中选择"日"选项,如下图所示。

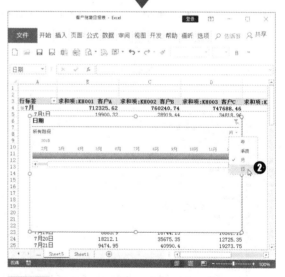

第2步 例如,此时需要汇总8月1日~8月5日的销售数据:单击"8月1日"这一图块→按住鼠标左键不放,向右拖动鼠标至"8月5日"后松开鼠标左键即可。此时可看到数据透视表中仅列出并汇总了8月1日~8月5日的数据,如下图所示。

第9章
实战：进销存管理与数据分析

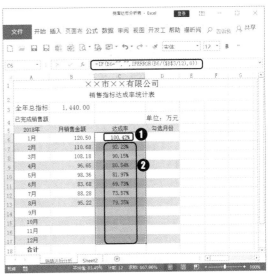

9.3.3 图文并茂分析销售达标率

实际经营活动中，根据销售部每月完成的销售额对比销售任务统计分析达标（成）率，也是财务人员的日常工作之一。本节将制作一张小巧、清爽的"销售任务达成率统计表"，并在其中加入"复选框"控件，配合设置公式，使其实现分别按照指定月份展示销售任务达成率的目录。同时配以动态图表，使数据的展示效果更加直观、生动。为此，本节预先制作了一张"销售达标分析表"，虚拟填入每月销售额数据，并对表格格式进行了初始设置。实际运用时，这些数据皆可运用多种函数，设置嵌套公式从最原始的单据中取数并自动汇总运算，公式和格式设置方法均可参考相关章节，本节不再赘述。

第1步 打开"素材文件\第9章\销售达标分析表.xlsx"文件，首先设置计算每月达标率的公式。❶ 在 C6 单元格中设置公式"=IF(B6="","",IFERROR(B6/($B$3/12),0))"，根据 B3 单元格中的"全年总指标"金额计算月均指标后，对比 B6 单元格中的第 1 月销售额计算月达成率；❷ 将 C6 单元格公式向下填充至 C7:C18 区域的所有单元格中。此时可看到由于 9～12 月未填入销售数据，因此 C14:C17 区域内显示为空白。B4、B18 单元格将于下一步制作控件后设置公式，如下图所示。

第2步 制作"复选框"控件。❶ 选择"开发工具"选项卡→单击"插入"按钮→选择"表单控件"菜单中的"复选框"选项；❷ 在 D6 单元格中绘制一个控件→打开"设置控件格式"对话框→选中"已选择"单选按钮→设置"单元格链接"为 D6 单元格→单击"确定"按钮关闭对话框；❸ 删除"复选框"控件的名称→按此方法绘制另外 11 个控件，依次放置于 D7:D17 区域的所有单元格中。这个控件的作用是选中时，所链接的单元格显示字符"TRUE"，取消选中则显示"FLASE"，如下图所示。

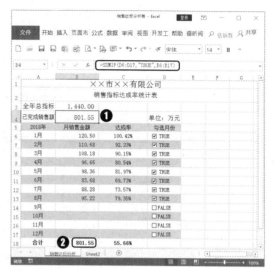

第4步 添加彩色"进度"条。这里所指的"进度"条实际上就是数据条。但此处的数据条与 9.3.1 节中制作动态销售排行榜时添加的数据条略有不同，它能够随着单元格内数字的大小变化而自动伸缩长短，因此添加方式与步骤也稍有差别。❶ 选中 C18 单元格→选择"开始"选项卡→单击"条件格式"按钮→选择"数据条"→"其他规则"选项；❷ 系统弹出"新建格式规则"对话框，单击"编辑规则说明："区域"类型"下拉菜单→设置"最小值"与"最大值"的类型为"数字"→分别设置"最大值"与"最小值"的"值"为"0"与"1"→设置条形图外观→单击"确定"按钮，关闭对话框即可完成设置，如下图所示。

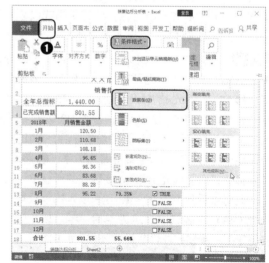

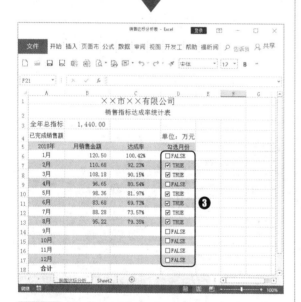

第3步 ❶ 在 B4 单元格中设置单条件求和公式"=SUMIF(D6:D17,"TRUE",B6:B17)"，汇总 D6:D17 区域中包含字符"TRUE"单元格对应的"月销售金额"；❷ 在 B18 单元格中设置公式"=$B$4"直接链接 B4 单元格中的数据即可，如下图所示。

第 9 章
实战：进销存管理与数据分析

话框，如下图所示。

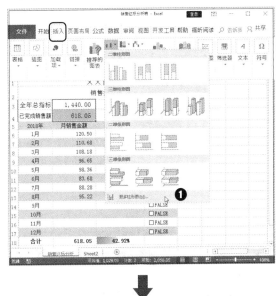

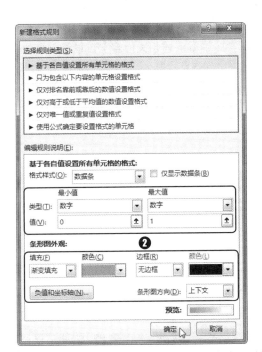

设置完成后，选中或取消选中"复选框"控件进行测试，即可看到 C18 单元格中"进度条"的动态变化，效果如下图所示。

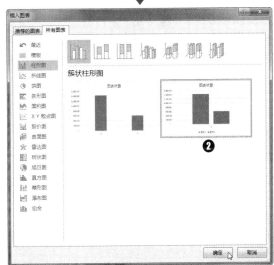

第 5 步 制作动态柱状对比图。❶ 选中 B3:B4 区域→选择"插入"选项卡→单击"图表"下拉列表中的"柱形图"按钮 →在其子菜单中选择"更多柱形图 (M)"选项；❷ 系统弹出"插入图表"对话框，切换至"所有图表"选项卡→选择"簇状柱形图样式"选项→单击"确定"按钮关闭对

第 6 步 生成图表后，单击其中一个柱形图→在其上右击→选择快捷菜单中的"设置数据系列格式："选项，右侧弹出"设置数据系列格式"列表，将"系列重叠"的值修改为"100%"，使"系列 1"与"系列 2"两个柱形图完全重叠，如下图所示。

| 253 |

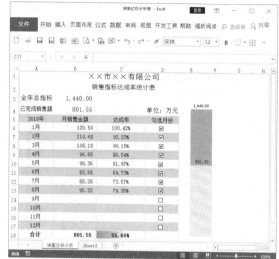

居中位置→最后取消工作表网格线即可（具体方法请参照本章前述相关内容），最终效果如下图所示。

第7步 ❶ 进行一系列图表样式的设置操作，包括重新填充柱形图颜色或图案，删除图表标题、系列标识及坐标轴，将绘图区背景色调整为白色、添加数据标签等；❷ 运用"条件格式"功能设置公式条件，隐藏 D6:D17 区域单元格中的"TRUE"或"FLASE"字符→将所有控件移动至单元格

选中或取消选中"复选框"控件，即可看到代表"已完成任务"数据系列的柱形图的高低动态变化。

本章主要讲解了运用 Excel 管理企业的进销存数据，并对部分销售数据进行统计与分析的方法，下面针对上述具体操作过程中存在的几个细节问题，分享解决问题的技巧和方法，帮助财务人员进一步提升 Excel 技能，进而提高工作效率，更快、更好地完成工作任务。

01 巧用"选择性粘贴"，一次批量导入图片

本章在制作商品资料明细表时，为示范讲解动态查询商品图片内容的需要，导入了30张商品图片。实际工作中，在 Excel 表格中导入图片的情形屡见不鲜，而导入的数量也远远不止于此，如果依次单张导入，不仅要花费大量的时间与精力将图片与名称一一匹配，逐张调整图片尺寸大小，而且无法保证图片与信息内容100%相符。其实，无论图片多少，都可以批量操作，即一次性导入。总体步骤是：预先在存放图片的文件夹中编辑好图片名称，并根据基础资料的顺序调整好图片的排列顺序，再巧用 Excel 中的"选择性粘贴"功能即可一次性批量导入所需图片，在轻松高效地完成此项工作的同时，也能确保每项信息都能与图片准确匹配。下面详细讲解批量导入图片的具体方法和操作步骤。

打开"素材文件\第9章\商品资料.xlsx"文件，其中的商品信息即9.1.3小节制作的"商品资料"工作表中的商品基础资料。

第9章
实战：进销存管理与数据分析

第1步 ❶ 在计算机 F 盘（或其他任一盘符）内新建一个文件夹，命名为"商品图片"→将所有图片存放在这个文件夹中→编辑好商品名称；❷ 在"商品资料"工作表中的 P3 单元格中输入公式"=" <table><img src=""F:\商品图片\"&D3&".jpg""width=""100""height=""100"">"，公式中"&D3&"是指"商品图片"文件夹中包含 D3 单元格字符的图片名称（注意这里公式中不能直接输入图片名称），输入公式按"Enter"键后在 P3 单元格内显示为"<table><img src="F:\商品图片\商品01.jpg"width="100"height="100">"；❸ 将 P3 单元格内的公式向下填充至 P4:P32 区域的所有单元格中，如下图所示。

工作表中 P3:P32 区域中的内容全部复制、粘贴至文本文档内→删除 P3:P32 区域中的内容；❷ 调整好"商品资料"工作表中用于放置商品图片的 P3:P32 区域的行高与列宽，如下图所示。

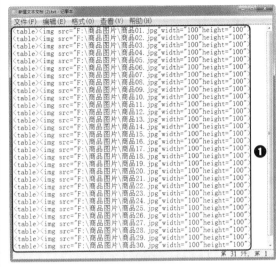

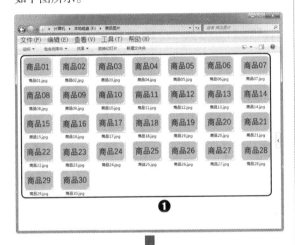

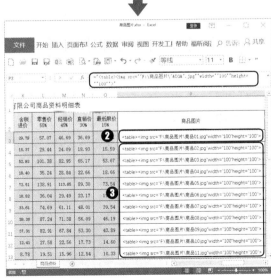

第2步 ❶ 新建一个文本文档，将"商品资料"

第3步 ❶ 复制文本文档中的所有内容→选中"商品资料"工作表中 P3:P32 区域→在其上右击→选择快捷菜单中的"选择性粘贴"选项；❷ 系统弹出"选择性粘贴"对话框，选择"方式："列表框中的"Unicode 文本"选项；❸ 单击"确定"按钮关闭对话框，即可批量导入"商品图片"文件夹中的所有图片，如下图所示。

| 255 |

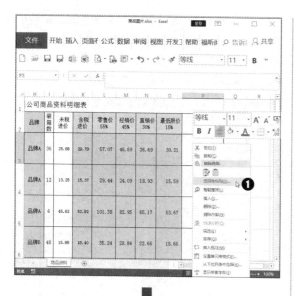

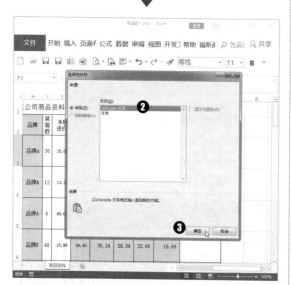

导入图片后,所有图片处于被选中状态,此时只需略微调整图片的大小和位置即可,效果如下图所示。

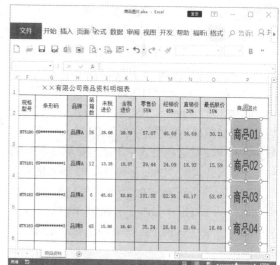

02 突破思维,让图片跟随单元格大小收放自如

众所周知,在Excel表格中插入图片,调整好图片尺寸与位置后,如果调整了单元格的行高或列宽,则其中的图片却无法随着单元格大小变化而自动改变,需要手动调整其大小和位置。不过很多Excel熟手也知道,Excel中设置图片属性的菜单中有一个选项,即"随单元格改变位置和大小",似乎选择这个选项后,就能够解决图片在单元格中大小和位置的问题。其实不然,这项功能仍然存在一个不足之处:只能让图片随着单元格缩小而自动变小,却无法随着单元格扩大而自动变大。其实这个问题只需稍微拓展一下思路,突破思维,即可完美解决这一难题。下面讲解具体操作步骤。

第1步 ❶打开"素材文件\第9章\商品图片.xlsx"文件→选中P3单元格中的图片→按"Ctrl+A"组合键即选中所有图片→在其上右击→选择快捷菜单中的"大小和属性"选项;❷窗口右侧弹出"设置图片格式"对话框。Excel对于插入的图片属性通常默认为"随单元格改变位置,但不改变大小"。选中"属性"区域中的"随单元格改变位置和大小"单选按钮→关闭对话框即可,如下图所示。

第 9 章
实战：进销存管理与数据分析

第 2 步 ❶ 打破以往图片尺寸小于单元格尺寸的设置思路和习惯，将 P3:P32 区域中所有单元格的列宽和行高批量调整为合适大小；❷ 将所有图片的尺寸批量调整为比每个单元格略大，即图片的 4 条边框线均超过单元格的 4 条边框线一点儿（可精确到毫米）即可。调整后，所有图片即可随着单元格的缩小和扩大而收放自如，效果如下图所示。

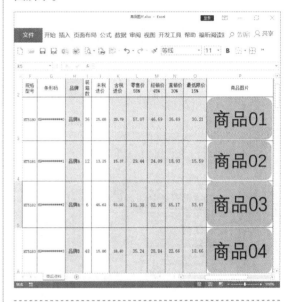

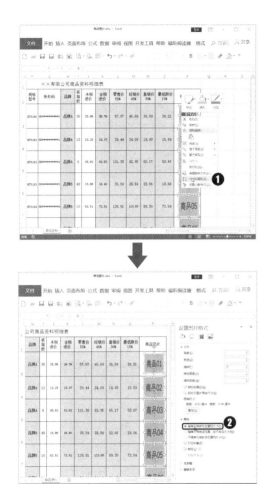

此时将 P 列调宽，可看到图片依然保持原大小，并未随列宽增加而变大，图片与单元格比例极不协调，影响美观，如下图所示。

下面通过两步操作即可解决。

03 "条件格式"提醒数据重复

本章在前面制作了各种基础资料明细表，由于后续的各种单据，统计汇总表中设置的诸多运算公式均是从其中取数，因此保证取数准确的前提是要确保每项基础资料唯一、不重复。那么在输入一项新增基础资料时，如何知晓其是否会与之前的数据重复呢？本书在前面讲解过运用"数据验证"功能设置防止数据输入重复的方法，但是这种弹出对话框、阻止输入的方式也时常让众多财务人员感受到某种压力，认为这样会导致工作进程不够顺畅，同样会影响工作效率。因此这里介绍另一种比较"温和"的方法，即运用"条件格式"结合 COUNTIF 函数设置公式条件，对重复数据予以识别与提醒。

❶ 打开"结果文件\第 9 章\进销存管理.xlsx"文件→切换到"客户资料"工作表，在 C13 单元

格中任意输入一个与 C3:C12 区域中单元格相同的客户名称；❷选中 C3 单元格→选择"开始"选项卡→打开"条件格式"→"新建格式规则"对话框→在"选择规则类型(S):"列表框中选择"使用公式确定要设置格式的单元格"选项→在"为符合此公式的值设置格式(O):"文本框中输入公式"=COUNTIF(C:C,C3)>1"→单击"格式"按钮，打开"设置单元格格式"对话框，设置填充颜色→单击"确定"按钮关闭对话框→将 C3 单元格格式复制粘到下面区域即可。公式的含义是：如果统计得到 C 列区域中 C3 单元格的值的个数大于 1 个，即代表相同的数据至少有 2 个，则 C3 单元格自动显示设定的格式，如下图所示。

设置成功后，如果 C 列中出现重复的数值，所在单元格即会自动填充颜色，发挥"提醒"作用，效果如下图所示。

> **温馨提示**
>
> 如果重复的数据较多，可添加"筛选"按钮，选择"按颜色筛选"选项，将重复的数据集中列示，以便快速修正数据。

04 跨列居中，轻松解决"一键排序"难题

本章在 9.3.1 小节制作了动态销售排行榜，其实质就是对一组数据进行排序，运用函数设置公式排序的前提是预先制作好表格并正确设置所有公式。而实际工作中，财务人员经常会遇到急需对一组数据进行临时排序的情形，此时通常会直接单击"快速访问工具栏"中的升序 或降序 按钮一键排序，或者打开"排序"对话框，设定条件排序。以上两种方法虽然简单快捷，但是对单元格的大小和格式比较"挑剔"：被排序数据所在区域中所有单元格的大小必须完全相同，如果其中包含"合并后居中"格式的单元格，则无法实现一键排序。而事实上，为了表格制作规范和美观，几乎所有工作表的标题所在单元格都会设置为"合并后居中"格式，这就给"一键排序"带来了一些麻烦，下面举例说明。

打开"素材文件\第9章\客户销售日报表.xlsx"文件，可看到 A1:A2 区域的标题所在单元格为"合并后居中"格式。假设现在需要对客户A的销售额降序排列，选中 B4:B95 区域→单击"快速访问工具栏"中的降序按钮 ，系统立即弹出提示框提示无法排序及其原因，如下图所示。

第9章
实战：进销存管理与数据分析

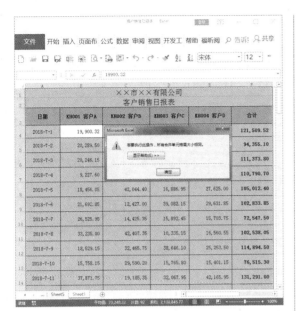

此时许多Excel"菜鸟"的操作是：先取消标题所在单元格的"合并后居中"格式，再对数据排序，之后再恢复设置"合并后居中"格式。这样既费时，又耗力。其实完全不必如此烦琐操作，只需一个简单的设置，将单元格文本对齐方式设定为"跨列居中"格式，即可在不影响单元格原"合并居中"效果的同时，对数据进行正常排序，这样既原封不动地保持了表格的美观，又轻而易举地解决了"一键排序"这一难题。下面讲解具体操作步骤。

❶选中A1:A2区域→取消"合并后居中"格式→打开"设置单元格格式"对话框→切换到"对齐"选项卡；❷在"水平对齐(H)"下拉菜单中选择"跨列居中"选项；❸单击"确定"按钮，关闭对话框，如下图所示。

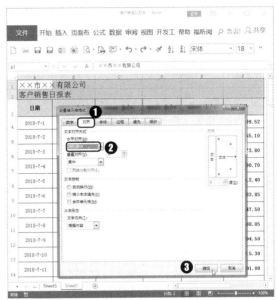

设置完成后，A1:A2单元格即恢复为原"合并后居中"格式，并可对数据进行正常排序。

> **温馨提示**
>
> 一键排序时需要注意一个操作上的细节：在选择被排序数据所在区域时，不可一键选中整列，而应当仅选择具体数据所在的区域，否则系统会将表格的标题也一并纳入排序范围，破坏表格的布局。

第10章
实战：往来账款管理与分析

本章导读

往来账款是企业在生产经营过程中因发生供销产品、提供或接受劳务而形成的债权、债务关系。往来账款一般包括应收账款、应付账款、预收账款、预付账款、其他应收款、其他应付款。其中，应收账款与应付账款是维系企业正常生产经营运转所需要的基本循环资金链条中最为重要的组成部分。企业要正常经营和长足发展，就应当将应收与应付账款作为重点管理对象，准确记录往来账金额、加强账龄分析、尽量规避发生坏账，保障企业的资金链正常运转。那么，这些工作落到实处，应该如何具体操作呢？本章将以应收账款为例，介绍和讲解如何运用Excel管理往来账款的具体方法，并分享其中的管理思路。关于应付账款的管理，完全可以参考或套用应收账款的管理思路与工作表格。

知识要点

❖ 应收账款管理思路
❖ 应收账款账龄分析方法
❖ 动态"饼图"的制作方法
❖ 运用"条件格式"实现"五星"评级
❖ "照相机"的运用

10.1 建立应收账款台账

 案例背景

应收账款是指企业在正常的经营过程中因销售商品、提供劳务等业务，应当向购买单位收取但是暂未收取的款项，还包括应由购买单位或接受劳务单位负担的税金、代购买方垫付的各种运杂费等。

应收账款是伴随企业销售行为的发生而形成的一项债权。在财务范畴中，应收账款的确认与收入的确认密切相关，通常在确认收入的同时，就应当确认应收账款。实务中，每个企业的合作购货单位不止一家，与每家单位的合作关系也并非短期维持，因此，对于应收账款不能笼统的管理，而应当按照不同的合作单位分别设置台账进行明细核算，具体核算项目至少包括应收款项、已收款项，并且还需结合销售额、发票金额等项目从不同的角度全面规范地管理应收账款。

本节将遵循以上管理思路，运用Excel制作应收账款明细台账及一系列辅助表单，包括应收账款结算明细表、回款统计表、发票统计表、应收账款一览表，如下图所示。实例最终效果见"结果文件\第10章\应收账款管理.xlsx"文件。

KH001 客户A

2017年余额				—	88,219.00	5,550.00	10	57,684.00	8,653.40	49,030.60	24,985.00	账扣费用明细			
日期	销售单	退货单	备注	送货金额	退货金额	结算	结算金额	账扣费用金额	回款金额	总应收余额	费用项目	账扣费用金额	现金费用项目	现金费用金额
2018.1.8	00001			6500.00		√		—		6500.00				
2018.1.10	00002			5800.00		√		—		12300.00				
2018.1.15	00003			5000.00		√		—		17300.00				
2018.1.20	00004			7520.00		√		—		24820.00				
2018.1.22	00005			3000.00		√		—		27820.00				
2018.1.26	00015			3500.00		√		—		31320.00				
2018.1.29	00020			6236.00		√		—		37556.00				
2018.1.30	00021			9328.00		√		—		46884.00				
2018.1.31	00028			6300.00		√		—		53184.00				
2018.1.31	00036			4500.00		√		—		57684.00				
2018.1.31		00005			850.00			—		56834.00				
								—		56834.00				
								—		56834.00				
2018.1.31	10	1	2018年1月合计	57,684.00	850.00	10	—			56,834.00				
2018.2.5	00082			6380.00				—		63214.00				
2018.2.10	00105			8560.00				—		71774.00				
2018.2.20	00150			6560.00				—		78334.00				
2018.2.25	00165			3520.00				—		81854.00				
2018.2.26	00180			5515.00				—		87369.00				
2018.2.28		00065			3200.00			—		84169.00				
2018.2.28		00066			1500.00			—		82669.00				
2018.2.28			2018年1月销售回款						5,768.40	76900.60	折扣	5,768.40		
2018.2.28			2018年1月销售回款			57684.00	2,885.00	49,030.60	24985.00		促销服务费			2,885.00
2018.2.28	6	2	2018年2月合计	30,535.00	4,700.00	0	57,684.00	8,653.40	49,030.60	24985.00	—	8,653.40		

KH001 客户A结算明细

结算期间　2018.1.1-1.31　　　　　　　　　　　　结算单号　201802-01

结算金额	折扣	开票金额	回款金额	账扣费用	费用发票	回款日期
57,684.00	5768.4	51,915.60	49,030.60	2,885.00	√	2月28日

结算明细

销售日期	销售单号	销售金额	结算金额	差额	余额	备注
2018.1.8	00001	6,500.00	6,500.00	—	—	
2018.1.10	00002	5,800.00	5,800.00	—	—	
2018.1.15	00003	5,000.00	5,000.00	—	—	
2018.1.20	00004	7,520.00	7,520.00	—	—	
2018.1.22	00005	3,000.00	3,000.00	—	—	
2018.1.26	00015	3,500.00	3,500.00	—	—	
2018.1.29	00020	6,236.00	6,236.00	—	—	
2018.1.30	00021	9,328.00	9,328.00	—	—	
2018.1.31	00028	6,300.00	6,300.00	—	—	
2018.1.31	00036	4,500.00	4,500.00	—	—	
合计		57,684.00	57,684.00			

××市××有限公司
2018年2月回款统计表

序号	结算单编号	回款日期	客户名称	回款金额	账户	业务主管	备注
1	201802-01	2018.2.25	KH001 客户A	49030.60	☆	张宸	
2	201801-02	2018.1.26	KH003 客户C	58652.00	√	张宸	
3	201801-03	2018.1.27	KH005 客户E	96685.76	√	李云	
4	201801-04	2018.1.28	KH002 客户B	72354.00	☆	王丽	
5	201801-05	2018.1.29	KH006 客户F	63251.00	☆	陈玉	
6	201801-06	2018.1.30	KH004 客户D	21920.00	√	周明明	
	☆						
	☆						
	☆						
	☆						
账户回款统计 361893.36			基本账户1-××银行	177,257.76	√		
			基本账户2-××银行	184,635.60	☆		
业务主管业绩统计			张宸	107,682.60	100,000.00	107.68%	
			李云	96,685.76	100,000.00	96.69%	
			王丽	72,354.00	90,000.00	80.39%	
			陈玉	63,251.00	90,000.00	70.28%	
			周明明	21,920.00	80,000.00	27.40%	
合计			———	361,893.36	460,000.00	78.67%	

KH001 客户A 折扣率10% 合同号：00006

开票日期	税票号码	结算期间	销售金额	折扣金额	开票金额	回款日期	回款金额	账扣费用	现金费用	费用占比	备注
2018.2.6	00123456	2018.1.1-31	57684.00	5768.40	51,915.60	2018.2.25	47,742.60	4173.00	500.00	16.37%	
2018.3.7	00023456	2018.2.1-28	38000.00	3800.00	34,200.00	2018.3.28	32,300.00	1900.00	520.00	17.00%	
2018.4.8	00345678	2018.3.1-31	36546.00	3654.60	32,891.40	2018.4.25	31,064.10	1827.30	730.92	17.00%	
2018.5.5	00456789	2018.4.1-30	28978.00	2897.80	26,080.20	2018.5.22	24,631.30	1448.90	579.56	17.00%	
2018.6.3	00567890	2018.5.1-31	35646.00	3564.60	32,081.40	2018.6.26	30,299.10	1782.30	712.92	17.00%	
2018.7.5	00665206	2018.6.1-30	24654.00	2465.40	22,188.60	2018.7.28	20,955.90	1232.70	493.08	17.00%	
2018.8.10	07890112	2018.7.1-31	29652.20	2965.22	26,686.98	2018.8.23	25,204.37	1482.61	593.04	17.00%	
2018.9.6	00245679	2018.8.1-31	30251.80	3025.18	27,226.62	2018.9.20	25,714.03	1512.59	605.04	17.00%	
2018.10.8	00135790	2018.9.1-30	31168.00	3116.80	28,051.20	2018.10.30	26,492.80	1558.40	623.36	17.00%	
2018.11.2	01625789	2018.10.1-31	32258.30	3225.83	29,032.47	2018.11.26	27,419.56	1612.92	645.17	17.00%	
2018.12.6	00254678	2018.11.1-30	31254.00	3125.40	28,128.60	2018.12.27	26,565.90	1562.70	625.08	17.00%	
2019.1.5	03579890	2018.12.1-31	29952.30	2995.23	26,957.07	2019.1.22	25,459.86	1497.62	599.05	17.10%	
合计			406,044.60	40,604.46	365,440.14	—	343,849.12	21,591.03	7,227.21	17.10%	

××市××有限公司应收账款一览表

项目名称	2017年余额	送货金额	退货金额	结算金额	账扣费用金额	回款金额	总应收余额
合计	157,000.00	384,494.00	14,300.00	57,684.00	8,653.40	49,030.60	469,510.00
KH001 客户A	-	88,219.00	5,550.00	57,684.00	8,653.40	49,030.60	24,985.00
KH002 客户B	30,000.00	57,684.00	850.00	-	-	-	86,834.00
KH003 客户C	50,000.00	53,184.00	-	-	-	-	103,184.00
KH004 客户D	25,000.00	58,355.00	4,700.00	-	-	-	78,655.00
KH005 客户E	32,000.00	74,684.00	3,200.00	-	-	-	103,484.00
KH006 客户F	20,000.00	52,368.00	-	-	-	-	72,368.00

10.1.1 制作应收账款台账模板

应收账款台账应当按照不同的往来单位分别建立明细台账。本节将示范制作一个应收账款台账模板。实际运用时，即可不断复制、粘贴模板，生成新的台账管理表格。下面结合商贸公司实际经营状态，列举往来单位"KH001 客户A"2018年1月和2月的销售业务，制作应收账款管理台账，并分享其中的管理思路。

第1步 新建一个 Excel 工作簿，命名为"应收账款管理"→将工作表"Sheet1"重命名为"KH001 客户A"→绘制表格→设置好表格基本格式与应收账款相关的项目名称→输入每份销售单（或退货单）日期、单号、销售金额等基础销售信息。假设此客户为 2018 年 1 月新增客户，因此在 B3 单元格（2017 年末应收余额）输入 0。2018 年 1 月 8 日销售额 6 500 元为第一单销售产生的应收账款，如下图所示。

第2步 ❶在 A18 单元格中输入 1 月最末一日的日期"1-31"，可根据习惯设置单元格格式；❷在 B18 单元格中设置公式"=COUNTA(B5:B14)"统计当月销售单数→C18 单元格同样设置公式统计当月退货单数；❸在 D18 单元格中设置公式"=TEXT(A18,"yyyy 年 m 月合计 ")"，将 A18 单元格内的值从日期格式转换为文本格式，显示内容为"2018 年 1 月合计"，以备下一步汇总全年数据取数；❹E18、F18、M18、I18、J18 单元格均运用 SUM 函数设置简单求和公式，汇总当月各项目金额即可，如下图所示。

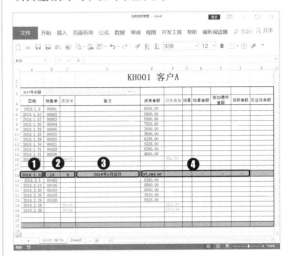

第3步 ❶在 G18 单元格中设置公式"=COUNTA(G5:G17)"统计已结算单据的数量；❷在 K5 单元格中设置公式"=ROUND(B3+E5-F5-H5,2)"，计算发生第一笔销售后的应收余额；❸在 K6 单元格中计算发生第二笔销售后的应收余额，这里注意计算公式与 K5 单元格中不同，公式为"=ROUND(K5+E6-F6-H6,2)"→将公式向下填充至 K7:K17 区域的所有单元格中；❹在 K18 单元格中设置公式"=K17"，直接链接最后一笔发生额之后的余额；❺在 K19 单元格中设置公式"=ROUND(K18+E19-F19-I19-J19,2)"逐笔计算应收余额；❻A28:K28 区域设置公式与 A18:K18 区域相同即可，如下图所示。

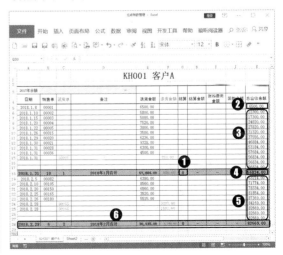

第4步 E3:J3 区域用于汇总全年各项目金额。❶ 在 E3 单元格中设置公式"=SUMIF($D$5:$D$300,"* 合计",E$5:E$300)"，汇总 D5:D300 区域中包含"合计"字符的所有单元格对应的 E5:E300 区域中的金额，即汇总全年每月"送货金额"的合计金额。实际工作中，应根据企业实际销售单数量的多少预先设置汇总求和的上限范围→将 E3 单元格公式向右填充至 F3:J3 区域的所有单元格中；❷ 在 K3 单元格中设置公式"=ROUND(B3+E3-F3-I3-J3,2)"，计算全年应收余额总额，如下图所示。

填充所在区域中单元格的颜色（设置方法与步骤请参照前面章节相关内容），代表该笔销售单据已经结算，与未结算单据区分；❷ 将结算金额"57 684"输入 2018 年 2 月应收款台账中的 H27 单元格；❸ 核算账扣费用。通常账扣费用总额中包含多项明细费用，而且还有可能产生现金费用。因此这里可添加辅助表格，清晰列示出每项费用明细，同时也可将折扣金额填列于此一并核算。在 L:O 区域绘制表格，设置项目名称，并填入各项明细费用金额；❹ 在 I5:I17 和 I19:I27 区域的所有单元格中设置公式链接辅助表中的账扣费用金额。例如，I27 单元格设置为"=M27"，如下图所示。

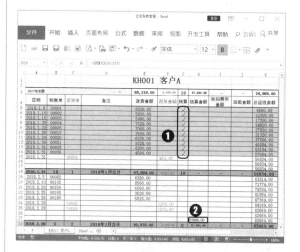

假设客户 A 的结款期限为月结，即当月销售款于次月付款，具体付款流程为：双方对账→向客户 A 开具发票→客户 A 收到发票后支付款项。接着根据付款流程中的每一环节分享在表格中的操作方法。

第5步 在对账环节中，通常由客户出具对账单，其中列示出本次将要结算的销售单号、结算金额、折扣金额、账扣费用、付款金额等项目内容。例如，当前日期为 2018 年 2 月初，客户 A 出具的对账单上已列明即将结算 2018 年 1 月的所有销售单据，而退货暂未结算。因此结算金额为 57 684 元，假定折扣为 10%，即 57 68.4 元，账扣费用为 2 885 元，那么开票金额为 51 915.6 元（57 684 元-5 768.4 元），实际付款金额为 49 030.6 元（51 915.6 元-2 885 元）。其中账扣费用 2 885 元将由客户 A 向本企业开具发票。企业在接收到对账单后，可先在应收账款台账中做以下操作。❶ 在 G5:G14 区域的所有单元格中输入"√"，并设置"条件格式"

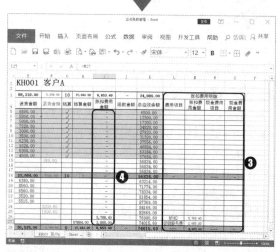

第6步 企业在实际收到客户 A 支付的款项后再

输入收款日期与收款金额,并在"备注"栏中注明收款对应的销售时间。这里同样可以设置"条件格式"自动填充单元格颜色,效果如下图所示。

此后各月均按照上述流程操作即可。实际制作台账时,应当预设置全年12个月台账表格作为应收账款台账模板。

模板制作完成后,客户复制、粘贴模板使用即可。

10.1.2 制作应收账款辅助表单

这里所指的"后续辅助表单"是指在实际经营活动中,围绕"应收账款"产生的后续并与之相关的一系列实际工作中需要使用的表单或记账凭证附件。主要表单类型及作用:"发票登记表"分客户集中列示并汇总全年中每月销售金额、折扣金额、账扣金额及其他费用,同时详细记录开具发票日期、发票号码、发票金额等信息,以备随时查阅;"应收账款结算明细单"作为记账凭证的附件;"回款统计表"记录并汇总当月收到全部款项的相关信息。上述辅助表单的表格布局和公式设置非常简单,将分别体现本章对于"应收账款"从各种角度进行全面、规范的管理思路。下面以"KH001 客户A"的应收账款数据为例,分别介绍制作以上表单的具体方法。

1. 税票登记表

实际工作中,企业与客户核对账务后,应当向客户开具增值税发票,作为收款和纳税的凭据。关于增值税发票的所有信息都相当重要,不仅是指发票金额,还包括开具日期、发票号码等信息,这些都是日后进行数据查询分析的重要依据。同时,结算金额、折扣金额、账扣费用等数据也与发票金额存在钩稽关系,财务人员应当详细记录以上项目的相关信息。下面制作"发票登记表",按照不同客户,将全年12个月的上述项目数据集中记录和列示,以便各部门按客户查询和汇总销售数据。

第1步 在"应收账款管理"工作簿中新增一张工作表,命名为"税票登记"→绘制表格,设置好项目名称及基本求和公式→预留12个空行次用于记录全年12个月的数据和信息→在A3单元格中输入客户名称,并根据实际合同条件简要列明相关内容,如下图所示。

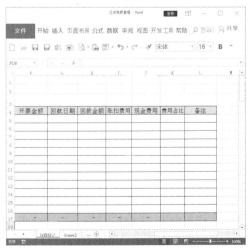

第2步 设置"税票号码"所在区域的单元格格式。由于税票号码串的数字个数统一固定为8个,因此,可设置单元格格式,省去输入号码中前面 n 个为 "0" 的数字。❶ 选中 B5:B16 区域→打开"设置单元格格式"对话框→在"分类"列表框中选择"自定义"选项→在"类型"文本框中输入8个"0",即"00000000"→单击"确定"按钮关闭对话框即可;❷ 在 B5 单元格中虚拟输入一个发票号码,如"123456",即自动显示为"00123456",如下图所示。

手工输入,提高工作效率。

❶ 在 F5 单元格中设置公式"=ROUND(D5-E5,2)",自动计算开票金额,得到计算结果后直接与对账单所列开票金额核对即可→将公式向下填充至 F6:F16 区域的所有单元格中。❷ 在 H5 单元格中设置公式"=IF(G5="",0,ROUND(F5-I5,2))",公式作用与含义:如果 G5 单元格为空值,表示目前尚未收到款项,此时 H5 单元格数值为"0";企业实际收到款项后,在 G5 单元格中如实填入回款当天的日期,则 H5 单元格根据开票金额减去账扣费用计算得出回款金额,此时直接与银行账户收款金额核对即可。将公式向下填充至 G6:G16 区域的所有单元格中。❸ 在 K5 单元格中设置公式"=IFERROR((E6+I6+J6)/D6,"")",计算费用占比。这里注意费用合计金额应当包括"折扣金额""账扣费用""现金费用"。将 K5 单元格内的公式向下填充至 K6:K17 区域的所有单元格中即可,如下图所示。

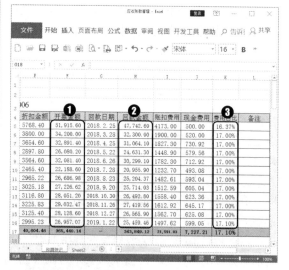

第3步 虚拟填入"KH001 客户 A"的全年各项目数据后,分别在以下区域设置公式,尽量减少

2. 应收账款结算明细单

当企业收到对账单后,如无异议,代表该笔销售的所有相关数据已经双方确认,此时需要将已经结算的纸质销售单据的记账联抽取出来单独存放,并运用 Excel 制作一份结算明细单,简要列明结算的相关信息备用。实际收到款项后,再打印纸质表单,与销售单记账联一并作为记账凭证附件,制作方法与步骤如下。

第1步 在"应收账款管理"工作簿中新增一张工作表,命名为"KH001 客户 A 结算明细"→绘制表格,设置好结算相关项目名称、基本求和公式与单元格格式,如下图所示。

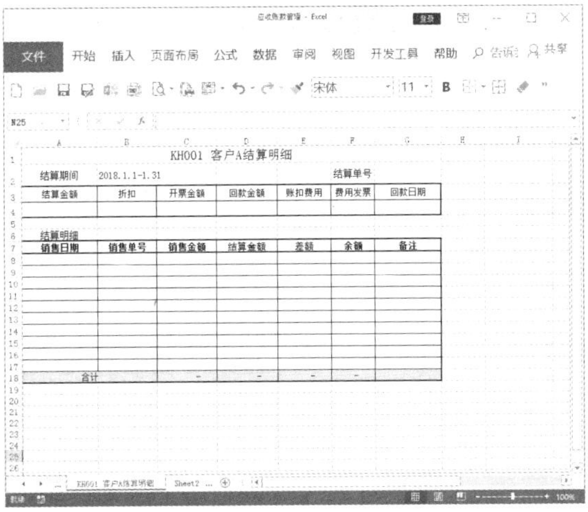

第2步 确认对账金额后即可填入"结算金额""折扣""账扣费用"及此次抽取销售单据的相关内容与数据。另外,"开票金额""回款金额""差额"与"余额"项目将于下一步设置公式自动计算。"结算单号""费用发票""回款日期"应当于收到回款后再如实填写,如下图所示。

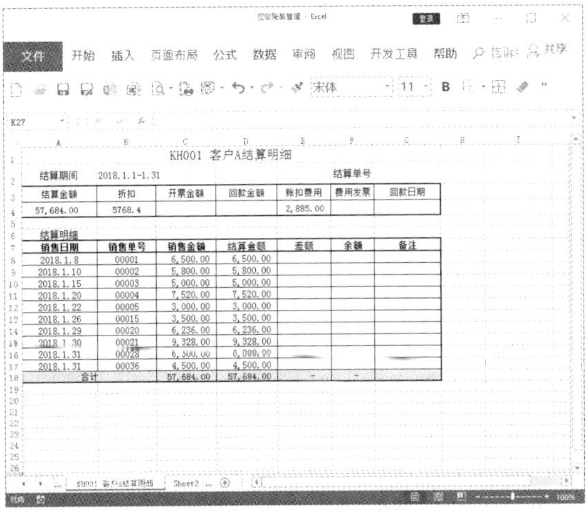

> **温馨提示**
> 以上填入的项目数据也可运用相关函数设置公式从应收账款台账中自动取数。

第3步 在以下各单元格中分别设置公式。❶ 在 C4 单元格中设置公式"=ROUND(A4-B4,2)",计算开票金额。❷ 在 D4 单元格中设置公式"=IF(G4="",0,C4-E4)",此处公式与之前制作的"税票登记表"工作表中计算"回款金额"的公式含义、作用相同。❸ 在 E8 单元格中设置公式"=ROUND(C8-D8,2)",计算销售金额与结算金额之间的差额;在 F8 单元格中应设置公式"=ROUND(C8-D8-E8,2)",计算应收余额,将 E8 与 F8 单元格中的公式向下填充至 E9:F17 区域的所有单元格中。实际工作中,当结算金额与销售金额不符时,代表可能存在价格差异或发货短少的情况。当结算金额小于销售金额时,两者之间的差额通常由企业承担,作为损失处理。所以,该笔单据不应留有余额,而应当直接减除,将余额冲销为 0。因此,以上计算余额的公式中已减去 E8 单元格中的"差额",如下图所示。

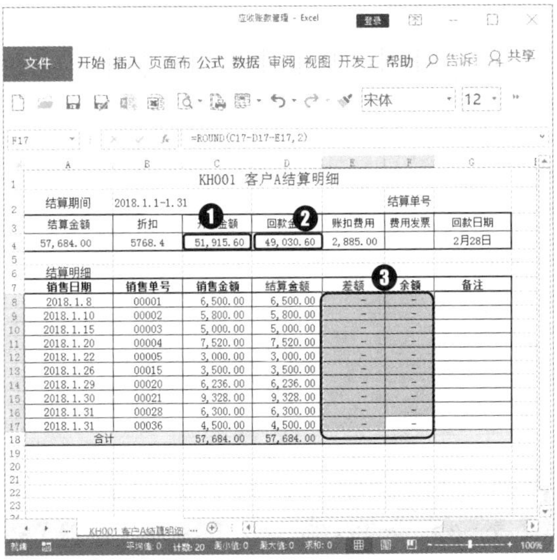

第4步 收到费用发票后,在 F4 单元格做自定义标记表明已收到即可。最后在打印纸质结算单之前在 G2 单元格中输入结算单号。编码规则为"2018"+ 当前月份 + 顺序号。这里可自定义单元格格式,简化输入。假设此份结算单为第 1 号单据,当前月份为 2018 年 2 月,只需输入"2-1",G2 单元格中即显示"201802-01"。打开"设置单元格格式"对话框→在"分类"列表框中选择"自定义"选项→在"类型:"文本框中输入"yyyymm-dd",单击"确定"按钮关闭对话框即可,如下图所示。

最终效果如下图所示。

3. 回款统计表

实际工作中，企业在一个月度内，通常会收回数笔应收账款。财务人员在登记应收账款台账、制作结算单据后，同时还需要制作一张"回款记录表"工作表，逐笔记录每次收回款项的相关信息与数据，并设置公式自动汇总，那么每月实际收回款项的明细与总额即可一目了然，月末与收款账户核对金额自然也会轻松高效。同时，根据实际工作需求，还可按照各位业务主管分别汇总各自的收款总额，以备后续核算绩效时直接

获取相关数据。下面讲解制作方法。

第1步 在"应收账款管理"工作簿中新建一张工作表，命名为"回款记录表"→绘制表格，设置项目名称→表格标题与结算单号所在区域的单元格均可自定义单元格格式以简化输入→填入"KH001 客户 A"的收款数据与相关信息，如下图所示。

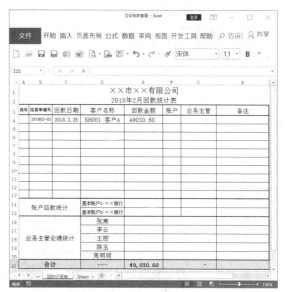

接下来根据不同项目类型制作下拉菜单或公式，以达到高效的工作目标。

第2步 ❶ 在 A4 单元格中设置公式 "=IF(B4="",
" ☆ ",COUNT(A$3:A3)+1)"，自动编制序号。将公式填充至 A4:A13 区域的所有单元格中。公式的作用是：当企业收到款项、制作结算单后，将结算单号填入 B 列，则 A 列"序号"自动编号。反之，则显示符号"☆"，以提示 A 列区域中包含公式，避免手误删除公式。❷ 在 F 列（"账户"）与 G 列"业务主管"制作下拉菜单，以保证账户与业务主管填写格式统一、规范。其中，在"账户"下拉菜单中，可将序列设置为不同的符号。以上公式与下拉菜单制作完成后，再补充其他回款数据，以便展示下一步公式效果，如下图所示。

第 10 章

实战：往来账款管理与分析

第4步 按照业务主管分别汇总回款金额，并计算回款任务达成率。❶ 在 E16 单元格中设置公式"=SUMIF(G$4:G$13,D16,E$4:E$13)"，汇总业务主管"张宸"的回款金额→将公式向下填充至 E17:E20 区域的所有单元格中，即可分别汇总其他业务主管的回款金额；❷ 在 F16:F20 区域的单元格中虚拟填入每位业务主管的月度回款任务金额→在 H16 单元格中设置公式"=IFERROR(E16/F16,0)"，计算业务主管"张宸"的回款任务达成率→将公式向下填充至 H17:H21 区域的所有单元格中，即可计算其他业务主管及月度回款任务的达成率，如下图所示。

第3步 按照不同账户分别汇总回款金额。❶ 在 E14 单元格中设置公式"=SUMIF(F$4:$F$13,F14,E$4:E$13)"汇总"基本账户1"的回款金额→将公式填充至 E15 单元格即可汇总"基本账户2"的回款金额；❷ 进一步汇总两个基本账户的回款总额时，不必增加行次，应当充分利用表格内的其他"空间"设置公式。例如，可运用连接符号"&"在 A14 单元格中设置公式连接文本与求和公式："=" 账户回款统计   "&ROUND(SUM(E14,E15)2)"。公式中设置一串空格的目的是为了美观，将汇总的"回款金额"数字"挤"到 A14 单元格中的下一行，如下图所示。

第5步 最后运用"条件格式"功能，在 H16:H21 区域的单元格中添加彩色数据"进度"条，使数据更加直观和清晰地呈现出来。具体方法和操作步骤在 9.3 节中已有详细介绍，请参考操作，这里不再赘述，最终效果如下图所示。

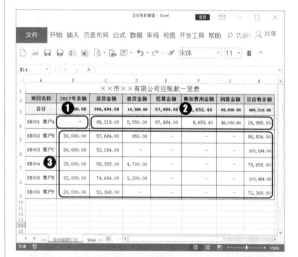

第2步 设置公式自动引用应收账款台账中的相关数据。❶ 在 B4 单元格中设置链接公式 "='KH001 客户 A'!$B$3"，链接 "KH001 客户 A" 工作表中 B3 单元格内的数据，即 2017 年余额。这里注意用 "$" 锁定单元格的行次与列次；❷ 在 C4 单元格中设置公式 "=INDEX('KH001 客户 A'!$3:$3,MATCH(D$2,'KH001 客户 A'!$4:$4,0))"，查找引用 "KH001 客户 A" 工作表中 "送货金额" 数据→将公式向右填充至 D4:H4 区域的所有单元格中；❸ 将 B4:H4 区域中的公式向下填充至 B5:H9 区域的所有单元格中→运用 "查找与替换" 功能迅速将公式中包含的工作表名称替换为其他往来单位的应收账款台账所对应的工作表名称即可，如下图所示。

4. 应收账款一览表

如果需要总览并汇总所有往来单位的相关数据总额，可制作 "应收账款汇总" 工作表，设置函数公式，将各往来单位的应收账款相关信息与数据引用到表格中相同项目所在的单元格内。为展示效果，这里预先补充制作了其他往来单位的 "应收账款台账"，制作方法与公式非常简单，只需 3 步操作即可完成，具体步骤如下。

第1步 在 "应收账款管理" 工作簿中新增一张工作表，命名为 "应收账款汇总"→绘制表格，设置项目名称、单元格格式及基本求和公式。B4:H9 区域的所有单元格将于下一步全部设置公式自动汇总，如下图所示。

温馨提示

（1）本节制作的各种表格是从不同角度对应收账款进行规范管理的。而企业在与供应商发生业务往来并产生应付账款时，虽然角色发生变化，但是其模式与流程与应收往来业务大同小异。因此，对于应付账款，完全可以参照本节管理应收账款的思路与方法，套用以上表格模板，再根据具体流程中的细节稍做调整即可。

（2）以上制作的所有工作表中的数据相互之间存在钩稽关系。因此应当全部存放于一个工作簿中。实际运用于工作中时，可制作 "超链接"，创建一份 "应收账款目录"，即可在工作表之间快速切换。基本方法如下。

① 为每张工作表制作一个超链接→将所有"超链接"集中存放于同一张工作表中，即成为"目录"，单击链接即可快速切换至目标工作表。

② 制作"返回目录"的超链接，链接"目录"工作表→复制、粘贴"返回目录"超链接至每张工作表中，即可快速切换至"目录"工作表。

具体制作方法与操作步骤请参考8.3.1节中的相关介绍，这里不再赘述。

10.2 应收账款账龄分析

案例背景

账龄是指企业尚未收回应收账款的时间长度，通常根据企业自身业务特点，拟定一个合理的周转天数，将其划分为 *N* 个级别，如30天以内（合理的周转天数设定为30天）、30~60天、60~90天、90天以上等。

账龄是分析应收账款、评估客户偿债能力的重要信息，所有账龄在合理周转天数以上的应收账款都会在一定程度上影响公司的正常运营。同时，如果账龄越高，资金效率越低，发生坏账的风险就越大，那么，企业的财务成本就越高。

因此，做好应收账款账龄分析工作，保障企业的资金链正常运转至关重要。本节将在前面制作的"应收账款台账"工作表中的数据基础之上，以客户为单位制作应收账款账龄分析表，自动统计账龄，并让每笔应收账款金额根据时间的推移，自动汇总后按照不同级别"对号入座"；同时，制作账龄统计汇总表，自动汇总分析所有客户的账龄结构，并配以动态图表——饼图，直观形象地展示数据的动态变化，如下图所示。实例最终效果见"结果文件\第10章\应收账款管理.xlsx"文件。

××市××有限公司2018年应收账款账龄分析表

客户名称：KH001 客户A		账期（天）：30天		假设当前日期：2019-1-1									
月份	月末日期	到期时间	应收账款统计					结算统计			账龄分析			
			期初余额	送货金额	退货金额	账扣费用金额	回款金额	期末余额	未结算金额	是否到期	收款日期	未到期	0~30天	30~60天	60~90天	90天以上
2019年1月合计	1月31日	2018-3-2	-	57,684.00	850.00	-	-	56,834.00	-	-	3月5日	-	-	-	-	-
2018年2月合计	2月28日	2018-3-30	56,834.00	30,535.00	4,700.00	8,568.40	48,265.60	25,835.00	25,835.00	已到期	-	-	-	-	-	25,835.00
2018年3月合计	3月31日	2018-4-30	25,835.00	32,864.00	-	-	-	58,699.00	32,864.00	已到期	-	-	-	-	-	32,864.00
2018年4月合计	4月30日	2018-5-30	58,699.00	32,864.00	-	-	-	91,563.00	32,864.00	已到期	-	-	-	-	-	32,864.00
2018年5月合计	5月31日	2018-6-30	91,563.00	38,450.00	-	-	-	130,013.00	38,450.00	已到期	-	-	-	-	-	38,450.00
2018年6月合计	6月30日	2018-7-30	130,013.00	45,739.00	-	-	-	175,752.00	45,739.00	已到期	-	-	-	-	-	45,739.00
2018年7月合计	7月31日	2018-8-30	175,752.00	45,864.00	-	-	-	221,616.00	45,864.00	已到期	-	-	-	-	-	45,864.00
2018年8月合计	8月31日	2018-9-30	221,616.00	41,864.00	-	-	-	263,480.00	41,864.00	已到期	-	-	-	-	-	41,864.00
2018年9月合计	9月30日	2018-10-30	263,480.00	46,864.00	-	-	-	310,344.00	46,864.00	已到期	-	-	-	-	46,864.00	-
2018年10月合计	10月31日	2018-11-30	310,344.00	44,864.00	-	-	-	355,208.00	44,864.00	已到期	-	-	-	-	44,864.00	-
2018年11月合计	11月30日	2018-12-30	355,208.00	42,864.00	-	-	-	398,072.00	42,864.00	已到期	-	-	-	42,864.00	-	-
2018年12月合计	12月31日	2019-1-30	398,072.00	42,764.00	-	-	-	440,836.00	42,764.00	未到期	-	42,764.00	-	-	-	-
客户名称：KH001 客户A		合计	-	503,220.00	5,550.00	8,568.40	48,265.60	440,836.00	440,836.00	-	-	42,764.00	42,864.00	44,864.00	46,864.00	263,480.00

××市××有限公司应收账款账龄分析汇总表

序号	客户名称	总应收余额	账龄					等级
			未到期	0~30天	30~60天	60~90天	90天以上	
1	合计	3,058,381.38	1,705,888.05	355,645.39	314,446.70	280,305.02	402,101.21	C ★★★★☆
			55.78%	11.63%	10.28%	9.17%	13.15%	
2	KH001 客户A	440,836.00	219,220.00	45,864.00	45,739.00	38,450.00	91,563.00	E ★☆☆☆☆
			49.73%	10.40%	10.38%	8.72%	20.77%	
3	KH002 客户B	387,474.83	207,450.74	46,843.04	56,014.27	40,372.50	36,794.29	B ★★★★☆
			53.54%	12.09%	14.46%	10.42%	9.50%	
4	KH003 客户C	513,774.08	310,609.62	62,121.92	12,424.38	52,084.37	76,533.78	C ★★★☆☆
			60.46%	12.09%	2.42%	10.14%	14.90%	
5	KH004 客户D	538,025.11	286,006.38	59,836.68	59,673.60	50,163.97	82,344.49	D ★★☆☆☆
			53.16%	11.12%	11.09%	9.32%	15.30%	
6	KH005 客户E	686,931.15	364,924.57	76,347.51	76,139.25	64,005.79	105,513.85	D ★★☆☆☆
			53.12%	11.11%	11.08%	9.32%	15.36%	
7	KH006 客户F	491,340.20	317,674.04	64,631.68	64,455.53	35,227.91	9,351.04	A ★★★★★
			64.65%	13.15%	13.12%	7.17%	1.90%	

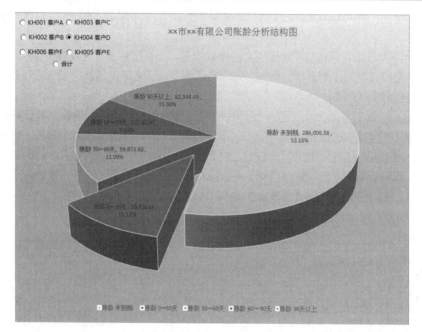

10.2.1 创建账龄分析表

实务中，大多数账期模式通常为"月结N天"，分别按每一月度汇总当月发生的销售总额，则该笔销售总额的账期即当月最末一天加上N天。例如，月结30天，3月汇总销售总额为10万元，那么这10万元的付款期是3月31日+30天，即4月30日，如果超过这个期限未收到款项，则代表该笔应收款已经逾期。本节以"月结N天"账期模式为依据，运用Excel制作一份"账龄分析表"模板，分别按照不同往来单位的不同账期，计算一个年度内每月发生应收账款的到期日期，判断到期应收款，分析不同逾期时间段的逾期应收款。由于计算账龄的部分基础数据需要从"应收账款台账"工作表中取数，两张工作表的数据是联动的，因此，账龄分析表仍然在"应收账款管理"工作簿中制作。下面以"KH001 客户A"的应收账款为例，讲解具体方法与操作步骤。

第 10 章
实战：往来账款管理与分析

第1步 新建一张工作表，命名为"客户账龄分析表"→绘制表格→设置项目名称、表格格式与基本求和公式→填入客户名称"KH001 客户 A"→将账期设置为"30 天"→在 F2 单元格中填入任意假设日期，如"2月28日"→在 A6:B17 区域中填入 12 个月份与每月对应的最末一天的日期→将账龄的时间段（也就是逾期的时间）设置为"未到期""0~30 天""30~60 天""60~90 天""90 天以上"，如下图所示。

公式"='KH001 客户 A'!$B$3"，链接 2017年余额，即 2018 年 1 月的期初余额；❷ 在 E5 单元格中设置条件求和公式"=SUMIF('KH001 客户 A'!$D:$D, $A5,'KH001 客户 A'!E:E)"，在"KH001 客户 A"工作表中汇总 E 列的"送货金额"，条件是 D 列区域的单元格中须包含"2018年1月合计"字符；将公式向右填充至 F5:H5 区域的所有单元格中。❸ 在 I5 单元格中设置公式"=ROUND(D5+E5-F5-G5-H5,2)"，计算期末余额→选中 E5：I5 区域，向下填充公式至 E6:I16 区域的所有单元格中；❹ 在 D6 单元格中设置公式"=I5"，链接 1 月的期末余额作为 2 月的期初余额→向下填充公式至 D7:D16 区域的所有单元格中。此时该客户于 2018 年 1~12 月的每月应收账款相关数据的月度汇总额即全部链接至账龄分析表中，如下图所示。

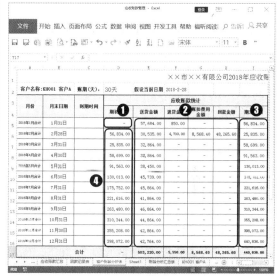

第3步 计算应收账款"到期时间"。❶ 在 C5 单元格中设置公式"=IF(E5-F5>0,$B5+$D$2,0)"，这里设置条件"E5-F5>0"的原因在于：E5-F5 即"送货金额"－"退货金额"的结果大于零，则应收账款为正数，代表确有应收账款需要收回，那么计算其"到期时间"才有意义。同时，本节为了展示效果，预先在应收账款台账中虚拟输入了全年12 月的相关数据。如果当前实际日期为 2 月 28 日，那么 3~12 月必然不会存在销售数据，因此若不设定这一条件，将会影响后续设置公式判断应收账

第2步 运用函数链接"KH001 客户 A"工作表中的应收账款基础数据。❶ 在 D5 单元格中设置

273

款是否到期的准确性。❷将 C5 单元格公式向下填充至 C6:C16 区域的所有单元格中即可，如下图所示。

否到期→将公式向下填充至 K6:K16 区域的所有单元格中，如下图所示。

第 4 步 计算"未结算金额"，并判断是否已到期。
❶ 在 J5 单元格中设置公式"=IF(E5=0,0,IF(L5<>"",0,E5-F5))"→将公式向下填充至 J6:J16 区域的所有单元格中。

判断应收账款是否到期不能笼统地以"期末余额"数据为依据，而应当分析期末余额中是否已经减去已经结算的前期应收账款。以上公式嵌套了两层 IF 函数，其作用就是分析判断上述问题，再根据不同的条件，返回不同的结果。下面分别解析公式中 3 层 IF 函数公式的含义。

第 1 层：如果 E5 单元格的值为"0"，代表当月无销售数据，自然也不会产生"未结算金额"，因此 J5 单元格的值也为"0"。

第 2 层：如果 L5 单元格填入了"结算日期"，即"L5<>"""（不为空值），代表当月应收账款已经结算，因此 J5 单元格（"未结算金额"）数据也为"0"；反之，如果 L5 单元格的值为空，则表明当月应收账款未结算，那么本期销售 – 本期退货（"E5-F5"）后的余额即"未结算金额"。

❷ 在 K5 单元格中设置公式"=IF(J5=0,"-",IF(AND(L5="",C5<=F$2),"已到期","未到期"))"，根据到期时间与当前日期判断"未结算金额"是

测试公式的准确性：在 L5 单元格任意填入结算日期→将"假设当前日期"修改为 6 月 30 日，此时可看到 J5:K5 区域中单元格数据的变化，如下图所示。

第 5 步 按月分析应收账款的账龄，即逾期天数。
❶ 在 M5 单元格中设置公式"=IF(K5=$M$4,J5,0)"，根据 K5 单元格中显示的"未到期"或"已到期"返回 J5 单元格的"未结算金额"。❷ 在 N5 单元格中设置公式"=IF(AND($F$2-$C5>0,$F$2-$C5<=

30),$J5,0)"，判断逾期天数是否在 0~30 天期间，并返回不同的结果。具体公式含义是：假设当前日期减去到期日期后的数字大于 0 且小于 30，即返回 J5 单元格中的数据；否则返回数字"0"；其他逾期时间段，即 O5、P5、Q5 单元格以此类推设置公式。❸选中 M5:Q5 区域，将其中公式向下填充至 M6:Q16 区域的所有单元格中，即可得出所有月份的"未结算金额"在"假设当前日期"6月 30 日的账龄分析结果，如下图所示。

温馨提示

"客户账龄分析表"模板制作完成后，应将 D2 单元格中的"假设当前日期"修改为公式"=TODAY()"，公式返回的日期始终是真实的"今天"的日期。注意不要随意修改计算机系统日期，以确保账龄分析结果准确无误。

最后复制、粘贴多份"客户账龄分析表"模板至表格下方区域，运用"查找与替换"功能快速将公式中包含工作表名称的字符替换为与分析对象匹配的工作表名称即可。

10.2.2 账龄汇总动态分析

前面制作的账龄分析表是分别以单个客户作为分析对象进行账龄分析，本节将在此基础之上，进一步制作"账龄分析汇总表"，将所有客户的账龄数据自动汇总列示，分析账龄与各个客户总应收余额的占比情况，并制作动态饼图，以使企业能够总览全局，全面系统地了解所有应收账款的账龄结构情况。同时，根据每个客户的账龄在 90 天以上的应收账款金额占其总应收余额比例大小对客户进行"五星"评级，可更直观、明确地对客户的偿债能力进行合理评估，帮助和指导企业及时调整收款政策，保障企业自身的资金链正常运转。账龄分析汇总所需数据主要来自"客户账龄分析表"工作表，因此本节依然在"应收账款管理"工作簿中制作此表。下面讲解具体方法和操作步骤。

1. 引用总应收余额与账龄数据

这步非常简单，运用 VLOOKUP 函数与 SUMIF 函数设置公式即可。

第1步 在"应收账款管理"工作簿中新建一张工作表，命名为"账龄分析汇总表"→绘制表格→设置好表格格式、项目名称和基本求和公式，如下图所示。

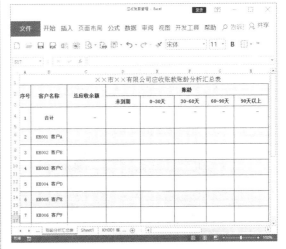

第2步 设置公式链接各项目数据并计算处于各个账龄时间段的应收账款占总应收余额的百分比。❶在 C6 单元格中设置公式"=VLOOKUP(B6,应收账款汇总!A4:H9,8,0)"，从"应收账款汇总"工作表中查找引用"KH001 客户 A"的总应收余额。❷在 D6 单元格中设置公式"=SUMIF(客户账龄分析表!$A:$A,$B6,客户账龄分析表!M:M)"，汇总"客户账龄分析表"工作表中的"未到期"金额→在D7单元格中设置公式"=D6/$C6",计算"未到期"金额占总应收余额的比率;❸将D6、D7单元格公式向右填充至E6:H7区域的所有单元格中;❹将D7:H7区域中的公式复制、粘贴至D5:H5区域的所有单元格中即可,如下图所示。

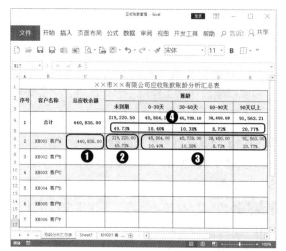

工作中实际运用时,其他客户的数据按照上述方法设置公式即可。为顺利进行下一步制表,这里直接虚拟填入其他客户的"总应收余额"与各项账龄数据。

2. 根据账龄划分客户等级

下面根据客户账龄划分等级,并运用"条件格式"功能,以"五星"评级方式,直观体现不同级别。具体划分标准如下表所示。

等级	账龄90天以上金额(X)占总应收余额比例	星级
A	X≤5%	5星
B	5%<X≤10%	4星
C	10%<X≤15%	3星
D	15%<X≤20%	2星
E	X>20%	1星

在进行操作之前,首先思考一个问题:"条件格式"功能中限定了体现等级的"星形"仅为3个,即仅能展示3个等级的数据,而本节却设置了5个等级标准,那么如何突破这个限制呢,这里需要拓展一下思路,结合函数公式将体现方式改变为一个"星形"展示一个数字,即可达到工作

目标。

第1步 ❶在H列右侧增加6个列次,分别用于展示等级名称及5个"星形"→设置项目名称和格式→在I4单元格中设置公式"=IF(H5<=0.05,1,IF AND(H5>0.05,H5<=0.1),2,IF(AND(H5>0.1, H5<=0.15),3,IF(AND(H5>0.15,H5<=0.2),4,IF (H5>0.2,5)))))",根据上述设定的划分标准定义客户等级;❷在J4单元格中设置公式"=$I4"→将公式向右填充至K4:N4区域的所有单元格中即可,如下图所示。

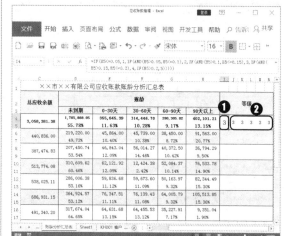

上图中I4单元格及J4:N4区域中设置公式返回的代表等级的是数字"3"并非字母"C",原因在于设置"条件格式"体现"星形"等级必须以数字为依据,字母无效。若要在I4单元格中显示字母,只需设置"条件格式"即可将数字转化为字母。

第2步 ❶选中I4单元格→打开"条件格式"→"新建格式规则"对话框→在"选择规则类型(S):"列表框中选择"使用公式确定要设置格式的单元格"选项→在"编辑规则说明(E):"文本框中输入公式"=I4=3"→单击"格式"按钮,打开"设置单元格格式"对话框;❷选择"数字"选项卡"分类(C):"列表框中的"自定义"选项→在"类型(C):"文本框中输入字母"C"→单击"确定"按钮关闭对话框即可,如下图所示。

第 10 章
实战：往来账款管理与分析

第 3 步 设置"条件格式"，体现"五星"等级。

❶ 选中 J4 单元格→打开"条件格式"→"新建格式规则"对话框，系统默认"选择规则类型(S)为"基于各自值设置所有单元格的格式"选项。❷ 在"编辑规则说明："区域的"格式样式"下拉菜单中选择"图标集"选项→在"图标样式："下拉菜单中选择"三个星形"样式 ☆☆☆。这里在进行下一步操作后，将自动变换为"自定义"选项→选中"仅显示图标"复选框。❸ 在"根据以下规则显示各个图标"区域按以下方式分别设置各项中的内容→单击"确定"按钮关闭对话框即可，如下图所示。

第 4 步 按照第 3 步操作设置 K4、L4、M4、N4 单元格的条件格式。虽然操作步骤完全相同，但是根据不同的等级标准和数字区间，对每一单元格设置的数值及"星形"显示方式也有所不同，这一步其实相当考验财务人员的逻辑思维能力。

（1）K4 单元格具体设置如下图所示。

（2）L4 单元格具体设置如下图所示。

（3）M4 单元格具体设置如下图所示。

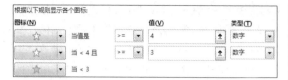

（4）N4 单元格具体设置如下图所示。

第5步 最后将 J4:N4 区域整体复制、粘贴至 J6:N17 区域中即可，最终效果如下图所示。

3. 制作三维动态饼图分析账龄结构

前面制作的账龄分析汇总表中，计算了账龄中各个期间段的应收余额占总应收余额的百分比，企业可以通过这个数据全面了解总应收余额中的账龄结构。但是仅以数字来体现结构仍然比较抽象，此时可运用图表工具中的饼图，将各个组成部分所占比例直观地呈现出来，使抽象的数据变换为形象生动的图表。本节将运用函数公式、表单控件、插入图表等工具制作三维动态饼图，将总应收余额中的账龄结构数据直观、立体地呈现，让数据更易被理解和接受。下面讲解具体方法与操作步骤。

为便于展示制作过程与效果，动态饼图继续在"账龄分析汇总表"工作表中制作。

第1步 首先制作动态数据查询表作为动态饼图的数据源。选中 A2:H5 区域→复制、粘贴至

A19:H22 区域→运用 VLOOKUP 或其他查找与引用函数，以 A21 单元格中的"序号"为查找对象，链接引用"账龄分析汇总表"中对应序号的所有数据。例如，在 B21 单元格中设置公式"=VLOOKUP(A21,A4:H17,2,0)"，B22 单元格也可直接设置公式"=D21/$C21"计算百分比。其他单元格以此类推，效果如下图所示。

第2步 为每个客户（包括"合计"选项）都制作一个"选项按钮"控件。在设置控件格式时，将单元格链接设置为"$A$21"即可。关于控件的具体制作步骤与控件格式设置方法请参照 9.3.1 节中的相关介绍进行操作，此处不再赘述。控件制作完成后，单击各个控件，即可看到 A21 单元格中数字及 B21:H22 区域中账龄数据的动态变化，如下图所示。

第3步 插入三维饼图。❶选择"插入"选项卡→单击"图表"→"饼图"按钮 →选择"饼图"下拉列表中的"三维饼图"选项；❷系统随即生成一份空白图表，选中空白图表并右击→选择快捷菜单中的"选择数据"选项，弹出"选择数据源"对话框→单击"图表数据区域：文本框→拖动鼠标选择 D20:H22 区域→单击"确定"按钮关闭对话框，即可生成一份基础饼图，如下图所示。

中的每个扇区显示账龄数据；❷选中任一数据标签并右击→选择快捷菜单中的"设置数据标签格式"选项，弹出"设置数据标签"列表，选中"类别名称""值""百分比""显示引导线(H)"等复选框→根据其他工作需求选择其他选项即可，如下图所示。

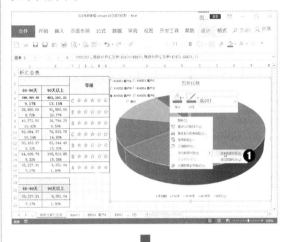

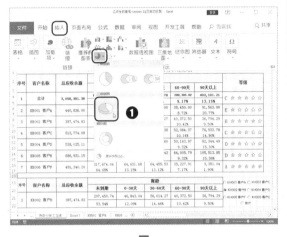

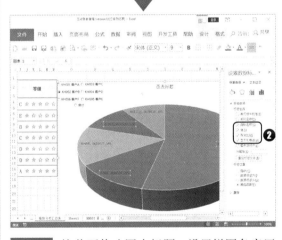

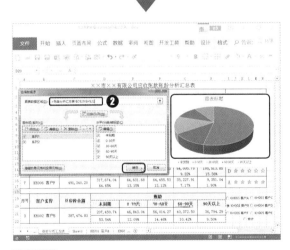

第4步 设置饼图格式。❶将图表移动至右侧空白区域→将所有控件移动至图表中的空白区域→选中"饼图"并右击→选择快捷菜单中"添加数据标签"→"添加数据标签"选项，即可在饼图

第5步 接着可修改图表标题、设置饼图各扇区颜色、绘图区格式、图表区域背景等，通过鼠标右键菜单选择相应的选项，打开相应列表进行设置即可。单击各个控件，即可看到饼图中各扇区大小及数据发生动态变化，如下图所示。

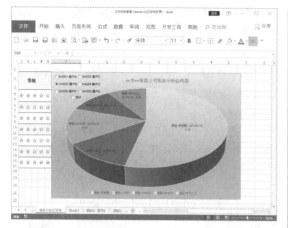

效果如下图所示。

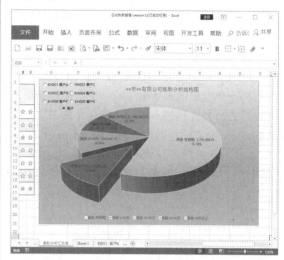

第6步 如果要将"饼图"中的某一扇区从整块"饼"中分离出来,可选中该扇区→按住鼠标左键不放→向外拖动即可。三维动态"饼图"最终

> **温馨提示**
>
> (1)如果往来单位较多,不便制作"选项按钮"控件时,可制作"组合框"窗体控件,将备选项目设置为下拉菜单中的序列,在其中选取即可。具体制作方法请参照9.3.2小节中的介绍。
>
> (2)实务中如果提取应收账款坏账准备,可借鉴本节的制表思路,套用"账龄分析表",将相关项目及部分公式稍作修改即可。例如,本例可将账龄在90天以上的应收账款全额提取,或者按照一定的比例提取为坏账准备。

大神支招

本章主要从制表思路、函数公式、图表分析等方面向读者介绍和分享了如何充分运用Excel对日常财务工作中"往来账款"进行规范管理的思路,以及高效完成工作任务的具体方法。下面结合以上制表过程中所涉及细微之处的小问题,介绍几个Excel实用技巧,帮助财务人员在"往来账款管理"这一工作环节中进一步提高工作效率,并保证工作质量。

01 "自定义序列"让工作效率倍增

本章在制作前述各种"应收账款"管理表格过程中,每次都要重复输入相同的一组"客户名称",财务人员最常使用的方法是"复制、粘贴",虽然可以大幅度节省时间,但是这并非最快捷、最省力的办法。

众所周知,Excel中有一个十分"贴心"的高效功能——"快速填充序列"。通过学习,相信大家对这项功能已经完全掌握,并能够熟练操作。同时,对于能够支持"快速填充"操作的序列类别也非常了解,其中被"快速填充"频率最高的"序列"主要包括数字、字母、日期、星期等。其实,Excel还赋予了用户一项权利,即"自定义序列",用户可根据自身工作需求,将工作中的常用内容,如"客户名称""供应商名称""商品类别名称""部门名称"等自行设置为一个序列。实际运用时,即可快速填充生成自定义的序列内容,既省时又省力。

打开"素材文件\第10章\自定义序列.xlsx"文件,其中包含本章案例中的6项客户名称,为展示效果,这里在后面又添加了数个客户名称,共20个,如下图所示。

下面将以上客户名称设置为"自定义序列",具体操作步骤如下。

第1步 ❶ 打开"Excel 选项"对话框→选择"高级"选项;❷ 单击窗口右边框内的滚动条向下拉动至"常规"区域→单击"编辑自定义列表"按钮,如下图所示。

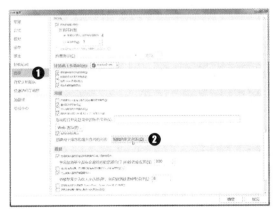

第2步 系统弹出"选项"对话框,在其中可通过"输入"或"导入"的方式添加序列。❶ 单击"从单元格中导入序列"文本框→拖动鼠标选中需要定义序列内容的所在区域,即 A1:A20 区域;❷ 单击"导入"按钮,即可将所选区域内容添加

至"自定义序列"列表框中→单击"确定"按钮关闭对话框,并退出"Excel 选项"对话框,如下图所示。

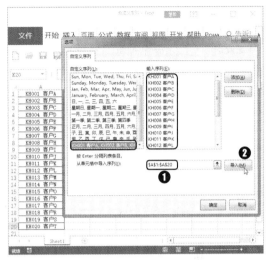

第3步 测试效果:将 A1 单元格中的内容复制、粘贴至 C1 单元格中→鼠标指针移至 C1 单元格右下角→当指针变为十字形状时,按住鼠标左键不放→向下拖动至 A20 单元格→松开鼠标左键,即可生成所有客户名称,如下图所示。

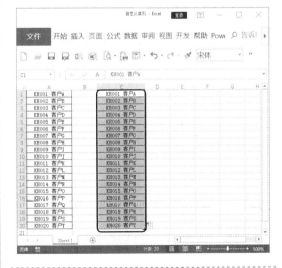

02 照相机+切片器,同步"直播"数据动态变化

本书中制作的各类管理工作簿中通常包含数张工作表。同时,工作表之间的数据皆存在钩

| 281

稽关系，相互联动。因此，当在某张工作表中填入数据时，将会引起其他相关联工作表中数据同步发生变化。此时若要查看另一张工作表中的数据变化，就需要切换工作表，这样反复切换工作表的操作非常不便，同时也会降低工作效率。其实，Excel中隐藏着一个神奇的截屏工具——"照相机"。运用这个工具将另一张工作表中的表格截为图片后放置于正在使用的工作表中，即可完美解决上述问题。"照相机"的神奇之处在于：它并非普通的截屏工具，而是能够呈现图片中数据动态变化的"直播"工具。同时，"照相机"还能与"切片器"配合使用，可获得更佳的效果。下面以"应收账款管理"工作簿为例，示范照相机与切片器配合使用的具体方法。

打开"结果文件\第10章\应收账款管理.xlsx"文件。例如，财务人员此时正在"KH001 客户A"工作表中编辑数据，同时需要查看"应收账款汇总"工作表中的数据，即可按以下步骤操作。

第1步 添加"照相机"。在 Excel 初始窗口的功能区中并无"照相机"按钮，需要手动添加。❶ 打开"Excel 选项"对话框→选择"快速访问工具栏"选项；❷ 在"从下列位置选择命令："下拉菜单中选择"不在功能区中的命令"选项；❸ 在其下的列表框中选择"照相机"选项→单击"添加"按钮，即可添加至"快速访问工具栏"中；❹ 单击"确定"按钮关闭对话框即可，如下图所示。

第2步 将"区域"转化为"表格"。添加切片器之前，必须先将"区域"转化为Excel认可的"表格"。❶ 切换至"应收账款汇总"工作表→选中 A2:H9 区域→选择"插入"选项卡→选择"表格"→"表格"选项；❷ 系统弹出"创建表"对话框，其中已默认选中"表格包含标题"复选框，直接单击"确定"按钮关闭对话框即可，如下图所示。

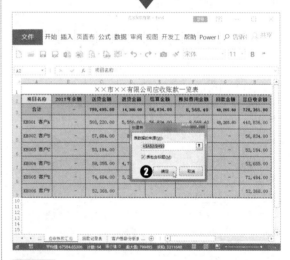

第3步 插入"切片器"。打开"插入切片器"对话框→选中"项目名称"复选框→单击"确定"按钮，即可生成一个"切片器"（请参考 5.3 节中的步骤进行操作）。插入成功的"切片器"如下图所示。

第4步 为表格"照相"。❶ 选中 A2:H9 区域→单击"快速访问工具栏"中的"照相机"按钮；❷ 切换至"KH001 客户 A"工作表，此时指针变为十字形状→在空白区域中拖动鼠标即可绘制一张"照片"，其中内容即"应收账款汇总"工作表中 A2:H9 区域中的数据；❸ 最后将"应收账款汇总"工作表中的"切片器"复制、粘贴至"KH001 客户 A"工作表中即可，如下图所示。

第5步 由于"照片"较大，遮挡了其他数据。此时可选择"切片器"中的任一选项→调整图片至合适大小，并放置于标题旁。通过此步操作，可总结出一条经验："照片"不宜太大，否则会遮挡其他数据，影响正常工作。但是将照片缩小后，其中的数据也会相应缩小，无法看清。因此"照相机"功能在实际运用时，更适用于显示单项数据内容，这也是本节将"照相机"与"切片器"配合使用的原因所在。调整"照片"后的效果如下图所示。

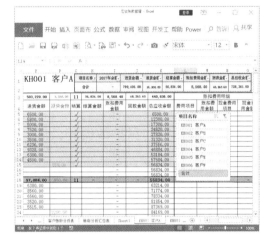

第6步 测试效果。❶ 在 E16 单元格中任意输入数据，如输入"50 000"，即可看到"照片"中的"总应收余额"中的数字由"728,361.00"变化为"778,361.00"；❷ 选择"切片器"中的其他选项，如选择"KH005 客户 E"选项，即可看到"照片"中的内容已变化为与该客户相关的数据，如下图所示。

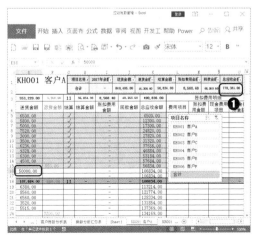

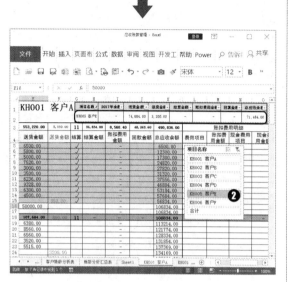

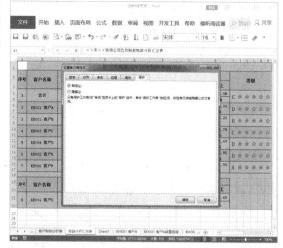

03 锁定单元格，保护数据和公式

实际工作中，财务人员制作的工作表中通常包含大量的数据和函数公式，为了防止他人擅自修改数据或查看公式，可通过设置将目标单元格锁定，锁定之后的单元格将无法被选定、编辑或设置单元格格式。下面以"账龄分析汇总表"为例，示范锁定单元格的方法和步骤。

打开"结果文件\第10章\应收账款管理.xlsx"文件，切换至"账龄分析汇总表"工作表。这里对此份工作表的保护目标是：仅允许在A21单元格中输入数字，将其他包含公式、标题、序号的单元格全部锁定。

第1步 锁定单元格。选中A2:N22区域→打开"设置单元格格式"对话框→切换至"保护"选项卡→选中"锁定"复选框→单击"确定"按钮关闭对话框；这里需要注意，A21单元格也被同时锁定，只需选中A21单元格，再次打开"设置单元格格式"对话框，取消锁定即可，如下图所示。

第2步 保护工作表。❶ 单击"审阅"选项卡中的"保护"按钮→选择"保护工作表"选项；❷ 系统弹出"保护工作表"对话框→在"取消工作表保护时使用的密码"文本框中输入密码→选中"保护工作及锁定的单元格内容"复选框；❸ 在"允许此工作表的所有用户进行："列表框中选中"选定未锁定的单元格"复选框；❹ 选中列表框中的"编辑对象"复选框→单击"确定"按钮→再次输入密码确认即可，如下图所示。

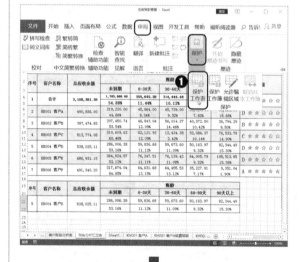

第 10 章

实战：往来账款管理与分析

第3步 测试效果。设置"保护"工作表后，除 A21 单元格以外，其他单元格均无法编辑和设置格式。选中 A21 单元格并右击，可看到快捷菜单中"设置单元格格式"选项变为灰色，不能进行设置，如下图所示。

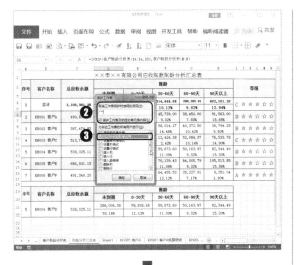

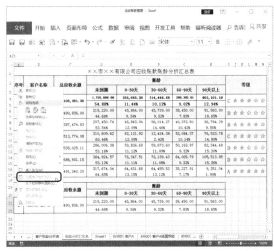

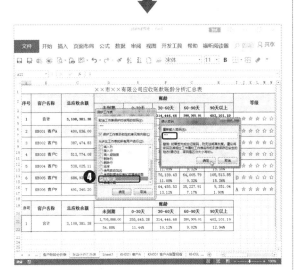

> **温馨提示**
>
> 　　如果要取消保护工作表，依次选择"审阅"选项卡→"保护工作表"选项→"撤销工作表保护"选项→输入密码即可。

| 285

第11章
实战：税金管理

本章导读

税金计算的准确性、申报缴纳的及时性对于一家企业的生存和发展至关重要。而实际工作中，日常与税收实务最"亲密接触"的其实是企业中的财务人员，他们不仅每天要处理并核算大量的凭证、数据及其相关账务，还要保证税金计算准确、申报纳税及时，工作压力之大可想而知。但是如果财务人员熟悉并掌握了Excel中的各种函数、功能、技巧等，并将其充分运用于实际管理工作中，就能够大幅度地减轻工作压力，提高工作效率，同时保证数据准确无误。

本章将以我国实施征收的税种中最为重要的几个税种，包括增值税、增值税附加税费、企业所得税、印花税作为示例，分享税金管理思路，讲解如何具体运用Excel对其进行合理、规范管理的方法和操作步骤。

本章以我国主要的几个税种为例，讲解如何运用Excel制作表格规范管理税金的方法。

知识要点

- ❖ 税金的计算方法与管理
- ❖ 制作迷你图表的方法
- ❖ 迷你图表样式设置技巧
- ❖ EOMONTH函数运用
- ❖ VBA代码一键创建目录
- ❖ "按钮"控件的运用

第11章
实战：税金管理

11.1 增值税管理

案例背景

增值税是对销售货物或提供加工、修理修配劳务及进口货物的单位和个人就其实现的增值额征收的一种流转税。

在中国境内进行上述经济活动的单位和个人即是增值税的纳税人。按照单位经营规模的大小和会计核算健全与否等标准，增值税纳税人分为一般纳税人和小规模纳税人。其中，一般纳税人发生应税行为，产生了应纳增值税额后，如果当月因发生购进货物或接受加工、修理修配劳务及进口货物等经济行为而取得了增值税专用发票，则允许将票面列示的增值税额抵扣当月应缴纳的增值税额。那么，计算增值税额的会计公式为：当月应纳增值税额=当月销项税额-当月进项税额。

增值税是我国的第一大税种，也是最重要的税种之一，国家对增值税的征收管理给予了高度重视。因此，对于企业而言，管理好税金的最首要工作就是要管理好增值税。同时，企业也需要为节约成本对增值税税负率实施合理合法的筹划和必要的控制。这些工作最终会落到企业中的财务人员身上，那么财务人员应该从何入手对增值税进行管理呢？

由于我国目前对于增值税的征收管理方式主要实行以票控税，即根据开出的增值税发票（以下简称"销项税票"）与接受的供应商或其他单位开具的增值税专用发票列示的金额与税额分别计算销项税额、进项税额及实际应纳增值税额。因此，管理增值税应当从管理增值税发票着手。本节以一般纳税人为例，针对财务人员日常开具、接受、登记增值税发票等工作细节，运用Excel列举制作几份管理表格，运用相关函数设置恰当的公式，对增值税进项和销项发票产生的后续一系列数据进行同步运算和统计汇总，以及对增值税税负率实施合法的控制。本节将制作税票登记表、客户/供应商税票明细汇总表、年度实缴增值税统计表，如下图所示。实例最终效果见"结果文件\第11章\税票管理表.xlsx"文件。

××市××有限公司税票登记表

| 已发生销项未税额 | 230228.09 | 平均税负率 | 3.00% | 平均税负额 | 6,906.84 | 需要抵扣进项税额 | 29,929.67 | 尚需进项税额 | 77.54 | 进货 | 177492.02 |
| 已发生销项税额 | 36836.51 | 实际税负率 | 3.03% | 实际税负额 | 6,984.38 | 已收到进项税额 | 29,852.13 | 尚需进项未税/含税额 | 484.62/562.16 | 费用 | 24223.59 |

2018年7月销项税票登记表

序号	开票日期	客户名称	税票号码	票种	预估开票（含税）	销项未税额	销项税额	销项含税额	备注
		7月销项税合计			230,228.09	36,836.51	267,064.60		
1	7.2	A公司	00000001	普票	22380.00	19,293.10	3,086.90	22,380.00	
2	7.6	B公司	00000002	普票	32500.00	28,017.24	4,482.76	32,500.00	
3	7.9	C公司	00000003	专票	38451.00	33,147.41	5,303.59	38,451.00	
4	7.9	D公司	00000004	专票	45859.20	39,533.79	6,325.41	45,859.20	
5	7.15	E公司	00000005	专票	57674.40	49,719.31	7,955.09	57,674.40	
6	7.16	F公司		无票	70200.00	60,517.24	9,682.76	70,200.00	

2018年7月进项税票登记表

序号	开票日	项目	厂商名称	税票号码	预估进项（含税）	进项未税额	进项税额	进项含税额	备注
		7月进项税合计			201,715.61	29,852.13	231,567.74		
1	7.3	进货	甲公司	00000011	28409.91	24,491.30	3,918.61	28,409.91	
2	7.7	费用	乙公司	00000012	25677.01	24,223.59	1,453.42	25,677.01	
3	7.9	进货	丙公司	00000013	41902.51	36,122.86	5,779.65	41,902.51	
4	7.10	进货	丁公司	00000014	36038.47	31,067.65	4,970.82	36,038.47	
5	7.20	进货	戊公司	00000015	67583.66	58,261.78	9,321.88	67,583.66	
6	7.25	进货	己公司	00000016	31950.18	27,540.42	4,407.75	31,956.18	

××市××有限公司客户税票明细汇总表

序号	客户名称	2018年合计	2018年图表	1月	2月	3月	4月	5月	6月	7月	8月	9月	10月	11月	12月
	总合计	2,457,174.76		202,023.20	170,520.21	192,056.72	170,482.33	240,152.50	200,984.26	267,064.60	211,864.00	202,958.04	198,157.22	189,047.68	211,864.00
1	A公司	211,582.33		13,560.00	17,562.65	16,345.67	14,509.50	20,439.03	17,105.48	22,380.00	17,320.00	15,690.00	19,264.00	20,086.00	17,320.00
2	B公司	275,200.64		21,523.00	15,500.00	22,503.75	19,975.33	28,139.25	23,549.51	32,500.00	22,000.00	23,633.00	25,620.00	18,256.00	22,000.00
3	C公司	356,129.42		29,855.00	31,655.00	27,935.54	24,797.44	34,931.29	29,234.09	38,451.00	28,952.68	26,356.80	27,355.22	27,652.68	28,952.68
4	D公司	416,594.93		35,062.00	29,216.00	33,725.62	29,937.11	42,171.36	35,293.32	45,859.20	35,300.32	31,256.68	32,318.00	32,155.00	35,300.32
5	E公司	534,434.06		42,668.00	35,235.00	39,919.89	35,435.45	49,916.82	41,775.52	57,674.40	45,035.00	48,668.88	51,035.00	42,035.00	45,035.00
6	F公司	663,233.38		59,355.20	42,351.56	51,626.25	45,826.90	64,554.75	54,026.04	70,200.00	63,256.00	57,352.68	42,565.00	48,863.00	63,256.00

××市××有限公司2018年实缴增值税统计表

2018年	销项金额			进项金额			税负		
	不含税金额	税额	价税合计	不含税金额	税额	价税合计	实缴税额（税负额）	税负率	税负变动率
1月	172,669.40	29,353.80	202,023.20	142,783.77	24,273.23	167,057.00	5,080.57	2.94%	
2月	145,743.76	24,776.45	170,520.21	118,749.56	20,187.44	138,937.00	4,589.01	3.15%	-9.68%
3月	164,151.04	27,905.68	192,056.72	134,967.52	22,944.48	157,912.00	4,961.20	3.02%	8.11%
4月	145,711.40	24,770.93	170,482.33	119,374.53	20,293.68	139,668.21	4,477.25	3.07%	-9.75%
5月	207,028.01	33,124.49	240,152.50	174,742.00	27,958.73	202,700.73	5,165.76	2.50%	15.38%
6月	173,262.30	27,721.96	200,984.26	141,343.53	22,614.95	163,958.48	5,107.01	2.95%	-1.14%
7月	230,228.09	36,836.51	267,064.60	201,715.61	29,852.13	231,567.74	6,984.38	3.03%	36.76%
8月	182,641.38	29,222.62	211,864.00	167,519.97	23,496.03	191,016.00	5,726.59	3.14%	-18.01%
9月	174,963.83	27,994.21	202,958.04	162,308.02	22,590.98	184,899.00	5,403.23	3.09%	-5.65%
10月	170,825.20	27,332.02	198,157.22	154,513.94	22,220.06	176,734.00	5,111.96	2.99%	-5.39%
11月	162,972.15	26,075.53	189,047.68	144,204.61	21,080.19	165,284.80	4,995.34	3.07%	-2.28%
12月	182,641.38	29,222.62	211,864.00	172,379.61	23,701.39	196,081.00	5,521.23	3.02%	10.53%
合计	2,112,837.94	344,336.82	2,457,174.76	1,834,602.67	281,213.29	2,115,815.96	63,123.53	2.99%	
图表	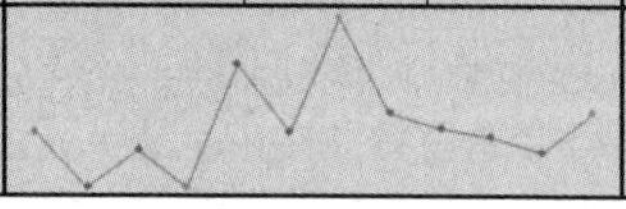			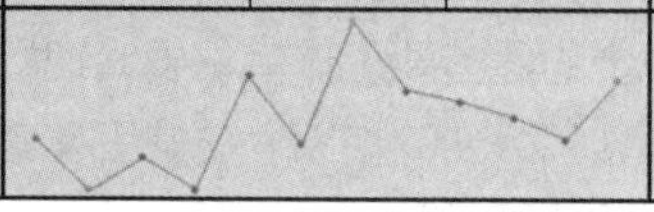			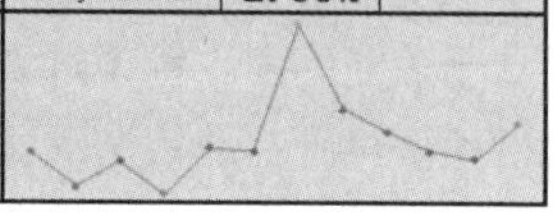		

11.1.1 制作增值税发票基础信息登记表

如前所述，增值税发票包括销项税票与进项税票，一般纳税人的应纳增值税额根据销项税额减去可抵扣的进项税额而得。增值税发票对企业而言至关重要，所以在"增值税发票登记表"中，关于这两项发票的基础项目必不可少，必须同时制作两份表格，分别用于登记销项与进项发票，并且票面上的所有内容也应当设置为表格项目予以登记。下面以××公司于2018年7月开具与接受的增值税发票为例，讲解制作登记表格的具体方法与操作步骤。

第1步 新建一个 Excel 工作簿，命名为"税票管理表"→将工作表"Sheet1"重命名为"2018年7月"→在同一张工作表中绘制两个基础表格→设置好表格基本格式与增值税发票相关的项目名称，主要包括"开票日期""客户名称"或"供应商名称""税票号码""销项未税额""销项税额"或"进项税额""销项含税额"等→设置好 G5:I5、R5:T5 区域的求和公式→填入虚拟基础信息。这里预留 A2:U3 区域用于下一节制作"增值税税负观测台"，如下图所示。

第11章
实战：税金管理

第2步 分别在 E 列（"票种"）和 N 列（"项目"）区域制作下拉菜单。❶ 选中 E7:E60 区域→打开"数据验证"对话框→在"设置"选项卡中设置"序列"的"来源"为"专票，普票，无票"，用于后续分别按照以上3类统计汇总发票金额；❷ 用同样的方法在 N7:N60 区域设置"序列"的"来源"为"进货,费用"，以便后期分类汇总进货与费用金额，如下图所示。

下拉菜单制作完成后，为展示效果，这里虚拟填入发票种类与进项发票金额的项目类别。

第3步 实际工作中，相关部门通常会于每月末或月初分别预估将要为客户开具发票的销项含税金额或与供应商谈妥的进项含税发票金额，因此，表格中设置了"预估开票（含税）"与"预估进项（含税）"项目。财务人员获悉预估数据后,可预先填入,不含税金额与税额则设置公式自动计算。❶ 在 G7 单元格中设置公式"=ROUND(F7/1.16,2)"，根据 F7 单元格预估的开票含税金额计算不含税金额→在 H7 单元格中设置公式"=ROUND(F7-G7,2)"，以含税金额减去不含税金额得到销项税额。注意，这里没有用"销项未税额 ×16%"计算销项税额的原因在于：乘法有可能会导致出现数据尾数差异，而使用减法得到的则是更为精确的"销项税额"的绝对额；在 I7 单元格中设置公式"=ROUND(SUM(G7:H7),2)"，计算价税合计的"销项含税额"。❷ 将 G7:I7 区域中的公式向下填充至 G8:I60 区域的所有单元格中。❸ 在进项税票登记表中的 R7:T60 区域设置相同的公式即可，如下图所示。

| 289

11.1.2 创建增值税动态税负"观测台"

税负也称税负率,是指实际缴纳的税款占应税销售收入的百分比。会计计算公式为:

税负率=(销项税额-进项税额)÷销项未税总金额×100%

例如,××公司为增值税一般纳税人。2018年7月开具销项税票不含税总金额为100万元,则销项税额为16万元。当月取得并抵扣进项税票(包括进货与费用)所记载的进项税额总额为13.02万元,则7月实际应缴纳增值税税额为2.98万元(16万元-13.02万元),那么增值税税负率为2.98%(2.98÷100×100%)。

各个行业都有一个平均税负率,是根据各地区各个行业中具有代表性的数家企业在正常经营状况下,一定期间内的各项大数据(如行业总收入、平均收入、总成本、平均成本、销售毛利、实际缴纳税款等)结合其他相关数据计算得出的。平均税负率是税务机关用于监控企业是否可能存在偷税、漏税、逃税等违法行为的重要依据。如果企业的税负率长期偏低或过高均说明税负异常。因此,企业在实际经营活动中,应当参考行业平均税负率并结合自身经营状况与市场行情,正确把握正常交易前提下的实际税负率,进行合理合法的税务筹划。而在财务人员的日常工作中,每天都有可能开具或收到增值税发票,获取的销项税额与进项税额在不断变化,那么财务人员如何能够及时获得实时税负率,并据此筹划当月的实际税负率,以知晓当月需要抵扣的进项税额数据呢?方法非常简单:只需在前面制作的"税票登记表"时预留的区域中创建一个数据"观测台",链接相关数据,并设置几个公式,根据在税票登记表中填列的"预估"含税金额或实际开具、收到的销项与进项发票的票面金额,即可随时获取实时动态税负率,并倒推当月需要抵扣的进项税额等相关数据。下面讲解具体方法与操作步骤。

第1步 在 A2:U3 区域设置好各项目名称与单元格格式。其中灰色单元格用于设置公式自动计算相关数据,如下图所示。

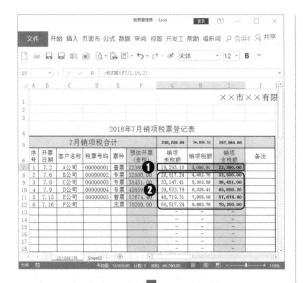

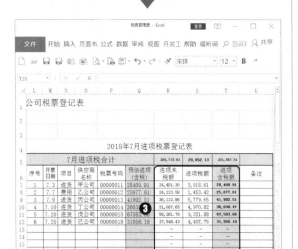

温馨提示

当预估的"含税金额"被客户或供应商确认后,如有差异,则应重新在各自的"预估"项目中填入数据。在实际开出销项发票或收到进项发票时,应与票面金额核对无误。如果公式自动计算的"未税金额"与票面金额不一致、略有尾差时,应以票面金额为准,调整表格中的"未税金额",直接在公式后面加上或减去差异的金额即可。例如,将G7单元格的公式调整为"=ROUND(Q7/1.16,2)+0.01"。

第11章
实战：税金管理

单元格中设置公式"=ROUND(D3-S5,2)"计算当前实际税负额（S5 单元格中的数值为"进项税额"的总金额），如下图所示。

如果后期增加开具销项税票并填入票面数据后，"销项未税额"与"销项税额"的总额会逐次累加，那么以此计算的平均税负额、实际税负额、实际税负率均会随之发生动态变化。

接下来计算当月需要抵扣的"进项未税额"与"进项税额"，同时分类汇总进项税票中"进货"与"费用"金额。

第3步 ❶ 在 N2 单元格中设置公式"=ROUND(D3-I2,2)"，根据当月实际发生的"销项税额"减去"平均税负额"，即可倒推得出当月需要抵扣的进项税额；在 N3 单元格中设置公式"=S5"链接 S5 单元格中累加的当月实际收到进项税票上记载的"销项税额"的总金额。❷ 在 R2 单元格中设置公式"=ROUND(N2-N3,2)"，计算当月需要抵扣的进项税额与实际收到的进项税额之间的差额，即当前还需要抵扣进项税额的金额；在 R3 单元格中设置公式"=ROUND(R2/0.16,2)&"/"&ROUND(R2/0.16*1.16,2)"，根据 R2 单元格中的"尚需抵扣的进项税额"倒推"进项未税额"与"进项含税额"。❸ 在 U2 单元格中设置单条件求和公式"=SUMIF(N:N,T2,R:R)"，根据 N 列中列示的项目类别汇总"进货"金额；在 U3 单元格中设置公式"=SUMIF(N:N,T3,R:R)"即可，如下图所示。

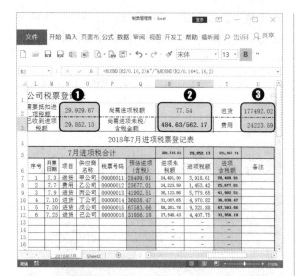

温馨提示

这里需要注意一点：本节根据"尚需进项税额"倒推"进项未税（含税）"金额时，是以增值税税率16%计算的。实际运用时，需要综合其他税率的增值税发票金额进行核算。如果企业取得的进项税票中包含其他税率的发票较多，则应以其他税率为主要依据倒计算需要抵扣的进项未税（含税）额。

11.1.3 客户、供应商分类汇总发票金额

实际工作中，财务人员对于每类数据都要从不同的角度进行汇总分析。例如，对于增值税发票金额，除了按月份统计外，还需要从客户、供应商的角度分析每月发票金额的高低变化，并按月汇总，这些数据也可以辅助企业从发票方面及时掌握客户及供应商与企业之间的应收、应付及结算进度，做出正确决策的重要参考依据。本节将制作动态汇总表，在同一表格中分别按照客户、供应商自动列示并汇总每月发票金额，同时添加迷你图表以便财务人员更直观地查阅数据、比较分析。本节讲解的主要目的是向读者分享增值税发票的管理思路。而表格中设置的函数公式非常简单，前面章节中已反复使用，同时表格设计思路也与第9章中制作的"综合查询汇总表"工作表异曲同工，因此本节将对所讲内容做简要介

绍，具体公式含义可参考第9章的相关内容。

为展示效果，本节预先制作了2018年1~12月的税票登记表及"客户供应商资料"，并输入虚拟信息，作为"发票汇总表"的数据源。

第1步 在"税票管理表"工作簿中新增一份工作表，命名为"发票汇总表"→绘制表格，设置好项目和格式→编制顺序号。表格中除"序号"与月份是预先手动填入以外，其他区域均预留，用于设置公式或插入迷你图表，如下图所示。

第2步 ❶插入两个"选项按钮"控件→将控件名称分别命名为"客户""供应商"→设置控件格式，将单元格链接设置为 A2 单元格。控件制作与设置方法及作用请参阅 9.3.1 节，此处不再赘述。

❷ 在 A1 单元格中设置公式"=IF(A2=1," 客户 "," 供应商 ")", 根据 A2 单元格中显示的数字返回不同的字符。❸ 设置 A2 单元格格式。打开"设置单元格格式"对话框→选择"自定义"选项, 在"类型"文本框中输入"××市××有限公司@发票汇总表", 其中的符号"@"是作为变量文字的通配符。例如, 当 A2 单元格的值为"1"时, 则 A1 单元格中显示"××市××有限公司客户发票汇总表"。❹ 在 B3 单元格中设置公式"=IF($A$2=1," 客户名称 "," 供应商名称 ")", 根据 A2 单元格的数字返回不同的字符, 如下图所示。

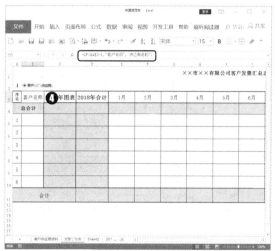

第3步 设置各项目所在区域的公式。❶ 在 B5 单元格中设置公式"=IF($A$2=1,VLOOKUP(A5,客户供应商资料 !A:B,2,0),VLOOKUP(A5,客户供应商资料 !A:C,3,0))", 根据 A2 单元格的数字, 查找引用"客户供应商资料"工作表中的"客户名称"或"供应商名称"→将 B5 单元格公式向下填充至 B6:B10 区域的所有单元格中。❷ 在 E5 单元格中设置公式"=IF($A$2=1,SUMIF('2018 年 1 月 '!$C:$Z,$B5,'2018 年 1 月 '!$I:$Z),SUMIF('2018 年 1 月 '!$O:$O,$B5,'2018 年 1 月 '!$R:$R))", 根据 A2 单元格中的数字与 B5 单元格中数字的变化, 分别汇总"2018 年 1 月"工作表中的"销项未税额"或"进项未税额→E4 单元格设置公式"=ROUND(SUM(E5:E10),2)", 纵向求和区域中所有数据的合计金额。❸F4:P10 区域（2~12 月）设置相同公式即可, 注意公式中链接的工作表名称必须与相应的工作表一一对应。❹ 在 D4 单元格中设置求和公式"=ROUND(SUM(E4:P4),2)"横向汇总 1~12 月的所有数据→将公式向下填充至 D5:D10 区域的所有单元格中即可, 如下图所示。

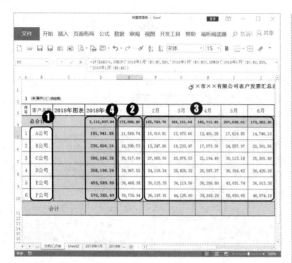

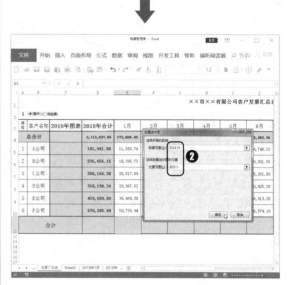

第4步 制作同月不同客户或供应商的发票金额同比柱形图。❶选中 E11 单元格→选择"插入"选项卡→选择"迷你图"→"柱形"选项,弹出"创建迷你图"对话框。❷单击"数据范围:"文本框→按住鼠标左键不放,拖动鼠标选中 E5:E10 区域→"位置范围:"文本框自动列示之前选中的 E11 单元格→单击"确定"按钮,关闭对话框。1月所有客户的发票金额柱形对比图即制作完成。❸设置好 E11 单元格内的迷你图格式后,将其填充至 D11 单元格、F11:P11 区域的所有单元格中,即可快速生成所有月份不同客户的发票金额柱形迷你图→单击"供应商"控件,即可看到包含公式及迷你图表区域的所有数据均发生动态变化,如下图所示。

第5步 制作同一客户或供应商在全年12个月内不同发票金额的环比趋势图(折线图)。选中 C5 单元格→按照第4步的操作方法,插入"迷你图表"中的"折线图"(这里注意要将"数据范围"设置为"E4:P4")→将 C5 单元格中的迷你图表填充至 C4 单元格、C6:C10 区域的所有单元格中即可,最终效果如下图所示。

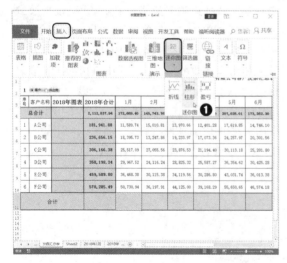

第11章
实战：税金管理

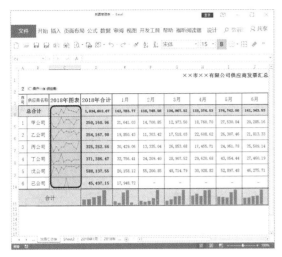

临涉税风险。因此本节将讲解制作"实缴增值税统计表"，将全年1~12月增值税的销项未税额、进项未税额、销项税额、进项税额、税负额、税负率等相关数据按月链接至表格中集中列示，并自动计算每期税负变动率，以便企业及时予以监控、调整，有效规避风险。虽然这张表格的作用不小，但是在具体制作与公式设置方面却非常简单，下面介绍制作方法与操作步骤。

第1步 在"税票管理表"工作表簿中新建一张工作表，命名为"实缴增值税统计表"→绘制表格→设置好各项目名称和基本求和公式，以及表格格式，如下图所示。

温馨提示

本例制作的发票汇总表中列示的是价税合计金额。实际工作中，也可以列示未税金额或税额，甚至可以同时将以上3项数据同时列示于表格中，公式设置方法相同，在以上表格的基础上增加列次并对格式稍做调整即可。

11.1.4 按月汇总实缴增值税，实时监控税负变动率

税负变动率的计算公式为：税负变动率=（本期税负-上期税负）÷上期税负×100%。企业在正常经营的情况下，其税负变动率一般在±30%范围之内浮动，如果超出范围，极有可能面

第2步 设置公式链接各月工作表中的相关数据。❶在B4单元格中设置公式"='2018年1月'!G$5"，链接"2018年1月"工作表中G5单元格内的"销项未税额"的合计金额→将公式向右填充至C5单元格内，则链接"销项税额"的合计金额→E5与F5单元格同样设置公式，链接"2018年1月"工作表中的"进项未税额"与"进项税额"的合计金额；❷在H4单元格中计算实缴增值税额（也就是税负额），直接设置公式"=ROUND(C4-F4,2)"或链接"2018年1月"工作表中I3单元格内列示的"实际税负额"的金额；❸选中B4:I4区域，将其中所有单元格内的公式同时向下填充至B5:I15区域的所有单元格中→运用"查找与替换"方式分别将2~12月的数据所在区域公式中的月

295

份替换为对应月份工作表的名称即可。例如，将B5:H5区域的所有单元格内公式中的"2018年1月"替换为"2018年2月"，以此类推，效果如下图所示。

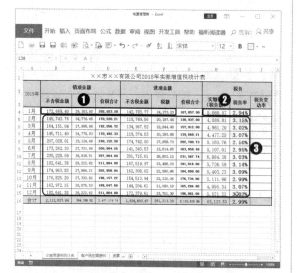

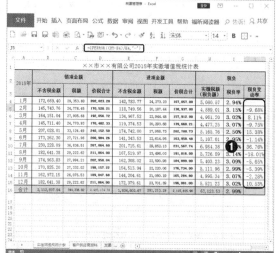

温馨提示

根据实际税收政策，本例表格列示的2018年1~4月的销项和进项税额所体现的增值税税率为17%，而5~12月的增值税税率为16%。

第3步 计算并提示税负变动率。由于税负变动率是以上期的税负额作为基数，因此应从第2期开始计算。❶ 在J5单元格中设置公式"=IFERROR((H5-H4)/H4,"-")"→向下填充公式至J6:J10区域的所有单元格中；❷ 设置"条件格式"凸显超出正常范围的变动率。选中J5:J15区域→打开"新建格式规则"对话框→设置"选择规则类型"为"使用公式确定要设置格式的单元格"→在"为符合此公式的值设置格式"文本框中设置公式"=OR(J5>0.3,J5<-0.3)"→设置单元格格式后，单击"确定"按钮关闭对话框即可。条件格式及公式含义：指定区域中单元格的数值大于30%或（OR）小于-30%时，该单元格自动填充为指定颜色，如下图所示。

第4步 最后同样可插入迷你图表，以便更直观地呈现每月各项数据的变动情况。由于表格中"销项金额""进项金额""税负"三大项目中的每个子项目的变动趋势都相同。因此，可以大项目的任一子项目中的一组数据为依据制作迷你图表。❶ 合并B17:D17区域为B17单元格；❷ 插入"迷你图表"中的"折线图"→选择"数据范围"为B14:B15、C14:C15、D14:D15区域均可→将"位置范围"修改为"B17"→将B17单元格中的迷你图表向右填充至E17:J17区域即可，效果如下图所示。

第 11 章

实战：税金管理

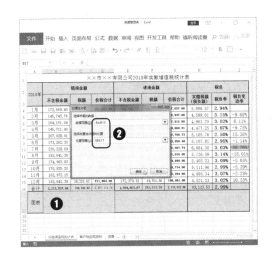

11.2 税金及附加管理

案例背景

税金及附加是一个损益类一级会计科目，用于核算企业经营活动中应负担的相关税费，主要包括城市维护建设税（以下简称"城建税"）、教育费附加、地方教育费附加、消费税、印花税、资源税、房产税、城镇土地使用税、车船税等。其中城市维护建设税、教育费附加、地方教育费附加是增值税的"附加税费"，即附加于增值税，按照应纳增值税额乘以不同的税（费）率计算应纳税（费）额，如果应纳增值税额为零，则附加税费的应纳税（费）额也为零。

企业在每月计提当期应纳增值税额的同时，也需要核算并计提其附加税费。另外，如果发生了其他税种的纳税义务，也应当对其应纳税额进行计提。而核算"税金及附加"中的各项税费这项工作，依然可以运用Excel轻松高效地完成，同时确保应纳税金准确无误。

本节以日常经营活动中最常见的税种——附加税费与印花税为例，结合实务中的税收优惠政策及实际纳税申报要求，讲解制作Excel表格、运用常用函数设置公式、自动计算应纳税金的具体方法和步骤，并分享其中的管理思路。实例最终效果如下图所示，也可在"结果文件\第11章\税金及附加管理.xlsx"文件中查看。

××市××有限公司税金及附加计算表

| 2018年 | 应税收入 | 实缴增值税 | 附加税费 | | | | 教育费附加减免税 | 实缴金额 | 印花税 | 合计 |
			城建税 7%	教育费附加3%	地方教育费附加2%	合计 12%				
1月	98652.68	2,959.58	207.17	88.79	59.19	355.15	147.98	207.17	175.40	382.57
2月	145743.76	4,589.01	321.23	137.67	91.78	550.68	—	550.68	168.70	719.38
3月	164151.04	4,961.20	347.28	148.84	99.22	595.34	—	595.34	195.20	790.54
4月	145711.40	4,477.25	313.41	134.32	89.55	537.28	—	537.28	139.20	676.48
5月	99352.52	2,980.58	208.64	89.42	59.61	357.67	149.03	208.64	141.40	350.04
6月	173262.30	5,107.01	357.49	153.21	102.14	612.84	—	612.84	165.10	777.94
7月	230228.09	6,984.38	488.91	209.53	139.69	838.13	—	838.13	230.50	1,068.63
8月	96213.96	2,886.42	202.05	86.59	57.73	346.37	144.32	202.05	136.10	338.15
9月	174963.83	5,403.23	378.23	162.10	108.06	648.39	—	648.39	182.40	830.79
10月	170825.20	5,111.96	357.84	153.36	102.24	613.44	—	613.44	174.90	788.34
11月	162972.15	4,995.34	349.67	149.86	99.91	599.44	—	599.44	164.30	763.74
12月	182641.38	5,521.23	386.49	165.64	110.42	662.55	—	662.55	192.70	855.25
合计	1844718.31	55,977.19	3,918.41	1,679.33	1,119.54	6,717.28	441.33	6,275.95	2,065.90	8,341.85

××市××有限公司印花税计算表

2018年1月		175.40	
合同类型	税率	计税金额	税金
购销合同	0.0003	179,896.07	54.00
货物运输合同	0.0005	142,783.77	71.40
财产租赁合同	0.001	50,000.00	50.00
	—	—	—
	—	—	—
	—	—	—

2018年2月		168.70	
合同类型	税率	计税金额	税金
购销合同	0.0003	264,493.32	79.30
货物运输合同	0.0005	118,749.56	59.40
财产租赁合同	0.001	30,000.00	30.00
	—	—	—
	—	—	—
	—	—	—

2018年3月		195.20	
合同类型	税率	计税金额	税金
购销合同	0.0003	299,118.67	89.70
货物运输合同	0.0005	134,967.52	67.50
加工承揽合同	0.0005	76,025.86	38.00
	—	—	—
	—	—	—
	—	—	—

11.2.1 计算附加税费

附加税费包括城建税、教育费附加、地方教育费附加，税（费）率分别为7%、3%、2%，均以增值税额作为计税基数乘以各自的税率计算得出。同时根据税收优惠政策规定，月收入低于10万元的纳税义务人可享受教育费附加全额减免。本节将制作"税金及附加计算表"，自动计算应纳附加税费及教育费附加减免额。

打开"素材文件\第11章\税金及附加管理.xlsx"文件，为便于讲解和示范，已在表格中虚拟填入1~12月实缴增值税额（实际工作中运用Excel管理税金，可直接在"税票管理表"工作簿中制作此表格，并设置公式自动链接实缴增值税额）。同时，由于印花税的征税对象范围较广，包括10种不同类型的经济合同、产权转移书据、资金账簿、权利、许可证照等。一家企业通常不止签订一种应税合同，每月也不止发生同一类应税行为，因此表格中预先设置了"印花税"项

目，但并不在此直接核算，而是另外制表计算，按照不同的征税对象分别计算税金并汇总，再设置公式将当月应纳印花税总额链接至"税金及附加计算表"相应的单元格中，如下图所示。

下面计算附加税费。

第1步 ❶ 在D4单元格中设置公式"=ROUND($C4*RIGHT(D$3,2),2)"，计算城建税。公式中嵌套了"RIGHT(D$3,2)"公式，用于截取D3单元格中的税率，截取得到的结果即"7%"。❷ 将公式向右填充至E4、F4单元格内，教育费附加与地方教育费附加即自动按照E3、F3单元格内列示的税率计算税额。❸ 选中D4:F4区域，将其中公式向下填充至D5:F15区域的所有单元格中即可，如下图所示。

温馨提示

实际工作中，以上所有基础数据均可设置链接公式从其他相关表格中自动取数。例如，B列与C列中的“销售收入”与“实缴增值税”数据即可设置公式，从前面制作的“实缴增值税统计表”中取数。

第2步 计算教育费附加减免额及附加税费实缴金额。❶在H4单元格中设置公式“=IF(B4<100000, SUM(E4,F4),0)”。公式含义：当B4单元格（应税收入）小于10万元时，就求和E4与F4单元格中的值，否则显示“0”（不享受税收优惠）。❷在I4单元格中设置公式“=ROUND(G4-H4,2)”，计算实际缴纳税（费）额。❸选中H4:I4区域，将其中公式向下填充至H5:I15区域中的所有单元格内即可，如下图所示。

××市××有限公司税金及附加计算表

2018年	应税收入	实缴增值税	附加税费						印花税	合计
			城建税 7%	教育费附加3%	地方教育费附加2%	合计 12%	教[illegible]附加减免额	实[illegible]额		
1月	98652.68	2,959.58	207.17	88.79	59.19	355.15	147.98	207.17		207.17
2月	145743.76	4,589.01	321.23	137.67	91.78	550.68	-	550.68		550.68
3月	164151.04	4,961.20	347.28	148.84	99.22	595.34	-	595.34		595.34
4月	145711.40	4,477.25	313.41	134.32	89.55	537.28	-	537.28		537.28
5月	99352.52	2,980.58	208.64	89.42	59.61	357.67	149.03	208.64		208.64
6月	173262.30	5,107.01	357.49	153.21	102.14	61[illegible]	-	612.84		612.84
7月	230228.09	6,984.38	488.91	209.53	139.69	83[illegible]	-	838.13		838.13
8月	96213.96	2,886.42	202.05	86.59	57.73	346.37	144.32	202.05		202.05
9月	174963.83	5,403.23	378.23	162.10	108.06	648.39	-	648.39		648.39
10月	170825.20	5,111.96	357.84	153.36	102.24	613.44	-	613.44		613.44
11月	162972.15	4,995.34	349.67	149.86	99.91	599.44	-	599.44		599.44
12月	182641.38	5,521.23	386.49	165.64	110.42	662.55	-	662.55		662.55
合计	1844718.31	55,977.19	3,918.41	1,679.33	1,119.54	6,717.28	441.33	6,275.95	-	6,275.95

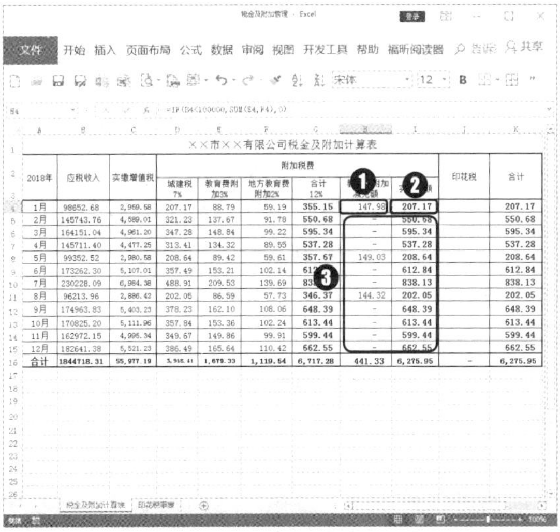

温馨提示

教育费附加减免的账务处理是：当月按照费率正常计提，次月实际申报纳税时享受减免后，再将之前的计提金额结转至“营业外收入-税费减免”会计科目。

11.2.2 计算印花税

印花税是一种行为税，是对经济活动和经济交往中书立、领受具有法律效力的凭证的行为所征收的一种税。印花税的征税范围极为广泛，相关法规条例中列举的合同、凭据几乎涵盖了经济活动和经济交往中的所有应税凭证，而且每种合同的税率都不尽相同。按照相关规定，印花税应当是按次申报，但是在实务中，企业在一个月内时常会发生多种、多次应税行为，因而对于印花税的计算和申报，通常是将当月内产生的所有应纳印花税额汇总核算之后一次申报。那么财务人员面对印花税不同的征税对象及各自不同的税率，应当如何高效核算和汇总，保证申报金额准确无误呢？运用Excel制作一份简单的计算表格即能轻松完成这项工作。下面介绍并分享印花税管理与计算的方法与思路。

第1步 首先在“税金及附加管理”工作簿中制作一份“印花税率表”，完整、正确地列示印花税征税对象、计税依据及税率，作为计算印花税的数据基础，如下图所示。

印花税率表

序号	合同类型	计税依据	标准税率/额	纳税人	备注
1	购销合同	购销金额	0.3‰	立合同人	
2	加工承揽合同	加工或承揽收入	0.5‰	立合同人	
3	建设工程勘察设计合同	收取费用	0.5‰	立合同人	
4	建筑安装工程承包合同	承包金额	0.3‰	立合同人	
5	财产租赁合同	租赁金额	1‰	立合同人	税额不足1元，按1元贴花
6	货物运输合同	运输费用	0.5‰	立合同人	单据作为合同使用的，按合同贴花
7	仓储保管合同	仓储保管费用	1‰	立合同人	仓单作为合同使用的按合同贴花
8	借款合同	借款金额	0.05‰	立合同人	单据作为合同使用的，按合同贴花
9	财产保险合同	保险费收入	1‰	立合同人	单据作为合同使用的，按合同贴花
10	技术合同	合同所载金额	0.3‰	立合同人	
11	产权转移书据	合同所载金额	0.5‰	立据人	
12	资金账簿	注册资本+资本公积的合计金额的50%	0.25‰	立账簿人	
13	权利、许可证照	按件	5元/件	领受人	

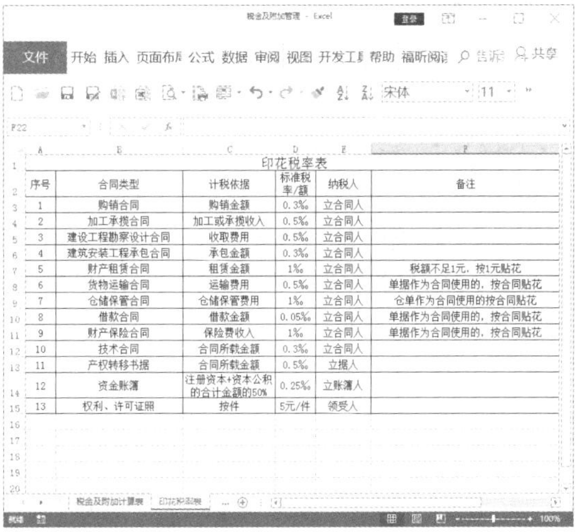

第2步 印花税的标准税率都是以千分比表示的（权利、许可证照除外），然而在Excel中无法将数字格式设置为千分比类型，所以“印花税率表”中列示的税率符号“‰”其实是文本格式，函数公式不支持千分比运算。实际工作中，财务人员通常会将标准税率直接修改为可运算的百分比或小数格式，但是由于印花税率的小数位数较多，如果人工计算和手工输入极易发生多位或少位错误，设置函数公式可将标准税率自动转化为百分比或小数，并保证税率的正确性。❶在“印花税率表”E列前插入一列→设置项目名称为“税率转换”→在E3单元格中设置公式

"=SUBSTITUTE(D3,"‰","")/1000"，运用文本替换函数 SUBSTITUTE 将 D3 单元格中的千分比符号"‰"清除后，得到数字"0.3"，再除以 1 000 即可计算得出正确的印花税率；❷ 将 E3 单元格公式向下填充至 E4:E14 区域的所有单元格中；❸ "权利、许可证照"是按件 5 元征收，在 E15 单元格中设置公式"=LEFT(d15,1)"截取得到数字"5"或直接输入数字均可，如下图所示。

第 3 步 运用"定义名称法"制作印花税合同类型下拉菜单。❶ 选中 B3:B15 区域→打开"新建名称"对话框→设置名称为"印花税合同类型"→单击"确定"按钮关闭对话框；❷ 切换至"税金及附加计算表"工作表→在空白区域中绘制"印花税计算表"，预留 5 行用于填列印花税合同；❸ 选中 M4:M9 区域→打开"数据验证"对话框→设置"验证条件"为"序列"→在"来源(S)："文本框中输入"=印花税合同类型"即可，如下图所示。

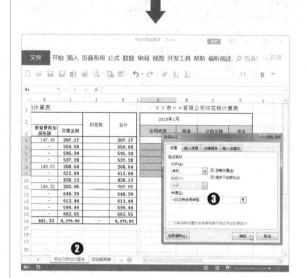

第 4 步 计算印花税金。❶ 在 M4 单元格的下拉菜单中选择"购销合同"→在 O4 单元格输入计税金额（实际工作中，可在此设置链接公式）→在 N4 单元格中设置公式"=IFERROR(VLOOKUP(M4,印花税率表!B3:E15,4,0),"-")"，在"印花税率表"工作表查找引用与 M4 单元格中列示的合同类型匹配的税率。❷ 计算印花税金时需要特别注意一个细节：实际申报缴纳印花税时，有一点与其他税种不同，即税务机关官方申报系统会自动将印花税金的小数位数四舍五入至小数点后 1 位。而众多财务人员在计提税金时已习惯保留两位小数，经常忽略和遗忘这个细节，由此导致次月实缴金额时与计提金额出现 0.01~0.04 元的差异，此时财务人员不得不多做一笔调整分录处理差异额。虽然税金尾差金额微不足道，账务处理也是举手之劳，但也确实给不少财务人员带来了烦恼：时常都要为这 0.01~0.04 元的差异做账务调整，也会影响当期损益，导致收入与费用配比不够精准，甚至还会为后期查询账务增添一丝意想不到的麻烦。其实这个困扰运用 ROUND 函数设置公式即可轻而易举地解决。在 P4 单元格中设置公式"=IFERROR(ROUND(O4*N4,1),0)"即可杜绝尾差，确保计提金额与实缴金额完全一致。❸ 将 N4、P4 单元格中的公式向下填充至 N5：N15 与 P5：P15 区域的所有单元格中即可，如下图所示。

第 11 章
实战：税金管理

第5步 汇总当月印花税金。在 O2 单元格中设置公式 "=ROUND(SUM(P4:P9),1)"→再次增加选择合同类型并虚拟填入计税金额，测试公式正确与否，效果如下图所示。

后期计算印花税金时，即可复制、粘贴"印花税计算表"工作表，重新选择合同类型，填入计税金额。下面设置公式，将每月的印花税金总额链接至"税金及附加计算表"中对应的单元格内。为展示效果，这里补充制作了 2~12 月的"印花税计算表"，并虚拟填入每月的合同类型与计税金额。

第6步 这里链接印花税金的思路是：运用 VLOOKUP 函数，在"印花税计算表"中查找 A 列中列示的月份，然后将相同月份对应的印花税金汇总额引用至 J 列中。因此，前提是要保证 A 列中的月份与"印花税计算表"中月份所在单元格的内容完全一致。❶统一两列格式。按住"Ctrl"键不放，同时，选中 A 列与 M 列→打开"设置单元格格式"对话框→选择左侧"分类(C)"列表框中的"日期"选项→在右侧"类型(T)"列表框中选择"2012年3月"选项→单击"确定"按钮关闭对话框。❷此时可看到 A4:A15 区域中的所有单元格中显示为"2018 年 * 月"，使表格从整体看上去不够清爽，因此再通过一步设置恢复之前的显示形式，却不影响 A 列与 M 列内容的一致性。再次打开"设置单元格格式"对话框→选择"分类"列表框中的"自定义"选项→在"类型(T)"文本框中输入 "m"月""→单击"确定"按钮即可，如下图所示。

第7步 最后在 J4 单元格中设置公式 "=VLOOKUP(A4,M:O,3,0)"，并向下填充公式至 J5:J15 区域的所有单元格中，即制作完成"税金及附加计算表"，效果如下图所示。

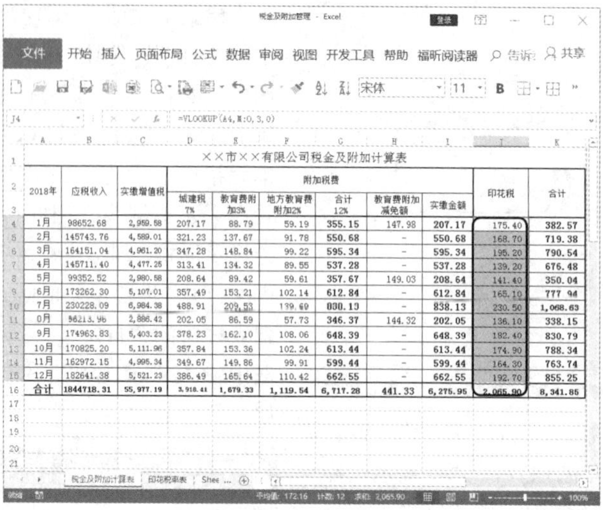

温馨提示

如果实务中企业还涉及"税金及附加"中的其他税种，可在此表格的基础上增加列次，参考本节的制作思路与方法，根据每一税种特点设置公式自动计算、汇总。

11.3 企业所得税管理

案例背景

企业所得税是指对中华人民共和国境内的企业和其他取得收入的组织以其生产经营所得为课税对象所征收的一种所得税。

企业所得税是我国最重要的税种之一。我国对企业所得税的征收实行"按年计算，分期预缴，年终汇算"。实务中，绝大部分企业实行季度预缴，即在每一季度终了后的规定期限内进行一次预缴申报，计税会计期间及计税依据为：自本年1月1日起至本季度末的所有应纳税所得额。而年终汇算是指每年度终了后，清算该年度所有应纳税所得额，并遵照相关政策规定对应纳税所得额进行调增或调减之后，计算得出整个年度的应纳税所得额，减去之前每季度已经缴纳的预缴税款后应补缴或留抵税金。本节将根据企业所得税的特点，结合税收优惠政策，制作Excel管理表格，按月计算、按季汇总利润总额，预算每季度预缴税额，以及净利润、净利率和税负率，并自动生成所得税季报计算表，作为记账凭证的附件，如下图所示。表格的布局虽然非常简单，但是其中涵盖了大量的函数公式、功能的运用方法，以及本节对于企业所得税这一税种，如何根据其实务中的税收特点进行高效、规范管理的思路，希望能够对财务人员有所提示与帮助。本节实例最终效果见"结果文件\第11章\企业所得税管理.xlsx"文件。

第11章
实战：税金管理

××市××有限公司2018年利润统计表

2018	营业收入	营业成本	营业利润	期间费用			税金及附加	营业外收支	利润总额		企业所得税费用/税负率 0.92%			净利润	
				营业费用	管理费用	财务费用	费用合计			每月发生额	本年累计数	应预缴所得税	实际预缴所得税	应补(退)税额	利润额	利润率
合计	2,213,661.97	1,654,051.65	559,610.34	114,670.55	232,378.88	22,934.11	347,049.42	9,172.98	607.00		203994.96	203994.96	20,399.50	20,399.50	—	183,595.46	8.29%
1月	118,383.22	84,910.16	33,473.06	7,906.97	16,023.41	1,581.39	23,930.38	490.58	820.00	9872.10	9872.10				9,872.10	—
2月	174,892.51	132,133.64	42,758.88	7,757.27	15,720.05	1,551.45	25,028.77	724.71	-610.00	17946.85	27818.95				27,818.95	—
3月	196,981.25	149,438.73	47,542.52	8,122.08	16,459.33	1,624.42	24,581.41	816.23	350.00	22494.88	50313.83				50,313.83	—
1季度	490,256.98	366,482.52	123,774.46	23,786.33	48,202.79	4,757.27	71,989.11	2,051.53	560.00	50313.83	50313.83	5,031.38	5,031.38	—	45,282.45	9.24%
4月	174,853.68	130,907.18	43,946.50	8,949.12	18,135.31	1,789.82	27,084.42	724.57	360.00	16497.51	66811.34				66,811.34	—
5月	119,223.02	82,873.67	36,349.36	12,467.62	25,265.53	2,493.52	37,713.15	494.00	-955.00	-2822.96	63978.54				63,978.54	—
6月	207,914.76	155,835.18	52,079.58	10,465.46	21,208.17	2,093.09	31,613.63	861.59	120.00	19664.36	83642.90				83,642.90	—
2季度	501,991.46	369,616.02	132,375.44	31,882.21	64,609.01	6,376.44	96,491.21	2,080.17	-475.00	33329.07	83642.90	8,364.29	3,332.91	—	75,278.61	7.59%
7月	276,273.71	212,815.01	63,458.70	8,179.60	16,575.89	1,635.92	24,755.48	1,144.79	-508.00	37050.43	120693.33				120,693.33	—
8月	115,456.75	81,988.85	33,467.90	10,345.74	20,965.55	2,069.15	31,311.30	478.44	500.00	1738.16	122431.49				122,431.49	—
9月	209,956.60	157,252.07	52,704.53	10,681.40	21,645.76	2,136.28	32,327.16	870.04	850.00	20357.33	142788.82				142,788.82	—
3季度	601,687.06	452,055.93	149,631.13	29,206.74	59,187.20	5,841.35	88,393.94	2,493.27	402.00	59145.92	142788.82	14,278.88	5,914.59	—	128,509.94	8.06%
10月	204,990.24	153,560.92	51,429.32	10,400.30	21,076.12	2,080.06	31,476.42	849.46	600.00	19703.44	162492.26				162,492.26	—
11月	195,566.58	146,963.58	48,603.00	9,461.51	19,173.66	1,892.36	28,535.19	810.34	-680.00	18477.49	180969.75				180,969.75	—
12月	219,169.66	165,372.67	53,796.99	9,933.47	20,130.10	1,986.69	30,463.57	908.21	200.00	23025.21	203994.96				203,994.96	—
4季度	619,726.48	465,897.17	153,829.31	29,795.28	60,379.88	5,959.05	90,175.16	2,568.02	120.00	61206.14	203994.96	20,399.50	6,120.62	—	183,595.46	8.29%

2018年企业所得税第3季度预缴计算表

税款所属期	2018.1.1-9.30			
	项目		税率	应交所得税
应纳税所得额	实际金额	124,839.75	25%	31,209.94
	减按50%	62,419.88	20%	12,483.98
减免所得税				18,725.96
已预缴所得税额				7,233.92
本期应补缴所得税额				5,250.06

11.3.1 制作利润统计表，计算预缴税额

计算预缴税额的前提是准确计算并汇总税款所属期间的利润总额。本节将根据利润总的会计核算公式制作"利润统计表"，将全年1~12月中与"利润总额"相关的数据全部列示在一张工作表中，以便总览并分别按季度、年度汇总，自动计算预缴税额及实时税负率。

1. 制作利润表计算利润总额

利润总额及净利润的会计核算公式为：

营业收入=主营业收入+其他业务收入

营业利润=营业收入-营业成本-营业税金及附加-营业费用-管理费用-财务费用-资产减值损失±公允价值变动损益±投资收益等

利润总额=营业利润+营业外收入-营业外支出

净利润=利润总额-所得税费用

本节运用Excel制作"利润统计表"的目的是便于企业内部能够总览全年每月利润，并高效计算出季度预缴所得税额。因此利润统计表中的项目并不是要完全生搬硬套对外申报的"利润表"统一制式进行设置，而应当在遵循会计核算原则、保证正确核算利润的前提下，结合本企业的业务特点自行设置表格中的项目。也就是说，企业的日常业务中，如果未涉及对外申报"利润表"中的项目，如"投资收益""公允价值变动损益"等，可不必在表格中设置。下面首先按照以上思路绘制利润统计表，并设置

核算所需项目。

第1步 新建工作簿,命名为"企业所得税管理"→将工作表Sheet1重命名为"利润统计表"→绘制表格并设置计算"利润总额"及"净利润"的所需项目名称,包括"企业所得税费用"。其中J2单元格将"营业外收入"与"营业外支出"合并为一个单元格,项目名称为"营业外收支",负数即代表"营业外支出";O2单元格预留用于下一步计算企业所得税税负率,如下图所示。

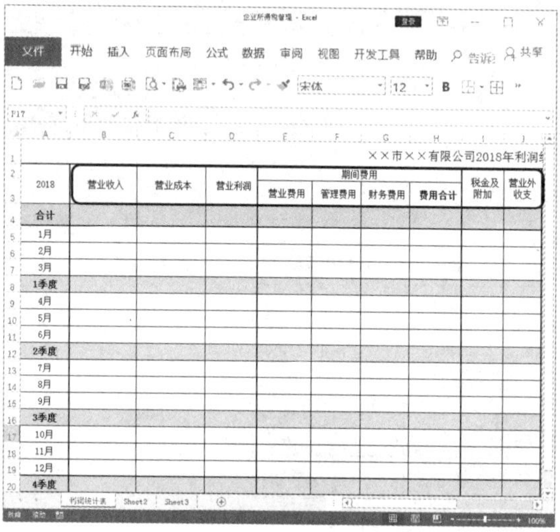

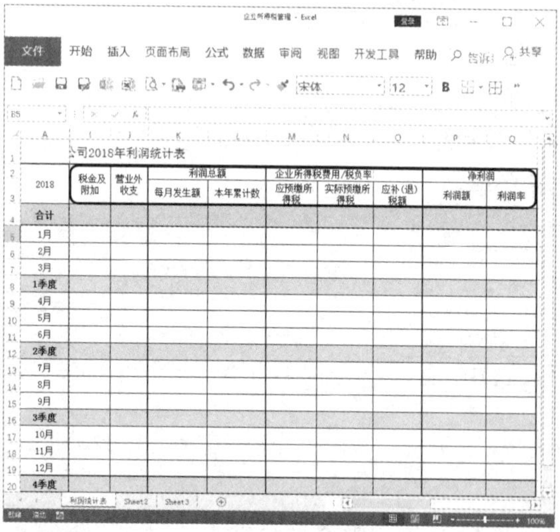

第2步 分别设置按季度汇总各项目数据的纵向求和公式,以及设置每月三大期间费用的横向求和公式。❶ 在B8单元格中设置求和公式"=ROUND(SUM(B5:B7),2)",汇总第一季度"营业

收入"数据→将公式向右填充至C8:K8区域的所有单元格中(K8单元格项目名称为即"利润总额"-"每月发生额");❷ 选中B8:K8区域,按"Ctrl+C"组合键复制→按住"Ctrl"键不放,分别选中B12:K12、B16:K16、B20:K20区域→按"Ctrl+V"组合键,即可将公式全部粘贴至各季度汇总区域中→填入1~12月的"营业收入""营业成本""营业费用""管理费用""财务费用"等基础数据,以验证后续公式是否正确,如下图所示。

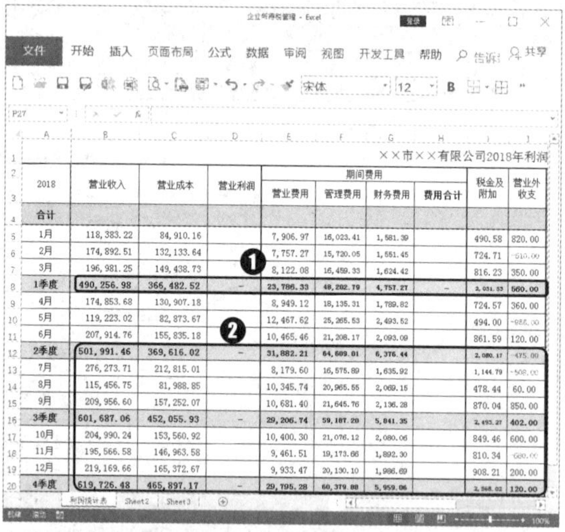

温馨提示

实际工作中,以上基础数据均可设置公式链接其他相关表格中对应项目名称的数据。例如,可设置VLOOKUP函数或其他查找引用函数从前面制作的"增值税管理""税金及附加管理"表格中自动取数。

第3步 计算每月营业利润与每月期间费用总额。❶ 在D5单元格中设置公式"=ROUND(B5-C5,2)",("营业收入"-"营业成本")→参照第2步操作方法将公式复制、粘贴至D6:D19区域中每一月份对应的单元格内;❷ 在H5单元格中设置公式"=ROUND(SUM(E5:G5),2)"("营业费用"+"管理费用"+"财务费用")→复制、粘贴公式至H6:H19区域中每一月份对应的单元格内,如下图所示。

2. 计算企业所得税季度预缴税额

计处企业所得税的会计公式为：

应纳税所得额=利润总额±调整事项金额

应纳所得税额=应纳税所得额×税率

企业在计算季度预缴税额时可暂不考虑调整事项，直接用利润总额×税率即可。我国企业所得的基本税率为25%。根据企业所得税对于小微企业实行优惠政策规定，自2018年1月1日起，应纳税所得额在100万元以下的，其所得税额减按50%计入应纳税所得额，按税率20%缴纳企业所得税。预缴税款时也同样适用这项优惠政策。因此，在Excel中设置公式计算预缴税额也需要考虑这项优惠政策。

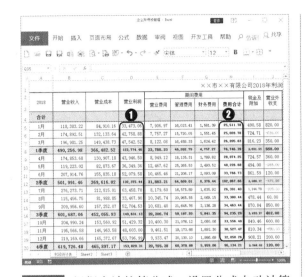

第4步 根据会计核算公式，设置公式自动计算每月利润总额的每月发生额与逐月累计额。❶在K5单元格中设置公式"=ROUND(D5-H5-I5-J5,2)"，计算利润总额→复制、粘贴K5单元格公式至K6:K19区域中每一月份对应的单元格内；❷在L5单元格中设置公式"=K5"，计算2018年1月的累计金额。由于1月的累计金额即发生额，因此此时不能向下复制、粘贴或填充公式→在L6单元格中设置公式"=ROUND(L5+K6,2)"，将1月的累计金额加上2月利润总额的发生额，得到2月的累计金额→其他月份以此类推，将L6单元格的公式复制、粘贴至L7:L19区域中每一月份对应的单元格内；❸L4、L8、L12、L16、L20单元格同样设置全年和季度累计公式即可，如下图所示。

第1步 计算每季度应预缴所得税额。❶在M8单元格中设置公式"=ROUND(IF(L8<1000000,L8*0.5*0.2,L8*0.25),2)"，根据企业所得税优惠政策，设定条件，当利润总额的"本年累计"金额小于或大于100万元时，分别按照不同的税率计算预缴税额；❷将M8单元格的公式复制、粘贴至M4、M12、M16、M20单元格，计算全年合计预缴税额以及其他3个季度预缴税额。这里需要注意一点：预缴税额是以逐月累计的利润总额为基数核算的，那么第4季度的预缴税额等于全年合计预缴税额，因此不可在M4单元格中设置求和公式重复累加，而应当设置为与每季度预缴税额相同的公式或设置公式"=M20"，直接链接第4季度的预缴税额即可，如下图所示。

第2步 计算"应补(退)税额"，即每季度申报纳税时实际应缴纳的税款。计算公式是："应补（退）税额"=全年累计应预缴税额-实际申报纳税缴纳的税额。按照这个公式，本节对于这一步的设计思路是：根据第1步计算得到的"应预缴所得税额"预先计算"应补（退）税额"，作为应当申报纳税的金额。缴纳税款后，填入实缴金额后，再计算应缴税额与实缴税额之间的差额（差额通常为0）。例如，计算得出截至第2季度应预缴税额累计额为7 233.92元，第1季度已缴纳4 443.66元，则第2季度应补税款2 790.29元（7 233.92元-4 443.66元）。下面设置公式：❶ 在O8单元格中设置公式"=ROUND(M8-(SUMIF(A$8:A8,"*季度",N$8:N8)),2)"→将O8单元格公式复制、粘贴至O12、O16、O20单元格中；❷ 在O4单元格中设置公式"=ROUND(M4-N4,2)"即可，如下图所示。

第3步 按照自然时间与实际工作流程测试公式效果。假设此刻是2018年9月末，要求财务人员根据当前利润总额累计额124 839.75元预算第3季度预缴所得税额。因未到10月，实际工作中10~12月应无数据。按以下步骤操作：删除B17:L19区域（10~12月）中的所有数据→在N8、N12单元格填入第1季度与第2季度的实缴税额。此时可看到O16单元格中第3季度与第4季度的"应补（退）税额"均为5 250.06元，表明公式准确无误。申报纳税后再填入实缴税款，如果金额与预算一致，O16单元格中数值即变化为0，如下图所示。

3. 计算净利润、净利率与税负率

计算出利润总额与所得税额后，即可根据会计公式：净利润=利润总额-所得税费用，计算得出净利润与净利率。公式设置非常简单，这里只是再次提示注意：汇总季度净利润时，仍然不可设置求和公式，表格P列（"净利润"）区域中所有单元格设置公式应当全部一致。

第1步 计算每月净利润。❶ 在P4单元格中设置公式"=ROUND(L4-M4,2)"计算1月净利润。由于1月未发生所得税费用，因此利润总额等于净利润。实际工作中，也可以每月预先计提所得税额，再按季度预缴；❷ 将P4单元格公式向下填充至P5:P20区域的所有单元格中（包括分别按照季度汇总的所有单元格），如下图所示。

第2步 计算净利率与税负率。计算公式分别为：净利率=净利润÷收入、税负率=预缴税额÷

收入。下面在 Excel 表格中设置公式：❶ 在 Q8 单元格中设置公式"=P8/SUMIF(A$8:A8,"* 季度 ",B$8:B8)"计算第 1 季度净利率；❷ 将 Q8 单元格公式复制、粘贴至 Q12、Q16、Q20 单元格中，分别计算其他 3 个季度的净利率；❸ 在 Q4 单元格中设置公式"=P4/B4"，计算全年净利率；❹ 在 O2 单元格中设置公式"=M4/B4"计算税负率，如下图所示。

元格→打开"设置单元格格式"对话框→选择"数字"选项卡"分类（C）"列表框中的"自定义"选项→在"类型（T）"文本框中输入"2018 年企业所得税第 # 季度预缴计算表"→单击"确定"按钮关闭对话框即可，如下图所示。

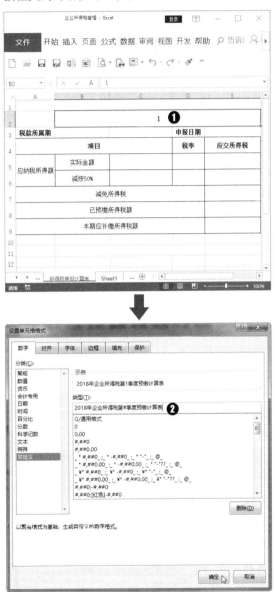

11.3.2 制作附件：所得税季报预缴计算表

制作所得税季报预缴计算表的目的是将此表作为记账凭证的必备附件。本节制作的表格将充分运用函数公式、条件格式等功能，以帮助财务人员进一步提高工作效率，让 Excel 的"高效"功能发挥到极致。具体目标：表格制作完成后，无须每次通过动手复制、粘贴，修改数字等操作才能生成新的附件表格，而是只需在指定的单元格中分别输入一个代表各季度的数字，即 1、2、3、4，即可全自动生成当前季度的表格，计算所有数据。此时财务人员将其直接打印成纸质表格，粘贴在记账凭证后面即可。下面讲解具体方法与操作步骤。

第 1 步 ❶ 在"企业所得税管理"工作簿中新建一张工作表，命名为"所得税季报计算表"→绘制表格，设置基本格式与项目名称→预先在 B2 单元格输入数字"1"，代表第 1 季度；❷ 自定义 B2 单元格格式，使其显示表格标题。选中 B2 单

设置完成后，每次只需在 B2 单元格分别输入数字，即显示"2018 年企业所得税第 # 季度预缴计算表"。

第 2 步 在 B3 单元格中设置公式和单元格格式，使其根据 B2 单元格中的数字变化，同时按照自定

义的格式列示"税款所属期"。例如，在 B2 单元格数字为"1"时，代表第 1 季度，则 B3 单元格返回"2018.1.1-3.31"，以此类推。❶将 B3 单元格格式设置为日期格式。打开"设置单元格格式"对话框→选择"数字"选项卡"分类（C）"列表框中的"日期"选项→在"类型（T）"列表框中选择"3月14日"选项→单击"确定"按钮关闭对话框。❷在 B3 单元格中设置公式"=IFERROR(EOMONTH(1,MAX(IF(B2={1,2,3,4},{3,6,9,12}))-1),"")"。公式解析：这里运用了 EOMONTH 函数，其作用是计算指定日期之前或之后几个月的最后一天的日期。这个函数公式的语法是：EOMONTH(start_date,months)。其中，参数"start_date"代表起始日期的日期；参数"months"代表 start_date 之前或之后的月份数。

在以上公式中，EOMONTH 函数语法中的参数"start_date"指定数字"1"，代表1月1日；参数"months"嵌套公式"MAX(IF(B2={1,2,3,4},{3,6,9,12}))"，根据 B2 单元格中的数字变化，分别返回"{3,6,9,12}"数组中与之对应的数字后，再减去 1。当前 B2 单元格数字为"1"，那么这个公式返回的数字是则是 2。此时按照简化后的公式"EOMONTH（1，2）"来理解其含义：即计算起始日期为 1 月 1 日之后两个月的最后一天的日期，即 3 月的最后一天 3 月 31 日。❸再次打开"设置单元格格式"对话框，将 B3 单元格格式"自定义"为""2018.1.1-"m.d"即可，如下图所示。

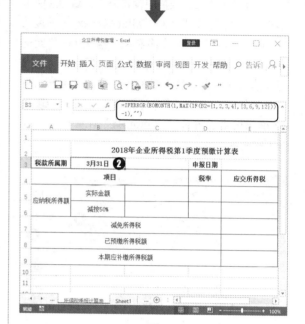

设置完成后，当 B2 单元格中的数字分别为 1、2、3、4 时，B3 单元格即分别自动显示"2018.1.1-3.31""2018.1.1-6.30""2018.1.1-9.30""2018.1.1-12.31"。在 B2 单元输入数字"3"，测试公式效果，如下图所示。

第 11 章

实战：税金管理

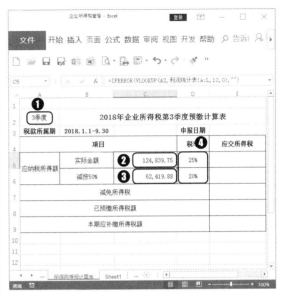

第3步 计算应纳税所得额及优惠税率。❶ 在 A2 单元格中设置公式 "=IF(B2="","请在 B2 单元格输入数字 ",CONCATENATE(B2," 季度 "))"。公式含义：如果 B2 单元格的值为空，则返回自定义文字；否则将 B2 单元格中的数字与 "季度" 组合。此时 A2 单元格的值为 "3 季度"。❷ 在 C5 单元格中设置公式 "=IFERROR(VLOOKUP(A2,利润统计表!A:L,12,0),"")"，根据 A2 单元格的值，在 "利润统计表" 工作表的 A:L 区域范围中的 A 列查找与 A2 单元格相同值所在单元格，引用与其对应的第 12 列的数值，即引用第 3 季度的应纳税所得额 "124 839.75"。❸ 在 C6 单元格中设置公式 "=IF(B2="","",IF(OR($C5=0,$C5>=1000000),0,$C5*50%))"，运用 IF 函数判断 C5 单元格的数字是否小于 100 万。如果符合，代表可享受小微企业税收优惠政策，就将 C5 单元格中的数字乘以 50%，即减按 50% 作为应纳税所得额。❹D5 单元直接输入基础税率 "25%" → D6 单元格设置公式 "=IF(C6=0,"",20%)"，如果 C6 单元格的数字为 "0"，则代表不能享受优惠政策，D6 单元格显示空值；反之则显示优惠税率，即 "20%"，如下图所示。

第4步 计算应交所得税。❶E5 单元格设置公式 "=IFERROR(ROUND(C5*D5,2),"")"，计算按照税率 25% 计算的应交所得税额。❷E6 单元格设置公式 "=IFERROR(ROUND(C6*D6,2),"")"，计算应纳税所得税额减按 50% 后，按照税率 20% 计算的应交所得税额。❸ 在 E7 单元格中设置公式 "=IFERROR(IF(E6=0,0,ROUND(E5-E6,2)),"")"，计算减免的所得税额。❹ 在 E8 单元格中设置公式 "=IF(B2=1,0,IF(B2=2,利润统计表!N8,IF(B2=3,SUM(利润统计表!N8,利润统计表!N12),IF(B2=3,SUM(利润统计表!N8,利润统计表!N12,利润统计表!N16),IF(B2=4,利润统计表!N4)))))"，根据 B2 单元格中的数字变化，计算 "利润统计表" 工作表中对应的本季度之前的已预缴所得税额的累计数。例如，当前 B2 单元格的数字是 "3"，表明此时需要计算第 3 季度应缴纳的税额，那么 E8 单元格则计算第 1 季度与第 2 季度已实际预缴的税额。❺ 在 E9 单元格中设置公式 "=IFERROR(IF(E6=0,E5-E8,E6-E8),"")"，计算本季度实际应缴纳的所得税额即可，如下图所示。

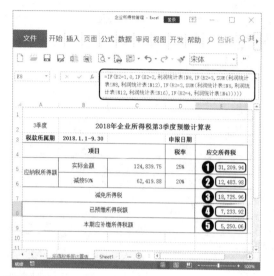

第5步 设置条件格式，净化表格。❶选中A3:E9区域，打开"新建格式规则"对话框，设置以下条件格式：设置公式"=B2="""→运用隐藏数字技巧，输入";;;"隐藏区域中的所有单元格中的数字→清除所有框线。❷在A2单元格中设置条件格式中的公式为"=B2<>""",格式与A3:E9区域中的条件格式相同。具体操作方法与步骤请参照之前章节中的相关内容。❸最后取消工作表网格线即可。

最终效果：当B2单元格为空值时，A2单元格显示文字"请在B2单元格输入数字"，A3:E9区域全部空白。在B2单元格输入数字后，A2单元格显示空白，A3:E9区域中的所有内容即可显现，如下图所示。

温馨提示

财务人员对于企业在实务中涉及的其他所有税金的管理及记账凭证附件的制作，均可参考本章思路与方法，结合本企业特点，融会贯通，灵活运用Excel中的相关函数、功能，设计适合的表格，实现"高效率"完成工作，同时确保数据准确无误，工作成果"高质量"。

本章分享了运用Excel制作表格对于税金进行高效、规范管理的思路与具体操作方法，其中的核心知识点依然是函数公式的运用。下面针对以上制表过程中涉及的部分细节问题，主要从Excel操作技巧方面，补充介绍几种处理问题的方法，以帮助财务人员制作出更加规范、完善的表格。

01 设置"迷你图表"的样式与数据

本章在11.1.3节中制作"发票汇总表"时，为了更直观地呈现数据的变动趋势与高低对比，插入了"迷你图表"，下面补充讲解如何设置迷你图表的样式，以及编辑数据的方法。

为示范操作方法并展示效果，本小节预先自"发票汇总表"工作表中将"……供应商发票汇总表"复制、粘贴至素材文件"插入迷你图表"中，并稍作调整，作为示范"迷你图表"设置方法的素材文件。

第1步 首先打开"素材文件\第11章\插入迷你图表.xlsx"文件→在C5单元格中插入迷你折线图。此时迷你图的样式为默认样式，如下图所示。

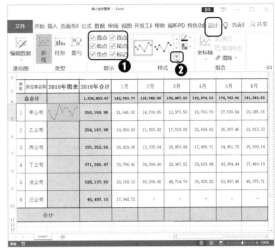

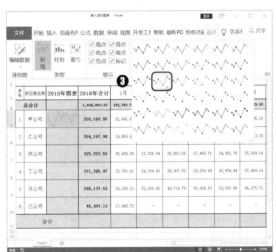

第2步 选中C5单元格，"功能区"中显示"设计"选项卡。❶选择"设计"选项卡→选中"显示"组中的"高点""低点""首点""尾点""负点""标签"复选框。此时可看到C5单元格中的迷你折线图已同步添加上了以上标记。❷单击"样式"组中的备选样式列表中的"其他"按钮。❸在展开的样式列表中选择一种样式即可，如下图所示。

第3步 如需修改"迷你图表"的数据范围，❶选择"设计"选项卡；❷单击"编辑数据"按钮；❸选择其中的"编辑组位置和数据(E)"或"编辑单个迷你图的数据(S)"选项→在弹出的"编辑迷你图数据"对话框中重新选数据范围即可，如下图所示。

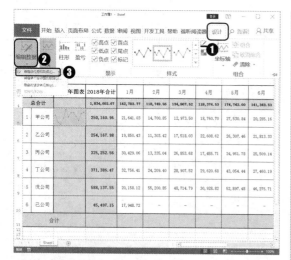

将"2018年7月"工作表整张复制、粘贴至这张工作表中。"2018年8月"工作表中的所有数据仍然是2018年7月的数据,如下图所示。

第2步 ❶选中要删除原有数据的区域→按F5键或"Ctrl+G"组合键,即可快速调出"定位"对话框→单击"定位条件"按钮;❷系统弹出"定位条件"对话框,选中"常量"单选按钮→单击"确定"按钮关闭对话框,如下图所示。

温馨提示

如果还需要对"迷你图表"的其他方面进行设置,则同样可通过选择或取消"设计"选项卡中的选项进行操作。

02 巧用定位功能,快速翻新表格

实际工作中,财务人员制作的数据管理表格通常作为模板保存,以便反复复制、粘贴继续使用。而每张工作表中都同时包含了大量的原始数据与函数公式。财务人员将原表复制、粘贴为新表格后,就需要在保留公式完好无损的前提下,删除表格中原有的基础数据。这步操作也非常消耗时间和精力。如果全选表格再一键删除,则会导致其中的公式也被删除掉。那么,有没有两全其美的方法,既可保留公式,又能够快速删除原始数据呢?运用Excel中的"定位"功能,通过简单的几步操作,即可一键删除所有不需要的数据,将原表快速翻新为新的表格。下面讲解具体操作方法和技巧。

打开"素材文件\第11章\定位功能.xlsx"文件,其中包含一张名称为"2018年7月"的增值税票管理表格。例如,现在需要对是2018年8月的增值税发票进行登记、管理,可以按以下步骤操作。

第1步 新建一张工作表,命名为"2018年8月"→

第 11 章

实战：税金管理

"常量"即指不含公式的数据。

第3步 ❶ 此时系统已全部选中了区域中的"常量"，但并未选中包含公式的区域。直接按"Delete"键即可删除所有常量数据。❷ 最后运用"查找与替换"功能将表格标题修改为"2018年8月……"即可，效果如下图所示。

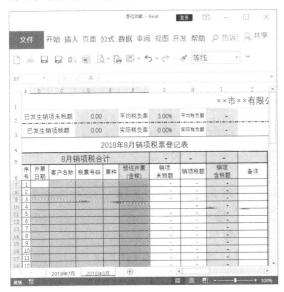

03 运用 VBA，高效创建工作簿目录

实际工作中，每个Excel工作簿通常都会包含多个工作表。例如，本章11.1节中制作的"税票管理表"工作簿中包含了15张工作表。查看各

个工作表中的数据时，就需要在工作表之间来回切换。在第2章介绍过一种方法，即调用"激活"对话框，所有工作表名称全部列示在对话框中，再单击工作表。但是这种方法仅适用于工作表较少的情形。如果工作表过多，财务人员在实际运用时，仍然会感到非常吃力。更高效的方法是：制作一份工作表目录→为每张工作表都制作一个"超链接"，全部存放于同一张工作表中→再在每张工作表中都制作一个"返回目录"的超链接。查阅工作表时，即可单击超链接，在工作表之间快速切换。关于具体制作方法，请参考8.3.1小节。但是制作"超链接"时仍然需要几步操作才能完成，依然不够"高效"。下面介绍一种极致"高效"的方法，制作一个"创建目录"的按钮控件，运用Excel的VBA程序添加代码，即可赋予这个控件强大的功能：单击控件，即可自动将工作簿中现有的所有工作表生成与之一一匹配的超链接，同时在每个工作表中生成"返回目录"的超链接。并且，新增工作表之后，单击控件，也能同步生成新增工作表的超链接。下面以"税票管理表"工作簿为例，讲解具体方法与操作步骤。

第1步 ❶ 全选"税票管理表"工作簿的所有工作表→在工作表的第1行之上插入一行，预留A1单元格用于放置"返回目录"超链接→新增一张工作表，命名为"目录"→单击工作表标签→在其上右击→在快捷菜单中选择"查看代码(V)"选项；❷ 系统弹出 VBA 窗口及代码编辑文本框→输入以下代码。

```
Sub mulu()
Dim ws As Worksheet, n%
For Each ws In Worksheets
If ws.Name <> " 目录 " Then
n = n + 1
Cells(n + 3, 4) = ws.Name
Worksheets(" 目录 ").Hyperlinks.Add Cells
(n+3,4),"", ws.Name & "!A1"
ws.[a1].Value = " 返回目录 "
ws.Hyperlinks.Add ws.[a1], "", " 目录 !D3"
```

关闭窗口返回 Excel 窗口,如下图所示。

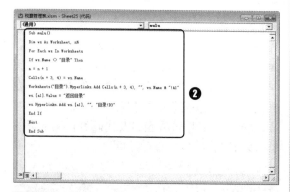

第2步 ❶ 选择"开发工具"选项卡→单击"插入"→"表单控件"中的"按钮"☐;❷ 绘制一个"按钮"控件,系统自动弹出"指定宏"对话框→设置"宏名:"为"Sheet25.mulu"→单击"确定"按钮关闭对话框,即可生成一个按钮控件,如下图所示。

第3步 ❶ 将"按钮"控件名称修改为"创建目录";❷ 单击"创建目录"按钮,即可生成所有工作表的"超链接",如下图所示。

第11章
实战：税金管理

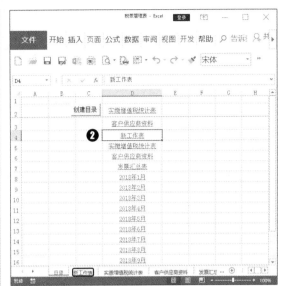

第4步 测试效果。❶单击任意一个超链接，如单击"实缴增值税统计表"超链接，切换至工作表中，可看到A1单元格中已自动生成"返回目录"超链接；❷新增一张工作表，命名为"新工作表"→返回"目录"工作表→单击"创建目录"按钮，超链接列表中立即生成"新工作表"的超链接，如下图所示。

第5步 最后将"税票管理表"工作簿另存为"Excel启用宏的工作簿"，才能继续正常使用"创建目录"控件快速制作超链接，如下图所示。

第12章
实战：工资薪金数据管理

本章导读

工资是指企业依据法律规定、行业规则或根据与员工之间的约定，以货币形式对员工的劳动所支付的薪金。工资通常以一个月度为一个区间进行计算和支付。因此，财务人员必须每月及时计算员工工资。同时，员工取得的工资收入如果达到"个人所得税"的起征点，将由企业在规定期限内代扣代缴。因此，财务人员在计算工资的同时，还应当根据"个人所得税"的相关规定，预先核算应纳税额。个人所得税的计算方法虽然简单，但是其计算过程相对比较复杂，如果手工计算则不仅大幅度降低工作效率，而且税额的准确性难以保证。因此，本章将着重介绍如何运用Excel制作工资表、个人所得税计算表及多重合并数据透视表的方法，将看似复杂的工作简单化，从而帮助财务人员轻松、高效地完成工作任务。

知识要点

- ❖ 计算工龄工资的公式
- ❖ 计算个人所得税的方法
- ❖ 快速生成工资条的技巧
- ❖ 多重合并"数据透视表"的制作方法
- ❖ "日期控件"的制作方法和运用

第 12 章
实战：工资薪金数据管理

12.1 制作工资管理表单

案例背景

实务中，员工的工资薪金通常是企业日常费用中占比最大的一项支出，同时工资数据也是计算个人所得税及后续财务数据的一项重要依据，因此财务人员对于工资薪金数据的准确性也应当给予高度重视，加强对工资薪金数据的管理，以确保相关数据的准确性。

本节将运用Excel中制作实务中常用的工资管理表单，包括工龄工资计算表、月度工资表，同时按照2018年10月1日起实行的最新个人所得税税率，同步计算个人所得税、快速制作工资条。如下图所示，实例最终效果见"结果文件\第12章\员工工资管理.xlsx"文件。

××市××有限公司
工龄工资计算表

序号	工号	姓名	所属部门	身份证号码	年龄	入职时间	工龄(年)	月工龄工资(50元/月)	职务津贴
1	1001	职工A	销售部	5101031985*******2	33	2012-4-5	6	300	500
2	1002	职工B	市场部	5101021980*******3	38	2013-6-1	5	250	300
3	1003	职工C	财务部	5101031982*******1	36	2015-7-20	3	150	2000
4	1004	职工D	销售部	5101011982*******1	36	2012-3-2	6	300	500
5	1005	职工E	市场部	5101041991*******X	27	2016-7-1	2	100	300
6	1006	职工F	市场部	5101051987*******2	31	2018-8-12	0	0	500
7	1007	职工G	财务部	5101051979*******4	39	2010-2-1	8	400	500
8	1008	职工H	行政部	5101011980*******3	38	2014-10-20	3	150	400
9	1009	职工I	销售部	510101198400000006	34	2013-9-1	5	250	300
10	1010	职工J	市场部	5101051988*******3	30	2017-7-1	1	50	200
11	1011	职工H	行政部	5101021983*******2	35	2016-11-10	1	50	500
12	1012	职工K	财务部	5101031993*******1	25	2011-1-5	7	350	400

部门人数统计

序号	部门名称	人数:12
1	销售部	3人
2	市场部	4人
3	财务部	3人
4	行政部	2人

工龄统计

项目	工龄	人数
最高工龄	8年	1
最低工龄	0年	1

××市××有限公司2018年10月工资表 / 个人所得税计算表 / 个人所得税税率表

工号	姓名	所属部门	基本工资	工龄工资	职务津贴	绩效提成	交通补贴	其他补贴	应付工资	代扣五险一金	计税工资	代扣代缴个税	应发工资	考勤扣款	其他扣款	实发工资	其他补贴(非现金)	专项扣除	应纳税所得额	税率	速算扣除数	应纳税额	应纳税所得额 >	≤	税率	速算扣除数	最高税额
1001	职工A	销售部	6000	300	500	800.00	300	150	7950.00	413.16	7536.84	79.11	7457.73	200	60	7,198.00	300	200	2,636.84	3%	-	79.11	0	3000	3%	0	90
1002	职工B	市场部	4500	250	300	1,200.00	300	150	6700.00	413.16	6286.84	41.61	6245.23	150	10	6,085.00	300	200	1,386.84	3%	-	41.61	3000	12000	10%	210	990
1003	职工C	财务部	6500	150	2000	1,500.00	120	150	10420.00	413.16	10006.84	300.68	9706.16	218	30	9,458.00	300	200	5,106.84	10%	210	300.68	12000	25000	20%	1410	3590
1004	职工D	销售部	3000	300	500	1,200.00	0	150	5150.00	413.16	4736.84	-	4736.84	-	-	4,737.00	300	200	0%	-	-	-	25000	35000	25%	2660	6090
1005	职工E	市场部	5200	100	300	800.00	240	150	6790.00	413.16	6376.84	44.31	6332.53	-	-	6,333.00	300	200	1,476.84	3%	-	44.31	35000	55000	30%	4410	12090
1006	职工F	市场部	5500	0	500	1,200.00	0	150	7220.00	413.16	6806.84	57.21	6749.63	-	-	6,750.00	300	200	1,906.84	3%	-	57.21	55000	80000	35%	7160	20840
1007	职工G	财务部	5000	400	500	900.00	180	150	7130.00	413.16	6716.84	54.51	6662.33	-	-	6,662.00	300	200	1,816.84	3%	-	54.51	80000	1000000	45%	15160	434840
1008	职工H	行政部	5500	200	400	850.00	300	150	7400.00	413.16	6886.84	59.61	6827.23	185	-	6,642.00	300	200	1,986.84	3%	-	59.61					
1009	职工I	销售部	4500	250	300	1,200.00	300	150	6700.00	413.16	6286.84	41.61	6245.23	-	-	6,245.00	300	200	1,386.84	3%	-	41.61					
1010	职工J	市场部	4000	50	200	882.60	280	150	5562.60	413.16	5149.44	7.48	5141.96	225	-	4,917.00	300	200	249.44	3%	-	7.48					
1011	职工H	行政部	5500	100	500	768.00	150	150	7168.00	413.16	6754.84	55.65	6699.19	-	-	6,699.00	300	200	1,854.84	3%	-	55.65					
1012	职工K	财务部	4500	350	400	830.00	100	150	6330.00	413.16	5916.84	30.51	5886.33	-	-	5,886.00	300	200	1,016.84	3%	-	30.51					
2018年10月合计			59700	2450	6400	11,880.60	2420	1800	84420.60	4957.92	79464.68	770.29	78690.39	978.00	100	77612.00	3600	2400	20825.84		210	772.29					

××市××有限公司2018年10月工资条

工号	姓名	所属部门	基本工资	工龄工资	职务津贴	绩效提成	交通补贴	其他补贴	应付工资	代扣五险一金	计税工资	代扣代缴个税	应发工资	考勤扣款	其他扣款	实发工资
1001	职工A	销售部	6000	300	500	800.00	200	150	7950.00	413.16	7536.84	79.11	7457.73	200	60	7,198.00

12.1.1 计算员工工龄工资

工龄工资是指企业按照员工的工作年数，即员工的工作经验和劳动贡献的积累给予的经济补偿。具体计算工龄工资金额时，最首要的任务就是要计算准确员工的工龄，也就是员工的工作年数。运用

Excel中的函数设置公式可根据员工的入职时间自动计算工龄及工龄工资。下面介绍具体计算方法，同时再制作两张小巧的辅助表，自动统计部门人数、最高工龄与最低工龄及人数，以便财务人员通过这张工作表就能对所有数据一目了然。

第1步 打开"素材文件\第12章\员工工资管理.xlsx"工作簿，切换至"工龄工资计算表"工作表。表格初始项目包含"身份证号码""年龄"等，因此也可以将此表作为员工基本信息登记表，其他项目可根据实际情况自行完善，如下图所示。

第2步 计算各项目数据。❶ 在F3单元格中设置公式"=YEAR(TODAY())-MID(E3,7,4)"→向下填充公式至F4:F14区域的所有单元格中。公式含义：运用YEAR(TODAY())函数组合返回"今天"的日期所在的年份，减去身份证号码中代表出生年份的数字，即可得到年龄数字。❷ 在H3单元格运用计算间隔天数的日期函数DATEDIF设置公式"=DATEDIF(G3,TODAY(),"Y")"，根据入职时间可计算得到工龄。❸ 在I3单元格根据工龄及工资标准，设置公式"=H3*50"计算即可。注意这里计算的是月度工龄工资，其标准为：工作年限达到1年，每月50元。例如，本例职工A的工龄为6年，那么每月的工龄工资为50元/年×6年=300元。将H3:I3区域中的公式向下填充至H4:I14区域的所有单元格中即可，如下图所示。

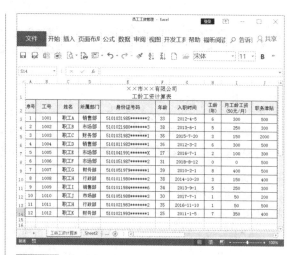

第3步 统计部门人数。首先在L1:N6区域绘制一个简洁小巧的表格，分别统计各部门人数，接下来设置以下公式：❶ 在N3单元格中设置公式"=COUNTIF(D:D,M3)"，统计D列中"销售部"出现的次数→自定义单元格格式为"# 人"，可看到N3单元格返回的结果为"3 人"→将公式向下填充至N4:N6区域的所有单元格中。❷ 利用可用单元格，设置公式计算公司总人数。可将N2单元格修改为公式"=" 人数 :"&SUMIF(M3:M6,"* 部 ",N3:N11)"，效果如下图所示。

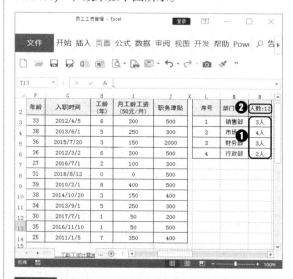

第4步 找到最高和最低工龄并统计人数。在L8:N11区域绘制表格，设置以下公式：❶ 在M10单元格中设置公式"=MAX(H:H)&" 年 ""，找出最高工龄→在M11单元格中设置公式"=MIN(H:H)

&" 年 ""，找出最低工龄；❷ 在 N10 单元格中设置公式 "=COUNTIF(H:H,LEFT(M10,1))"，统计已达到最高工龄的员工人数。由于 M10 单元格格式自定义为 "# 年"，因此公式中嵌套了 LEFT 函数，截取 M10 单元格左侧第 1 个字符，即 "8"，效果如下图所示。

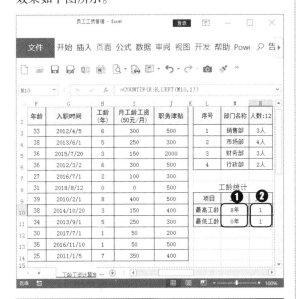

温馨提示

实务中，财务人员可根据实际工作需求，充分利用工作表的空白区域，添加辅助表，从各种角度统计分析主表区域中的数据。例如，本例可增设的项目有性别、学历等，之后分别按照不同项目制作辅助表格。设置函数公式自动统计。

12.1.2 创建月度工资表

通常在每月末至月初，财务人员就应当及时准确地计算出本月或上月员工工资，以保证按时发放。同时还必须计算员工应缴纳的个人所得税，因此 "个人所得税" 是工资表中必不可少的项目，而个人所得税的计算虽然难度不大，但是过程相对比较复杂，本节的制表思路是：在工资表外添加辅助表，计算应纳个人所得税，再将其链接至工资表中。下面讲解具体方法与操作步骤。

1. 制作 "个税" 税率表，计算 "速算扣除数"

自 2019 年 1 月 1 日起，个人所得税按照最新标准执行。主要内容包括：免征额提高至 60 000 元/年，适用的税率依然为 7 级超额累进税率，即每月工资扣除准予扣除 "五险一金"、新增 "专项扣除" 及其他允许扣除的项目金额之后，其所得额超出 60 000 元的部分作为应纳税所得额，据此计算个人所得税应纳税额。同时，按照超出 60 000 元部分的金额由小到大划分为 7 级，税率也随之逐级递增。自 2018 年 10 月 1 日至 12 月 31 日，先将工资、薪金所得基本减除费用标准提高至 5 000 元/月，并适用新的综合所得税率。国家相关部门发布的个人所得税最新税率表如下：

个人所得税税率表		
（综合所得税适用）		
级数	全年应纳税所得额	税率
1	不超过 36000 元的部分	3%
2	不超过 36000 元至 144000 元的部分	10%
3	不超过 144000 元至 300000 元的部分	20%
4	不超过 300000 元至 420000 元的部分	25%
5	不超过 420000 元至 660000 元的部分	30%
6	不超过 660000 元至 960000 元的部分	35%
7	超过 960000 元的部分	45%

上表中的应纳税所得额是 "全年" 金额，因此，计算月度应纳个人所得税额应首先将 "全年" 金额换算为 "每月" 金额。计算非常简单，直接采用算术平均法将 "全年" 金额除以 12 即可。下面运用 Excel 制作 "个人所得税税率表" 并设置函数公式计算 "速算扣除数" 的方法与步骤。

第 1 步 切换至 "2018 年 10 月工资表" 工作表，在 "工资表" 右侧空白区域绘制两个辅助表，即 "个人所得税计算表" 与 "个人所得税税率表" → 设置好项目名称 → 在 "个人所得税税率表" 设置好 7 级税率及月度应纳税所得额。而 "个人所得税计算表" 中各项目暂时空置，将于下一步设置公式自动计算，如下图所示。

温馨提示

"个人所得税税率表"中AA11单元格内的第7级应纳税所得额的上限金额为"1 000 000"是由于第7级本身并无上限金额,这里为了规范数字,便于计算"速算扣除数",任意输入了一个数字。事实上,AA11单元格内填入任何数字都不会影响第7级"速算扣除数"的正确性。

第2步 计算"速算扣除数"。❶ 在AD5单元格中设置公式"=AA5*AB5",计算第1级"最高税额";❷ 在AD6单元格中设置公式"=(AA6-Z6)*AB6+AD5",计算第2级"最高税额"→将公式向下填充至AD7:AD11区域的所有单元格中。第2级税率应纳税额的会计公式为:90+(12 000-3 000)×10%=990元,以此类推。❸ 第1级"速算扣除数"默认为0,因此直接填入"0"即可→在AA6单元格中设置公式"=AA6*AB6-AD6",倒推计算得出第2级"速算扣除数"→将公式向下填充至AA7:AA11区域的所有单元格中即可,如下图所示。

2. 计算"计税工资"与"应纳税额"

"速算扣除数"计算准确后,接着计算所得税应纳税额。但是在此之前,应当先计算"计税工资"。

第1步 ❶ 在E3单元格中设置公式"=VLOOKUP($A3,工龄工资计算表!$B:I,8,0)",根据A3单元格中的员工工号,查找引用"工龄工资计算表"中B列中相同工号对应的I列中的数字(工龄工资)→在F3单元格同样设置公式→向下填充公式;❷ 在J3单元格中设置简单求和公式"=ROUND(SUM(D3:I3),2)"→向下填充公式;❸ 在L3单元格中设置公式"=ROUND(J3-K3,2)",用"应付工资"减去代扣代缴的"五险一金",即可得到"计税工资"→向下填充公式即可,如下图所示。

第 12 章
实战：工资薪金数据管理

第2步 计算个人所得税应纳税额。❶首先在表格中"其他补贴（非现金）"项目虚拟填入当月发放的实物补贴或福利的等价金额，按规定一并计入工资薪金总额计算应纳税额。例如，中秋节发放给每位员工的月饼，其价值为 300 元，也应缴纳"个税"；而"专项扣除"则是新增允许扣除的项目，这里虚拟填入"200"。❷在 U4 单元格中设置公式"=IF(L4+S4-T4<5000,0,L4+S4-T4-5000)"，计算应纳税所得额。公式含义是：如果计税工资 + 其他补贴 - 专项扣除后的余额小于免征额 5 000 元，则免征个人所得税，此时"应纳税所得额"返回"0"。反之，如果超过 5 000 元，则将"计税工资 + 其他补贴 - 专项扣除 - 5 000"后的余额作为应纳税所得额；在 V4 单元格中设置公式"=IF(U4=0,0,IF(AND(U4>0,U4<=3000),0.03,IF(AND(U4>3000,U4<=12000),0.1,IF(AND(U4>12000,U4<=25000),0.2,IF(AND(U4>25000,U4<=35000),0.25,IF(AND(U4>35000,U4<=55000),0.3,IF(AND(U4>55000,U4<=80000),0.35,IF(U4>80000,0.45))))))))"，根据 U4 单元格中的"应纳税所得额"达到的级别返回对应的税率；在 W4 单元格中设置公式"=MAX(IF(V4={0,0.03,0.1,0.2,0.25,0.3,0.35,0.45},{0,0,210,1410,2660,4410,7160,15160},0),0)"，根据 V4 单元格中的税率返回"速算扣除数"；在 X4 单元格中设置公式"=ROUND(U4*V4-W4,2)"，根据会计公式"应纳税所得额 × 税率 - 速算扣除数"计算"应纳税额"；❸选中 U4:X4 区域，向下填充公式至 U5:X15 区域的所有单元格中；在 M4 单元格设置链接公式"=X4"→向下填充公式至 M5:M15 区域的所有单元格中即可，如下图所示。

3. 计算"应发工资"与"实发工资"

"应发工资"是将"计税工资"扣除个人所得税的"应纳税额"后的余额，而"实发工资"则是"应发工资"扣除其他扣款后，最终实际发放至员工手中的工资数额。计算方法非常简单，根据会计公式设置函数公式计算即可。

❶在 N3 单元格中设置公式"=ROUND(L3-M3,2)"，计算"应发工资"→向下填充公式至 N4:N15 区域的所有单元格中。❷Q3 单元格设置公式计算实发工资时，应注意一个细节：考虑因工资发放方式的不同对数据的影响。以现金方式发放的，应将工资金额四舍五入至"元"位，则公式设置为"=ROUND(N3-O3-P3,0)"；如果是银行代发方式，可不必运用 ROUND 函数，以保证实发工资金额分毫不差。最后填充公式至 Q4:Q15 区域的所有单元格中即可，最终效果如下图所示。

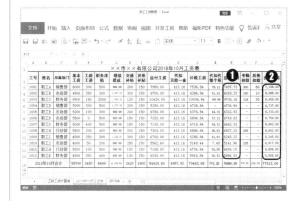

12.1.3 制作员工工资条

实务中，每月工资计算完成后，实际发放工资时，为了让每位员工都清晰明确地知晓自己所领的工资明细金额，还需要制作一张"工资条"，其中仅列示某个员工的工资明细。其实制作工资条引用工资表数据的方法非常简单，运用 Excel 相关函数设置公式即可，其难点在于：如何在每位员工的每项工资明细上方都加入标题和表头，甚至在"工资条"表格下面留出一个空白行，方便裁剪。本节将介绍两种方法，运用两种不同的函数组合设置公式，配合操作技巧，制作一张带标题、表头、空白行的工资条。

321

下面分别介绍两种方法的操作步骤。

1. 运用COUNT+VLOOKUP+MATCH函数制作工资条

该方法的基本思路是：首先运用COUNT函数自动编号，之后运用VLOOKUP函数根据编号查找员工编号，最后将VLOOKUP与MATCH函数组合引用工资表中的工资明细数据。下面介绍具体操作步骤。

第1步 在"员工工资"工作簿中新建一张工作表，命名为"2018年10月工资条"→选中"2018年10月工资表"工作表中的A1:R3区域→复制、粘贴至新增的工作表中→将标题修改为"……工资条"→清除A3:Q3中的内容→在A列插入一列作为辅助列→在B4:R4区域中单元格的下边框绘制一条虚线作为裁剪线，如下图所示。

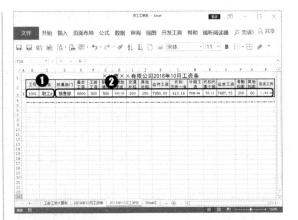

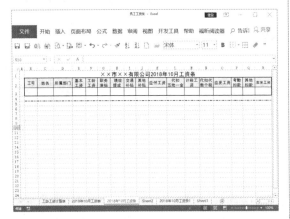

第2步 ❶ 在A3单元格中设置公式"=COUNT(A$2:A2)+1"自动编号，得到数字"1"；在B3单元格中设置公式"=VLOOKUP(A3,工龄工资计算表!A:B,2,0)"，根据A3单元格中的编号"1"查找引用"工龄工资计算表"工作表中的员工编号；在C3单元格中设置公式"=IFERROR(VLOOKUP($B3,'2018年10月工资表'!$A:B,MATCH(C2,'2018年10月工资表'!$2:$2,0),0),"-")"，根据B3单元格中的员工编号查找引用"基本工资"金额。❷ 将C3单元格的公式复制、粘贴至D3:R3区域的所有单元格中。注意这里不要"填充"公式，否则会破坏其他单元格原有的格式，如下图所示。

第3步 ❶ 选中A1:R4区域，将该区域整体向下填充即可生成相同格式、不同员工的工资数据明细工资条；❷ 将此份工资条作为模板，次月复制、粘贴后，运用"查找与替换"功能修改公式中包含工作表名称的字符即可。因此辅助列可不必保留，但是删除之前应先选中B列，复制、粘贴为"数值"形式后即可删除A列。"员工工资条"最终效果如下图所示。

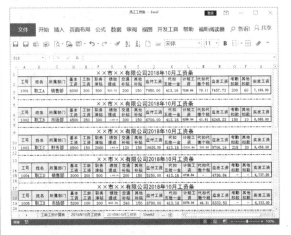

2. 运用INDEX+ROW函数制作工资条

运用INDEX与ROW函数组合同样可以制作出相同效果的工资条，而且操作更加简单，下面介绍操作方法。

❶ 新建一张工作表，命名为"2018年10月工资条1"→按照第1种方法的第1步操作生成空白工资条。❷ 在A3单元格中设置公式"=INDEX('2018年10月工资表'!A:A,ROW()/4+3)"，将公式复制、粘贴至B3:Q3区域的所有单元格中；公

式中"ROW()/4+3"部分的含义是：ROW() 函数是指返回当前单元格所在的行数，本例返回数字"3"，除以 4 是因为工资条表格所占用的区域有 4 行，最后加上 3 得到的结果是 3.75，那么系统返回的数字依然是"4"。因此整个公式的含义是：在"2018 年 10 月工资表"工作表中的 A 列中查找并返回第 4 行的值。其他单元格以此类推进行理解。❸ 选中 A3:Q3 区域，向下填充即可生成所有员工工资条，如下图所示。

> **温馨提示**
>
> 采用第2种方法制作工资条虽然操作极其简单，但是存在一个弊端，也是需要特别注意的一个细节：如果在工资表或工资条中插入了行次，则工资条中相同行数的行次以下所有工资明细会因行数发生变化而随之改变。如果发生变化，就需要修改一个单元格公式中的数字，再次复制、粘贴至工资条所在区域中的其他单元格内。

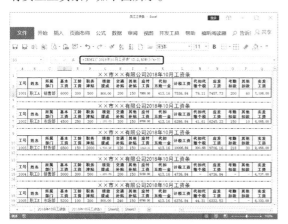

12.2 工资数据多重合并透视分析

案例背景

实务中，财务人员每月都需要计算工资，并制作一份月度工资表，全年合计12张工资表。每到年末时，财务人员往往会面临一个汇总数据的难题：如何快速汇总12张工资表的数据？还有，工资表是按月份制作的，如果需要分别按照每位员工、每个部门汇总统计工资数据又该如何操作？虽然通过设置函数公式也能够达到工作目标，但是大量的数据分布在12张工资表中，如果仅依靠一个公式来完成如此庞大的数据统计工作，那么这个公式必然需要多层嵌套，而且其长度也将远远超过一般嵌套公式的长度。同时，如果在设置公式的过程中稍不留神，输入一个错误的字母或符号，都会导致整个公式出错而影响工作效率。所以，函数公式在此项工作任务中确实难当重任，此时就是"数据透视表"大显身手的时候了。前面章节曾介绍过数据透视表的制作方法，但是其数据源均来源于单一工作表，其实"数据透视表"还具备一项更强大的功能：可多重合并数据，即能够快速将数张工作表中的所有数据汇总至一张数据透视表中，便于全面综合地分析各项数据。

本节以3张工资表为例，着重讲解如何创建下图所示的多重合并数据的"数据透视表"，以及如何用数据透视表多角度汇总分析工资数据的具体方法和操作步骤，希望帮助财务人员免去设置冗长公式的苦恼，更轻松、高效地完成工作任务，同时保证数据准确无误。实例最终效果见"结果文件\第12章\工资数据透视表.xlsx"文件。

12.2.1 制作多重数据合并透视表

首先多重数据合并透视表是将数张表格的数据全部汇总到同一张透视表中，便于汇总分析，其中制作方法与单张数据透视表略有不同，下面讲解具体操作步骤。

打开"素材文件\第12章\员工工资数据透视表.xlsx"文件，其中包含××公司2018年10月工资表"，为讲解和示范需要，本节已在表格中补充制作了11~12月的工资表，共计3张。

1. 做好创建透视表的准备工作

多重合并数据透视表对于数据及项目排序的细节处理上有以下特征。

（1）透视表会将选定的原表区域中的所有内容默认为数字。如果被选定区域中包含字符，则自动转换为数字。例如，"姓名""所属部门"项目中的内容在透视表中将全部显示为"0"。

（2）透视表中对原表中的项目名称按首字字母自动排序。而前面制作的工资表中的项目名称是按照一定的逻辑顺序排列的，透视表将会打乱原表中的项目顺序及逻辑关系。因此，在创建多重合并数据透视表之前必须做好两步简单的准备工作。下面介绍具体步骤。

第12章
实战：工资薪金数据管理

第1步 批量合并"工号""姓名"及"所属部门"内容。❶按住"Ctrl"键，依次单击3张工作表标签，即多选工作表；❷在D列前插入一列→D2单元格输入项目名称，如输入"员工姓名"在D3单元格中输入公式"=CONCATENATE(A3,B3,C3)"或"=&A3&B3&C3"，将公式向下填充至D4:D14区域的所有单元格中即可，如下图所示。

第2步 在项目名称前批量添加序号。❶在第3行上方插入一行作为临时辅助行，在E3单元格中设置公式"="0"&COLUMN()-4&E2"，返回结果为"01基本工资"。公式中COLUMN()返回单元格所在列号，即E3单元格返回"5"，而此时要使其返回为"1"，减去4列即可，即"COLUMN()-4"；将公式复制、粘贴至F3:R3区域的所有单元格中。❷选中E3:R3区域→复制并选择性粘贴"数值"至E2:R2区域中→运用"查找与替换"功能将N2:R2区域单元格中的"0"替换为空值→删除第3行→取消多选工作表，如下图所示。

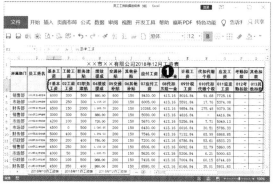

2. 创建多重合并数据透视表

准备工作做好以后，即可开始创建数据透视表，操作步骤如下。

第1步 快速调出创建多重合并数据透视表功能。Excel 2016版本的功能区中的"插入透视表"选项并无"多重合并计算数据区域"功能，而是隐藏在"自定义功能区"中，这里可通过快捷键打开此项功能的对话框：按下"Alt+D"组合键→弹出提示框→再按"P"键即可打开"数据透视表和数据透视图向导"对话框，如下图所示。

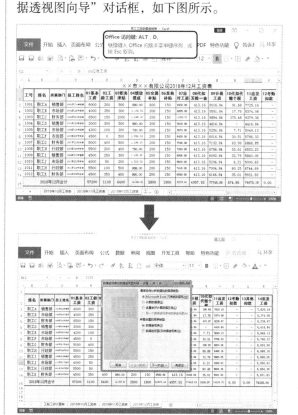

325

接下来跟着"向导"创建透视表。

第2步 ❶选中"步骤1"中的"多重合并计算数据区域"与"数据透视表"单选按钮→单击"下一步"按钮；❷在"第2a步"对话框中选中"请指定所需的页字段数目"区域中的"自定义字段"单选按钮→单击"下一步"按钮，如下图所示。

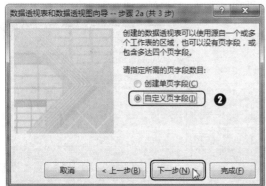

第3步 ❶在"第2b步"对话框中依次选定3张工作表中需要合并汇总数据的区域→单击"添加"按钮后，所选区域即全部列示在"所有区域："列表框中；❷在页字段数目区域选中"1"单选按钮；❸依次选中"所有区域："列表框中的区域→设置每一区域的字段名称；❹单击"下一步"按钮；❺选中"步骤3"对话框"数据透视表显示位置："区域中的"新工作表"单选按钮→单击"完成"按钮即可，如下图所示。

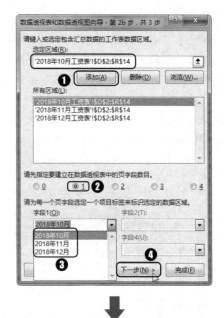

至此，"工资数据透视表"制作完成，其初始效果如下图所示。

第4步 数据透视表中P列"总计"中的数据是将B:O区域中的每行数据横向汇总后的总额，而工资表中的每列数据是根据同一行次中的数据，通过不同的运算方式而来，因此P列"总计"金额毫无意义，可以将其删除。选中P5单元格并右击，选择快捷菜单中的"删除总计"选项即可，

如下图所示。

12.2.2 运用透视表多角度汇总分析工资数据

数据透视表创建完成后，接下来最重要的工作就是运用数据透视表从不同角度对工资数据进行汇总分析。本节将结合实际工作中的常见情形，列举几例示范如何运用透视表多角度分析数据的具体操作方法，以满足不同的数据需求，并展示数据透视表的强大功能。

1. 从时间角度汇总分析员工工资数据

通过"筛选"区域中的字段可分别列示并汇总单月、多月及所有月份的员工工资数据，并且可汇总各部门数据，操作步骤如下。

第1步 ❶ 为便于演示，首先在第 1 行上方插入一行→将 A2 单元格中的字符"页 1"修改为"选择月份"；❷ 单击 B2 单元格右下角的下拉按钮，可看到菜单中包含 3 张工作表及"全部"选项，此时系统默认选项为"全部"→选中"选择多项"复选框，则菜单中的每一选项前面均出现"复选框"，即可分别单选、多选或全选月份以汇总数据。例如，选中"2018 年 10 月"与"2018 年 11 月"复选框→单击"确定"按钮后，数据透视表中仅汇总所选两个月份的数据，如下图所示。

第2步 ❶ 单击 A5 单元格的"行标签"下拉按钮→选择下拉菜单中的"标签筛选"选项→在子菜单中选择"包含"选项；❷ 弹出"标签筛选（行）"对话框，在"文本框"中输入"销售"→单击"确定"按钮，即可筛选出销售部员工的工资汇总数据，如下图所示。

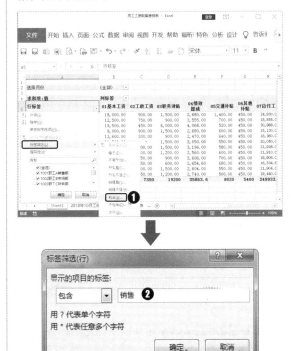

温馨提示

如果要取消筛选，同样单击"行标签"下拉按钮→选择菜单中的"从行中清除筛选"选项即可。

2. 从员工角度汇总分析月度工资明细数据

可以统计分析某员工或某部门所有月份的工资数据，也可用于员工工资查询。具体操作步骤如下。

第1步 单击数据透视表区域中的任一单元格→窗口右侧即弹出"数据透视表字段"列表→将列表中"筛选"区域中的字段"选择月份"拖曳至"行"区域中，数据透视表即分别列示出每位员工所有月份的工资数据明细及汇总金额。此时也可在"行标签"下拉菜单中选择员工姓名，筛选某员工的工资数据明细，如下图所示。

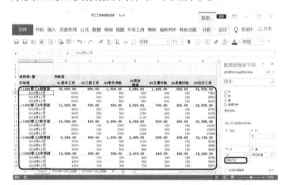

第2步 将"数据透视表字段"列表中"行"区域中的字段"行"拖曳至"筛选"区域，即可通过在B2单元格下拉菜单中单选、多选或全选员工姓名进行快速筛选，如下图所示。

第3步 将"数据透视表字段"列表中"列"区域中的字段"列"拖曳至"行"区域→将"选择月份"拖曳至"列"区域，即可对换行次与列次的纵向和横向列示方式，即月份横向列示，工资项目则以纵向列示。此时应忽略第20行中的"总计"金额，如下图所示。

第4步 按照不同项目分别汇总10~12月的数据，即横向汇总。❶ 单击"数据"菜单中的"设计"选项；❷ 单击"总计"子菜单中的"仅对行启用(R)"选项，如下图所示。

此时可看到E列已经列示出每个项目10~12月的总计金额，而第20行"总计"行已被取消，如下图所示。

3. 从工资项目角度横向对比分析员工工资数据

同样通过拖曳"数据透视表字段"列表中的字段，可对比分析并汇总各项工资项目中，每位员工的具体数据。操作步骤如下。

第 12 章

实战：工资薪金数据管理

第1步 在"数据透视表字段"列表中将字段"列"拖曳至"筛选"区域、字段"行"拖曳至"列"区域、字段"选择月份"拖曳至"行"区域。通过 B2 单元格下拉菜单单选、多选或全选工资项目进行分析比较，如下图所示。

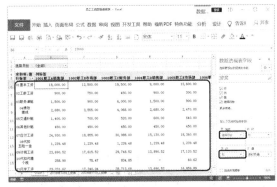

第2步 将字段"列"拖曳至"行"区域，字段"选择月份"拖曳至"筛选"区域，即可按月列示并汇总各工资项目下每位员工的工资数据明细，

> **温馨提示**
> 以上示例表明：在数据透视表中，所有字段均可在"数据透视表字段"列表区域之间来回交叉拖曳，自由变换数据透视表的行与列数据。同时可插入"切片器"配合筛选，让数据分析工作更轻松、快捷。

大神支招

本章主要介绍了如何运用Excel高效核算工资数据中工龄工资、个人所得税的方法，以及如何运用数据透视表汇总合并数张工作表数据，以便全面分析工资数据的方法和操作步骤。相信读者已经充分了解并掌握，并且能够熟练地进行操作。下面结合本章内容，针对部分细微之处涉及的小问题，介绍几个操作技巧，帮助财务人员的Excel技能更上一层楼，真正实现"早做完，不加班"！

01 批量求和的高效"姿势"

本书在第1章中介绍过快速对多个单元格区域数据批量求和的方法，即运用"定位"功能，快速选中求和区域→单击"公式"选项卡中的"求和"按钮即可完成。其实，还有一个更高效的方法，定位目标区域之后只需按快捷键即可完成批量求和。操作步骤如下。

第1步 打开"素材文件\第 12 章\批量求和.xlsx"文件，选中 C2:H14 区域→按"Ctrl+G"组合键，打开"定位"对话框→单击"定位条件(S)"按钮，打开"定位条件"对话框→选中"空值"单选按钮→单击"确定"按钮，即可选定 C2:H14 区域中

的空白单元格，如下图所示。

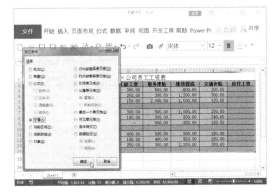

第2步 直接按"Alt + ="组合键，即可完成批量求和，如下图所示。

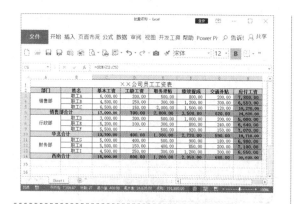

02 "Ctrl+E"比快速填充更快捷

"填充"是财务人员在运用Excel工作时最常用的功能,操作也很简便。例如,本章在12.2.1节中,因制作"数据透视表"的需要,必须将"工号""姓名""部门"内容合并至一个单元格中。之前的操作是:在其中一个单元格内设置公式,合并内容,之后将公式填充至其他单元格内。下面介绍一个更快捷的方法,无须设置公式,也可通过"填充"的方式达成相同的效果。

❶打开"素材文件\第12章\批量求和.xlsx"文件,在E3单元格中设置好第1行合并内容及单元格格式;❷选中E4单元,按下"Ctrl+E"组合键,则E4:E14区域的所有单元格中立刻填充为与E3单元格中格式相同、字符不同的内容,如下图所示。

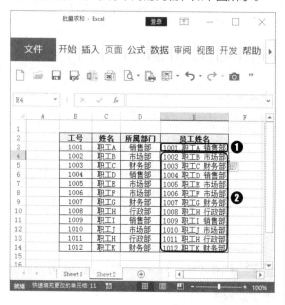

> **温馨提示**
>
> 需要注意的是,"Ctrl+E"组合键只能填充数值格式的单元格内容。如果单元格中包含公式,则无法填充。

03 "多表求和"的至简方法

汇总多张工作表中的数据,除了之前介绍过的嵌套函数公式、制作多重数据合并的数据透视表等方法外,还有一个更简单快捷的方法,在适当的工作场景中,可直接运用SUM函数,多选工作表即可完成多表求和。

打开"素材文件\第12章\多表求和.xlsx"文件",其中包含一张"工龄工资计算表"及2018年10~12月3张工资表。下面对3张工资表中的所有数据进行汇总求和。

第1步 新建一张工作表,命名为"10~12月工资数据汇总"→复制整张"2018年10月工资表",粘贴至新增工作表中→清除D3:Q14区域中的内容→将工资表标题修改为"××市××有限公司2018年10~12月工资汇总表"→删除两张辅助表,即可生成一张空白工资表,如下图所示。

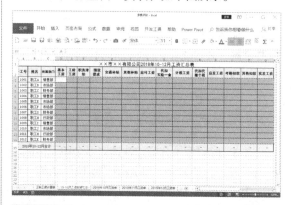

第2步 ❶选中D3单元格,首先输入求和公式的一部分"=SUM("→单击"2018年10月工资表"工作表标签→按住"Shift"键不放,单击"2018年12月工资表"工作表标签,即可选中包括"2018年11月工资表"在内的3张工作表→单击D3单元格→按"Enter"键即可汇总3张工资表中D3单元格("基本工资")的数据;D3单元格中的完整公式为"=SUM('2018年10月工资表:2018年

12月工资表'!D3)"。❷将 D3 单元格中的公式复制、粘贴至 D3:Q14 区域的所单元格中，即可完成全部数据汇总工作，如下图所示。

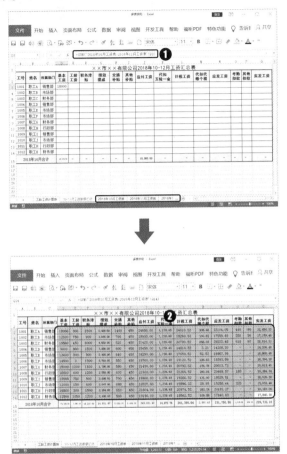

> **温馨提示**
>
> 本例所介绍的多表求和公式与快捷操作是对连续工作表求和的方法，如果是不连续工作表，则按"Ctrl"键的同时单击工作表标签即可。
>
> 直接运用 SUM 函数进行多表求和，在操作上极其简单，也极易出错。因此需要注意以下细节：数据汇总表与被求和工作表的表格布局、项目名称及排列顺序必须完全相同，否则容易引起项目名称与汇总数据不匹配，而导致表格数据发生混淆。事实上，这种求和方法适用的工作场景相对比较局限，适合在临时、急需的情形下采用。

第13章
实战：财务报表管理与分析

本章导读

财务报表是反映企业或预算单位一定时期资金、利润状况的会计报表。我国财务报表的种类、格式、编报要求，均有统一的会计制度规定，要求企业定期编报。

财务报表包括资产负债表、利润表、现金流量表、所有者权益变动表。其中，前3项报表是财务报表中最重要的会计报表。实际工作中，企业通常要求每月编制前3项报表，通过分析报表数据，及时掌握企业经营财务状况。而所有者权益变动表通常在企业的所有者权益项目发生变动时才要求编制。因此，本章主要介绍运用Excel函数公式实现自动编制资产负债表、利润表及现金流量表，同时从不同角度对每种财务报表进行系统的分析，并制作图表直观地展示数据。

知识要点

- ❖ 资产负债表编制与分析
- ❖ 使用图表分析利润表
- ❖ 制作动态图表分析现金流量数据
- ❖ TRIM函数的运用
- ❖ 两种控件配合使用方法
- ❖ "照相机"对图表的作用与用法

第13章

实战：财务报表管理与分析

13.1 资产负债表管理

 案例背景

资产负债表是反映企业在某一特定时点（如月末、季末、年末）全部资产、负债和所有者权益情况的会计报表，是企业经营活动的静态体现，根据"资产=负债+所有者权益"这一分式，依照一定的分类标准和次序，将某一特定日期的资产、负债、所有者权益的具体项目予以适当的排列编制而成。资产负债表利用会计平衡原则，将符合会计原则的"资产""负债""权益"科目大类划分为"资产"和"负债及所有者权益"两大板块，在经过分录、记账、分类账、试算、调整等会计核算流程后，以特定日期的静态财务状况为基准，将以上科目大类中的所有数据浓缩并体现在一张报表中，以便让企业全面了解整体经营状况。

本节将以第3章制作的"科目汇总表"工作表中的数据为基础，讲解如何运用Excel，在编制记账凭证、自动生成"科目汇总表"数据的同时，自动生成"资产负债表"各项目数据，如下图所示，并分享资产负债表数据分析的方法和思路。

实例最终效果见"结果文件\第13章\资产负债表.xlsx"文件。

资产负债表

单位名称：××市××有限公司　　　　　　　　　　　　　　　　2019年2月　　单位：元

资产	年初余额	期末余额	变动额	变动率	影响程度	负债及所有者权益（或股东权益）	年初余额	期末余额	变动额	变动率	影响程度
流动资产：						流动负债：					
货币资金	462,036.72	477,658.34	15,621.62	3.38%	0.96%	短期借款	–	–	–	0.00%	0.00%
交易性金融资产	–	–	–	0.00%	0.00%	交易性金融负债	–	–	–	0.00%	0.00%
应收账款	395,669.80	610,271.31	214,601.51	54.24%	13.15%	应付账款	310,858.00	385,182.08	74,324.08	23.91%	4.55%
预付款项	–	–	–	0.00%	0.00%	预收款项	–	–	–	0.00%	0.00%
其他应收款	2,490.50	2,490.50	–	0.00%	0.00%	应付职工薪酬	–	–	–	0.00%	0.00%
存货	509,815.80	392,637.20	-117,178.60	-22.98%	-7.18%	应交税费	12,000.00	5,797.61	-6,202.39	-51.69%	-0.38%
一年内到期的非流动资产	–	–	–	0.00%	0.00%	其他应付款	50,000.00	–	-50,000.00	-100.00%	-3.06%
待摊费用	–	–	–	0.00%	0.00%	一年内到期的非流动负债	–	–	–	0.00%	0.00%
流动资产合计	1,370,012.82	1,483,057.35	113,044.53	8.25%	6.93%	其他流动负债	–	–	18,121.69	0.00%	1.11%
非流动资产：						流动负债合计	372,858.00	390,979.69			
可供出售金融资产	–	–	–	0.00%	0.00%	非流动负债：					
持有至到期投资	–	–	–	0.00%	0.00%	长期借款	–	–	–	0.00%	0.00%
长期应收款	–	–	–	0.00%	0.00%	应付债券	–	–	–	0.00%	0.00%
长期股权投资	–	–	–	0.00%	0.00%	长期应付款	–	–	–	0.00%	0.00%
投资性房地产	–	–	–	0.00%	0.00%	专项应付款	–	–	–	0.00%	0.00%
固定资产	270,000.00	270,000.00	–	0.00%	0.00%	预计负债	–	–	–	0.00%	0.00%
累计折旧	135,000.00	162,000.00	27,000.00	20.00%	1.65%	递延所得税负债	–	–	–	0.00%	0.00%
固定资产净值	135,000.00	108,000.00	-27,000.00	-20.00%	-1.65%	其他非流动负债	–	–	–	0.00%	0.00%
生产性生物资产	–	–	–	0.00%	0.00%	非流动负债合计	–	–	–	0.00%	0.00%
油气资产	–	–	–	0.00%	0.00%	负债合计	372,858.00	390,979.69	18,121.69	4.86%	1.11%
无形资产	67,000.00	47,000.00	-20,000.00	-29.85%	-1.23%	所有者权益（或股东权益）：					
开发支出	–	–	–	0.00%	0.00%	实收资本（或股本）	1,000,000.00	1,000,000.00	–	0.00%	0.00%
商誉	–	–	–	0.00%	0.00%	资本公积	–	–	–	0.00%	0.00%
长期待摊费用	60,000.00	50,000.00	-10,000.00	-16.67%	-0.61%	减：库存股	–	–	–	0.00%	0.00%
递延所得税资产	–	–	–	0.00%	0.00%	盈余公积	25,915.48	25,915.48	–	0.00%	0.00%
其他非流动资产	–	–	–	0.00%	0.00%	未分配利润	233,239.34	271,162.18	37,922.84	16.26%	2.32%
非流动资产合计	262,000.00	205,000.00	-57,000.00	-21.76%	-3.49%	所有者权益（或股东权益）合计	1,259,154.82	1,297,077.66	37,922.84	3.01%	2.32%
资产总计	1,632,012.82	1,688,057.35	56,044.53	3.43%	3.43%	负债和所有者权益（或股东权益）总计	1,632,012.82	1,688,057.35	56,044.53	3.43%	3.43%

13.1.1 定义会计科目的资产负债表项目归属，计算期末余额

根据一般企业资产负债表的统一编制要求，报表中的部分项目数据是由两个或两个以上一级科目的数据汇总而成的，因此，为了尽量简化自动取数公式，在编制资产负债表之前，应首先将"科目汇总表"中"资产""负债""权益"三大类别一级科目名称定义为其所属的资产负债表中的项目名称。

为展示操作步骤需要，这里将第3章制作的"科目汇总表"略作调整修改，并预先填入相关一级科目的年初余额后，作为本节讲解操作步骤的素材文件。下面讲解具体方法与操作步骤。

第1步 打开"素材文件\第13章\资产负债表.xlsx"文件，调整后的"科目汇总表"初始布局及基础数据如下图所示。

第2步 ❶ 在 D 列前插入一列→ D2 单元格设置项目名称为"报表项目"→单击 B2 单元格右下角"筛选"按钮，选择"编码级次"为"1"，即筛选出所有一级科目；❷ 在 D 列中为一级科目定义"资产负债表"中的项目名称。资产负债表中大部分项目名称与一级科目名称相同，但其中部分项目包含两个或两个以上一级科目，明细如下。

① "货币资金"项目包含"库存现金"与"银行存款"科目。

② "应收账款"项目包含"应收账款"与"应收票据"科目。

③ "其他应收款"项目包含"应收股利""应收利息"与"其他应收款"科目。

④ "存货"项目包含"原材料""库存商品"与"发出商品"科目。

⑤ "无形资产"项目包含"无形资产""累计摊销"与"无形资产减值准备"科目。

⑥ "应付账款"项目包含"应付票据"与"应付账款"科目。

⑦ "其他应付款"项目包含"应付利息""应付股利"与"其他应付款"科目。

⑧ "未分配利润"项目包含"本年利润"与"利润分配"科目。

注：上述报表项目中，"应收账款""其他应收款""应付账款"及"其他应付款"是依照财政部发布的《关于修订印发 2018 年度一般企业财务报表格式的通知》中的最新规定，将相关科目合并为一个报表项目之中。

效果如下图所示。

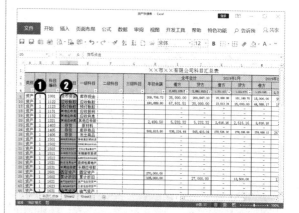

第3步 计算期末余额。❶ 在 I 列前插入一列→ I2 单元格设置项目名称为"期末余额"。❷ 设置资产类科目"期末余额"的计算公式为：期末余额＝年初余额＋本年借方发生额－全年贷方发生额。在 I5 单元格中设置公式"=ROUND(H5+J5-K5,2)"→将公式向下填充至 I6:I54 区域的所有单元中。但是其中有一个科目的计算公式例外，即"累计折旧"，其计算公式为：累计折旧＝年初余额＋本年贷方发生额－本年借方发生额。因此，应将累计折旧的期末余额所在的 I39 单元格中的公式修改为"=ROUND(H39+J39+K39,2)"。❸ 设置负债与权益类科目"期末余额"的计算公式为：期

末余额＝年初余额＋本年贷方发生额－本年借方发生额。在 I55 单元格中设置公式 "=ROUND(H73-J73+K73,2)"→将公式下向填充至 I56:I104 区域的所有单元格中，如下图所示。

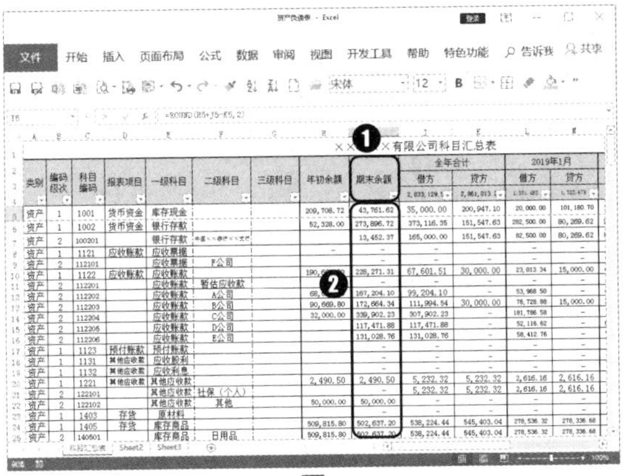

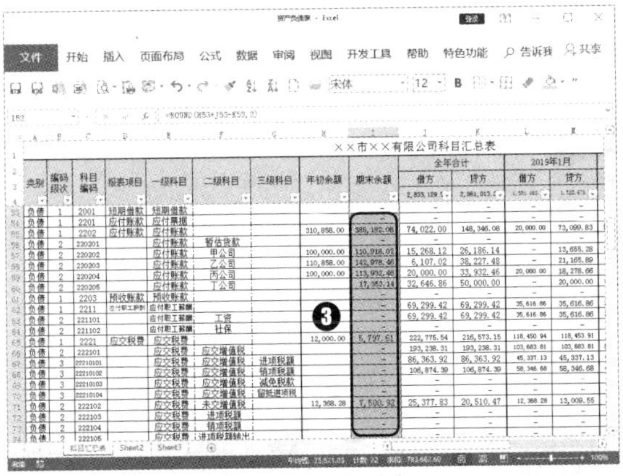

资产负债表"→按照统一制式绘制空白"资产负债表"，并设置好格式，如下图所示。

第2步 设置公式汇总"科目汇总表"工作表中"资产"类科目的"年初余额"与"期末余额"数据。

❶ 在 B5 单元格运用多条件求和函数 SUMIFS 设置公式 "=SUMIFS(科目汇总表 !H$5:H$171,科目汇总表 !$D$5:$D$171,TRIM($A5),科目汇总表 !$A$5:$A$171," 资产 ",科目汇总表 !$B$5:$B$171,1)"。公式中 TRIM 函数的作用是删除目标单元格中字符串首尾的空白。本例中必须将 A5 单元格中的项目名称字符前的空白清除，使其与"科目汇总表"工作表中 D5:D171 区域中单元格内的字符匹配，才能保证公式取数正确，同时为了保持资产负债表统一规范的格式，所以嵌套 TRIM 函数。公式为汇总"科目汇总表"工作表中 H5:H171 区域的"年初余额"数据设定了以下 3 项条件。

条件一："科目汇总表"工作表中 D5:D171 区域中单元格内的字符与被清除空格后的 A5 单元格中的字符相同。

条件二："科目汇总表"工作表中 A5:A171 区域中单元格内的字符为"资产"。

条件三：科目汇总表"工作表中 B5:B171 区域中单元格内的数值为"1"（一级科目）。

在 C5 单元格同样设置公式即可。

> **温馨提示**
> 本例假设当期月份为2019年2月，因此上表中"全年合计"中的金额为1~2月的合计发生额。实际运用时，之后月份的相关项目金额在填制记账凭证的同时即可被自动记录和汇总。

13.1.2 编制资产负债表

本节对于高效编制"资产负债表"的思路是：所有数据均设置公式自动计算，并根据计算结果自动判断与提示"资产=负债+所有者权益"这个恒等式是否成立。

第1步 新增一张工作表，命名为"2019 年 2 月

❷将 B5:C5 区域中的公式分别复制、粘贴至 B6:C12、B16:C21 及 B23:C30 区域的所有单元格中即可，如下图所示。

第 3 步 计算各类"资产"的"合计"或"净值"数据。❶在 B13 单元格中设置公式"=ROUND(SUM(B5:B12),2)"，计算"流动资产合计"年初余额→将公式向右填充至 C13 单元格内；❷在 B22 单元格中设置公式"=ROUND(B20-B21,2)"，根据会计公式："固定资产净值＝固定资产－累计折旧"计算"固定资产净值"的年初余额→向右填充公式至 C22 单元格内；❸在 B31 单元格中设置公式"=ROUND(SUM(B16:B19,B22:B30),2)"计算"非流动资产合计"金额。这里注意不要重复累加"固定资产"与"累计折旧"金额→向右填充公式至 C31 单元格内；❹在 B32 单元格中设置公式"=ROUND(SUM(B13,B31),2)"，计算"流动资产"与"非流动资产"的合计年初余额→将公式向右填充至 C32 单元格，即完成"资产"类项目数据的汇总求和，如下图所示。

第 4 步 计算"负债"及"所有者权益"的年初余额、期末余额，按照第 2 步方法设置公式即可。完整的资产负债表如下图所示。

第 5 步 运用 IF 函数检验等式"资产＝负债＋所有者权益"是否成立。在 D3 单元格中设置公式"=IF(AND(B32=E32,C32=F32),"",IF(B32<>E32,"年初余额不平",IF(C32<>F32,"期末余额不平")))"，最后设置 D3 单元格的字体和颜色即可。公式共嵌套了 3 层 IF 函数公式，含义分别如下。

第 1 层：如果"资产总计"的年初余额与期

末余额分别等于"负债或所有者权益（或股东权益）合计"的年初余额和期末余额，则 D3 单元格返回空值。

第 2 层：如果"资产总计"的年初余额大于或小于"负债或所有者权益（或股东权益）合计"的年初余额，则 D3 单元格返回"年初余额不平"字符予以提示。

第 3 层：IF 函数公式含义与第 2 层相同。

测试效果：在 B32 单元格中任意输入一个与 E32 单元格中不同的数字，即可看到 D3 单元格中出现提示字符，如下图所示。

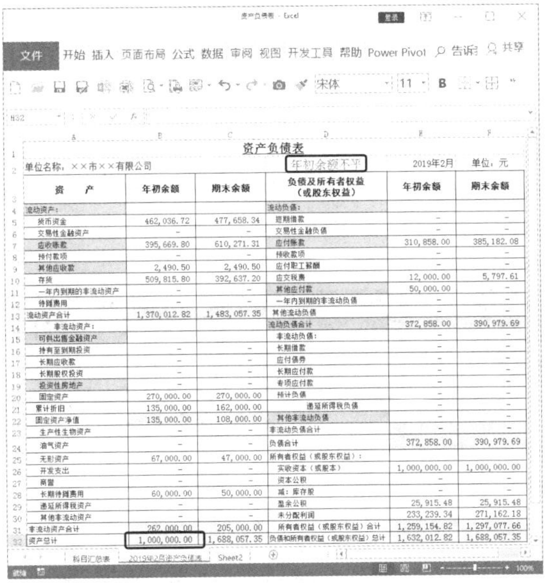

13.1.3 资产负债表分析

编制好资产负债表后，财务人员还应当对资产负债表上各项目数据进行详尽的分析，根据分析结果，可以揭示资产负债表项目的实质。企业管理层也可从分析数据了解财务状况的变动情况及变动原因，评价企业会计对企业经营状况的反映程度，以正确指导后期经营政策。

资产负债表分析的内容主要包括：资产负债表各项目变动额、变动率及对资产总额的影响程度。本节以13.1.2节中制作的资产负债表为例，运用Excel对"2019年2月资产负债表"工作表进行分析，具体操作步骤如下。

第1步 在"2019 年 2 月资产负债表"工作表中的 D 列之前插入 3 列→分别在 D3、E3、F3 单元格设置项目名称为"变动额""变动率""影响程度"，如下图所示。

第2步 计算各项目数据的计算公式分别为：

变动额 = 期末余额 - 年初余额

变动率 = 变动额 ÷ 年初余额

影响程度 = 变动额 ÷ 年初总资产（或负债和所有者权益总额）

下面分别在 D4、E4、F4 单元格中设置公式自动计算"货币资金"项目的分析数据。

❶ 在 D4 单元格中设置公式"=ROUND(C5-B5,2)"计算变动额。❷ 在 E4 单元格中设置公式"=IFERROR(D5/B5,0)"计算变动率。❸ 在 F4 单元格中设置公式"=IFERROR(D5/$B$32,0)"计算"货币资金"项目的变动对资产总额的影响程度。这里注意使用"$"符号锁定公式中的 B32 单元格的行号与列标，避免填充公式时发生错误。❹ 将 D4:F4 区域中的公式向下填充至 D32:F32 区域的所有单元格中即可，如下图所示。

类各项目的数据分析工作，效果如下图所示。

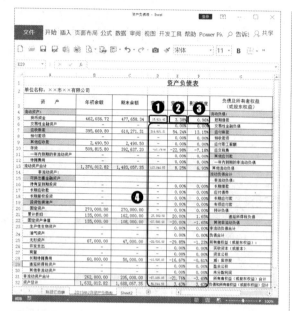

第3步 选中 D:F 整个区域，直接复制、粘贴至 J:L 区域，即可快速完成对"负债及所有者权益"

> **温馨提示**
>
> （1）对于分析数据，可制作图表更直观地展示数据的变动情况。
> （2）如果需要打印纸质资产负债表主表内容，而无须打印分析数据，则将分析数据所在区域隐藏后打印即可。

13.2 利润表管理

 案例背景

利润表是反映企业在一定会计期间经营成果的财务报表，常用的利润表格式有单步式和多步式两种。单步式是将当期收入总额、费用总额分别相加，然后一次计算出当期收益的方式，其特点是所提供的信息均是原始数据，便于理解；多步式是将各种利润分多步计算求得净利润的方式，将不同性质的收入和费用类别进行对比，便于企业对经营情况和盈利能力进行比较和分析。因此，实际工作中，通常采用多步式利润表进行利润核算。其中小企业由于业务简单，因此利润表中的项目也相对简化。但是所有多步式利润表中都应单独列示的项目至少包括营业收入、营业成本、税金及附加、销售费用、管理费用、财务费用、所得税费用、净利润。

本节继续以"科目汇总表"工作表中的相关数据为基础，运用Excel函数设置公式编制小企业利润表，如下图所示在讲解利润表编制方法的同时，介绍Excel函数的运用方法。实例最终效果见"结果文件\第12章\利润表.xlsx"文件。

第13章

实战：财务报表管理与分析

利润表

单位名称：××市××有限公司　　　　　　2019年2月　　　　单位：元

项目	行次	本期金额	本年累计
一、营业收入	1	296,060.46	660,727.12
减：营业成本	2	222,055.35	507,594.03
税金及附加	3	1,063.82	2,824.37
销售费用	4	1,200.00	1,880.00
管理费用	5	51,605.63	109,169.20
财务费用	6	185.00	453.00
资产减值损失	7	—	—
加：公允价值变动收益（损失以"-"填列）	8	—	—
投资收益（损失以"-"填列）	9	—	—
其中：对联营企业和合营企业的投资收益	10	—	—
二、营业利润（亏损以"-"号填列）	11	19,950.66	38,806.52
加：营业外收入	12	—	—
减：营业外支出	13	—	—
其中：非流动资产处置损失	14	—	—
三、利润总额（亏损总额以"-"号填列）	15	19,950.66	38,806.52
减：所得税费用	16	—	—
四、净利润（净亏损以"-"号填列）	17	19,950.66	38,806.52
五、每股收益：	18		
（一）基本每股收益	19	—	—
（二）稀释每股收益	20	—	—

××市××有限公司2014-2018年利润分析表

年度项目	2014年	2015年	2016年	2017年	2018年	趋势分析	2014年	2015年	2016年	2017年	2018年
主营业务收入	1,413,590.60	2,658,048.34	2,366,458.28	1,691,691.60	2,106,855.73		100%	188.04%	167.41%	119.67%	149.04%
主营业务成本	1,203,050.71	2,245,571.02	1,999,229.91	1,417,395.94	1,779,912.64		100%	186.66%	166.18%	117.82%	147.95%
税金及附加	2,919.23	6,728.81	5,990.66	3,684.89	5,333.48		100%	230.50%	205.21%	126.23%	182.70%
主营业务利润	207,620.66	405,748.70	361,237.71	270,610.78	321,609.62		100%	195.43%	173.99%	130.34%	154.90%
其他业务利润	7,384.44	12,516.62	11,143.54	1,229.07	9,921.08		100%	169.50%	150.91%	16.64%	134.35%
销售费用	158,852.26	267,056.98	237,760.59	187,123.63	211,678.05		100%	168.12%	149.67%	117.80%	133.25%
管理费用	39,990.00	84,456.43	75,191.49	38,238.29	66,942.92		100%	211.19%	188.03%	95.62%	167.40%
财务费用	1,848.65	15,984.44	14,230.93	12,669.79	17,455.36		100%	864.66%	769.80%	685.35%	944.22%
营业利润	14,314.19	50,767.47	45,198.23	33,808.14	35,454.38		100%	354.67%	315.76%	236.19%	247.69%
投资收益	8,721.42	-21,418.66	-19,069.02	-5,943.60	8,961.83		100%	-245.59%	-218.65%	-68.15%	102.76%
营业外收入	353.66	976.40	869.29	4,789.41	1,642.72		100%	276.09%	245.80%	1354.26%	464.50%
营业外支出	262.43	959.26	854.03	371.89	425.33		100%	365.53%	325.43%	141.71%	162.07%
利润总额	23,126.83	29,365.95	26,144.48	32,282.07	45,633.60		100%	126.98%	113.05%	139.59%	197.32%
所得税费用	5,781.71	7,341.49	2,614.45	3,228.21	4,563.36		100%	126.98%	45.22%	55.83%	78.93%
净利润	17,345.13	22,024.46	23,530.03	29,053.86	41,070.24		100%	126.98%	135.66%	167.50%	236.78%

××市××有限公司2014-2018年利润分析表

年度项目	2014年	2015年	2016年	2017年	2018年	趋势分析	2014年	2015年	2016年	2017年	2018年
营业利润	14,314.19	50,767.47	45,198.23	33,808.14	35,454.38		61.89%	172.88%	172.88%	104.73%	77.69%
投资收益	8,721.42	-21,418.66	-19,069.02	-5,943.60	8,961.83		37.71%	-72.94%	-72.94%	-18.41%	19.64%
营业外收入	353.66	976.40	869.29	4,789.41	1,642.72		1.53%	3.32%	3.32%	14.84%	3.60%
营业外支出	262.43	959.26	854.03	371.89	425.33		1.13%	3.27%	3.27%	1.15%	0.93%
利润总额	23,126.83	29,365.95	26,144.48	32,282.07	45,633.60		100%	100%	100%	100%	100%

项目	2018年
营业利润	35,454.38
投资收益	8,961.83
营业外收入	1,642.72
营业外支出	425.33
利润总额	45,633.60

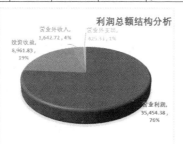

利润总额结构分析

13.2.1 利润表项目及会计核算公式

利润表中的项目虽然不多,但是每一个项目数据的计算公式都不尽相同,因此,在运用Excel编制利润表之前,首先应厘清利润表中各项目所涵盖的具体会计科目、项目之间的钩稽关系及数据的会计核算公式。

①营业收入:反映企业销售商品和提供劳务所实现的收入总额。本项目根据"主营业务收入"和"其他业务收入"科目的发生额合计数填列。

②营业成本:反映企业所销售商品的成本和所提供劳务的成本。本项目根据"主营业务成本"和"其他业务成本"科目的发生额合计数填列。

③税金及附加:反映企业开展日常生产活动应负担的消费税、城市维护建设税、资源税、土地增值税、城镇土地使用税、房产税、车船税、印花税、环境保护税、教育费附加等。本项目根据"税金及附加"科目的发生额填列。

④销售费用:反映企业销售商品或提供劳务过程中发生的费用。本项目根据"销售费用"科目的发生额填列。

⑤管理费用:反映企业为组织和管理生产经营发生的其他费用。本项目根据"管理费用"科目的发生额填列。

⑥财务费用:反映企业为筹集生产经营所需资金发生的筹资费用。本项目根据"财务费用"科目的发生额填列。

⑦公允价值变动损益:反映"投资性房地产""交易性金融资产"等企业资产在持有期间因公允价值变动而产生的损益。本项目根据"公允价值变动损益"科目的发生额填列。

⑧投资收益:反映企业股权投资取得的现金股利(或利润)、债券投资取得的利息收入,以及处置股权投资和债券投资取得的处置价款扣除成本或账面余额、相关税费后的净额。本项目根据"投资收益"科目的发生额填列。

⑨营业利润:反映企业当期开展日常生产经营活动实现的利润。本项目根据营业收入扣除营业成本、税金及附加、销售费用、管理费用和财务费用,加上投资收益后的金额填列。

⑩营业外收入:反映企业实现的各项营业外收入金额,包括非流动资产处置净收益、政府补助、捐赠收益、盘盈收益、汇兑收益、出租包装物和商品的租金收入、逾期未退包装物押金收益、确实无法偿付的应付款项、已作坏账损失处理后又收回的应收款项、违约金收益等。本项目根据"营业外收入"科目的发生额填列。

⑪利润总额:反映企业当期实现的利润总额。本项目根据营业利润加上营业外收入减去营业外支出后的金额填列。

⑫所得税费用:反映企业根据企业所得税法确定应从当期利润总额中扣除的所得税费用。本项目根据"所得税费用"科目的发生额填列。

⑬净利润:反映企业当期实现的净利润。本项目根据利润总额扣除所得税费用后的金额填列。

利润表项目钩稽关系及核算公式为:

营业利润=营业收入-营业成本-税金及附加-销售费用-管理费用-财务费用±公允价值变动损益±投资损益

利润总额=营业利润+营业外收入-营业外支出

净利润=利润总额-所得税费用

注:利润表中的"每股收益"项目根据企业实际业务数据另行核算。

同时,利润表中的"本期金额"核算的是"本期"数据,所以只应当计算当期数据,而"本年累计"则是将每期数据逐月累加而得。

13.2.2 编制利润表

接下来运用Excel编制利润表,其中"营业利润""利润总额""净利润"根据会计核算公式设置公式,其他项目数据需要运用不同的函数设置公式从"科目汇总表"工作表中取数。

利润表中的项目属于损益类科目,除"收入"类科目在填制记账凭证时计入"贷方"外,其他项目均计入"借方",月末全部转入相反方向并结转至"本年利润"科目,因此,利润表中各项目数据在"科目汇总表"工作表中列示的借方和贷方金额一致，运用Excel函数公式从借方或贷方取数均可。具体操作步骤如下。

第1步 打开"素材文件\第13章\利润表.xlsx"文件，首先在"科目汇总表"工作表中将一级会计科目定义为利润表中项目，如下图所示。具体方法参照13.1.1小节的介绍。

第2步 新增一张工作表，命名为"2019年2月利润表"，按照统一制式绘制空白表格，并设置好项目名称及表格格式，如下图所示。

接下来设置函数公式，自动取数或计算相关项目。

第3步 汇总营业收入和营业成本。❶ 在C4单元格中设置公式"=SUMIFS(科目汇总表!N:N,科目汇总表!$D:$D,RIGHT($A4,4),科目汇总表!$B:$B,1)"，汇总"科目汇总表"工作表中2019年2月的"营业收入"项目的借方发生额。公式中"RIGHT($A4,4)"用于截取A4单元格中"营业收入"字符，以匹配"科目汇总表"工作表中的相同名称，保证公式取数正确。❷ 将C4单元格中的公式向下填充至C5单元格内即可，如下图所示。

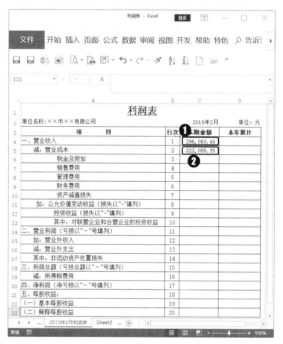

第4步 汇总各类"费用"及"收益"。❶ 在C6单元格中设置公式"=SUMIFS(科目汇总表!N:N,科目汇总表!$D:$D,TRIM($A6),科目汇总表!$B:$B,1)"，汇总"科目汇总表"中"税金及附加"于2019年2月的借方发生额，将C6单元格中的公式向下填充至C7:C10区域的所有单元格中。❷ 在C11单元格中设置公式"=SUMIFS(科目汇总表!N:N,科目汇总表!D:D,"公允价值变动收益",科目汇总表!B:B,1)"。由于A11单元格中"公允价值变动收益"字符前后均包含其他字符，如果这里设置嵌套公式，相对比较复杂，公式也变得冗长，因此直接在公式中设置字符更为简便。

❸C12 单元格同样设置公式"=SUMIFS(科目汇总表!N:N,科目汇总表!$D:$D,"投资收益",科目汇总表!$B:$B,1)"。该企业未发生对联营企业或合营企业的投资活动,因此 C13 单元格中直接填"0"即可,如下图所示。

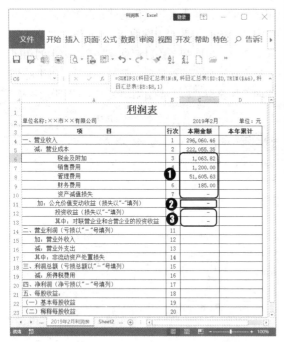

第5步 计算"利润"。❶C14 单元格根据"营业利润"的会计核算公式设置函数公式"=ROUND(C4-C5-C6-C7-C8-C9-C10+C11+C12,2)"即可。❷ 在 C15 单元格中设置公式"=SUMIFS(科目汇总表!N:N,科目汇总表!$D:$D,TRIM(SUBSTITUTE(A15,"加:","")),科目汇总表!$B:$B,1)"。公式中"TRIM(SUBSTITUTE(A15,"加:",""))"的含义是:运用 SUBSTITUTE 函数将 A15 单元格中的"加:"字符替换为空格(清除),再运用 TRIM 函数将所有空格字符清除,即可与"科目汇总表"工作表中的项目名称匹配→将公式向下填充至 C16、C17 单元格内。❸在 C18 单元格中根据会计核算公式设置函数公式"=ROUND(C14+C15-C16,2)",计算利润总额。这里注意不得重复累加或累减 C17 单元格中的数据;在 C19 单元格中设置公式"=SUMIFS(科目汇总表!N:N,科目汇总表!$D:$D,TRIM(SUBSTITUTE(A15,"减:","")),科目汇总表!$B:

$B,1)",汇总"所得税费用"。公式含义与 C15 单元格相同;在 C20 单元格中设置公式"=ROUND(C18-C19,2)",计算"净利润",如下图所示。

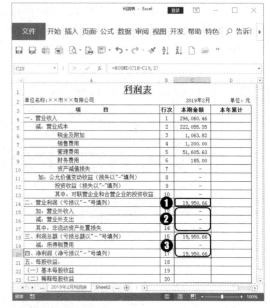

第6步 最后计算所有项目"本年累计"金额。选中 C4:C20 区域,向右填充公式至 D4:D20 区域的所有单元格中→运用"查找与替换"功能将公式中"科目汇总表!O:O"修改为"科目汇总表!J:J",即"科目汇总表"工作表中"全年合计"借方金额,如下图所示。

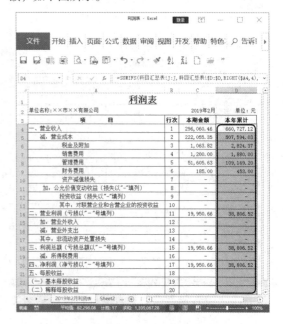

13.2.3 利润表分析

在财务分析中，利润表非常重要，仅从表面数据看企业的盈亏状况是远远不能体现报表价值的，还需要从不同角度对利润表数据进行深入分析。下面讲解并分享运用Excel分析利润表的方法与思路。

1. 利润表趋势分析

利润表趋势分析是将连续若干期间的利润表各项目数据或内部结构比率进行列示，以此考查企业经营成果的变化趋势。财务人员可通过观察和比较相同项目增减变动的金额和幅度，把握企业收入、费用、利润等数据的变动趋势。在Excel中，分析变化趋势，最适宜的方法是制作"趋势图"，清晰、直观地呈现数据的变动趋势。实务中，利润表趋势分析一般以年度为一个区间对若干连续年度的数据进行列示和比较。因此，为讲解需要，这里预先虚拟设置了2014—2018年的利润表项目数据，同时将利润表中的部分项目预先细化分解并列示。例如，营业收入分解为"主营业务收入"与"其他业务收入"，以此类推。而"其他业务收入"调整列示为"其他业务利润"。

第1步 打开"素材文件\第13章\利润表分析.xlsx"文件，切换至"利润表趋势分析"工作表，表格原始数据如下图所示。

第2步 制作"趋势图"时，需要考虑图表的项目数量。对于这类项目较多的表格，建议采用"迷你图表"展示数据。❶ 在F列后增加一列，在G2单元格中设置项目名称为"趋势分析"；❷ 执行插入迷你图表及设置图表样式等一系列操作，将数据范围设置为B4:F4区域（具体操作方法请参照11.1.4节内容）；❸ 将G4单元格中的迷你图表向下填充至G5:G18区域的所有单元格中即可，如下图所示。

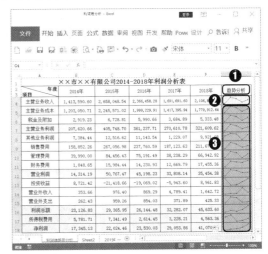

接下来进行定比趋势分析，即选择分析期的第1期为基期，将该期的所有项目设定为相同的的一个指数，如"100%"或"1"，将每期数据都与基期指标相比，从而判断变动趋势和变动速度。

第3步 ❶ 在表格右侧空白区域绘制表格，将2014年利润表所有项目指标设定为"100%"；❷ 在J4单元格中设置公式"=C4/$B4"→将公式向右填充至J4:M4区域的所有单元格中→选中J4:M4区域，复制、粘贴公式至J5:M18区域的所有单元格中即可，如下图所示。

2. 利润表结构分析

在利润表的趋势分析中,可以从分析结果判断单一项目在连续期的变化,但是难以判断其中的重点项目,也无法从整体角度来分析利润表。因此还应当进行利润表结构分析,将利润表中的每个项目与一个共同项目(通常是"主营业务收入")相比,计算各项目比率,以分析企业利润的产生过程和结构。

第1步 新增一张工作表,命名为"利润表结构分析"(也可直接在"利润表趋势分析"工作表中空白区域绘制表格)→将"利润表趋势分析"工作表整张复制、粘贴至新增工作表中→清除I5:M18区域中的所有数据→将J4:M4区域中所有单元格的数值修改为"100%",如下图所示。

第2步 在I5单元格中设置公式"=B5/B$4",计算2014年主营业务成本占主营业务收入的比例→向右填充、向下复制、粘贴I5单元格中的公式即可,效果如下图所示。

运用图表展示结构分析数据,适用"饼图",但是利润表中项目较多,且数字大小差距过大,因此这里插入"饼图"并不能清晰地展示利润表结构。这里建议将部分项目划分出来单项分析并插入"饼图",如对"利润总额"进行结构分析。

第3步 ❶复制A12:M16区域,粘贴至A22:M26区域,将B12:F16区域中所有单元格的数字选择性粘贴至B23:F26区域的所有单元格中→复制A1:M3区域(标题及表头),粘贴至A19:M21区域;❷清除I22:M25区域中的数字→将I26:M26区域中的数字全部修改为"100%";❸在I22单元格中设置公式"=B22/B$26"→向右填充、向下复制、粘贴公式即可,如下图所示。

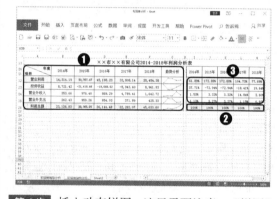

第4步 插入动态饼图。这里需要注意,"饼图"是用于展示构成"利润总额"的各项目数据的比重,因此不能一刀切地选择所有年度的整个数据表区域(B22:F26),而仅可选择某一年度的各项目数据所在区域,作为"饼图"的数据源。因此这里适合制作动态饼图,即在同一张饼图中动态呈现各年度的"利润总额"结构分析数据。❶在A28:B33区域中绘制一张表→在B28单元格中运用"数据验证"功能制作下拉菜单,将"序列"设置为"A20:F20"即可;❷在A29单元格中设置公式"=HLOOKUP($B$28,B$20:F22,MATCH(A29,A$20:A22,0),0)",根据A28单元格中列示的年份,查找引用B20:F22区域中"营业利润"数据→向下填充公式至B30:B33区域的所有单元格中;❸选中B29:B32区域,插入"饼图"并设置图表样式(具体制作与设置方法在10.2.2节中已详细介绍,请参照操作),效果如下图所示。

第 13 章

实战:财务报表管理与分析

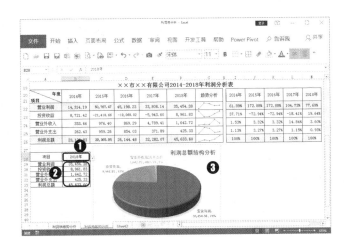

13.3 现金流量表管理

案例背景

前面介绍的资产负债表与利润表是基于权责发生制原则而编制的,用于反映企业在某时间或某时间段内的财务状况、经营成果,尚不足以说明企业从经营活动和投资融资活动中获得的现金数额。而现金恰恰是保障企业维持正常运转、持续经营的最重要的经济资源。实务中,几乎企业所有的经济活动都会发生现金流入或流出。企业在一定时期内无利润甚至亏损尚可继续经营,但是如果没有现金流入,则不能维持生存。因此及时编制现金流量表、提供现金流量信息对于企业的未来决策至关重要,同时也可以弥补资产负债表和利润表的不足。

现金流量表以现金的流入与流出为基础编制,其中的"现金"是指企业库存现金、可以随时用于支付的存款及现金等价物,具体包括库存现金、银行存款、其他货币资金(银行汇票、银行本票、在途货币资金等)、现金等价物(流动性强的短期投资等)。

本节以第7章制作的"银行存款日记账""现金日记账"中的数据为例,讲解运用Excel设置函数高效编制现金流量表、制作动态分析图表(见下图)的方法和思路,帮助财务人员提高工作效率,提升Excel技能。实例最终效果见"结果文件\第13章\现金流量表.xlsx"文件。

××市××有限公司现金流量表

编制单位：××市××有限公司　　　　　　2018年6月　　　单位：元

项目	行次	本月金额	本年累计金额
一、经营活动产生的现金流量：			
销售产成品、商品、提供劳务收到的现金	1	15,000.00	50,081.87
收到其他与经营活动有关的现金	2	65,000.00	217,021.43
购买原材料、商品、接受劳务支付的现金	3	25,000.00	83,469.78
支付的职工薪酬	4	42,603.25	142,243.36
支付的税费	5	14,767.13	49,304.36
支付其他与经营活动有关的现金	6	79,579.94	265,700.81
经营活动产生的现金流量净额	7	-81,950.32	-273,615.01
二、投资活动产生的现金流量：			
收回短期投资、长期债券投资和长期股权投资收到的现金	8	-	-
取得投资收益收到的现金	9	1,500.00	5,008.19
处置固定资产、无形资产和其他非流动资产收回的现金净额	10	15,000.00	50,081.87
短期投资、长期债券投资和长期股权投资支付的现金	11	-	-
购建固定资产、无形资产和其他非流动资产支付的现金	12	120,000.00	400,654.95
投资活动产生的现金流量净额	13	-103,500.00	-345,564.90
三、筹资活动产生的现金流量：			
取得借款收到的现金	14	-	-
吸收投资者投资收到的现金	15	100,000.00	333,879.13
偿还借款本金支付的现金	16	-	-
偿还借款利息支付的现金	17	1,000.00	3,338.79
分配利润支付的现金	18	-	-
筹资活动产生的现金流量净额	19	99,000.00	330,540.34
四、现金净增加额	20	-86,450.32	-288,639.57
加：期初现金余额	21	365,000.00	500,000.00
五、期末现金余额	22	278,549.68	211,360.43

××市××有限公司现金流量分析

一、现金收入趋势分析

项目	2014年	2015年	2016年	2017年	2018年	图表
经营活动现金收入	1,139,389.06	1,036,545.68	1,370,364.92	1,458,846.52	1,509,271.18	
投资活动现金收入	185,011.00	132,416.00	192,779.00	153,038.00	32,265.00	
筹资活动现金收入	186,728.00	486,518.00	508,612.00	308,610.00	316,258.00	

二、现金支出趋势分析

项目	2014年	2015年	2016年	2017年	2018年	图表
经营活动现金支出	1,626,058.00	1,353,196.00	1,526,668.00	1,468,152.00	1,887,358.00	
投资活动现金支出	114,650.00	164,641.00	183,769.00	255,069.00	72,751.00	
筹资活动现金支出	44,251.00	396,123.00	538,582.00	450,155.00	212,220.00	

××市××有限公司2018年度现金流量趋势分析

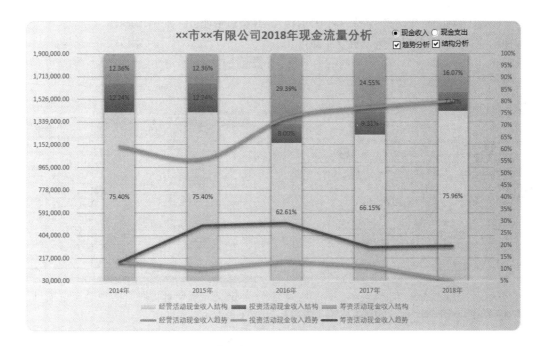

13.3.1 编制现金流量表

本节对于运用Excel快速编制现金流量表的基本思路是：将现金流量表中的项目制作成下拉菜单，在填制记账凭证、选择会计科目的同时选定现金流量表项目，或者在根据记账凭证数据自动汇总生成的科目明细账中选定现金流量表项目，然后在现金流量表中设置函数公式自动汇总数据，即可轻松高效地完成现金流量表的编制工作。下面讲解具体方法与步骤。

1. 在明细账中定义现金流量项目

打开"素材文件\第13章\现金流量表.xlsx"文件，为了完整的示范操作步骤并展示公式效果，这里在"银行存款日记账"与"现金日记账"中补充设置了部分明细账信息。

第1步 新增一张工作表→按照"现金流量表"统一制式绘制空白表格并设置基础格式。表格中所有项目金额均设置公式自动计算，其中标识为灰色的项目将设置与其他项目不同的公式进行核算，如下图所示。

接下来生成现金流量表下拉菜单备选项目序列。

第2步 ❶ 新增一张工作表，命名为"现金流量项目"，将"现金流量表"中的现金流量项目复制、粘贴至新增工作表中→删除不需要的项目；❷ 在B2单元格中设置公式"=" 经营 -"&TRIM(A2)"→将公式向下填充至B3:B19区域的所有单元格中→运用"查找与替换"功能将B9:B13区域公式中的"经营"替换为"投资"字符→B15:B19区域公式中的"经营"替换为"筹资"字符→将B2:B19区域中的内容"选择性粘贴"为"数字"即可,如下图所示。

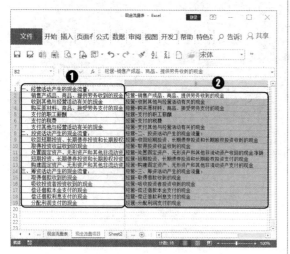

第3步 ❶ 删除A列→删除A8、A14单元格→调整好"现金流量表项目"表格格式;❷ 运用"定义名称法"将A2:A17区域中的所有项目定义为名称:"现金流量项目",如下图所示。

接着可在"银行存款明细账"与"现金存款日记账"工作表中添加列次,定义现金流量项目。

第4步 ❶ 切换至"银行存款日记账"工作表→在I列后添加一列→在J3单元格设置项目名称为"现金流量项目";❷ 运用"数据验证"功能制作下拉菜单,将"序列"的"来源"设置为"=现金流量项目"→根据明细账列示的业务类型定义

现金流量项目,如下图所示。

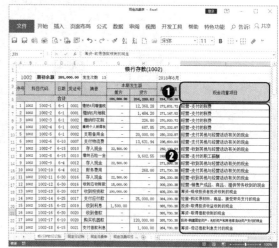

定义"现金日记账"的现金流量项目,按照第4步方法操作即可。

2. 编制现金流量表

编制现金流量表可根据之前定义的现金流量项目,直接在单元格中设置公式汇总"银行存款日记账"与"现金日记账"工作表中的数据。但是现金流量表中各项目的计算公式略有区别,并不适合直接设置公式。例如,项目名称中包含"收到"二字,表示现金流入,应当汇总日记账中的"借方"金额。反之,包含"支付"二字则代表现金流出,应当汇总日记账中的"贷方"金额。同时,数据分布在两个工作表中,同时需要区分"借方"与"贷方"金额,因此直接设置需要嵌套多层公式,较为复杂,且不易于理解。下面添加辅助表格进行辅助核算,既能简化公式,也能清晰明确地呈现计算过程。

第1步 切换至"现金流量表"工作表,在表格右侧空白区域绘制辅助表格,用于汇总"银行存款日记账"与"现金日记账"中"借方"与"贷方"数据。其中F4:I4区域中的单元格均设置简单求和公式,如下图所示。

第 13 章
实战：财务报表管理与分析

第2步 汇总数据。❶ 在 F5 单元格中设置公式 "=SUMIF(银行存款日记账!$J:$J,"*"&TRIM($A5)&"*",银行存款日记账!$G:$G)"→向右填充公式至 G5 单元格内，将公式中的 "!$G:$G" 修改为 "!$H:$H；❷ 选中 F5:G5 区域，复制、粘贴公式至 H5:I5 区域的单元格中→将公式中"银行存款日记账"字符修改为"现金日记账"；❸ 选中 F5:I5 区域，将公式复制、粘贴至 F6:I10、F13:I17、F20:I24 区域的所有单元格中即可，如下图所示。

温馨提示

实务中，如果现金流量还涉及其他科目，如"其他货币资金"，在辅助表中添加列次，设置相关科目的汇总公式即可。

接下来只需在"现金流量表"工作表中设置简单的公式即可完成编制。

第3步 ❶ 在 C5 单元格中设置公式 "=ROUND(ABS(F5+H5-G5-I5),2)"，计算"销售产成品、商品、提供劳务收到的现金"项目金额。会计公式为：银行存款借方发生额 + 库存现金借方发生额 - 银行存款贷方发生额 - 库存现金贷方发额。公式中嵌套了绝对值函数 ABS，其作用在于将计算结果为负数的数值转化为正数，以便下一步计算"现金流量净额"设置公式；❷ 将 C5 单元格公式复制、粘贴至 C6:C10、C13:C17、C20:C24 区域的所有单元格中，如下图所示。

第4步 分别设置经营活动、投资活动、筹资活动的"现金流量净额"的计算公式，会计公式统一为：现金流量净额 = 现金流入 - 现金流出。❶ 在 C11 单元格中设置公式 "=ROUND(C5+C6-C7-C8-C9-C10,2)"，计算"经营活动产生的现金流量净额"；❷ 在 C18 单元格中设置公式"=ROUND(C13+C14+C15-C16-C17,2)"，计算"投资活动产生的现金流量净额"；❸ 在 C25 单元格中设置公式"=ROUND(C20+C21-C22-C23-C24,2)"，计算"筹资活动产生的现金流量净额"；❹ 在 C26 单元格中设置公式 "=ROUND(C11+C18+C25,2)"，将以上 3 项"净额"相加，即可得到本期的"现金净增加额"→在 C27 单元格中填列"现金期初余额"数字，这里也可设置链接公式引用上期现金流量表中的"期末现金余额"，或者引用明细账中的现金期初余额，还可以先将期初余额引用至辅助表中，再链接至 C27 单元格中→最后在 C28 单元格中设置公式"=ROUND(C26+C27,2)"，将本期"现金净增加额"与"现金期初余额"相加，得出"期末现金余额"。之后的月份可复制、粘贴整张现金余额表，再将公式中的工作表名称替换为目标工作表名称。这里虚拟设置"本年累计金额"，实际运用时，设置简单求和公式逐月累加即可。"现金流量表"最终效果如下图所示。

温馨提示

这里需要注意：在"本年累计金额"中，"期初现金余额"项目不能设置公式累加，而应当直接列示年初现金余额。

13.3.2 现金流量表分析

分析现金流量表数据可按照利润表的分析"套路"，分别对其进行趋势分析与结构分析。本节将运用Excel函数设置公式，结合图表对现金流量表项目，按照以上两种方法进行分析。

1. 现金流量表趋势分析

现金流量表趋势分析同样是将不同时期的现金流量表数据集中列示、进行对比，以观测和分析其增减差异和变动趋势。为便于讲解和制作图表，这里虚拟设置了2014—2018年的3项经营活动现金收入与支出的合计金额进行列示和对比分析，并预先插入迷你图表，如下图所示。

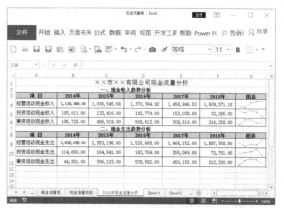

下面制作趋势图，更清晰直观地呈现现金流量的变动趋势。

第1步 ❶ 选定 A4:F6 区域→按住"Ctrl"键，再次选定 A9:F11 区域即可→单击"插入"选项卡中"推荐的图表"按钮；❷ 系统弹出"插入图表"对话框→切换至"所有图表"选项卡→选左侧列表中的"折线图"选项→选择一种图表样式→单击"确定"按钮关闭对话框即可，如下图所示。

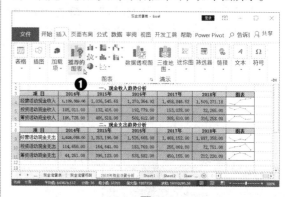

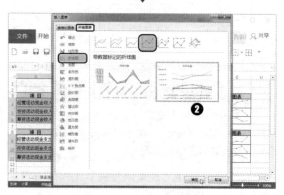

制作完成的初始图表如下图所示。

第13章
实战：财务报表管理与分析

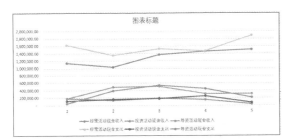

接下来设置图表格式。这里主要介绍设置"坐标轴"刻度值的方法。从上图中可看到坐标轴刻度的最小值为"0"，最大值为"2,000,000.00"，其中相邻两个刻度之间的间隔值为"200,000.00"。如果数字之间的间隔跨度较大，就无法详细地呈现较小数值数据的变动趋势，下面自行设置坐标轴格式，调整坐标轴的刻度值即可。

第2步 设置"条件格式"，找出数据源中的最大值与最小值。❶按住"Ctrl"键，同时选中B4:F6、B9:F11区域→打开"条件格式"→"新建格式规则"对话框→在"选择规则类型："列表框中选择"仅对排名靠前或靠后的数值设置格式"选项；❷在"编辑规则说明："区域设置"最高"数值的条件格式→单击"确定"按钮关闭对话框；❸重复第❷步操作，设置"最低"数值的条件格式，如下图所示。

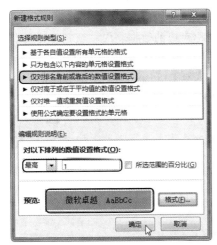

"条件格式"设置完成后，可看到选定区域中最大值为"1,887,358.00"，最小值为"32,265.00"，其所在单元格已被填充为不同的颜色，如下图所示。

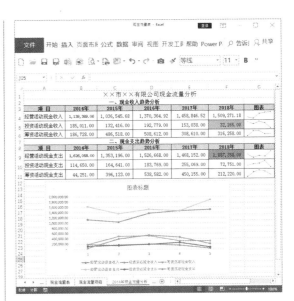

第3步 根据最大值与最小值设置图表"坐标轴"刻度。❶选中图表中坐标轴刻度→在其上右击→选择快捷菜单中的"设置坐标轴格式(F)"选项；❷系统弹出"设置坐标轴格式"列表。将"边界"的最小值设定为略小于数据源中最小值"32 265.00"的数字，如设置为"30 000"→同理设置最大值为"1 900 000"→将"单位"（相邻刻度之间的间隔值）的最大值设定为"187 000",最小值设定为"30 000"。这里设定"单位"的最大值与最小值的计算公式是（190 000-30 000）÷10，其中数字"10"是指刻度间隔数的个数，如下图所示。

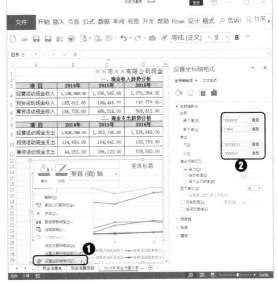

351

第4步 最后可对图表进行其他设置，如修改图表标题、选择图表样式、字体及背景颜色等。现金流量表趋势分析图表的最终效果如下图所示。

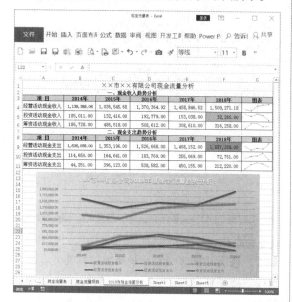

2. 现金流量表结构分析

现金流量表结构分析是通过对现金流量表不同项目之间的比较，分析企业现金流入与流出的来源与方向，评价各种现金流量的形成原因。现金流量结构分析主要包括现金流入结构分析、现金流出结构分析。下面继续以趋势分析表原始数据为基础，运用Excel进一步分析现金流入与流出结构。同时，将趋势分析与结构分析表格整合至同一张表格中，并以此为数据源，制作动态图表，更直观、生动地呈现数据动态变化。

第1步 ❶ 在"2018年现金流量分析"工作表下方空白区域绘制空白表格→设置简单的求和公式及表格格式；❷ 制作两个"选项按钮"控件，分别命名为"现金收入"与"现金支出"→设置控件格式，将"单元格链接"设置为"$B$14"；❸ 制作两个"复选框"控件，分别命名为"趋势分析"与"结构分析"，设置控件格式，将"单元格链接"设置为"$A$14"与"$A$15"，如下图所示。

（控件的作用及制作方法请参考第9章中的相关介绍）

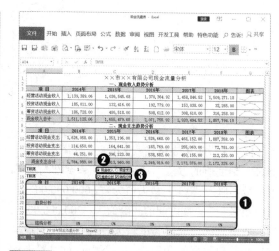

第2步 设置公式动态列示数据。❶ 在A17单元格中设置公式"=IF(AND($B$14=1,$A$14=TRUE),A4&"趋势",IF(AND($B$14=2,$A$14=TRUE),A10&"趋势",""))"，根据A14与B14中的数值，返回相同的字符。公式效果是：单击"现金收入"控件并选中"趋势分析"控件，A17单元格即显示"现金收入趋势"，单击"现金支出"控件并选中"趋势分析"控件，A17单元格即显示"现金支出趋势"→将公式向右填充至A18、A19单元格内；❷ 在B17单元格中设置公式"=IFERROR(VLOOKUP(LEFT($A17,8),$A$4:$F$12,MATCH(B$16,$3:$3,0),0),"")"，根据A17单元格中的内容查找引用A4:F12区域中与之匹配的项目名称对应的数据→向右填充公式至C17:F17区域的所有单元格中→选中B17:F17区域，向下填充公式至B18:F19区域的所有单元格中即可，如下图所示。

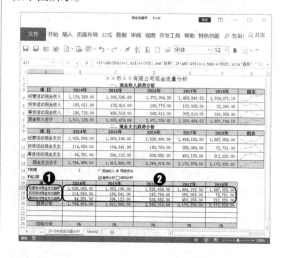

第3步 ❶在A21单元格中设置公式"=IF(AND($A$15=TRUE,$B$14=1),A4&"结构",IF(AND($A$15=TRUE,$B$14=2),A10&"结构","""))"→向右填充公式至A23单元格中；❷在B21单元格中设置公式"=IF(A21="","",IF($B$14=1,IFERROR(B4/B$7,""),IF($B$14=2,IFERROR(B10/B$13,""))))"，根据A21单元格中的数值变化，分别计算经营活动、投资活动、筹资活动的"现金收入"与"现金支出"占"收入合计"与"支出合计"的比例，如下图所示。

依次单击或选中4个控件即可看到数据的动态变化。接下来制作动态图表。

第4步 ❶按住"Ctrl"键，选定A16:F19、A21:F23区域→插入"折线图"图表；选中一项呈现"结构"数据的折线图，并在其上右击→选择快捷菜单中"更改系列图表类型"选项→系统弹出"更改图表类型"对话框。❷将三项"结构"系列的图表类型全部修改为"堆积柱形图"，并选中"次坐标轴"复选框→单击"确定"按钮关闭对话框，如下图所示。

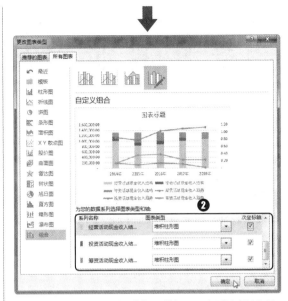

设置效果："趋势分析"数据以"折线图"呈现，根据主坐标轴的刻度值观察数据线性趋势变化；"结构分析"数据以"堆积柱形图"呈现，根据次坐标轴的刻度值观察结构百分比大小，如下图所示。

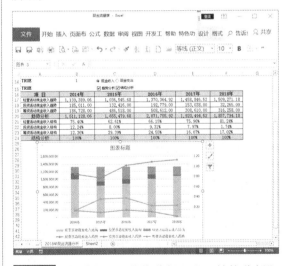

第5步 分别按照"趋势分析"和"结构分析"中的最大值与最小值设置"主坐标轴"与"次坐标轴"的最大值、最小值及刻度之间的间隔数字，设置效果如下图所示。

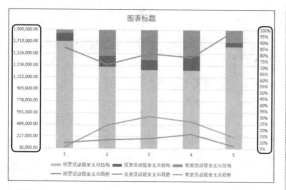

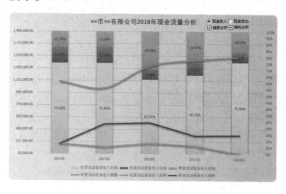

移动至图表中合适的位置即可，最终效果如下图所示。

第6步 最后修改图表标题，并根据工作需求设置图表样式、背景、字体颜色等→将4个控件

本章主要讲解了如何运用Excel的函数设置公式，自动生成三大财务报表，并对报表数据进行分析的操作方法。下面结合本章内容，根据以上制作表格和图表的操作过程中涉及的一些细节上的小问题，补充介绍处理方法及一些实用小技巧，以帮助财务人员制作出更加规范、美观的图表。

01 制作斜线表头的两种方法

日常工作中，制作表格时，经常需要在表头中插入斜线，以便在单元格中设置不同的项目名称。那么如何在Excel中制作出实用美观的"斜线表头"呢？下面分别介绍制作斜线表头的两种方法及相关快捷键操作。打开"素材文件\第13章\制作斜线表头.xlsx"文件，现在需要在A2单元格中插入斜线，并输入"年份"和"项目"两个名称。如下图所示。

（1）设置单元格边框。

第1步 ❶ 按住"Ctrl"键，选中 A2 单元格→按"Ctrl+1"组合键即可打开"设置单元格格式"对

第 13 章
实战：财务报表管理与分析

话框→切换至"边框"选项卡；❷ 单击"边框"区域中的 按钮，预览图上即显示"斜线"样式；❸ 单击"确定"按钮关闭对话框即可，如下图所示。

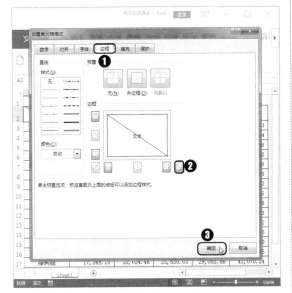

设置完成后，A2 单元格中即出现一条斜线。输入"年份"和"项目"字符，效果如下图所示。

第 2 步 在"年份"和"项目"之间输入一串空格，直到"项目"被挤到第 2 行为止→在"年份"字符前输入一串空格，将其挤到靠右对齐的位置→设置 A2 单元格对齐方式为"左对齐"即可，效果如下图所示。

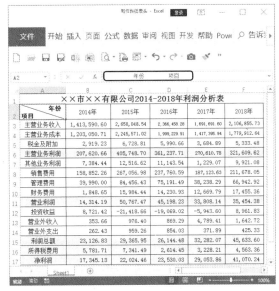

（2）绘制"倾斜"的直线。

第 1 步 ❶ 在第 2 行下面插入一行空行→将 B2:F2 区域的单元格分别与第 3 行单元格合并为一个单元格；❷ 在 A2 单元格中输入"年份"，对齐方式设置为"右对齐"→在 A3 单元格中输入"项目"，对齐方式设置为"左对齐"→清除 A2 单元格的下边框，如下图所示。

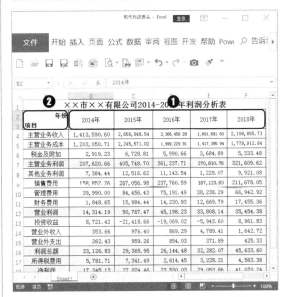

第 2 步 ❶ 选择"插入"选项卡；❷ 单击"插图"按钮；❸ 选择"形状"→"直线"选项；❹ 当鼠标指针变为十字形状后，移动至 A2 单元格左上角，

| 355

按住鼠标左键，向 A3 单元格右下角拖动，绘制一条"倾斜"的直线即可（直线可随单元格大小而自动收放），如下图所示。

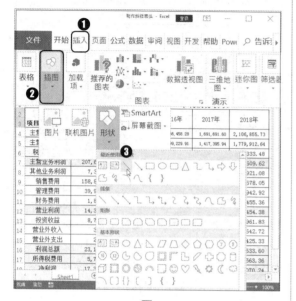

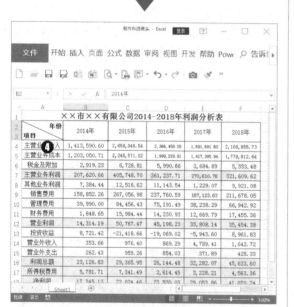

02 公式+照相机，让图表标题"动"起来

在本章制作的动态图表中，所有数字、坐标轴、折线图及堆积柱形图等均可跟随数据源表格中的数字改变而发生动态变化，但是其中仍然存在一个唯一"静态"的元素，即图表标题。因为图表标题没有链接任何数据源，而是以图片的形式存在，所以似乎只能静止不变。如果图表用于会议、汇报、演示等工作场景，那这个唯一静止的标题就会让原本生动、美观的数据图表显得有些美中不足。那么有没有方法解决这个问题呢？其实在本书第10章中曾经介绍过的"照相机"功能，就能让"图片"动态变化。将"照相机"用于此处，配合公式，也能使图表标题"动"起来。下面讲解具体方法和操作步骤。

第1步 ❶设置公式。在"现金流量表.xlsx"工作簿"2018年现金流量分析"工作表中的B16单元格中设置公式"=IF(B15=1," 收入 ",IF(B15=2," 支出 "))"；❷设置单元格格式。将B16单元格格式自定义为"××市××有限公司现金支出分析"即可，效果如下图所示。

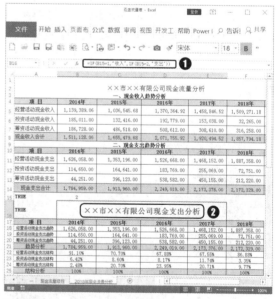

第2步 选中B16单元格，单击"自定义快捷工具栏"中的"照相机"按钮→鼠标指针变为十字形状后，绘制一张"照片"，其中内容即是B16单元格中的字符→调整"照片"格式。调整内容主要包括图片大小、取消背景填充、取消图片边框等→删除图表中的原标题，将"照片"移动至图表中适当的位置即可完成设置。依次单击4个控件，即可看到图表标题的动态变化，最终效果如下图所示。

即可添加数据表，如下图所示。

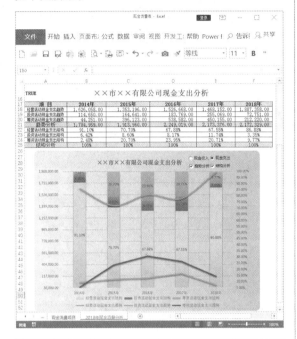

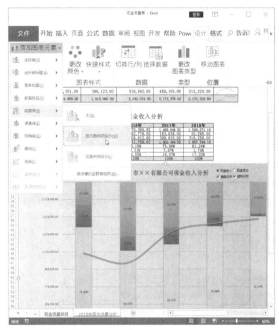

03 在图表中添加数据表

实际工作中，财务人员在使用图表汇报工作、展示数据时，一般不会将图表存放在与数据源表格所在的同一张工作表之中，通常会将图表放置于一张新的空白工作表中单独展示。此时就产生一个问题：图表中没有具体的数字，即使可以在数据系列图形上添加数据标签，但是如果标签过多，则容易相互混淆，更无法看清数字。要解决这个问题，其实也非常简单，只需通过两步操作，将数据源表格添加至图表中即可。

第1步 打开"结果文件\现金流量表.xl3x"文件，切换至"2018年现金流量分析"工作表。❶ 选中图表→功能区中出现"设计"与"格式"两个选项卡→选择"设计"选项卡；❷ 单击"添加图表元素"按钮；❸ 在下拉菜单中选择"数据表"选项→在子菜单中选择"显示图例项标示(W)"选项，

第2步 调整图表格式。数据表的"面积"通常较大，如果原图表的大小空间不足以容纳这种元素，则图表中的其他元素就会被"挤压"变形，影响美观。因此需要调整图表大小，再根据实际情况重新设置格式，最终效果如下图所示。

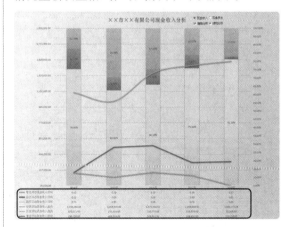

第14章
实战：财务指标计算与分析

本章导读

财务指标是指企业总结和评价财务状况和经营成果的相对指标。实务中企业常用反映企业"能力"的四大财务指标进行分析与评价。四大财务指标包括偿债能力指标、营运能力指标、盈利能力指标和发展能力指标。本章分别讲解这些财务指标的概念、含义、计算公式，并介绍运用Excel制作表格高效计算指标数据的方法。

知识要点

- ❖ 分析企业"能力"的四大财务指标的含义及计算公式
- ❖ 运用Excel计算各项财务指标的方法
- ❖ 计算开方数的方法
- ❖ 将公式转换为文本的操作技巧
- ❖ 运用"审核公式"查看公式内容
- ❖ 运用函数查看公式内容

第14章

实战：财务指标计算与分析

14.1 偿债能力分析

案例背景

资产负债表是反映企业在某特定时点（如月末、季末、年末）全部资产、负债和所有者权益情况的会计报表，是企业经营活动的静态体现，根据"资产=负债+所有者权益"这一恒等式，依照一定的分类标准和次序，将某特定日期的资产、负债、所有者权益的具体项目予以适当排列编制而成。资产负债表利用会计平衡原则，将符合会计原则的"资产""负债""权益"科目大类划分为"资产"和"负债及所有者权益"两大板块，在经过分录、记账、分类账、试算、调整等会计核算流程后，以特定日期的静态财务状况为基准，将以上科目大类中的所有数据浓缩并体现在一张报表中，以便让企业全面了解整体经营状况。

实例最终效果见"结果文件\第14章\资产负债表.xlsx"文件。

××市××有限公司偿债能力分析

	项目	计算结果	计算公式
短期偿债能力	营运资本	1,092,077.66	营运资本=流动资产-流动负债 营运资本=长期资本-非流动资产 长期资本=股东权益+长期负债
	流动比率	3.48	流动比率=流动资产÷流动负债
	速动比率	2.59	速动比率=速动资产÷流动负债 速动资产=货币资金+应收票据+应收账款+其他应收款
	现金比率	1.20	现金比率=（货币资金+交易性金融资产）÷流动负债
长期偿债能力	资产负债率	0.29	资产负债率=负债总额÷资产总额
	产权比率	0.34	产权比率=负债总额÷所有者权益总额
	权益乘数	1.34	权益乘数=资产总额÷所有者权益总额

偿债能力资产负债表项目

资产	期末余额	负债及所有者权益	期末余额
货币资金	427,658.34	短期借款	50,000.00
交易性金融资产	100,000.00	交易性金融负债	-
应收账款	610,271.31	应付账款	385,182.08
其他应收款	2,490.50	流动负债合计	440,979.69
流动资产合计	1,533,057.35	非流动负债合计	-
非流动资产合计	205,000.00	所有者权益（或股东权益）合计	1,297,077.66
资产总计	1,738,057.35	负债和所有者权益（或股东权益）总计	1738057.35

14.1.1 短期偿债能力分析

短期偿债能力是指企业偿还流动负债的能力，即企业对短期债权或其承担的短期债务的保障程度。分析短期偿债能力对于企业各利益关系主体都有着非常重要的影响和意义。下面简要介绍短期偿债能力相关指标的概念及会计计算公式，并运用Excel制作表格自动计算短期偿债能力的各项指标。

1. 指标及计算公式简介

由于短期偿债能力的主要因素为流动资产与流动负债之间的关系，因此分析短期偿债能力的财务指标主要包括营运资本、流动比率、速动比率、现金比率等。

①营运资本：指流动资产总额减流动负债总额后的剩余部分，也称净营运资本，是衡量企业短期偿债能力的绝对数指标。营运资本的多少意味着企业的流动资产用于偿还全部流动负债之后还有多少剩余资产能够支持企业正常营运。营运资本越多，说明企业可用于偿还流动负债的资金越充足，企业的短期偿债能力越强，债权人收回债权的安全性越高。其计算公式为：

$$营运资本=流动资产-流动负债$$

②流动比率：是分析企业短期偿债能力最常用的相对性财务指标。企业在日常运营过程中，通常

会动用流动资产偿还流动负债，因此通过分析流动比率指标可以揭示流动资产对流动负债的保障程度，考查短期债务偿还的安全性。流动比率越高，企业的短期偿债能力也越强。其计算公式为：

流动比率=流动资产÷流动负债

③速动比率：指速动资产与流动负债的比值。其中，速动资产是指流动资产减去变现能力较差且不稳定的预付账款、存货、其他流动资产等项目后的余额。其计算公式为：

速动比率=速动资产÷流动负债

速动资产=流动资产-预付账款-存货-其他流动资产

或：速动资产=货币资金+应收票据+应收账款+其他应收款

企业正常经营情况下，速动比率等于100%较为适宜。速动比率小于100%，必然使企业面临很大的偿债风险。但如果速动比率过高（大于100%），则表明企业会因现金及应收账款占用过多，而增加企业的机会成本，会影响企业的获利能力。

④现金比率：指企业现金类资产与流动负债的比值。现金比率是评价公司短期偿债能力强弱的最可信指标。其计算公式为：

现金比率=（货币资金+交易性金融资产）÷流动负债

这里将以上短期偿债能力指标名称及计算公式整理并集中列示，如下图所示。

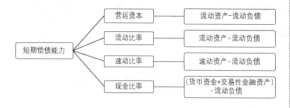

2. 计算短期偿债能力指标

运用Excel计算短期偿债能力指标非常简单，根据资产负债表上的项目数据套用计算公式设置Excel函数公式即可。这里主要的目的在于分享制表思路，以及提高工作效率的方法和技巧。

第1步 打开"素材文件\第14章\偿债能力分析.xlsx"文件，这里预先虚拟制作了××公司于2018年12月的资产负债表（2018年度资产负债表），如下图所示。

第2步 新增一张工作表，命名为"偿债能力分析"，绘制表格并设置项目名称及格式。由于指标计算公式较多，不便于记忆，因此在表格中设置"计算公式"项目，并预先输入计算公式，之后设置函数公式时可参照设置，同时也可方便财务人员随时查阅各指标的计算公式，如下图所示。

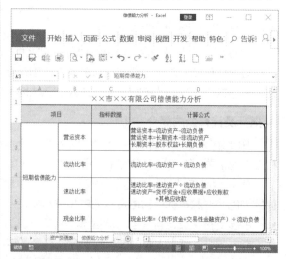

第3步 制作辅助表，引用"资产负债表"数据。运用Excel计算各项指标必然要链接"资产负债

表"工作表中的相关项目数据所在单元格。由于指标计算公式涉及项目较多，如果在公式中直接设置链接公式，操作时必须在两张工作表之间来回切换，非常不便，同时也会影响工作效率。因此这里建议在工作表中添加辅助表，将计算短期偿债能力指标涉及的"资产负债表"工作表中的项目名称及数据列示其中，之后计算指标数据时即可直接在同一张工作表中操作。❶ 在"偿债能力分析"工作表右侧空白区域绘制表格，设置好计算指标所需项目名称及格式；❷ 在 G3 单元格中设置公式"=VLOOKUP("*"&F3&"*",资产负债表!A:C,3,0)"，查找引用"资产负债表"工作表中包含"货币资金"单元格匹配的 C 列数据→将公式填充至 G4:G9 区域的所有单元格中；❸ 在 I3 单元格同样设置公式"=VLOOKUP("*"&F3&"*",资产负债表!A:C,3,0)"，并向下填充公式。以上公式中设置""*"&F3&"*""的原因在于"资产负债表"工作表中的项目名称前面包含空格，因此在 F3 单元格前后均添加通配符"*"，以便准确查找并引用目标数据，如下图所示。

第4步 根据会计公式设置函数公式计算短期偿债能力指标。各项指标的函数公式为：

营运资本（C3 单元格）： "=ROUND(G7-I6,2)"

流动比率（C4 单元格）： "=ROUND(G7/I6,2)"

速动比率（C5 单元格）： "=ROUND(SUM(G3:G6)/I6,2)"

现金比率（C6 单元格）： "=ROUND((G3+G4)/I6,2)"

计算结果如下图所示。

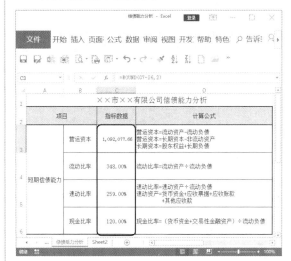

以上指标计算结果表明，该企业的短期偿债能力较强，但是流动比率、速动比率、现金比率过高，说明企业滞留在流动资产上的资金过多，未被充分利用，导致企业的机会成本增加，从而使企业的获利能力减弱。

14.1.2　长期偿债能力分析

长期偿债能力是指企业偿还长期负债的能力。企业的长期负债是指偿还期在一年或超过一年的一个营业周期以上的债务，主要包括长期借款、应付债券、长期应付款等3项内容。影响企业长期偿债能力的因素主要有企业的盈利能力、资本结构及企业长期资产的保值程度等。下面分别介绍企业长期偿债能力指标的概念及计算公式，并运用Excel制作表格自动计算长期偿债能力的各项指标。

1. 指标及计算公式简介

从影响企业长期偿债能力的因素来看，企业长期偿债能力的分析指标包括资产负债率、产权比率、权益乘数等。

① 资产负债率：负债总额与资产总额的比值，即资产总额中是通过负债筹资而形成的占多少比例。其计算公式为：

资产负债率=负债总额÷资产总额

资产负债率揭示了资产与负债的依存关系。资产负债率越高，即负债总额越高，表明资产对负债的保障程度越低，财务风险越大；反之，财务风险越小。但是，如果资产负债率过低，则表明企业未能充分利用负债经营的好处。一般来说，企业的资产负债率在40%~60%之间比较适宜。

② 产权比率：负债总额与所有者权益总额之间的比率。其计算公式为：

产权比率=负债总额÷所有者权益总额

产权比率反映所有者权益对负债的保障程度。产权比率越低，表明企业的长期偿债能力越强，债务人权益的保障程度越高，财务风险越小；反之，表明长期偿债能力越弱，财务风险越高。

③ 权益乘数：资产总额与所有者权益总额之间的比率。其计算公式为：

权益乘数=资产总额÷所有者权益总额

权益乘数是指企业资产总额是所有者权益总额的倍数。权益乘数越大，说明所有者投入的资本占资产总额的比重越小，表明企业对负债经营利用得越充分，但企业的长期偿债能力越弱；反之，企业的长期偿债能力越强。

这里将长期偿债能力指标及公式集中列示，便于财务人员查阅，如下图所示。

2. 计算长期偿债能力指标

无论是"短期"还是"长期"指标，均属于企业的偿债能力指标，因此运用Excel计算长期偿债能力指标可在与计算短期偿债能力指标的同一张工作表中绘制表格并设置公式计算。方法依然非常简单，只需准确引用相关项目所在单元格直接套用会计计算公式设置Excel函数公式计算即可。

第1步 在"偿债能力分析"工作表中的A7:D9区域绘制表格，设置好项目名称及单元格格式，如下图所示。

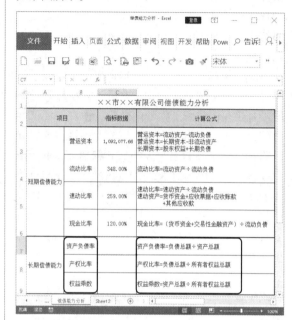

第2步 设置公式计算长期偿债能力指标。各项指标的计算公式为：

资产负债率（C7单元格）："=ROUND((I6+I7)/G7,2)"

产权比率（C8单元格）："=ROUND((I6+I7)//I8,2)"

权益乘数（C9单元格）："=ROUND(G9/I8,2)"

计算结果如下图所示。

第 14 章
实战：财务指标计算与分析

> **温馨提示**
>
> 这里需要注意："权益乘数"指标不是比率，因此，C9单元格的数字格式不应设置为"百分比"格式，而应当设置为"数值"格式。

14.2 营运能力分析

案例背景

企业的营运能力，主要是指企业运营资产的效率与效益，也就是企业运用各项资产以赚取利润的能力。企业营运资产的效率即资产的周转率或周转速度，企业运营资产的效益通常是指企业的产出量与资产占用量的比率。因此，对企业营运能力分析就是对资产周转速度进行分析，具体分析指标包括周转率、周转期。其中，周转率也称周转次数，代表一定时间期内资产完成的循环次数；周转期又称周转天数，代表资产完成一次循环所需要的天数。

营运能力分析指标主要包括存货周转率、应收账款周转率、营业周期、流动资产周转率和总资产周转率等。

本节将分析企业营运能力各项指标的含义及计算公式，并运用Excel制作计算表，自动计算指标数据，如下图所示。实例最终效果见"结果文件\第14章\营运能力分析.xlsx"文件。

	项目	计算结果	计算公式	通用及补充公式
流动资产营运能力	应收账款周转率/天数	2.4/150天	应收账款周转率=赊销收入净额÷应收账款平均余额	1.平均余额=（期初余额+期末余额）÷2
	存货周转率/天数	2.22/162天	存货周转率=主营业务成本÷存货平均余额	2.周转天数=360天÷周转率
	营业周期	312	营业周期=存货周转天数+应收账款周转天数	
	现金周期	136	现金周期=营业周期-应付账款周转天数	应付账款周转率=赊购净额÷应付账款平均余额 赊购净额=销货成本+期末存货-期初存货
	营运资本周转率	3.57	营运资本周转率=销售净额÷平均营运资本	
	流动资产周转率	1.03	流动资产周转率=主营业务收入÷流动资产平均余额	
固定资产营运能力	固定资产周转率/天数	5.31/68天	固定资产周转率=主营业务收入÷固定资产（净值）平均余额	
总资产营运能力	总资产周转率	2.11/228天	总资产周转率=主营业务收入÷平均资产总额	

运营能力分析项目					
项目	年初余额	期末余额	平均余额	项目	全年累计
应收账款	1,184,182.67	1,776,275.06	1,480,228.87	主营业务收入	3,552,725.52
存货	1,009,815.80	1,392,637.20	1,201,226.50	主营业务成本	2,664,664.20
固定资产净值	3,370,012.82	3,533,057.35	3,451,535.09		
流动资产合计	885,000.00	453,000.00	669,000.00		
资产总计	1,632,012.82	1,738,057.35	1,685,035.09		
应付账款	1,450,858.65	1,528,182.08	1,489,520.37		
营运资本	897,154.82	1,092,077.66	994,616.24		

14.2.1 流动资产周转情况分析

流动资产是指可以在一年内或超过一年的一个营业周期内变现或运用的资产，包括货币资金、存货、应收款项、预付款项、短期投资等。流动资产最显著的特点是周转速度快、变现能力强，企业可以通过对流动资产周转情况的分析了解管理层对流动资金的利用效率及运用流动资金的能力。下面分别介绍指标的概念及会计计算公式，并运用Excel制作表格自动计算各项指标数据。

1. 指标及计算公式简介

反映流动资产周转情况的指标主要包括应收账款周转率、存货周转率、营业周期、现金周期、营运资本周转率、流动资产周转率。

计算以上指标频繁使用两个项目的数据，即"平均额"与"周转天数"，其通用计算公式为：

平均额=(期初余额+期末余额)÷2

周转天数=360÷周转率

①应收账款周转率：指企业因销售商品、产品、提供劳务等，应向购货方或接受劳务方收取的款项。反映应收账款周转情况的指标有应收账款周转率、应收账款周转天数。其计算公式为：

应收账款周转率=赊销收入净额÷应收账款平均额

应收账款周转天数=360天÷应收账款周转率

赊销收入净额=赊销收入-赊销退回-赊销折让-赊销折扣

注意公式中的"应收账款"包括资产负债表中的"应收账款"与"应收票据"等项目的全部赊销应收款项，并且是扣除坏账准备后的净额。

②存货周转率：又称存货周转次数，指一定时期内企业销货或主营业务成本与存货平均额的比率。这一指标主要是通过分析存货的周转速度反映企业的销售能力，衡量企业生产经营各个环节中存货运营效率。其计算公式为：

存货周转率=主营业务成本÷存货平均额

存货周转天数=360天÷存货周转率

存货周转率越高，周转天数越短，表明存货周转得越快，其流动性越强。但是对存货周转情况分析不能仅从数据得出结论，还需要结合销售、管理等多方面进行综合分析与评价。

③营业周期：指从外购商品或接受劳务而承担付款义务开始，至收回应收款项之间的间隔时间。其计算公式为：

营业周期=存货周转天数+应收账款周转天数

营业周期越短，表明企业完成一次营业活动所需时间越短，存货流动性越强，款项收取速度越快。当然对这一指标进行分析同样需要结合具体情况具体分析。

④现金周期：指衡量公司从购置存货支出现金至销售货物收回现金所需的间隔时间。其计算公式为：

现金周期=营业周期-应付账款周转天数

应付账款周转率=赊购净额÷应付账款平均额

公式中的"赊购净额"在实务中通常以"本期存货增加净额"代替。其计算公式为：

本期存货增加净额=销售成本+期末存货-期初存货

⑤营运资本周转率：指企业一定时期内商品或产品的销售净额与平均营运资本之间的比率。其计算公式为：

营运资本周转率=销售净额÷平均营运资本

该指标反映企业营运资本的运用效率，即每投入一元营运资本所能获得的收入，以及一个营运周期内营运资本的周转次数。

⑥流动资产周转率：指企业一定时期内流动资产的周转额与流动资产的平均占用额之间的比率。实务中通常选择一定时期内取得的主营业务收入替代流动资产周转额。其计算公式为：

流动资产周转率=主营业务收入÷流动资产平均额

流动资产周转率越高，周转天数越短，表明流动资产周转越快，利用率越高。

流动资产营运能力分析的各项指标计算公式集中列示，如下图所示。

2. 计算指标数据

下面运用Excel制作计算表格，自动计算流动资产营运能力各项指标数据。

第1步 打开"素材文件\第14章\营运能力分析.xlsx"文件，在"营运能力分析"工作表中已预先设置好项目名称、指标计算公式、通用公式及补充公式。同时，虚拟设置了计算指标所需的资产负债表各项目数据和利润表相关项目数据，如下图所示。

第 14 章
实战：财务指标计算与分析

第2步 计算平均额。❶ 在 I 列后面插入一列，设置项目名称为"平均余额"；❷ 在 J3 单元格中设置公式"=ROUND(AVERAGE(H3:I3),2)"或"=ROUND(SUM(H3:I3)/2,2)"，计算应收账款的平均额。其中第一项公式中的 AVERAGE 函数即计算平均值的函数。将 J3 单元格公式向下填充至 J4:J9 区域的所有单元格，如下图所示。

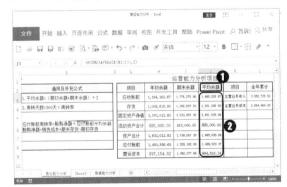

第3步 计算流动资产营运能力各项指标数据。❶ 在 C3 单元格中设置公式"=L3/J3"，计算应收账款周转率→在 C4 单元格中设置公式"=L4/J4"，计算存货周转率；❷ 在 C5 单元格中设置公式"=360/C3+360/C4"，计算营业周期→在 C6 单元格中设置公式"=ROUND(C5-(360/((L4+I4-H4)/

J8)),0)"，计算现金周期；❸ 在 C7 单元格中设置公式"=L3/J9"，计算营运资本周转率→在 C8 单元格中设置公式"=L3/J5"，计算流动资产周转率。计算结果如下图所示。

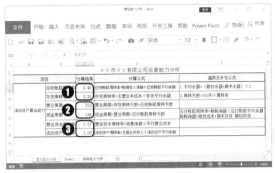

14.2.2 固定资产周转情况分析

分析固定资产周转情况的财务指标主要包括固定资产周转率与固定资产周转天数。其计算公式为：

固定资产周转率=主营业务收入÷固定资产平均额

固定资产平均额=（固定资产期初余额+固定资产期末余额）÷2

固定资产周转天数=360÷固定资产周转率

注：公式中固定资产的期初余额与期末余额是指固定资产净值，即固定资产原值扣除累计折旧后的净额。

下面继续在Excel表中计算固定资产周转情况指标。

第1步 在"营运能力分析"工作表中第 9 行添加表格框线→设置项目名称与并输入计算公式，如下图所示。

第2步 运用连接符号"&",在同一单元格内同时计算固定资产周转率与周转天数。在C9单元格中设置公式"=ROUND(L$3/J6,2)&"/"&ROUND(360/(L3/J6),0)&" 天 ""即可,效果如下图所示。

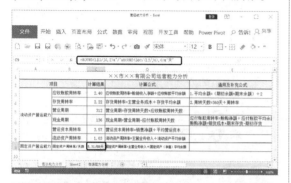

> **温馨提示**
> 这里可将C3单元格的公式修改为"=ROUND(L3/J3,2)&"/"&ROUND(360/(L3/J3),0)&"天"",同时计算应收账款周转率与周转天数。同样在C4单元格中修改公式即可。由此,需要将C5单元格公式修改为"=360/LEFT(C3,3)+360/LEFT(C4,4)"。

14.2.3 总资产营运能力分析

总资产是企业所拥有或控制的,其金额能够可靠计量的,预期能够给企业带来经济利益的经济资源。在资产负债表中,总资产即流动资产合计与非流动资产合计的总和。分析总资产营运能力的财务指标同样是周转率和周转天数。其计算公式为:

总资产周转率=主营业务收入÷平均资产总额

平均资产总额=(期初资产总额+期末资产总)额÷2

总资产周转天数=360÷总资产周转率

接下来在"营运能力分析"工作表中计算总资产营运能力分析指标。

第1步 在"营运能力分析"工作表中第10行添加表格框线→设置好项目名称并输入计算公式,如下图所示。

第2步 在C10单元格中设置公式"=ROUND($L3/J7,2)&"/"&ROUND(360/(L4/J7),0)&" 天 ""即可,计算结果如下图所示。

14.3 盈利能力分析

案例背景

盈利是指企业全部收入扣减全部成本费用后的余额,既是企业生产经营活动取得的财务成果,也是企业生产经营的重要目标,更是企业生存和发展的物质基础。盈利能力是指企业赚取利润的能力,又称获利能力,是企业持续经营和长足发展的基本保证。因此,对于盈利能力的分析也是企业财务分析的一项重要工作内容。

第14章
实战：财务指标计算与分析

本节将介绍分析企业盈利能力各项指标的含义及计算公式，并运用Excel制作计算表，自动计算指标数据，如下图所示。

实例最终效果见"结果文件\第14章\盈利能力分析.xlsx"文件。

××市××有限公司盈利能力分析

项目	计算结果	计算公式	通用及补充公式
总资产收益率	12.61%	总资产收益率=净利润÷总资产平均余额	平均余额=（期初数+期末数）÷2
全面摊薄净资产收益率	16.38%	全面摊薄净资产收益率=净利润÷期末净资产	净资产=资产总额-负债总额
加权平均净资产收益率	16.62%	加权平均净资产收益率=净利润÷净资产平均余额	
流动资产收益率	31.76%	流动资产收益率=净利润÷流动资产平均余额	
固定资产收益率	6.16%	固定资产收益率=净利润÷固定资产平均余额	

盈利能力分析项目

项目	年初余额	期末余额	平均余额	项目	全年累计
固定资产净值	3,370,012.82	3,533,057.35	3,451,535.09	主营业务收入	3,552,725.52
流动资产合计	885,000.00	453,000.00	669,000.00	主营业务成本	2,664,664.20
资产总计	1,632,012.82	1,738,057.35	1,685,035.09	净利润	212468.87
应付账款	1,450,858.65	1,528,182.08	1,489,520.37		
负债总额	372,858.00	440,979.69	406,918.85		

14.3.1 指标及计算公式简介

分析企业盈利能力的指标主要包括总资产收益率、净资产收益率、流动资产收益率、固定资产收益率等。本节分别介绍以上指标的概念及计算公式。

1.总资产收益率

总资产收益率是企业的净利率与总资产平均的比率，它反映了企业全部资产的收益率，是衡量企业获利能力的一个最重要的指标。其计算公式为：

总资产收益率=净利润÷总资产平均额

从以上公式可以看出，影响总资产收益率的因素主要是净利润与总资产平均额。企业获得的净利润越高，说明总资产收益率越高。

2.净资产收益率

净资产收益率是企业的净利率与其平均净资产之间的比值，反映股东投入的资金所获得的收益率。此项指标有两层含义和两种计算方法，一是全面摊薄净资产收益率，二是加权平均净资产收益率。其计算公式为：

全面摊薄净资产收益率=净利润÷期末净资产

加权平均净资产收益率=净利润÷净资产平均额

全面摊薄净资产收益率是一个静态指标，强调年末净资产状况。而加权平均净资产收益率是一个动态指标，能够表明经营者在经营期间利用企业净资产为企业创造利润的多少，有助于相关利益者对企业未来的盈利能力做出正确的判断。

3.流动资产收益率

流动资产收益率是指净利润与流动资产平均额之间的比值。其计算公式为：

流动资产收益率=净利润÷流动资产平均额

流动资产收益率能够反映企业生产经营中流动资产部分的经济效益。

4.固定资产收益率

固定资产收益率是指净利润与固定资产之间的比值。其计算公式为：

固定资产收益率=净利润÷固定资产平均额

其中，固定资产平均额是指固定资产原值扣除累计折旧后的净值。

将盈利能力各项分析指标的计算公式集中列示，如下图所示。

14.3.2 计算指标数据

接下来运用Excel制作表格计算分析盈利能力的各项指标数据。

第1步 打开"素材文件\第14章\盈利能力分

析.xlsx"文件，切换至"盈利能力分析"工作表，其中已预先虚拟设置了计算各项指标所需资产负债表与利润表中的相关项目数据，包括各项资产的平均额。同时输入会计计算公式，以便对照，如下图所示。

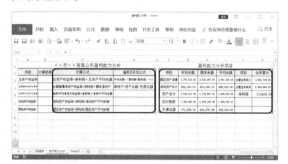

第2步 计算各项指标数据。❶在B3单元格中设置公式"=K5/I5"，计算总资产收益率；❷在B4单元格中设置公式"=K5/(H5-H7)"，计算全面摊薄净资产收益率→在B5单元格中设置公式"=K5/(I5-I7)"，计算加权平均净资产收益率；❸在B6单元格中设置公式"=K5/I4"，计算流动资产

收益率→在B7单元格中设置公式"=K5/I3"，计算固定资产收益率，计算结果如下图所示。

> **温馨提示**
>
> （1）由于盈利能力分析的各项指标均为比率，因此应将单元格中的数字格式设置为"百分比"格式。
>
> （2）以上是与投资活动相关的盈利能力分析指标。实务中还可按照以上方法对销售相关的盈利能力指标进行分析，其指标包括"销售毛利率"与"销售净利率"，分别用收入扣除成本后的余额与净利润除以销售收入即可。

14.4 发展能力分析

案例背景

企业的发展能力是指企业通过自身的生产经营活动，不断成长、扩大积累而形成的发展潜能。因此，企业发展能力也称为企业的成长性。

企业是一个以营利为目的的经济组织。企业必须生存并持续经营下去才可能获得利润，而保障企业生存并持续经营的前提则是企业持续的发展。企业的发展能力是直接影响企业财务管理目标实现的一个重要因素，其衡量的核心是企业价值的增长率。因此，对发展能力进行系统的分析也是财务工作中的一项重要工作。

由于企业的发展能力受多方面因素影响，主要包括政策环境、主营业务、经营能力、企业管理制度、行业环境、财务状况等。在以上因素中，财务状况是由企业过去的经营决策和经营活动而产生的结果，其他因素则是影响企业未来财务状况的动因。因此，对于企业的发展能力可从发展动因与发展结果两个层面进行分析。本节将介绍和讲解企业的营业发展能力与财务发展能力的财务分析指标，如下图所示，并运用Excel自动、高效地计算这些指标数据。实例最终效果见"结果文件\第14章\发展能力分析.xlsx"文件。

第14章
实战：财务指标计算与分析

××市××有限公司发展能力分析

营业发展能力分析指标		计算公式	指标数据
一、销售增长指标	1.销售增长率	=本年销售增长额÷上年销售额	27.39%
	2.三年销售平均增长率	=$\sqrt[3]{\text{年末销售收入总额}÷3\text{年前年末销售收入总额}}-1$	26.70%
二、资产增长指标	1.资产规模增长指标①总资产增长率	=本年总资产增长额÷年初资产总额	11.10%
	②三年总资产平均增长率	=$\sqrt[3]{\text{年末资产总额}÷3\text{年前年末资产总额}}-1$	10.69%
	2.固定资产成新率	=平均固定资产净值÷平均固定资产原值	88.31%

××市××有限公司发展能力分析

财务发展能力分析指标		计算公式	指标数据
一、资本扩张指标	1.资本增长率	=本年所有者权益增长额÷年初所有者权益	7.29%
	2.三年资本平均增长率	=$\sqrt[3]{\text{年末所有者权益总额}÷3\text{年前年末所有者权益总额}}-1$	6.59%
二、股利增长率	1.股利增长率	=本年每股股利增长额÷上年每股股利	11.11%
	2.三年股利平均增长率	=$\sqrt[3]{\text{本年每股股利}÷3\text{年前每股股利}}-1$	10.89%

2015-2018年销售及总资产明细表

年份	销售收入		总资产	
	总额	增长率	总额	增长率
2015年末	1598862.66	—	2055762.62	—
2016年末	1965528.68	22.93%	2308722.05	12.30%
2017年末	2552651.78	29.87%	2509480.48	8.70%
2018年末	3251725.52	27.39%	2788057.35	11.10%

2018年固定资产

年初数	
固定资产原值	固定资产净值
1,270,000.00	1,135,000.00
年末数	
固定资产原值	固定资产净值
1,270,000.00	1,108,000.00
平均值	
固定资产原值	固定资产净值
1,270,000.00	1,121,500.00

2015-2018年所有者权益及股利明细表

年份	所有者权益		股利	
	总额	增长率	每股股利	增长率
2015年末	295388.27	—	0.22	—
2016年末	317235.78	7.40%	0.25	13.64%
2017年末	333382.28	5.09%	0.27	8.00%
2018年末	357689.82	7.29%	0.30	11.11%

14.4.1 营业发展能力分析

分析企业营业发展能力的指标主要从销售增长情况与资产增长情况两个方面入手，具体分析指标包括销售增长指标与资产增长指标。下面分别介绍指标的财务比率及计算公式。

1. 销售增长指标

反映企业销售增长情况的财务比率主要包括销售增长率与3年销售平均增长率。

① 销售增长率：指企业本年销售收入增长额与上年销售收入总额的比率。其计算公式为：

销售增长率=本年销售增长额÷上年销售额

本年销售增长额=本年销售额−上年销售额

销售增长率反映企业销售收入的增减变动趋势，是评价企业发展状况和发展能力的重要指标。

② 3年销售平均增长率：评价企业销售收入连续3年的增长情况。其计算公式为：

3年销售平均增长率=

$\sqrt[3]{\text{年末销售收入总额}÷3\text{年前年末销售收入总额}}-1$

分析3年销售收入平均增长率指标，能够更清晰地反映企业的销售增长趋势和发展稳定程度，体现企业的发展状况和发展能力，可避免因个别年份的收入数据偶尔出现不稳定的情况，而对企业的发展能力和潜力做出错误的评价和判断。

2. 资产增长指标

反映企业资产增长情况的财务比率主要包括资产规模增长率及资产成新率。

① 资产规模增长率：包括总资产增长率和3年总资产平均增长率。其计算公式为：

总资产增长率=本年总资产增长额÷年初资产总额

3年总资产平均增长率=

$\sqrt[3]{\text{年末资产总额}÷\text{三年前年末资产总额}}-1$

总资产增长率指标是从企业资产总量扩张方面衡量企业的发展能力，而3年总资产平均增长率同样能够清晰地反映企业总资产的增长趋势和发展能力，避免资产增长率受资产短期波动因素影响而呈现异常数据，误导企业做出错误的评价和判断。

② 资产成新率：指企业当期平均固定资产净值与平均固定资产原值之间的比率。计算公式为：

固定资产成新率=平均固定资产净值÷平均固定资产原值

这一指标可以体现企业所拥有的固定资产的新旧程度、更新速度及持续发展能力。

企业营业发展能力分析各项指标及其计算公式如下图所示。

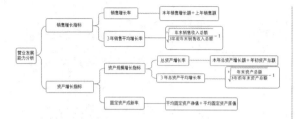

3. 计算指标数据

接下来运用Excel制作表格自动计算营业发展能力指标。

打开"素材文件\第14章\发展能力分析.xlsx"文件。在"发展能力分析"工作表中已预设各项指标计算公式及计算指标所需的相关数据，如下图所示。

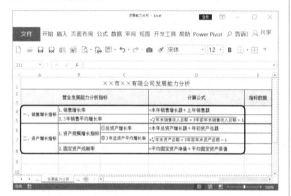

下面分别计算各项指标数据。

第1步 计算销售增长率、总资产增长率及固定资产原值与净值的平均值。❶在 I5 单元格中设置公式"=(H5-H4)/H4"，计算 2016 年销售增长率→将公式向下填充至 I6、I7 单元格内，即可计算得出 2017 年与 2018 年的销售增长率；❷选定 I5:I7 区域，将公式复制、粘贴至 K5:K7 区域

的所有单元格中，即可计算得出 2016—2018 年总资产增长率；❸在 M10 单元格中设置公式"=ROUND(AVERAGE(M4,M7),2)"，计算固定资产原值的平均值→将公式向右填充至 N10 单元格，即可计算得出固定资产净值的平均值，如下图所示。

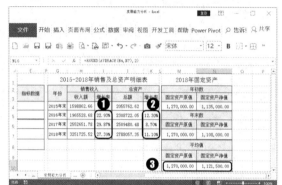

第2步 计算销售增长指标与资产增长指标。❶在 E4 单元格中可直接设置公式"=I7"链接 I7 单元格中的数值，即 2018 年的销售增长率；❷在 E5 单元格中设置公式"=POWER(H7/H4,1/3)-1"，计算 3 年销售平均增长率。POWER 函数的作用是返回数字乘幂的计算结果，其语法是 POWER(底数,乘方数)。例如，POWER(2,3) 代表 2 的 3 次方。当指数小于 1 时，则代表开方。本例公式中的"1/3"即代表开 3 次方；❸在 E6 单元格在设置公式"=(J7-J6)/J6"，计算 2018 年总资产增长率→在 E7 单元格中设置公式"=POWER(J7/J4,1/3)-1"，计算 3 年总资产平均增长率→在 E8 单元格中设置公式"=N10/M10"，计算固定资产成新率，计算结果如下图所示。

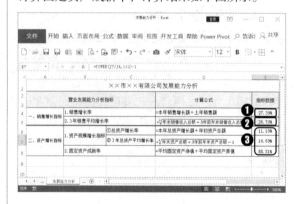

第14章
实战：财务指标计算与分析

> **温馨提示**
>
> 设置开方公式时还可以用符号"^"代表开方。例如，本例计算3年销售平均增长率的公式也可设置为"（H7/H4）^(1/3)"。

14.4.2 财务发展能力分析

分析企业财务发展能力的指标包括资本扩张指标和股利增长率。

1. 资本扩张指标

资本扩张是指在现有的资本结构下，通过内部积累、追加投资、吸纳外部资源等方式，使企业实现资本规模的扩大。反映企业资本扩张情况的财务比率有资本积累率和3年资本平均增长率。

①资本积累率：指企业本年所有者权益增长额与年初所有者权益的比率。计算公式为：

资本积累率=本年所有者权益增长额÷年初所有者权益

资本积累率反映了本年企业所有者权益的变动水平，体现了企业资本的积累情况，是评价企业发展潜力的重要指标。

②3年资本平均增长率：体现企业资本连续3年的积累情况。其计算公式为：

3年资本平均增长率=
$\sqrt[3]{\text{年末所有者权益总额} \div \text{3年前年末所有者权益总额}} - 1$

3年资本平均增长率越高，表明企业所有者权益的增长越稳定，保障程度越大，企业可以长期使用的资金越多，持续发展的能力越强。

2. 股利增长率

股利增长率是本年发放股利增长额与上年发放股利的比率。反映企业股利增长率的财务比率包括股利增长率、3年股利平均增长率。其计算公式分别为：

股利增长率=本年每股股利增长额÷上年每股股利

3年股利平均增长率=
$\sqrt[3]{\text{本年每股股利} \div \text{3年前每股股利}} - 1$

股利增长率用于分析上市公司财务方面的发展能力。股利增长率越高，企业的股票价值越高，发展能力越强。

企业财务发展能力分析指标及其计算公式如下图所示。

3. 计算指标数据

以上财务发展能力分析指标仍然可运用Excel计算得出指标数据。

第1步 打开"素材文件\第14章\发展能力分析.xlsx"文件，在"发展能力分析"工作表中A9:K15区域绘制表格并预先设置虚拟数据，输入计算公式，如下图所示。

第2步 设置公式计算各项指标。❶ 在E12单元格中设置公式"=I15"，直接链接I15单元格中的2018年所有者权益增长率→在E13单元格中设置公式"=POWER(H15/H12,1/3)-1"，计算三年所有者权益平均增长率；❷ 在E14单元格中设置公式"=(J15-J14)/J14"或"=J15/J14-1"，计算股利增长率→在E15单元格中设置公式"=(J15/J12)^(1/3)-1"，计算三年股利平均增长率，计算结果如下图所示。

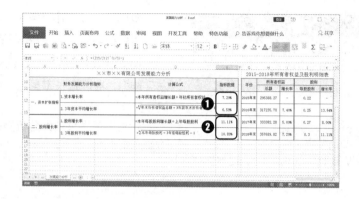

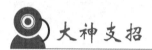

本章简要介绍了一系列财务指标的含义、作用及计算公式，同时讲解了运用Excel制作表格，设置公式具体计算这些指标的方法。本章内容的特点是，计算财务指标的会计公式简单易懂，设置Excel函数自动计算指标数据时直接套用会计公式即可，非常简单。本章运用Excel计算财务指标的难点在于：由于财务指标繁多，而且组成各个计算公式的项目名称也雷同，同时各项目的具体数据大约90%以上来自资产负债表与利润表中的数据。因此对于财务指标分析这部分基础知识薄弱的财务人员而言，记忆计算公式时容易混淆，从而导致在套用会计公式设置Excel函数公式时效率低下，无法达到高效完成工作的目标。下面结合本章内容特点，针对上述问题，介绍几个实用功能及操作技巧，弥补细节之处的不足，帮助财务人员提高工作效率。

01 查看公式：将公式转换为文本

本章在计算财务指标数据时，同一张表格中设置了很多函数公式，并且公式皆不相同，而单元格中返回的是计算结果，是一个数字。如果财务人员需要查看这个数字结果的来龙去脉，就必须要查看公式内容，通常最基本的操作是依次选中各单元格，逐个查看，非常不方便，而且影响工作效率。如果将公式转换为文本格式，即可显示公式内容。下面介绍一键快速将公式转换为文本的操作技巧。

第1步 打开"素材文件\第14章\查看公式.xlsx"文件，在"偿债能力分析"工作表中，C3:C9、G3:G9、I3:I9区域中所有数字均是由公式计算而得，如下图所示。

第2步 ❶按住"Ctrl"键，选定C3:C9、G3:G9、I3:I9区域→按"Ctrl+F"组合键，打开"查找与替换"对话框→在"查找内容(N)"文本框中输入"="→在"替换为(E)"文本框中输入"'="；❷单击"全部替换"按钮即可，如下图所示。

第 14 章

实战：财务指标计算与分析

公式转换为文本后，即可看到公式中的具体内容，如下图所示。

如果要将文本恢复为公式，按"Ctrl+Z"组合键撤销上一步操作或单击"自定义快捷工具栏"中的"撤销"下拉按钮，在下拉菜单中选择之前操作即可取消之前的替换操作。

02 审核公式：将数值还原为公式

查看公式还可以运用"公式审核"功能，将工作表中由公式计算得到的数值快速还原为公式，一键让所有公式一览无余，或者查看公式所引用的单元格，以便明确数值的来龙去脉。下面仍然以"素材文件\第14章\查看公式.xlsx"文件中的"偿债能力分析"工作表为例介绍操作方法。

第 1 步 还原公式。❶选择"公式"选项卡；❷单击"公式审核"→"显示公式"按钮，以上区域中的数值即变换为公式，如下图所示。

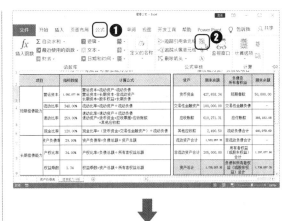

重复第 2 步操作，再次单击"显示公式"按钮，即可将公式恢复为数值。

第 2 步 追踪引用单元格。❶按下"Ctrl+Z"组合键取消"显示公式"，将公式恢复为数值，任意选中一个公式单元格，如选中 C7 单元格；❷依次单击"公式"选项卡"公式审核"组中的"追踪引用单元格"按钮。此时 C7 单元格出现蓝色箭头指向公式引用的单元格，如下图所示。

选择"公式"选项卡"公式审核"组中的"删除箭头"按钮即可消除箭头。

温馨提示

运用"公式审核"功能还可以反向追踪从属单元格，查看引用被选中单元格的公式单元格。单击"公式"选项卡"公式审核"组中的"追踪从属单元格"按钮即可。"公式审核"中还可以其他多种方式查阅并审核公式，请读者自行测试，此处不再赘述。

03 运用函数查看公式

以上两种查看公式的方法均是直接在本单元格中进行设置操作，即显示公式内容时，就无法查看公式的计算结果，实际运用时仍然有一些不便，此时可运用Formulatext函数在辅助列中设置公式，将目标单元格中的公式转换为文本，即可实现公式与计算结果并存，既不影响计算结果，又可明确知晓公式内容。下面仍然以"素材文件\第14章\查看公式.xlsx"文件为例介绍操作方法。

❶ 在"偿债能力分析"工作表中的 C 列后面插入一列，设置项目名称为"公式"，在 D3 单元格中设置公式"=FORMULATEXT(C3)"；❷ 将 C3 单元格公式向下填充至 C4:C9 区域的所有单元格中即可，如下图所示。

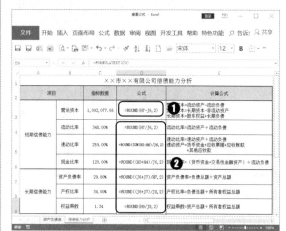